南懷瑾文化

花雨滿天 維摩說法

南懷瑾◎講述

上

出版說明

這本書的出版，有一個頗為偶然的因緣，在此特向讀者說一說背後的有趣過程。

緣南師懷瑾先生所講解的《維摩詰經》，是於一九八一年七月十日，在台北十方書院開始的。由於書院的學生以出家眾及學佛者為主，所以南師的講解偏重在修持方面，舉例引證也以修持為重點，與一般講解佛經不盡相同。

二十年來，曾幾次有人貢獻心力，希望將記錄整理，以便印行出版；但是陰錯陽差，始終未能完成，而關心的讀者們，卻時時殷切詢問。

因緣常常十分奇妙，大約兩年多前，香港佛教圖書館的親證尼法師，把南師所講《維摩詰經》的錄音帶，交了兩卷給一位李華女士，拜託她的夫婿石宏先生，抽空把錄音記錄成文字。

這位石宏先生，出身台灣大學法律系，又在美國密西根大學取得比較法學及企管兩個碩士學位，他看到只有兩卷錄音帶時，就欣然答應了這件事。

豈知，兩卷完工後才知道，後面還有一百三十七卷之多；怎麼辦呢？他心裡想，既然承諾在先，就繼續做下去吧。此後，石宏先生每天花費七、八個小時，努力工作了一年，終告完成。

除了記錄文字外，石先生還作了初步的整理工作，以及資料的校對等等，現在趁此出版之際，對石宏先生的熱心與辛勞，特別致上深切的感謝之忱。

有人說，讀懂了一些《維摩詰經》，心量不自覺的擴大了，不再侷限在我們生活的這個娑婆世界，也不會侷限於嚮往的淨土世界，而擴展到了無限的空間。

也有人說，這本經典包含了一切，當你學佛不知道該怎麼做時，本經有答案給你；當你事理不明白時，本經也有答案給你。

舉例來說，學佛的人常常疑惑，為什麼女兒身不能成佛，而要先轉成男身才有可能？在這部經典中，對這個問題就有極超越的討論與答案。所以，這是一本包括一切見地修行的經典，太偉大了。

但是，對現代的人來說，原典經文似覺太過古老，現在這本南師的講解記錄，用的是簡單明瞭的話語，相信讀者們了解時，一定容易很多。

這本書雖未經南師親自校閱，但是在出版的過程中，曾經過不少參加聽講者的校對，如宏忍尼法師、古國治、謝錦揚、歐陽哲等。有關經典校正的工作，宏忍尼法師投入時間精神最深久，在資料查核方面，杭紀東教授盡力最多，而書名則是周夢蝶居士的靈感，在此一併向他們致謝。

本書所採用經典，是佛教出版社版本，由古國治居士重新標點，書中小標題為編者所加。

劉雨虹 記

二〇〇四年十二月

目錄

《花雨滿天維摩說法》上冊

方便品第二　133

弟子品第三　175

菩薩品第四

卷中

文殊師利問疾品第五　425

開場白

我們今天講的《維摩詰經》，是與整個佛法、佛教、東方文化，尤其是中國的文化關係最大、影響最深、歷史最久的一本經。

如果把本經只當作是在家居士所說的一本經，這個觀念就不對了！《維摩詰經》所代表的精神，是佛法在世間，不離世間本位而解脫成佛，也指出了十方三世諸佛如何證道，如何得到解脫，如何證得菩提之路。

一般人都以為中國的禪宗是達摩祖師來了之後才傳開的，殊不知在達摩祖師以前，由鳩摩羅什法師所翻譯的《維摩詰經》和《法華經》影響最大，而成為中國文化禪宗的根本經典。

東方世界的兩個佛國

這本經的分量有如此之重，但因為文字易懂，流暢優美，人們很輕易的讀過去了，認為已經懂了，實際上非常難懂。我們這一次把《維摩詰經》和《藥師經》連起來講，因為它們是一個系統的。為什麼說是一個系統的呢？我們一般都曉得，佛介紹給我們西方極樂世界的阿彌陀佛，這是為了方便，讓我們末世智慧及福德不夠的眾生，能夠修往生法門。而佛法真正的即生成就，這個成佛的大業與大道，卻在《藥師經》和《維摩詰經》所表徵的東方世界兩個佛國。一個是阿閦佛國，就是維摩居士化身成為在家佛所依附的東方妙喜不動世界。

這個東方的阿閦佛國和另一個東方佛國，藥師琉璃光佛土相銜接。東方世界和西方阿彌陀佛的極樂世界相暉映，像是一個太陽系統的晝和夜。當太陽西斜下山的時候，到了西方極樂世界；太陽出來生生不已的時候，又到了東方阿閦佛國土和東方琉璃光佛土。這是佛法中的一大祕密，是真正的密宗。

所以真正瞭解佛法以後就知道，一切顯教的經典中明顯告訴你的，你不懂，就成為大密宗。倒是一切密宗修持的方法，反而很是顯教，因為它的密義，你若能深入參究，就明白了、就通了。顯教告訴你真正的佛法奧祕，你再參究也不通，除非你福德成就、大智慧成就，才會通了。

所以這次講經的因緣，是把真正即生成就，佛法的大祕密告訴你，讓你好好修持參學。不要以為打坐就是學佛。

現在先翻到《維摩詰經》第十二品，〈見阿閦佛品〉，阿閦佛是東方妙喜如來不動國土的佛，也就是我們講《藥師經》時，所引到《法華經》當中的大通智勝佛的十六個佛子之一，連阿彌陀佛也是大通智勝佛的兒子。《維摩詰經》經文再下一品是〈法供養品〉，就提到藥王如來，我們要了生死成佛超出三界，必須深切親證到藥王如來所開示的不死之法，不生也不滅。千古以來，都無人把佛法中的《藥師經》《維摩詰經》《法華經》當作祕密法門，只把它們作為顯教的經文來誦讀參學，自然不會明白修法的意義與關鍵所在，因此毫無成就。

整本《維摩詰經》裡面最重點的重點，是告訴我們：佛法就在這個世間，我們就在自己的身心上自了。如果求他方世界依賴別人，想了生死，想成佛道，是不可能的。因為外力僅是方便法門，非究竟法門。所以究竟法門必須要自度自了。

再講個插曲，例如四川的文殊院有副非常好的對子：

見了便做　做了便放下　了了有何不了
慧生於覺　覺生於自在　生生還是無生

像這些佛教文學，禪的精神，靈性智慧的淵源，都與《維摩詰經》有密切的關係。

現在的《維摩詰經》中文版本，是在中國歷史上動盪的南北朝時期，由西域請來的胡僧鳩摩羅什所翻譯的。最初是前秦的苻堅發兵去請鳩摩羅什，但鳩摩羅什還沒走到中國，苻堅的前秦就亡國了。後來就由姚興在今天陝西地區所建的後秦國，出兵請到鳩摩羅什來中原。為了請來這一位學者，發兵十來萬，滅了扣住鳩摩羅什的兩個西域小國家，大概也只有中國南北朝這些野蠻的皇帝們才做得出來。

這本經的文字之好，令人不由得要敬佩鳩摩羅什的才華。當然，他在中國所收的幾位傑出大弟子，像僧肇、僧睿等，都是一流文學天才，自然也是本經文字優美的原因。因為有《維摩詰經》，中國此後兩千年的文學、文化都為之豐富了。例如唐代文人的唐詩，幾乎無不受《維摩詰經》的影響，從唐代就把《維摩詰經》編成戲劇上演，今日京劇的《天女散花》就出自《維摩詰經》。這本宗教的經典已經深入民間的戲劇、歌曲、舞蹈，對中國文化、文學的影響之大，可以說無與倫比。但是近代一般的中國文化史、文學史和哲學史的學者，因為佛學涉獵不深，就看不通這一點。而近代佛教界人士，卻不精歷史，或文學根基不深，也同樣摸不到這樣的觀點。

什麼是真正的佛法

本經的經題是「維摩詰所說經」，後來也有題為「佛說維摩詰所說經」，那是後世因為尊崇釋迦牟尼佛而加上的，實際上原經的翻譯不用佛說二字，只是維摩詰居士所說的經，因為這本經的中心佛法是由維摩詰居士所說的。也有把經題翻譯成「不可思議解脫經」，這是因為我們學佛的目的是為了要解脫三界，跳出六道輪迴，還我們本來面目而成佛。眾生原本是佛，自己迷失了原路，不知父母未生之前自己為何，找不到這個根源，因此就在三界六道中生死輪迴。又因為受到物質世界環境影響，而有身心煩惱痛苦，生老病死等等。修持就是要解脫物質世界的束縛，解脫身心的煩惱，追溯回身心根源，自性清淨。

學佛目的在求解脫，如何解脫呢？維摩詰居士所說經告訴我們，真正的佛法就在我們這個世間求解脫。

順便提到，佛法所說不可思議，是說在修證上不可以用普通意識思想去猜測解釋，不可以用凡夫的智慧知識來討論研究。你只能用一個信的方法來修持。或者是信淨土念佛法門，或者是信四念住、八正道等三十七菩提道品的法門。堅定專一地去求證，在求證的過程中，不可以用人世間的知識或習慣性的意識隨便解釋，所以說是不可思議，並不是說不能思議。如果是不能思議，那麼這一部經就是因思議所生，豈不自我矛盾？究竟不可思議與思議的分別何在，這是佛法中的祕密，《維摩詰經》本身也給了你答案。現在進入《維摩詰經》的本文。

卷上

■ 佛國品第一
■ 方便品第二
■ 弟子品第三
■ 菩薩品第四

佛國品第一

如是我聞。一時，佛在毗耶離菴羅樹園，與大比丘眾八千人俱，菩薩三萬二千，眾所知識。大智本行，皆悉成就。諸佛威神之所建立。為護法城，受持正法。能師子吼，名聞十方。眾人不請，友而安之。紹隆三寶，能使不絕。降伏魔怨，制諸外道。悉已清淨，永離蓋纏；心常安住，無礙解脫。念、定、總持，辯才不斷。布施、持戒、忍辱、精進、禪定、智慧及方便力，無不具足。逮無所得，不起法忍。已能隨順，轉不退輪。善解法相，知眾生根。蓋諸大眾，得無所畏。功德智慧，以修其心。相好嚴身，色像第一，捨諸世間所有飾好。名稱高遠，踰於須彌。深信堅固，猶若金剛。法寶普照，而雨甘露。於眾言音，微妙第一。深入緣起，斷諸邪見。有無二邊，無復餘習。演法無畏，猶師子吼。其所講說，乃如雷震。無有量，已過量。集眾法寶，如海導師，了達諸法深妙之義，善知眾生往來所趣，及心所行。近無等等佛自在慧、十力、無畏、十八不共。關閉一切諸惡趣門，而生五道以現其身。為大醫王，善療眾病，應病與藥，令得服行。無量功德皆成就，無量佛土皆嚴淨。其見聞者，無不蒙益。諸有所作，亦不唐捐。如是一切功德，皆悉具足，其名曰：等觀菩薩，不等觀菩薩，等不等觀菩薩，定自在王菩薩，法自在王菩薩，法相菩薩，光相菩薩，光嚴菩薩，大嚴菩薩，寶積菩薩，辯積菩薩，寶手菩薩，寶印手菩薩，常舉手菩薩，常下手菩薩，常慘菩薩，喜根菩薩，喜王菩薩，辯音菩薩，虛空藏菩薩，執寶炬菩薩，寶勇菩薩，寶見菩薩，帝網菩薩，明網菩薩，無緣觀菩薩，慧積菩薩，寶勝菩薩，天王菩薩，壞魔菩薩，電德菩薩，自在王菩薩，功德相嚴菩薩，師子吼菩薩，雷音菩薩，山相擊音菩薩，香象菩薩，白香象菩薩，常精進菩薩，不休息菩薩，妙生菩薩，華嚴菩薩，觀世音菩薩，得大勢菩薩，梵網菩薩，寶杖菩薩，無勝菩薩，嚴土菩薩，金髻菩薩，珠髻菩薩，彌勒菩薩，文殊師利法王子菩薩。如是等三萬二千人。

復有萬梵天王尸棄等，從餘四天下，來詣佛所，而為聽法。復有萬二千天帝，亦從餘四天下，來在會坐。并餘大威力諸天、龍神、夜叉、乾闥婆、阿脩羅、迦樓羅、緊那羅、摩睺羅伽等，悉來會坐。諸比丘比丘尼，優婆塞優婆夷，俱來會坐。彼時佛與無量百千之眾，恭敬圍遶，而為說法。譬如須彌山王，顯於大海。安處眾寶師子之座，蔽於一切諸來大眾。

爾時毗耶離城，有長者子，名曰寶積，與五百長者子，俱持七寶蓋，來詣佛所，頭面禮足，各以其蓋，共供養佛。佛之威神，令諸寶蓋合成一蓋，徧覆三千大千世界。而此世界廣長之相，悉於中現。又此三千大千世界，諸須彌山，雪山，目真鄰陀山，摩訶目真鄰陀山，香山，寶山，金山，黑山，鐵圍山，大鐵圍山，大海江河，川流泉源，及日月星辰，天宮龍宮，諸尊神宮，悉現於寶蓋中。又十方諸佛，諸佛說法，亦現於寶蓋中。爾時一切大眾，覩佛神力，歎未曾有，合掌禮佛，瞻仰尊顏，目不暫捨。長者子寶積，即於佛前，以偈頌曰：

目淨修廣如青蓮　心淨已度諸禪定
久積淨業稱無量　導眾以寂故稽首
既見大聖以神變　普現十方無量土
其中諸佛演說法　於是一切悉見聞
法王法力超群生　常以法財施一切
能善分別諸法相　於第一義而不動
已於諸法得自在　是故稽首此法王
說法不有亦不無　以因緣故諸法生
無我無造無受者　善惡之業亦不亡
始在佛樹力降魔　得甘露滅覺道成
已無心意無受行　而悉摧伏諸外道
三轉法輪於大千　其輪本來常清淨
天人得道此為證　三寶於是現世間

以斯妙法濟群生　一受不退常寂然
度老病死大醫王　當禮法海德無邊
毀譽不動如須彌　於善不善等以慈
心行平等如虛空　孰聞人寶不敬承
今奉世尊此微蓋　於中現我三千界
諸天龍神所居宮　乾闥婆等及夜叉
悉見世間諸所有　十力哀現是化變
眾覩希有皆歎佛　今我稽首三界尊
大聖法王眾所歸　淨心觀佛靡不欣
各見世尊在其前　斯則神力不共法
佛以一音演說法　眾生隨類各得解
皆謂世尊同其語　斯則神力不共法
佛以一音演說法　眾生各各隨所解
普得受行獲其利　斯則神力不共法

佛以一音演說法　或有恐畏或歡喜
或生厭離或斷疑　斯則神力不共法
稽首十力大精進　稽首已得無所畏
稽首住於不共法　稽首一切大導師
稽首能斷眾結縛　稽首已到於彼岸
稽首能度諸世間　稽首永離生死道
悉知眾生來去相　善於諸法得解脫
不著世間如蓮華　常善入於空寂行
達諸法相無罣礙　稽首如空無所依

爾時長者子寶積，說此偈已，白佛言：世尊！是五百長者子，皆已發阿耨多羅三藐三菩提心，願聞得佛國土清淨，唯願世尊，說諸菩薩淨土之行。佛言：善哉！寶積！乃能為諸菩薩，問於如來淨土之行。諦聽！諦聽！善思念之，當為汝說。於是寶積，及五百長者子，受教而聽。

佛言：寶積！眾生之類，是菩薩佛土。所以者何？菩薩隨所化眾生而取佛土，隨所調伏眾生而取佛土，隨諸眾生，應以何國入佛智慧而取佛土，隨諸眾生，應以何國起菩薩根而取佛土。所以者何？菩薩取於淨國，皆為饒益諸眾生故。譬如有人，欲於空地造立宮室，隨意無礙，若於虛空，終不能成。菩薩如是，為成就眾生故，願取佛國，願取佛國者，非於空也。寶積！當知！直心是菩薩淨土，菩薩成佛時，不諂眾生來生其國。深心是菩薩淨土，菩薩成佛時，具足功德眾生來生其國。菩提心是菩薩淨土，菩薩成佛時，大乘眾生來生其國。布施是菩薩淨土，菩薩成佛時，一切能捨眾生來生其國。持戒是菩薩淨土，菩薩成佛時，行十善道滿願眾生來生其國。忍辱是菩薩淨土，菩薩成佛時，三十二相莊嚴眾生來生其國。精進是菩薩淨土，菩薩成佛時，勤修一切功德眾生來生其國。禪定是菩薩淨土，菩薩成佛時，攝心不亂眾生來生其國。智慧是菩薩淨土，菩薩成佛時，正定眾生來生其國。四無量心是菩薩淨土，菩薩成佛時，成就慈悲喜捨眾生來生其國。四攝法是菩薩淨土，菩薩成佛時，解脫所攝眾生來生其國。方便是菩薩淨土，菩薩成佛時，於一切法方便無礙眾生來生其國。三十七道品是菩薩淨土，菩薩成佛時，念處、正勤、神足、根、力、覺、道眾生來生其國。迴向心是菩薩淨土，菩薩成佛時，得一切具足功德國土。說除八難是菩薩淨土，菩薩成佛時，國土無有三惡八難。自守戒行，不譏彼闕，是菩薩淨土，菩薩成佛時，國土無有犯禁之名。十善是菩薩淨土，菩薩成佛時，命不中夭，大富梵行，所言誠諦，常以軟語，眷屬不離，善和諍訟，言必饒益，不嫉不恚，正見眾生來生其國。如是！寶積！菩薩隨其直心，則能發行；隨其發行，則得深心；隨其深心，則意調伏；隨意調伏，則如說行；隨如說行，則能迴向；隨其迴向，則有方便；隨其方便，則成就眾生；隨成就眾生，則佛土淨；隨佛土淨，則說法淨；隨說法淨，則智慧淨；隨智慧淨，則其心淨；隨其心淨，則一切功德淨。是故，寶積！若菩薩欲得淨土，當淨其心，隨其心淨，則佛土淨。

爾時舍利弗，承佛威神，作是念：若菩薩心淨，則佛土淨者，我世尊本為菩薩時，意豈不淨？而是佛土不淨若此？佛知其念，即告之言：於意云何？日月豈不淨耶？而盲者不見。對曰：不也，世尊！是盲者過，非日月咎。舍利弗！眾生罪故，不見如來國土嚴淨，非如來咎。舍利弗！我此土淨，而汝不見。爾時，螺髻梵王語舍利弗：勿作是念，謂此佛土以為不淨。所以者何？我見釋迦牟尼佛土清淨，譬如自在天宮。舍利弗言：我見此土，丘陵坑坎，荊棘沙礫，土石諸山，穢惡充滿。螺髻梵王言：仁者心有高下，不依佛慧，故見此土為不淨耳。舍利弗！菩薩於一切眾生悉皆平等，深心清淨，依佛智慧，則能見此佛土清淨。於是佛以足指按地，即時三千大千世界若干百千珍寶嚴飾，譬如寶莊嚴佛，無量功德寶莊嚴土，一切大眾，歎未曾有，而皆自見坐寶蓮華。佛告舍利弗：汝且觀是佛土嚴淨？舍利弗言：唯然！世尊！本所不見，本所不聞，今佛國土嚴淨悉現。佛語舍利弗：我佛國土，常淨若此，為欲度斯下劣人故，示是眾惡不淨土耳。譬如諸天，共寶器食，隨其福德，飯色有異。如是！舍利弗！若人心淨，便見此土功德莊嚴。當佛現此國土嚴淨之時，寶積所將五百長者子，皆得無生法忍，八萬四千人，皆發阿耨多羅三藐三菩提心。佛攝神足，於是世界還復如故。求聲聞乘者，三萬二千諸天及人，知有為法皆悉無常，遠塵離垢，得法眼淨。八千比丘，不受諸法，漏盡意解。

佛經翻譯時，為了要與中國固有文化稍有差別，就不用「篇、章」而用「品」來表段落。只有漢朝時所翻的《四十二章經》是例外。

〈佛國品〉標題的意思就是先讓我們認識什麼是佛的國土，這國不是現代的國家，而是佛的境界，如何才可稱作佛。

「如是我聞」的詳細意義就不多說了，是記載經文者負責任的表示。

「一時」是那個時候的意思，印度古人對歷史時間比較不重視，和中國極大不同。但是所有的佛經開頭都是「一時」，卻也有深刻的意義，因為時間是人為假定的，宇宙是沒有分方向，沒有分現在、過去、未來的。一萬年有如一彈指，不要被人為的時間觀念所限制。現代科學也證明，地球時間與月球時間，以及其他星球的時間都不同，時間是相對的概念。佛經說「一時」，就是沒有時間，那時就是這時。

「佛在毗耶離菴羅樹園」，是地點，「毗耶離」是維摩居士所在地，中文是「廣嚴城」，是廣大莊嚴之地，也就是佛說《藥師經》的地方，要注意這個關聯細節！

「與大比丘眾八千人俱，菩薩三萬二千」，是記載當時聽法的人數。《藥師經》與《維摩詰經》所記載佛的出家眾弟子的數字都是八千人，跟《金剛經》《阿彌陀經》所記載一千二百五十人不同。而聽此經的菩薩有三萬二千，在《藥師經》中卻是三萬六千菩薩。這些數字不是隨意說的，跟《易經》的象數學問是一樣的，與我們的修持有關，必須要去參究這個奧祕。

說到菩薩，我們都是菩薩，不過我們只是因位上的菩薩，也就是具有菩薩候選人的資格，能否最終成為果位上的菩薩，就看自己的修行了。

佛菩薩的德行成就

下面的經文都是在說明菩薩的各種德行成就，要想學佛的人就要學這些大乘菩薩道。

「眾所知識」，菩薩的學問道德成就為眾人所知、所景仰，因為「大智本行，皆悉成就」，具大智慧成就般若的解脫，不是迷信，更不是死板工夫，是如珠走盤，活活潑潑的。

「諸佛威神之所建立」，受十方三世一切佛的威德、精神所加庇。

「為護法城，受持正法」，有如城牆般的護法，能住持正法，承先啟後。我們學佛，不但要通達佛經，連世間的一切知識技能也要通，在家是好子女、好父母，在社會是真正有貢獻的人，這樣才可以算學佛。

「能師子吼」，能說法像獅子吼，因為菩薩有了這樣的成就，百獸妖邪聽而腦裂。

「名聞十方」，就是名聲遠播。世人都求名和利，所以說：「名利本為浮世重，世間能有幾人拋？」但名利往往難兩全，得此失彼，這是世間法本來如此。五千年來多少人求名，今天諸位能記得幾位宰相？求利的就更不用說了，諸位能數得出幾個歷史上的富人？但是菩薩為何要名呢？這就要參了。這個名不是菩薩去追求得來的，而是多生累積福報來的，都是因果。大菩薩所以能名聞十方，是因為他們濟世之心，勇猛到了近似於瘋狂的程度，絕無畏苦推卸的心態，我們做得到嗎？

「眾人不請，友而安之」，你不去找他幫忙，他卻自己獻身於眾生，更難的是能友而安之，我們連自己家人不彼此討厭都很難了，不要說做到與朋友眾生能夠安然相處，不生厭惡之情。為什麼我們會讓人討厭呢？因為自己心性修養的德行不夠，所以要深切反省。如果心裡的煩惱成天掛在臉上，怎能與人「友而安之」？所以讀佛經一定要仔細，要用心，要反思，這才是真念經。

「紹隆三寶，能使不絕」，有如此修養的菩薩，才能挑起佛法僧三寶的重擔，不使佛法斷絕。

「降伏魔怨，制諸外道」，這一句文字易懂，但意義深刻。魔有四種：煩惱魔（欲魔）、身魔（五陰魔）、死魔、天魔，把這四種魔都降伏了，才是修道。你們以為打坐是修道，實際上不是在煩惱魔中，就是在身魔的各種感受中。禪宗祖師說：起心動念是天魔，不起心動念也是五陰魔；或起不起是煩惱魔，根本無明也是煩惱魔。這些魔，諸位能降伏嗎？《金剛經》中說「如是降伏其心」，就是降伏心念的魔業，貪、瞋、癡、慢、疑都是。佛在世時有九十六種外道，像婆羅門、瑜珈、拜火教作各種工夫的，現在都還有。心外求法，在自己內心之外求法就是外道。學佛的人對外道也應該懂，才能分辨錯誤之處。釋迦牟尼佛當初就學遍了各種外道，他都懂。各位發願「法門無量誓願學」，學了幾種呢？

「悉已清淨，永離蓋纏；心常安住，無礙解脫」，修行的菩薩已經永遠離開了五蓋十纏（貪欲、瞋恚、疑、掉悔、昏眠，共為五蓋；無慚、無愧、嫉、慳、悔、睡眠、掉舉、昏沉、瞋忿、覆，共為十纏），心才能安，還要能常住，這更超越了定的境界。把自性的靈光遮蓋了謂之蓋，要七地以上的菩薩才能真正的永離蓋纏，偶爾的清淨是算不了數的。禪宗二祖當初修行工夫那樣深，還要對達摩祖師說此心不安，可見心安實在難啊！心常安住才可以煩惱無礙，欲無礙，身無礙，生死無礙，才能從各種蓋纏中解脫自在。這些高深的修持途徑，往往被本經優美而平易的文字所帶過，大家一定要留心。

「念、定、總持，辯才不斷」，這一段要這樣斷句才通。大家對於這個「念」，究竟有沒有正確的瞭解？有許多人基於對禪宗不正確的認識，引述六祖所說「無念為宗」，就以為禪宗目的在求無念；又以為打坐時，什麼都不知道就是入定了，其實那是大昏沉現象。這樣子的誤解不但嚴重，而且危險！六祖在《壇經》中明白說過，「無者無妄想」，等於是教理說的無分別心；「念者念真如」。六祖所講的無念絕不是昏沉！前面說過，到了無礙境界之時，好像都感覺不到身體了，大家可千萬不要以為是像睡著一樣的，後者是昏沉。打坐時覺得昏昏沉沉似睡非睡，不要以為這是清淨，小心這樣坐久了以後腦子就退化了，記性、悟力越來越差，還可能有墮入畜生道的悲慘果報。這都是搞不清楚定、無念的真義，如此程度連外道魔道都當不上。

佛法處處講念，例如三十七菩提道品第一就講四念住，再如淨土講念佛，所以對念一定要有正確認識。念是意識上的念，不是用嘴唸。菩薩境界的念住不是念頭斷滅，而是不起思惟分別，念念常住清淨自在，永遠在定中。定不等於是打坐，打坐不過是初步練習學定的方法。念清淨以後，才可以談得定。

平常人修行打坐為何不能得定？因為第一：對念沒有正確認識；第二：念不能定，淨念認不到，因此雜念紛飛。各位自己反省，當你坐不住的時候，究竟是身體坐不住，還是心坐不住呢？你認為是身體的感覺熬不下去了，其實講到底還是心坐不住，就是念的問題。不信，如果用支槍指著你，坐不住就殺了你，保證你就坐得住。

所以一定要淨念得定以後，才能得總持法門，也就是密宗所講的陀羅尼；「總」是「所有」的意思，「持」是「保有」。總持第一個是聞總持，聽聞、見聞過了就不忘，如阿難得總持法門，三藏十二部經典都是他記住，後來才補寫出來。大家上課聽經往往聽過了就忘了，這就是不懂念、定、總持，修萬劫仍是罔然。有天才能過目不忘，博聞強記，這是因為過去生修念、定稍有成就。唸經時如果只是有嘴無心，那是自欺欺人，毫無功德可言。嘴唸時心還要注意在經文上，多唸一次，記誦就熟練一次，才是真修行。第二個總持是知總持，所知道的沒有忘失。第三個是遇有任何疑難，自己會參透解決。這樣定力堅固、慧力堅固，才可以得總持法門；世間出世間、大乘小乘、顯教密教無不成就，才算總持。

如此得無礙的辯才，不是強辯，因為對一切世間出世間的學問智慧，無不了徹，智慧如珠走盤，靈光照耀，才能使佛法正法不斷。菩薩必須具備念、定、總持，修到了遠行地，才能辯才無礙。

「布施、持戒、忍辱、精進、禪定、智慧及方便力，無不具足」，這六度波羅蜜大家好像都懂，但是真做到了多少？如果連舉手之勞都不肯幫人，就不用學佛了。佛法講願、行，很多人初發心學佛時都還好，久了連作人的影子也不見了，真是可悲。六度中不論由哪一門專修有所成就時，其他門也都會貫通了，真有成就就變成力量，譬如布施之力、持戒之力、忍辱之力等等。我們學佛打坐念佛拜佛沒有成就，就是因為無法形成力量，換言之是修行的善念的念力沒有形成，還隨時被自已此生或過去生的各種善惡的業力習氣所牽引。修行有成就的菩薩，因為有了方便力，隨時隨地都在行六度，可是外表卻不顯示出來，這就是方便力。所以菩薩到達六度及成就方便之力，無不具足，沒有哪一樣不圓滿具備。

「逮無所得，不起法忍。已能隨順，轉不退輪」，七地以上的菩薩無功用行，無時無地不在修行，不用特別去作打坐念佛等修行工夫，這就是逮無所得，無生法忍，生而不生，不生而生。一切煩惱妄念頓斷不生，有如截斷忍住般，所以叫它不起法忍，一切妄念不起不生，截流而斷。到了無生法忍境界，並不是死板地定在那兒，而是隨順世間法起用，入眾生世間轉法輪，雖然入世間，但不退轉，這就是到了八地的菩薩境界了。不到八地的菩薩境界，還是有退轉的可能，過了八地菩薩不動地，才有希望說不退轉，在任何境界，任何情況下都是在無生法忍中。

「善解法相，知眾生根」，這些菩薩們善於解釋一切世間出世間法相，能為人解答一切問題。注意，這裡法相不單是指唯識的學問而已，又要能夠知道眾生的根器不同，人的天生根器非大修行人積功累德是不可能轉變的，這是業和果報的問題。

「蓋諸大眾，得無所畏」，覆蓋住眾生，得四無畏，心不生怯。第一，法無不通達，無所畏。第二，說了就能做到，也是無畏。凡夫遇事推諉，因為怕這樣，顧忌那樣，就是有所畏（菩薩的四無畏：總持不忘，說法無畏；盡知法藥及眾生根欲性心，而說法無畏；善能問答，說法無畏；能斷物疑，說法無畏）。

如何修功德智慧

「功德智慧，以修其心」，這八個字看起來容易，想想看可真難了。這裡要注意了！《維摩詰經》講學佛修菩薩道的重心，由這八個字點出來了。修行就是修功德修智慧，也就是修心。功德是一點一點累積而來的，所以說積功累德，要身口意隨時都在行一切善。功德包括一切，要有功才有德。再說，即使做了功，若因而心生一絲驕慢，這個德也沒有了。這積功累德太難了，更不見有人能一貫到底做下去。

我們學佛講功德和福德成就，沒有功德哪有福報？智慧更難修了，智慧不夠，頭腦就不清。要怎樣修呢？靠定慧止觀，不是靠打坐，愈打坐愈糊塗的人很多。止是止一切妄念雜想，止於至善，一念在淨念上，然後要起觀，參究一切的佛，這才是打坐靜修的道理，不是在那裡玩弄氣感，要多研究《瑜伽師地論》的止觀，智慧是要學來的、修來的。我們學佛就兩條大路，一條修福德，行一切善，去一切惡；另一邊修智慧。福德圓滿，智慧圓滿，才能成功。

「相好嚴身，色像第一，捨諸世間所有飾好」，因為功德智慧成就所得的果報，心能轉物所致，色身氣脈自然轉變。這裡經文又隱藏著密教噢！不信你試試看，若做了件大善事，不用打坐氣脈就會變，就是這個道理，立竿見影。有多少修行工夫，色像就會有多少變化，絲毫不爽。修善根結善緣的人，即使是容貌不美，仍然會讓人覺得可愛而想親近；長得雖好看而人緣不佳，就是不修善業的結果，大家要多自反省。未成佛要先結人緣，你一個人大徹大悟，不能度眾生，因為功德不成就，充其量是個辟支佛。

「名稱高遠，踰於須彌」，這時不是世間小聲名而已，是因智慧功德成就而能名聲普聞三界。譬如歷代聖賢，他們的成就、他們的功德、他們的作為永遠流傳，高超三界，不受時代時間的影響，他們的崇高與偉大，超越了須彌山。

「深信堅固，猶若金剛」，我們自以為深信佛法，其實靠不住，而迷信的居多，算不上是正信。譬如說空，要真證到了空，有了實證，才是正信。這樣還不夠，還要深信，例如禪宗祖師說要大悟十八回，小悟無數次的境地。但即使深信到了十信、十住、十行、十迴向，仍不堅固，修行人仍會退轉，因為見地偏差，功德不圓滿，都會造成退轉。要到了八地菩薩以上，才不退轉，才稱得上深信堅固，猶若金剛。

我們現在仍然在講《維摩詰經》的序品〈佛國品第一〉，這品在敘說讚歎成佛的境界，也就是代表了學佛要求證、要到達的境界，這境界也就是佛土。從修持的因上來講，叫作境界；從修持的果上來講，稱為佛土。

「法寶普照，而雨甘露」，這些菩薩的境界已到第十地法雲地，形容解脫成就之法寶普照世間，慈雲法雨，說法如雲如雨，普惠眾生。

「於眾言音，微妙第一」，所發的聲音使人能得到利益，這是種最微妙的境界。佛以一音說法，眾生隨類各得解。很多經典都讚歎音聲法門，眾生心地清淨，能正思惟起修，才可感應菩薩言音的微妙。這是信、解、行、證的道理。此處的「解」不同於世間作學問的理解，是要有止觀的因，得定慧的果，中文勉強稱之為「解」，是要用證的，能證到了，自然可以聽到菩薩的言音，微妙第一。這其中的道理要向觀音法門去體證，必須做到「反聞自性，性成無上道」。能懂得菩薩的言音微妙第一的人，即使聽世間一切噪音，都成清淨的音聲；否則，即使是松風或是潺潺溪流，都會成為煩惱的音聲。

邪見　斷見　性空　緣起

「深入緣起，斷諸邪見。」我們都知道佛法講緣起，一切都是緣起。小乘法門注重十二因緣的緣起，以十二因緣概括了三世因果，三世皆從無明而起。以境界上講，無明就是起心動念，就是不知道生來死去，睡眠也是無明。在理上講，宇宙如何開始，第一個人如何生出等等問題，不知答案，也是無明。總而言之，不論是境界上或是道理上，這兩種無明都是因為沒有修持，沒有悟道而有。境界上的無明必須用定力來破除，真得如來大定的人晝夜長明，隨時隨地都在自性光明定中。但是縱然到了這樣的境地，仍然沒有解脫。解脫是靠智慧，但是真正的慧還是要從定而生，沒有定的慧是狂慧，或稱作乾慧。

小乘講因緣法都從十二因緣的無明一念而起，但無明又是怎麼起的？在《楞嚴經》中富樓那就拿這個問題替我們問佛，因為佛既然說一切皆空，他問如果一切自性本來是空，為何忽然生出山河大地？也就是問：這世界怎麼來的？第一念怎麼來的？無明怎麼來的？這個問題就是大小乘佛法最基本的問題。所有宗教對這個問題的處理就是掛塊「謝絕參觀」的牌子，因為到這裡問不下去了，教你只要信就好了。但是富樓那一定要問第一念無明怎麼來的，佛回答他無明是從明來的，「覺明為咎」。這個回答好像沒有回答，難怪許多後人認為《楞嚴經》是外道或是偽經。其實佛說得沒有錯，無明是因覺明為咎而生，一念靈知，覺性常明，久之復生無明。佛沒有再交待，富樓那也不再問了。

要知道佛是以修證工夫的境界來答的。當然現在能修定慧工夫的人少了，若真修定慧，進入光明定中停留，就走偏了，不得解脫，千萬注意！若說不要修光明定，那又絕對是個凡夫。既然得了自性光明定，為什麼不得解脫呢？這就是見地的偏差，是見取見，修行到了某一個境界執著了，不知道再進一層解脫，所以是見取見。

小乘容易落入這些毛病，那大乘怎麼講緣起呢？問題很嚴重了，近代絕大多數都落入了斷見，都說「緣起性空，性空緣起」，都知道這是佛法的中觀正見，實際上一點修證修持工夫都沒有，所以始終不能擺脫生老病死的痛苦，甚至可以說是因為學了佛，生老病死變得更嚴重。何以如此？因為自己的著作、言論、說法犯了更錯的因果，斷了人家慧命；認為一切法緣起性空，空就是沒有。假如空就是沒有的話，我們也不用學佛，去研究西方唯物學派哲學好了。

佛學的中心是修證，但是現代全世界都把它當成一種思想學問，幾乎與唯物論不分，嚴重曲解了緣起性空，認為空就是什麼都沒有。沒有可不是空噢！沒有是斷見！佛說一切法皆從因緣所生，這當然沒有錯，但要注意，因緣所生講體相起用，現象界的東西、應用的東西都是緣起，是因緣所生。但是自性功能並非緣起的，這一點千萬要注意！不過，我們說自性功能是用現代的語言來講，可不要又執著一個自性、執著一個功能，因為凡有所執著就不對了。

所以緣起性空這個道理非常深，《楞嚴經》有段話非常重要：「如來藏中，性色真空，性空真色，清淨本然，周徧法界。隨眾生心，應所知量，循業發現。世間無知，惑為因緣，及自然性，皆是識心，分別計度。但有言說，都無實義。」在這段話之前，佛一路講唯物的地、水、火、風，一切物質是緣起性空的。由四大的地水火風，說到五大的地水火風空、六大的地水火風空覺乃至到識大，最後說到「非因緣，非自然性」。這是講物質的最高理論物理，現代的理論物理已經快走到這個邊緣了。一切法非因緣，非自然性。關於這一點，有一次打禪七時，曾經有幾位老參們還議論紛紛，認為是我說錯了。我可沒說是我說的，這是佛經上寫的，要問去問佛吧！

佛說非因緣，非自然性，是指本體而言，是法身境界。性空的空，可不是因緣空得了，也不是自然空，自然空就成了自然外道了。所以講本體而言，是非因緣，非自然性；講起用而言，世間一切法都是因緣所生，並非自然生，也無主宰，因為它是性空緣起。所以講緣起之理，這還沒講修證，要能深入緣起，才能斷諸邪見。換言之，如果你沒有證悟到緣起性空的境界，你即使學佛，許多的知見仍然還是邪見，因為沒有證道。

現在流行參禪，從古以來許多禪宗的祖師都是從緣起上悟道的，不是理上悟入。有丟一塊石子開悟的，有看到花開悟了，就是由緣起而悟入。如香嚴禪師，因為擊竹開悟。這類的例子很多，不是全體。溈山祖師說：「從緣悟達，永無退失」，從因緣上悟道才不會退掉，光是從定力上參出來還不對。這是一種說法，可是我反對這個說法，從緣入者，反而容易退失，偶爾瞎貓碰著死老鼠身心一下空了，進入空性，雖然定在空性，若這個色身、業力、習氣一切都還沒有轉，還是要退轉的。所以趙州和尚八十仍行腳天下參善知識，因為此心不穩。大乘的緣起性空，性空緣起，如果沒有真修實證，儘管理論上講得緣起性空，性空緣起，中觀正見，那只是口頭佛法，甚至是邪見。所以經文說一切菩薩要「深入緣起，斷諸邪見」。

「有無二邊，無復餘習。」什麼是邪見呢？有無二邊就是。有，就是有法可見，無，就是空。世界上一切宗教、哲學，乃至學佛人的見解，不是落入空，就是落入有。一般人學佛、打坐、修法門，都是以有所得之心，求無所得之法，背道而馳，都落入「有」見。相反的則是落入「空」見的人，什麼都沒有，「空」了，結果什麼都沒學好，成了懶漢、白癡。各位打坐時要自省，是落在哪一邊？要知道不單是我們凡夫落在空有二邊的見解，沒有到達八地以上的菩薩，照樣落在二邊，所以他們只是菩薩，不是佛。

餘習又叫積習，《維摩詰經》後面講到維摩居士說法，天女散花，花落在大阿羅漢身上就黏住了，大菩薩身上一瓣花都不黏。什麼道理？這些大阿羅漢雖然成就很大，但積習未斷，所以天花著身。他們雖然空了，不動念了，阿賴耶識裡愛花愛漂亮的影子還在，積習未斷。

「演法無畏，猶師子吼。其所講說，乃如雷震。」此處是師而不是獅，是大師，是佛的意思。大菩薩們，說法無畏，猶如佛在說法，其聲如雷，眾魔為之腦裂。照佛經上講，十方三世諸佛，一切大菩薩，晝夜六時都在說法，但是為什麼我們聽不見呢？可以用《老子》一句話形容，「大音希聲」。講到這裡，有些同學們很用功，在打坐或睡眠時會聽到音聲，聽到人說法，有時這些音聲還會答覆你遇到的問題。大家千萬注意！不要著相，很多人一著相就進入了魔境。還有人執著咒語的音聲，也是不對。

執著這些音聲咒語會走入魔道；不執著呢？又落入邪見，是斷滅空。你說唸這些咒子容易得定，其實是你自己的關係，與咒子無關，你唸個咒子不懂它的意思，但是信了。如果教你唸個懂得的咒子，南無阿彌陀佛，你反而不用。佛說一切音聲皆是陀羅尼，就是咒語。但一切音聲皆是無常，你執著這個咒語或念佛號的音聲，認為能修有為法而成道，終究一事無成。因為一切音聲皆是無常的，所以你在定中或睡眠中聽到的音聲，不要理它。但是不理也只對了一邊，不理就落空。執著理或不理就落二邊邪見。《楞嚴經》告訴我們修持方面特別注意：「不作聖心，名善境界」，不要認為這些祥瑞、感應是好事，就會進步，所以你聽了等於不聽。「若作聖解，即受群邪」。千萬要注意！

為何現代人用起功來容易聽到聲音呢？因為人的視覺和聽覺神經在後腦是連著的，現代年輕人眼睛不行，近視的多，用起功來稍稍有些進步時，頭腦神經起了變化，聲音來了。這個問題就講到這裡，否則離題太遠了。

上面講到「大音希聲」，現代科學研究，太空中許多聲音大到儀器測得出，我們卻聽不到，因為太大聲了所以我們聽不到。有的昆蟲所發聲音如螞蟻，頻率高到人耳聽不見，但入定的人卻聽得像雷鳴。有定力修持的人聽到一切的音聲，能瞭解一切音聲皆是陀羅尼，能知道不同的咒語有什麼特別的用處。

「無有量，已過量」，這是接著說菩薩說法音聲大到什麼程度。這裡文字的用法很特別，你可能覺得為何不直接翻譯成「無量無邊」呢？這就是莊子所形容的「大而無外，小而無內」。虛空算大嗎？一講虛空，觀念上已經有個邊際了，既然有邊際的東西就不算大；大到無外，沒得邊際了才算大，那個大到什麼？大到極點就是最小。什麼叫小？小到分析到分子、原子、電子、核子、質子，到了最後是空，所以小而無內。小到極點就是大，大到極點就是小。這個是邏輯的道理，也就是佛法真修實證的道理。有親證定慧工夫的人，就能瞭解到「無有量，已過量」的道理。

為人師應具備的能力

「集眾法寶，如海導師，了達諸法深妙之義，善知眾生往來所趣，及心所行」，菩薩對一切的法門，都完全瞭解透徹，能領導眾生渡過凶險的大海，好像領航員在導航一樣。好為人師的人要注意了，你要能夠「集眾法寶」，學了無量法門，瞭解一切眾生前世的因果和根器的不同，明白眾生的心理，對眾生的起心動念都知道；有了這樣的菩薩境界，才能夠「如海導師」。《維摩詰經》這裡每一句話，都像是條鞭子抽在我們身上。

「近無等等佛自在慧。」這些菩薩近乎於佛，等同於佛的無等，但到底還不是佛，沒有過十地、沒有超過等妙二覺而證佛果，所以是近無等等佛的大自在慧。

「十力、無畏，十八不共。」佛的自在慧具備了十力、四無畏、十八不共法，這裡不一一解釋這些名辭了，詳細解釋下來，佛法就全包括在其中了。（佛十力：知處非處智力、知三世業報智力、知諸禪解脫三昧智力、知諸根勝劣智力、知種種解智力、知種種界智力、知一切至處道智力、知天眼無礙智力、知宿命無漏智力、知永斷習氣智力。佛四無畏：一切智無所畏、漏盡無所畏、說障道無所畏、說盡苦道無所畏。佛十八不共法：身無失、口無失、念無失、無異想、無不定心、無不知已捨、欲無減、精進無減、念無減、慧無減、解脫無減、解脫知見無減、一切身業隨智慧行、一切口業隨智慧行、一切意業隨智慧行、智慧知過去世無礙、智慧知未來世無礙、智慧知現在世無礙。）

「關閉一切諸惡趣門」，菩薩因為近於佛的自在慧、十力、四無畏、十八不共法，所以已經生生世世不會墮入畜生、餓鬼、地獄三惡趣道。但是還不算是究竟。

「而生五道以現其身」，所以近於佛的大菩薩才能任意出入天、人及三惡趣的五道中，為度一切眾生。

「為大醫王，善療眾病，應病與藥，令得服行」，我再三強調，《維摩詰經》同《法華經》《藥師經》《地藏經》有密切的關係。但是《維摩詰經》

高如陽春白雪，《地藏經》有人不願意看，認為是迷信老太婆看的。可是《地藏經》最難懂，所以《楞嚴大義今釋》沒翻譯經中關於地獄的一段，因為怕眾生難以相信。如果徹底瞭解地獄，真可以修行了。在座諸位學佛的，自問真的相信三世因果嗎？不要自欺，有時不大信吧！你真的相信地獄嗎？佛法不管大小乘的基礎都是建立在三世因果、六道輪迴上，一般人勉強信了，但求證很難，除非到了三禪以上，在定中才看得清楚，那才差不多會真相信。

《維摩詰經》這裡說，唯有真正大菩薩才是大醫王，善於治療眾生一切的病，生什麼病給什麼藥，物質的精神的藥都有，讓眾生照方子吃藥，得到解脫。

「無量功德皆成就，無量佛土皆嚴淨」，這裡都是打雷的聲音，有如雷震，但眾生聽不見。學佛想證道，千萬要抓住這兩句話！沒有修福德資糧就不要妄想成就，怎麼樣開始修福德？「諸惡莫作，眾善奉行」。也就是「莫以善小而不為，莫以惡小而為之」。沒有功德成就的話，處處是障礙，身心都會是魔障，內外環境都是障礙。無量功德成就是修福報，無量佛土皆嚴淨是修智慧的成就。怎麼會無量佛土皆嚴淨呢？心淨國土淨，要念念清淨。一呼一吸是一念，眾生一念之間有八萬四千個煩惱，所以念念清淨才能夠證到無量佛土皆嚴淨。

「其見聞者，無不蒙益。諸有所作，亦不唐捐」，見到聽到這樣菩薩的眾生，沒有不得到益處的。一切所作所為沒有徒然而作，不是空作的。

「如是一切功德，皆悉具足」，修到這個地步，有了福德成就和智慧成就的功德，圓滿具備充足。經文到此都是讚歎菩薩們的功德。下面是在場每一位菩薩的名號，如果要一一詳細介紹每位菩薩的功德和事蹟，是一兩個月也說不完的，那我們本經的主角維摩詰居士，就老登不了場，所以我們只能念一次菩薩們的名號。

去探病的菩薩們

「其名曰：等觀菩薩，不等觀菩薩，等不等觀菩薩，定自在王菩薩，法自在王菩薩，法相菩薩，光相菩薩，光嚴菩薩，大嚴菩薩，寶積菩薩，辯積菩薩，寶手菩薩，寶印手菩薩，常舉手菩薩，常下手菩薩，常慘菩薩，喜根菩薩，喜王菩薩，辯音菩薩，虛空藏菩薩，執寶炬菩薩，寶勇菩薩，寶見菩薩，帝網菩薩，明網菩薩，無緣觀菩薩，慧積菩薩，寶勝菩薩，天王菩薩，壞魔菩薩，電德菩薩，自在王菩薩，功德相嚴菩薩，師子吼菩薩，雷音菩薩，山相擊音菩薩，香象菩薩，白香象菩薩，常精進菩薩，不休息菩薩，妙生菩薩，華嚴菩薩，觀世音菩薩，得大勢菩薩，梵網菩薩，寶杖菩薩，無勝菩薩，嚴土菩薩，金髻菩薩，珠髻菩薩，彌勒菩薩，文殊師利法王子菩薩，如是等三萬二千人。」文殊師利是領班的，這個數字是大祕密，不要等閒看過去。

「復有萬梵天王尸棄等，從餘四天下，來詣佛所，而為聽法。」這裡要提一下佛學中的佛土宇宙觀念，是佛學的基本常識。一佛國土有三千大千世界，十億個四天下。一個太陽系統是一個四天下，一千個太陽系統是一個小千世界，一千個小千世界是一個中千世界，一千個中千世界是一個大千世界。這個數字之大和現代天文學的研究不謀而合，科學研究認為整個宇宙之中有不可知、不可數的太陽系統，佛在二三千年前就已經提出來如此的宇宙觀了。

佛教經典中所說的三界，合共有二十八層天，由底層的欲界到色界到無色界。欲界是太陽系統的內外上下，一切欲界的眾生因為有了兩性淫欲的念而有生命。人在欲界的中間，人做善事或修行升天仍然是在欲界天，在那裡還是會有色、聲、香、味、觸這五欲，一樣有飲食男女的欲望，不過壽命比人世長，福報大，生存的環境也比我們好。我們在廟子見到的四大天王，就是欲界天的護法天神。欲界天中有個三十三天，其中的天主叫帝釋天釋提桓因，就是中國人所講的玉皇大帝。

欲界天之上是色界天，這已不是科學上看到的天體了。最高天是有頂天，從那兒拋一塊石頭要六萬五千五百三十五季（注：四季為一年，合一萬六千五百八十三年多三季）才到地球。有頂天的天主是大自在天，穿白衣，三眼，是大菩薩化生，是三千大千世界之主。釋迦牟尼佛所教化的大梵天天主名尸棄，也有翻成不同名字的。色界天有許多梵天王，所以說「萬梵天王」。

若這一生壓制欲望持戒修行，如果沒有開悟，果報最多不過往生欲界天，何況到了欲界天那裡物質環境的欲望更大，升了天人再破戒就嚴重了。天人境界要研究好，不要好高騖遠，動輒講《金剛經》，性空緣起，其實佛法建立在三世因果，修了半天以為往生了，其實還落到欲界天，也可能人身再來。佛在世時有九十六種外道，現在世界上有一兩百種宗教，都是講修道的，充其量修到色界天的不還果位，不會回到這個欲界來，這已經很難了。否則，修到其他天人境界照樣還在生死輪迴中。

「復有萬二千天帝，亦從餘四天下，來在會坐。」剛才前面一段是講大梵天，這一段是講這個世界之外的他方世界，有萬二千天帝，率眾來聽法。

「并餘大威力諸天、龍神、夜叉、乾闥婆、阿修羅、迦樓羅、緊那羅、摩睺羅伽等，悉來會坐。」還有稱為天龍八部的護法天人也來參加法會。大威力諸天是其中一部，是欲界天的天人，比帝釋天的層次低一級，比梵天更低一層，這些有如中外各民族都有的星座神話。龍神也是八部之一，守護天宮、注雨。「夜叉」是譯音，也翻成「藥叉」，一般皆以為夜叉是指魔鬼，這可不一定，夜叉又分天夜叉、地夜叉、虛空夜叉，都是非人。也譯為「輕捷」、「勇健」、「祕密」，具大威力，很多是大菩薩化身。「乾闥婆」，乾讀如乾坤的乾，是虛空中的音樂神，為欲界天的天人奏樂。如果住在高山頂上，有時入定就聽到虛空中的天樂聲，這種天樂不屬於銀河系統，不知是否莊子所講的「天籟」。「阿修羅」也不一定是魔鬼，阿修羅已經超出了鬼道。欲界天人中都有阿修羅，是神中的惡人，吃素，不飲酒，脾氣大，個性壞，但有修持，沒有相當的福報還成不了阿修羅。阿修羅與天人是平等的，力量不相上下，等於西方文化中的上帝與魔鬼的對立。男性的阿修羅非常醜陋，女性的卻非常漂亮，中國文學常把美女寫成可怕的阿修羅化身。

「迦樓羅」是大鵬金翅鳥，以龍為食物，被佛度了就戒它不許再食龍，以至在廟子裡，到了中午會將供佛的食物挑些出來，盛入盤子念個咒子，拿到外面去供迦樓羅。這些你當作是神話故事也可以，但有一點是確實的，我們的地球世界乃至天人，一切生命為了生存，都會傷害別的生命。從這個觀點來看，這個世界是醜陋的，都是將自己的幸福建立在別人的痛苦上。

「緊那羅」是非人，有時讓你看見，有時不讓你看見。中國雲貴山區傳說的山魈，就是這一類，留在地上的腳印足跟朝前，足趾向後，看起來好像是倒退著走路的，他們偶爾會與人類接觸，男的很醜，女的很漂亮，都能歌舞。「摩睺羅伽」則是大蟒神。

「諸比丘比丘尼，優婆塞優婆夷，俱來會坐。」這是參加法會佛在人世的弟子們。「比丘」的原義是乞士，上乞法於佛，下乞食於人。和尚是大師，人天之師之意，是種尊稱，一個廟子只有住持大方丈才可稱是和尚，有如西藏人稱活佛。「比丘尼」是女性出家人，尼是女的意思，後來尊稱出家的女尼為阿姑，因此連起來就稱尼姑。原來是尊稱，到現在稱和尚或尼姑反而有貶意。優婆塞是男居士，優婆夷是女居士，是在家學佛的人。

「彼時佛與無量百千之眾，恭敬圍遶，而為說法。譬如須彌山王，顯於大海」，接到上文，介紹了來參加這次法會的諸佛、菩薩、天人、眾人，這時，有無量、數不清的大眾非常恭敬地圍繞著佛，聽他說法。經文描述的手法極高明，形容佛站在無量大眾之中，像是最高的須彌大山聳立於大海之中，這是一個何其莊嚴壯觀的場面呀！想像一下一個道德學問受萬人景仰的人，走到哪裡都受眾人擁戴，並不是神話的場面。如今所謂的明星可能也做得到，權位高的人也做得到；但是包圍明星的群眾是受狂熱欲望所驅使，包圍權位高者的群眾是被權力所攝，甚至是被強迫的。

「安處眾寶師子之座，蔽於一切諸來大眾。」佛被大眾恭奉到為他而設的寶座，安詳地坐下。這座位是用一切寶物來做成的，只有足以為人天師表的大師才夠資格坐，所以叫師子座。這裡文字用「蔽」形容佛上了座，他的威德莊嚴光芒像棵大樹般，遮蔽了一切到會的大眾。以上是講佛到會時的情形，下面另起一段。

「爾時毗耶離城，有長者子，名曰寶積，與五百長者子，俱持七寶蓋，來詣佛所，頭面禮足，各以其蓋，共供養佛。」毗耶離城是當時中印度的名都。稱長者是年高德劭，學問道德有所成就之人，「長者子」就是當地有高度文化教養家族的子弟，為首的長者子名叫寶積。寶積這名字在印度文化佛經中好幾次出現，尤其是在《大寶積經》中是以他為主體，他提出了很多的重要問題來請佛開示。當時印度同我們春秋戰國時一樣，有兩三百個國家。毗耶離城是當時一個民主自由的國家，是用道德自治，維摩居士的地位在城中好比是一位最高的主席。這次他並沒有到會，由寶積帶領了五百世家大族的世子來到法會，每人拿著一個鑲滿七寶的寶蓋，是像雨傘一樣的東西，晴天可遮陽，雨天可擋雨。中國秦漢之後的帝王出巡時，後面有執寶蓋的，就是外頭傳來的。他們前來參見佛，依印度禮俗向佛叩拜。「頭面禮足」，就像我們今日拜佛，雙手向上攤開接住佛的雙足，頭向下叩佛的腳面，這是最高的禮貌。禮拜之後，每人都將自己的寶蓋獻給佛，右繞而轉。

佛的神力

「佛之威神，令諸寶蓋合成一蓋，徧覆三千大千世界。而此世界廣長之相，悉於中現。」要注意這一次法會講學的開始，不是以出家人為主，而是以在家人為主，就是這五百個長者子。佛運用神通把五百個寶蓋合攏為一個蓋子，這蓋子就升空了，蓋住了整個虛空，徧覆三千大千世界。這三千大千世界的概念前面已經解釋過了，是一佛國土，是佛的威力所及。這個世界空間有多廣大，時間有多長，都沒有妨礙，都蓋住了。看來像是神話，如果我們站在地平面上仰頭看，整個天體就是個寶蓋。站在世界上不同的地方，看到自己頭上的天頂都不一樣，和個人立場不同的天頂變成一個宇宙的觀念，本來如此，不是神話，就是說明宇宙就是一個圓蓋形的。

「又此三千大千世界，諸須彌山，雪山，目真鄰陀山，摩訶目真鄰陀山，香山，寶山，金山，黑山，鐵圍山，大鐵圍山，大海江河，川流泉源，及日月星辰，天宮龍宮，諸尊神宮，悉現於寶蓋中。又十方諸佛，諸佛說法，亦現於寶蓋中。」根據佛經，我們這個世界的中心是須彌山，世界的邊緣有七金山等，藏有無盡的寶藏，鎮住世界的邊緣，使之不裂開。這段是描寫在此寶蓋之下，我們這個世界的山、海、河川、日月星辰等都在其中。同時又呈現了這個世界以外的一切諸佛，都同時在講經。佛教並沒有一尊的觀念，宇宙沒有個絕對的主宰。甚至，佛教主張所有眾生本來就是佛，一切眾生是平等的，眾生只不過迷失了本性，這與其他宗教是不同的。

「爾時一切大眾，覩佛神力，歎未曾有，合掌禮佛，瞻仰尊顏，目不暫捨。」當時在場的大眾看見了佛的神通威力，感歎從未見過如此場面。「歎未曾有」這四個字用得太好了，我們今日用得很平常，但是當初創作是非常不容易的。大眾讚歎不已，就合掌敬禮。合掌是表示恭敬，將自己的散心收攏起來，同中國人的拱手一樣。大眾將眼睛瞪起來看著佛，眼光沒有一刻離開，好像所有照相機的鏡頭都對著佛。

「長者子寶積，即於佛前，以偈頌曰」，這是印度禮貌，見到長輩用唱誦表示尊敬，歌詞就是偈頌。寶積唱的這一篇偈頌不是普通的歌，是描寫成為人天師表的學問道德境界，同詩一樣，但是沒有辦法把有押韻的原文翻成中國的詩歌體，而不失其神韻，這在文學翻譯上是非常困難的。不要說外文詩歌很難翻成中文，就連中文的古詩一翻成白話就走樣了。偈頌成為中國一種特殊的佛經文學體，同詩詞一樣的長短句，可是沒有辦法配合音韻。

「目淨修廣如青蓮」，形容佛的面相，雙眼大而長，黑白分明。好像古書所說，工夫到了一定境界就會「碧眼方瞳」，不是西洋人的藍眼，而是講眼睛有神，眼白清澈無瑕。

「心淨已度諸禪定」，佛的境界是內心達到了絕對的乾淨，超過了禪定的境界，無所謂定與不定，不再需要借助禪定的工夫達到淨的境界。注意，打坐禪定和後世禪宗不同，不要混為一談。

淨業是什麼

「久積淨業稱無量」，多生累積的修持，到達無量成就境界而成為佛。

淨業不是善業，善與惡像是一陰一陽，是相對的。沒有惡業僅有善業還不能算是淨業，淨業是善惡二邊都不著，無著無依，非有非空，連空也空。佛境界是淨業，十方三世諸佛國土皆是淨土，因為心淨所以國土淨。

「導眾以寂故稽首」，作為導師領導一切眾生進入寂滅涅槃，因此向佛叩頭禮拜。寂或涅槃不是死亡，超過了清淨安詳，是在無比混濁、無比動亂中的清淨自然。好比你去到高峰頂上，在沒有風沒有任何聲音的時候，就接近了寂的境界。不過你到了那裡，或在打坐中進入這個境界，可能反而會覺得可怕。

「既見大聖以神變，普現十方無量土」，看到一切佛展現的神通，普遍的呈現在十方無量無邊的國土，無所不在。一提到神通，大家就想到稀奇古怪的東西。中文翻譯得很好，是我們自己誤解了。神通是人神而通之，是人修到了精神超越物質、超越肉體時，他的精神與天地宇宙法界的觀念相通了，自然就起各種化。所以不應該以凡夫境界的意識妄想，隨便妄求神通。如果佛的神通無所不在，為何我們看不到呢？譬如太陽永遠在天頂，我們在夜裡看不見，並不是太陽不照地球，而是我們所處的地方轉到背對太陽的緣故。所以我們看不到佛的神通，見不到我們的自性，是由於自我的妄想、煩惱、業力阻礙住了。

大家繼續聽我講，但要看著經文，我發現有些人只聽經不看經，自以為記得住，所以文字般若始終不開。文字智慧一定是從讀經來的，光靠玩弄聽明，以為耳朵聽了就理解了，文字智慧是開不了的。

「其中諸佛演說法，於是一切悉見聞」，在十方無量國土中，一切佛任何時間都在說法，眾生法眼清淨、自心清淨了才能見到、聽到，這就回到前面頭兩句：能到達「目淨修廣如青蓮，心淨已度諸禪定」，自然能見聞十方佛在說法。「於是」二字是行文的虛字。

中國的大乘佛法中心的禪宗，是以《維摩詰經》為最重要的根據，下面要講到非常重要的中心：

「法王法力超群生，常以法財施一切」，法王是佛的別稱，成了佛是一切世間法出世法之王，這個法不要認為是結手印，唸咒子，敲木魚，或者心裡面作些古怪的觀想，真正的法緣起性空，就在目前而不能見，是大祕密法。佛的法力超越一切眾生，不是眾生所能想像的。佛法永恆不變，不論肉身佛是否在世，一切善知識諸佛菩薩都常以法財作布施，注意這個「常」字。

不動的第一義

下面來的就是佛布施我們真正的大法，「能善分別諸法相，於第一義而不動」，這就是我們要證的菩提道果。大家持戒修定都是想做到沒有妄念，沒有煩惱，但是自己為什麼做不到？這個問題大家要仔細參究。下一個問題，成了佛還動不動念呢？

大家注意這裡「能善分別」，是有分別，不是無分別，佛能善於分別一切法相。凡夫的分別作意，不落善念就落惡念，或落於不善不惡的無記念。唯有證道成佛，才能善分別一切法相，雖作意而不著。所以說空、無相、無作（或無願）為三解脫門。能善分別，當下就性空一切的法相。第一義就是第一義，佛學的解釋是真諦或形而上之道體，現代的哲學解釋是本體，「於第一義而不動」，在這上面沒有動過。

比方大家從上課以來雖然每一句話都聽見了，每一句話都已經不存在了，但是你那能聽的有動過嗎？要在這個地方參究一下「能善分別諸法相，於第一義而不動」，我們從凡夫心意識的境界，好好在這裡去用功參究，慢慢可以達到「心淨已度諸禪定」。例如我們對於昨天、今天、明天，去年、今年、明年，上一秒、現在、下一秒鐘，這些差別的境界都不可得不存在，但是那個知道過去、現在、未來的，「於第一義而不動」。

「已於諸法得自在」，因為「能善分別諸法相，於第一義而不動」之後，才能達到佛境界，自在而不執著，所以「是故稽首此法王」。

說因緣

「說法不有亦不無，以因緣故諸法生」，佛說一切法，不論是大乘、小乘，顯教、密教，三藏十二分教，一切不著於有，也不著於空。不有就是空，不無就是有，既然如此，為什麼要用不有和不無呢？不有，不是有，沒有告訴你絕對是空；不無，不是沒有，沒有告訴你絕對是有。

佛說一切法，世界一切萬有現象，乃至我們凡夫起心動念，皆是因緣生法。因緣生法就是中國大乘所講的緣生性空，也叫緣起性空。這裡用的因緣二字，不是「十二因緣」的因緣，非常難瞭解。因緣在中國文字上來講，因是動因，緣是攀緣。「緣」是與動因一動所連帶的連續關係。譬如我們講話，前一句是因，後一句接續前一句的意義是緣。因緣像是一個圓圈，無始無終，永遠連續不斷。譬如手中這個煙灰缸，由化學品、玻璃作原料，加上熱能、人工，放入模子中壓製出來，是因緣所生，無物質自性，因緣聚了，就構成這個東西；打破了，因緣散了，也就不成這個東西了。如果當初不叫它作煙灰缸，現在就叫了別的名字了，名辭也無自性。我們大家相聚在這裡，也是一樣。所以因緣的兩個道理，就是緣起和性空：一切皆是因緣所生；一切皆無自性，沒有單獨自動存在的可能和性質。換言之，一切事物的開動，那強有力的是因；由之發展出來連續的作用是緣。

後世把因緣的法相加以分析，就成了唯識法相學，有四緣。因緣本身是一個因素，例如這次講經，我要講就是因，諸位來聽是緣，但這個因緣本身，叫「親因緣」。又如生命是中陰身的業力到了該去投胎，加上父親的精和母親的卵，三緣和合，成為一個人，就是親因緣。第二因素是「增上緣」，如泥土之於植物種子。又如父母的身心遺傳特質，家庭、社會的環境，都是種子的增上緣。如果這個種子是善的，所有的外緣不管是善惡都會培養它向善路上走；如果這個種子是惡緣所感，所有的遭遇，都是惡緣。

再用剛才講經的比方，我一念一動：給他們講《維摩詰經》吧！這是「親因緣」。有這樣一個強有力的動念，發出通知，大家有緣的湊在一起，就在這裡了。這個地方要有燈光、電力、設備等，促成這次講經，就是「增上緣」。在座聽經的道友們，有人因為聽了經，自己明心見性，悟了道，這個環境，就是他的增上緣。他悟了道不是佛給他，也不是老師給他，是他自己的自性種性爆發，碰到善知識，碰到佛菩薩，這麼一個增上因緣促成他明心見性。

譬如我們由親因緣出生，其後有父母遺傳、家庭、社會、國家、時代等等增上緣影響，這個人由此因緣出發，或者去弘法，或者去造惡業，像一個個連續不斷的圈子滾下去。前緣變成後因，後因又變成了前緣，所緣之緣連鎖不斷，就是「所緣緣」。由這個關係，在六道輪迴裡，有三世因果，像轉圓圈一樣永遠不斷地滾下去，前生如有善根智慧，這一生碰到增上緣變得更好，因此連續下去所緣之緣，他又去弘揚佛法布施功德。這個所緣之緣又經三緣和合，帶到他生來世的善根增長，是「等無間緣」，等是平等的輪轉，無間是因緣無間隙。

凡夫眾生的善惡因緣累積了很多，成佛之後這因緣還不會斷，甚至過去結的冤家仇人都成了這一世的眷屬善緣。有句話說：「未曾成佛，先結人緣。」你得了道要度眾生，如果功德、法緣不夠，還是無法度人。我們要學佛的人也一樣，如果法緣不夠，功德不到，就碰不到善知識。就算碰到了，自然也會離開，或是有阻礙。所以因緣要自己去培養。

我們解釋了因緣的道理，瞭解一切法皆從因緣而生，無主宰，沒有一個上帝或命運來主宰，八字命運事實上就是因緣法。宗教家都講生命有個主宰，有個管你的。有許多迷信的人常說，因為不拜某個菩薩就被降罪了，不拜某個鬼就被附身了，這些不是佛法，因為讓神鬼作了你的主宰。菩薩無論有緣無緣都要度，對壞人更要教化，怎麼會因為不拜他就罰你？這哪算是菩薩？不要說是超人的主宰了，即使是一個年紀大的人，或有道德修養的人，都會包容別人，難道菩薩連這樣的胸襟都比不上嗎？一切法無主宰，那麼是自然來的嗎？如果說是自然來的，就成了唯物思想。所以一切法無主宰，也非自然，是因緣所生。因緣道理是全部佛法的基礎。

「無我無造無受者」，一切法緣生性空，所以一切法中無我。宇宙萬有皆是因緣所生，無造者，也無受者。無我、無造、無受是佛法講性空的最重要的三個要點。讓我們用自己的生命來參究，現在大家坐在這兒，如果講無我，大概只是說說的，明明覺得有我坐在這兒，怎麼說無我？大家所學各種五花八門的工夫，你打坐時能做得到無我嗎？工夫做得愈好，恐怕這個我反而愈牢固了，都認為「我」最了不起。為什麼做不到無我呢？因為犯了三個錯誤：有我者、有造者、有受者。一打起坐或一念起佛，你下意識就有「我」在做工夫的念頭。做工夫的時候，不論你觀想、持咒、練氣、唸佛，都是自己在那裡造作。最大的錯誤是有受者，把自己的感受狀態放大，自以為是在做工夫。所以大家上座也好，不上座也好，要隨時參究無我者，我者究竟是什麼？是這肉體嗎？肉體不過是個殼子，是暫時借用的，「我」不在這裡面，要真正參究我在哪裡。

一切法皆是因緣所生，身上覺得氣脈動了也不是我，可能是今天吃對了或吃錯了東西，再不然可能有輕微的感冒，頭有點微脹就自以為是氣衝動，這都是自我在造作。眾生本來無我，妄認有我，這才是真正的大妄念，並不是打坐時思想不停叫妄念，那是小玩意兒而已。你平時不知道打多大的妄想，總以為有我的存在。明明沒有一個造作的，沒有一個主宰你的，你自己卻有意或無意地，總覺得有一個力量值得信任、值得依賴，是佛菩薩也好，上帝也好，或是自己的命運；再不然就依賴自我，相信自我不會錯，這是愚癡到了極點。

自己想想，是不是如此？你說坐了一上午，精神很好，這當然，你坐在那兒什麼活兒都不幹就像是休息，精神當然好。你說這是工夫，這不是自欺欺人嗎？無造者，自己卻在亂造境界！無受者，可是偏偏自己玩弄感覺。你昨天打坐覺得境界很好，今天再坐，那個境界怎麼失掉了。你能修得成，它就能壞得掉。天地萬物萬事凡是靠修造來的，不修就一定壞。房子造好的那一天就是房子毀壞開始的那一天，也就是莊子所說的：「方生方死」。你在這兒做點工夫都是因緣，有這樣的場地，你是個有閒人，有人幫忙弄飯，你有個墊子坐著，有空調開著……記著，此中無我無造無受者啊！

一切因緣生，緣起性空。既然性空，我何必學佛呢？有一樣東西也不空也不有：「善惡之業亦不亡」。既然無我無造無受者，那你說：我不妨作惡吧？不是教條禁止你，是業力不失！你說：空了還有什麼業力？有空的業！空就是因緣，就是因果；空為因，所得的果報是清淨。同樣，善惡的業果不會喪失。我們懂了這些道理，就懂了「能善分別諸法相，於第一義而不動」。

「始在佛樹力降魔，得甘露滅覺道成」，這是讚歎釋迦牟尼的成佛經歷。「始在佛樹力降魔」，佛於三十二歲在菩提樹下，以智慧之力降伏了一切魔。什麼是魔？煩惱魔、死魔、五陰魔、天魔，這些在前面說過了。「得甘露滅覺道成」，打坐的人，頭頂發生清涼，腦下垂體分泌液體流到嘴中，覺得香甜不絕，叫甘露灌頂。這還不算得定，要慢慢一步步修去，也許才可以得定。如果連這甘露都沒有，嘴裡乾乾的，甚至發苦或一身燥，那就不用說了。《維摩詰經》這裡所講的甘露，不是這種有形的甘露，是形容智慧的甘露。得寂滅之道，也就是得涅槃之道，才叫作證得甘露。「得甘露滅」，是滅掉一切煩惱一切生死，就是「覺道成」。

「已無心意無受行」，佛學中的心、意、識是三樣不同的東西。想是心，譬如你出門時腦子裡想了不知多少事，那是心。念念不忘叫意，念就是意，就是不用再提起思想的。你出門時放一百元在口袋裡，你沒有去想它，可是你知道身上有一百元，這叫意。識用現代的話說，是心理狀態。在本經中，意也包括了識。真開悟的人無心也無意識，但不是變成白癡，也不是死亡，他的智慧真正開發了，比凡夫高明太多了，而且心意識到達了緣起性空。

感覺狀態不是心意識，醫學上可實驗的。比如人到了絕對昏迷或剛剛死亡一剎那，你碰他一下，他還是會有反應，這是感覺，是受陰境界。又如斬斷蚯蚓，兩截都會動，它的意識狀態分散了，動的餘力是受陰境界的感覺本能。行陰是生命的動力，生命的本能，永遠在動。行陰靜止了才叫得定。比如我們靜坐時偶然可以得到心意識短暫的清靜，也可以短暫忘卻了生理上的感覺，但是你的血液還在循環流動，你的呼吸仍然不停，就是行陰還在，不是真正的定。所以證得菩提道果的人，沒有心意識，也沒有受，也沒有行。

「而悉摧伏諸外道」，因此，能夠摧伏一切的外道。心外求法叫外道，道在你自己心裡，不在上帝、不在佛、不在境界上氣脈上，氣功咒語都不是。

「三轉法輪於大千，其輪本來常清淨，天人得道此為證，三寶於是現世間」，這是繼續讚歎佛。佛說法那麼多年，嚴格算來只有三轉法輪，就是小乘道講苦、集、滅、道四諦法門，中乘緣覺道講十二因緣所生法，大乘道講六度萬行。也有認為三轉法輪都是在講四諦法門，不過每次講的境界不同。輪是形容辭，表示周圓旋轉的力量，像個輪。大千是這個大千世界。法輪一向是清淨的。一切世間天、人都因佛法而得道，可以作證明。佛、法、僧三寶，因而呈現在世間。

「以斯妙法濟群生，一受不退常寂然，度老病死大醫王，當禮法海德無邊」，佛用妙法度眾生，真正開悟了，只受這一生果報，從此不再退墮，恆常在涅槃清淨中，是度脫了老、病、死的大醫王。因此讚歎佛法廣大淵博，浩如大海無量無邊。

佛在世時有九十六種外道，你可不要輕視外道，外道都很講究做工夫，都真實吃素，都戒飲酒，他們的行持可能比你自稱佛弟子的還要徹底。外道修持最高可以往生無色界天，超過了色界天，很了不起喲！但是外道是靠修持造作，一旦不修持造作，就會退轉，照樣在六道中輪迴。真正佛法一悟千悟，永不退失。大乘菩薩到了第八地以上的果位，才可以說一受不退。

「毀譽不動如須彌，於善不善等以慈，心行平等如虛空，孰聞人寶不敬承」，對世間的詆毀或是稱譽全不動心，像須彌山一樣不動搖。對於善人和惡人，佛徒和外道，均能夠平等地以慈悲心對待。心理和行為、起心和動念，都是平等如虛空一樣，無不包容，是人中之寶，誰不尊敬！

「今奉世尊此微蓋，於中現我三千界，諸天龍神所居宮，乾闥婆等及夜叉」，這個寶蓋能偏覆三千大千世界，但究竟是什麼東西？如果照佛經直講，就是神通所變化的。你如果正信佛法，它就不是神話故事，而是個事實。我們要好好從實證的立場來研究一下，這個世界是一個寶蓋，我們的身體也是個蓋，卻是個壞蓋，但也可以轉成寶蓋。我們現在是在佛的寶蓋之內，但也是在自己業力的蓋覆之內，被遮住了。你人坐在這裡，心可以去到外太空，但是身子動不了，被蓋住了。要轉化這業力之蓋，就要有真正的修證工夫。

寶積這裡讚歎說，我們每人今天將這小小的蓋奉獻給佛，在這小小的蓋子中，現出了我們的三千大千世界。這個問題要參，不能看過文字就過去了。我們這一心偏覆三千大千世界，大而無外，小而無內。但我們雖然在寶蓋中，卻找不到它。現在借用神通的情節說明，我們此心與寶積所奉獻的寶蓋是同一功能。在這蓋中，一切天人龍神，天龍八部等所住的宮殿，都在其中顯現。

假使有人說你要落入畜生道，你一定會不高興；事實上我們每一個人的人性中就有獸性，人有時的言論思想就是禽獸的行為；但有時又是聖人的思想行為，有時一念就在地獄中。六道輪迴天龍八部都在這一蓋，這一念之間，也反映在我們的生理、心理、動作、相貌、言語上。所以一心能蓋萬法，我們的心性自體，就是同這個寶蓋的作用一樣。

「悉見世間諸所有，十力哀現是化變」，在寶蓋中看見世間萬有，佛哀憐慈悲眾生，用十力呈現這個變化。「佛十力」就是：

（一）知處非處智力：佛於一切因緣果報審實能知，知作善業定得樂報，稱知是處；作惡業，得受樂報無有是處，稱為知非處，如是種種皆悉徧知。

（二）知三世業報智力：知一切眾生三世因果業報之智力。

（三）知諸禪解脫三昧智力：只有佛知道一切禪定是求解脫，不是在玩弄色身或意識境界，而且知道用哪一種禪定來教導哪一種人。這裡的禪是禪定，不是禪宗。

（四）知諸根勝劣智力：人的根器不同，但只有佛有此智力，知道如何使人真正開悟，怎麼樣則不能開悟，怎麼是證悟，怎麼不是證悟。

（五）知種種解智力：知一切眾生種種知解之智力。

（六）知種種界智力：大的三千世界、三界，小的十八界，這些界在哪裡？你理論上知道，實證上證不到。例如眼是根，色是塵，這根與塵之間就是界，是色界。如用現代高倍顯微鏡，可以看見微末物之間的空隙，但沒有顯微鏡就看不見。所以十八界各個界限之間的間隙，只有佛的智慧神通才看得見。

（七）知一切至處道智力：知五戒十善之行至人間天上，行八正道至涅槃，也知道一切外道魔道。

（八）知天眼無礙智力：以天眼見眾生生死及善惡業緣無障礙之智。

（九）知宿命無漏智力：知眾生宿命又知無漏涅槃智力。

（十）知永斷習氣智力：羅漢甚至菩薩可以修到斷除結使，但是習氣的根還在，餘習未斷，只有佛能徹底斷掉習氣。

「眾覩希有皆歎佛，今我稽首三界尊」，大家看到了難得一見的現象，都讚歎佛是欲界、色界、無色界的三界天人之尊，並且向佛頂禮。

「大聖法王眾所歸，淨心觀佛靡不欣，各見世尊在其前，斯則神力不共法」，在中國文化中，成道之人就可以稱為大聖。法王也是佛，為法中之王，於法自在。也可以稱佛是空王，等於中國稱孔子為素王。法王是大眾所皈依。心要絕對乾淨了，佛境界就現前。你說自己的心很清淨了，祈求能見到佛，只此一念，你的心已經不乾淨了。淨土法門也就是這個淨。我們修持真做到持心於淨，做到一念不生時，不是壓制，不是勉強，既不思惡也不思善，此心本淨，既不看有也不看無，也不觀空。到了這樣的淨心來觀佛，無處不讓你歡欣，世尊就在你眼前，眼前都太遠了，應該說佛就在你心中，淨心就是佛。懂了這個，才曉得佛永遠具神通的能力，不是一切外道所共有的。

心外求法叫外道，即使你是學佛的，你在淨心上面動了一念，另求一個效果，求一個法，不是增就是減。你想空掉的一念，就是滅法；你想見佛看光，那就是增法。不增不減、不垢不淨、不生不滅才是淨心。假使做不到淨心，就與佛境界不相應。不論是增是減，是垢是淨，是生是滅，都是心外求法，就不對了。所以真正佛法只有一個，就是淨心，也就是淨土。再進一步，連這一個名稱都沒有了，有一個心，有一個清淨，有一個淨土，有一個清淨境界現前，都不是了。要在這個地方懂了，才懂了大乘佛法。

佛一音說法

「佛以一音演說法，眾生隨類各得解」，這裡大問題來了，依照普通的理解，這句偈文的意思是，佛只用一個聲音說法，所有眾生，不論印度人、中國人，連牛、馬、貓、狗等等，統統聽懂了，而且都認為佛說的是自己的語言，這是佛的神通不共法。那我要反問，照這樣理解，佛當時講經我們中國應該也聽見了，為什麼還要翻譯佛經？不要講中國了，佛在世時，印度當地就有許許多多的方言，是不是聽佛講經都不要翻譯了？小乘經典記載，許多人見了佛當場決定出家，「鬚髮自落」，是頭髮自動落下嗎？那豈不是患了脫毛症？連佛的塑像都是有頭髮的，一粒粒右旋的髮窩。自落是講那些人自己剃去了鬚髮，不要照字面死板理解佛經。比如這個保溫熱水壺的蓋子鬆了，夜深人靜的時候發出嘶嘶的聲音，有人聽了知道是水壺發出的，有人聽了可能以為是鬼，「眾生隨類各得解」，就是這個道理，就這麼簡單。

同一個老師上課，下面一千個學生就有一千種不同的理解。同樣一句話講出來，就會有人誤解。比如佛說過：「若人生百歲，不解生滅法，不如生一日，而得解了之。」後來竟然被有的弟子轉誦成「若人生百歲，不見水老鶴，不如生一日，而得覩見之。」這就是「佛以一音演說法，眾生隨類各得解」的道理。還有，釋迦牟尼佛雖然已經過世了，可是根據佛經是十方三世都有佛在說法的，那麼現在應該也有佛在說法，在哪裡呢？唐代有個和尚問禪師，「佛說法，一切山河大地，一切無情，在不在說法？」有情是眾生，無情是石頭、樹木、山、水等，因為它們沒有知性感受。當然，現在也有研究生物的人認為植物是有感受的，事實上反應同感受是兩回事。這位禪師回答，「無情當然說法。」誰聽到了呢？「無情聽到。」歷史上有些禪宗祖師因為風吹草動或瓦片碰到竹子而悟道，就是無情說法。眾生何以聽不見呢？是被自己的業力擋住了。

「皆謂世尊同其語，斯則神力不共法」，是說眾生根據自己理解的不同，認為老師說的就是我這個意思，這是佛的神力不共法。

「佛以一音演說法，眾生各各隨所解，普得受行獲其利，斯則神力不共法」，佛法只有一個音聲在說法，三藏十二部講了那麼多，都是空話，只有一句話，你懂了就悟道了，特別注意聽！（師不語數秒）聽到了嗎？你太注意就聽不見了，只有這一法，這一法你悟進去了就萬法皆通了。在你沒有注意之前的那一剎那，佛已經說了。所以佛只以一音演說法，眾生隨自己的程度深淺而解釋佛法：不管他們解釋得對或錯，都會有點好處，都會得到佛法的利益，這是佛的神力不共法。

「佛以一音演說法，或有恐畏或歡喜，或生厭離或斷疑，斯則神力不共法」，佛法只有一個音聲在說法，有些人聽到了害怕，有些人聽到了無比的歡喜。有人聽了就起厭離心，討厭世間一切。初學佛的人如果沒有生起厭離心，是無法學佛的，不能跳離三界。也有人聽了佛法就斷絕了懷疑心，生出真正的信心。這就是佛的智慧神力不共法。

這一篇讚歎之辭，重複三次提到「佛以一音演說法」，眾生得到那麼大的好處。我們由此領會到《楞嚴經》中文殊菩薩讚歎觀音法門所說的：「此方真教體，清淨在音聞」，這個世界上真正教化的體系，是在聽音聲的清淨功能，也就是耳根圓通法門。用耳朵聽聲音的方法，最容易成道。為什麼？例如眼睛只能看前方，若有東西擋住視線就看不見了，所以用眼根修，不圓滿。用鼻修數息止觀，也不圓滿。五根當中只有耳朵不受限制，能同時感受到十方來的聲音，容易修得圓滿。

觀音菩薩傳我們這個耳根圓通法門，要「反聞聞自性，性成無上道」，修這法門時，耳朵不向外頭聽了，回轉來聽自己的心聲而成道，聽什麼呢？聽自己的思想，這思想就是沒有說出來的語言，說話是發出聲來的思想。當然，有人打坐聽到別人在對他講話，那是魔境界。音聲是現象，你要聽自己沒說話，念頭沒有來之前的淨心。比如你心中唸佛，唸南無阿彌陀佛也可以，一個字一個字慢慢地唸，耳朵不要聽外面，回轉來聽自己唸佛聲音，一字字把它距離遠一點，自己聽自己唸。前一字過去，後一字還沒有來，就空了嘛。有雜念來了你就唸一句，沒有雜念了，你也不唸。這樣反聞聞自性，是觀世音菩薩所說的，「初於聞中，入流亡所」，慢慢回轉來聽自己的心聲唸佛，慢慢、慢慢進入自己法性之流，自性清淨。亡所，就把唸佛的聲音、雜念都空掉了，淨性現前，亡其所念。這是第一步。「所入既寂」是第二步，你那個唸的聲音慢慢更空了，寂是寂滅。下面你們自己去研究了。

你們以為佛法有什麼祕密法門，一定要找個老師磕頭灌頂嗎？真灌頂是智慧灌頂，自己得到智慧，心裡瞭解了是真灌頂，十方諸佛給一切眾生都可以灌頂。你趕緊去研究《楞嚴經》這一段。《維摩詰經》說佛以一音演說法，你怎麼聽得到呢？就是依觀音菩薩淨心反聞自性，你就達到那個境界，「初於聞中，入流亡所」，那個時候你就真清淨了。這就是佛法，難道需要磕頭才傳給你嗎？

寶積問佛淨土

「稽首十力大精進」，這些都是寶積讚歎佛的話，世上哪一個人最精進？只有佛。學佛的人不論在什麼環境，什麼地方，快樂中，煩惱中，晝夜時中，只有一條路向前修，這是大精進。成了佛還修不修？我可以告訴你，永遠是在修，虛空有盡我願無窮啊！學佛的人要對自己不姑息、不馬虎，才是學佛根器，大精進之人。

「稽首已得無所畏」，只有成了佛才無所畏，生死無累，世上還有什麼可怕的？生死是最大的魔障，你檢查自己為什麼怕鬼，就是怕被鬼弄死嘛！如果不怕生死還會怕鬼嗎？其實世上最可怕的是人，魔鬼都怕人的。人可怕在人心，自己的心最可怕，因為根本把握不住自己的心。

「稽首住於不共法」，佛法是不共法，世間一切的方法，外道與佛法共有的，叫共法。比如打坐禪定，是共法，連天主教都有，只是不盤腿而已。以前我在成都認識一位法國神父，他在一間像電話亭那麼大的地方靜坐，二十分鐘後身體會懸空，但是他說只要一動念，知道自己在懸空，咚，就掉下來了。佛法的不共法是智慧，是般若。

「稽首一切大導師」，佛是世上一切眾生人天大導師。

「稽首能斷眾結縛」，我們能把心中千萬個結使、束縛，都解脫了，就是佛。生死、習氣都是結使。叫它結使是因為這個結，才使你苦惱、輪迴。

「稽首已到於彼岸，稽首能度諸世間，稽首永離生死道」，只有成了佛才是真正到彼岸，才跳出這個世界，才真正永遠了生死。你們可能以為了了生死就不來這個世界了，錯了。因為佛了了生死，個個都到這個世界來度眾生，已經不畏生死了，不受生死所拘束，來去自如。你覺得怕了這個世界，想了生死就不來了，這是外道之見，何況自己還不能了生死。如果這樣發心的話，就永遠不能了生死，因為見地不正，連小乘道都談不上。我們學佛就要先學會〈普賢行願品〉的十大願，生生世世度一切眾生，而且要去苦難最多的地方，乃至地獄都敢去，這才是佛的精神。如果為逃避這個世界，哪是學佛？

「悉知眾生來去相，善於諸法得解脫，不著世間如蓮華，常善入於空寂行，達諸法相無罣礙，稽首如空無所依。」佛了了生死，把眾生來去六道之相看得很清楚。佛於一切世間出世間法都得了解脫，乃至外道魔法無所不知。佛法在哪裡？佛法在世間，真正的淨土就在你心中，不要外求。佛法的標記是蓮花，是生長在最髒的污泥中才開花的，如果是乾淨的土中，反而生不出蓮花，這就是學佛的精神。要在愈苦難的地方修持才會愈有成就，你要逃避世界，一個人去到清淨地方修持，是不會成功的。這是正統的佛法。

所以佛能善於入到空的境界，入到寂滅涅槃；並且深深悟到一切法一切相無罣礙，所以空無所依。你說空了所以不來了，這是空而不靈活。空能包容一切法，善法惡法都是。如果心中認為空是對的，不空是錯的，那你還有罣礙，不是真的空。最重要的是，空還要無所依。打坐禪定要不依身，不依心，不依也不依，你坐坐看。坐著覺得熱，想打開冷氣，已經有所依了。你說什麼都沒有，空了，還是依了個空，空的境界是心理出來的。

「爾時長者子寶積，說此偈已，白佛言：世尊！是五百長者子，皆已發阿耨多羅三藐三菩提心，願聞得佛國土清淨，唯願世尊，說諸菩薩淨土之行。」長者子寶積說了上面這一段讚歎之辭，就對佛說，他們這五百位長者子都發了無上正等正覺的心。阿耨多羅是無上的意思，三是正的意思，藐是等的意思，菩提是覺的意思。阿耨多羅三藐三菩提不容易翻譯，所以就用了原文的音，勉強的講等於是中國人說的「大澈大悟」。但大澈大悟還不能完全包括，因為阿耨多羅三藐三菩提還有大慈悲、大智慧、大願力的意義。學佛第一要發心就是發這個心，如果只是為自己逃避現實，圖個清淨，那叫阿耨多羅自私自利心。這些長者子們發了心只是動機，還沒得到成果，所以現在希望能聽聞到世尊說明佛的果位，也就是佛國土的清淨境界，以及諸大菩薩們怎麼修行淨土。寶積在這裡問了兩個問題。

「佛言：善哉！寶積！乃能為諸菩薩，問於如來淨土之行。諦聽！諦聽！善思念之，當為汝說。於是寶積，及五百長者子，受教而聽。」

佛稱讚了寶積能為自己和諸位菩薩們提問怎麼是成佛之路，要他們仔細地聽，好好地思惟，佛將為他們說。在這裡，佛將寶積提的問題二合為一，因為菩薩是未到地的佛，佛是已到果位的菩薩，所以就為他講成佛之路，也就是我們要學習修持的。

如何能生佛國

下面就開始講淨土之行。大家看到淨土就很容易聯想到流行的淨土宗，念佛法門。道理是相同，可是原則不同。一切佛法都是在修淨土，但是不要把淨土看成是一個土地或是世界或是國家，大乘佛法中淨土的觀念要搞清楚。什麼是淨土，什麼是佛國，不要被文字的「土」和「國」兩個字帶引走到了形象的觀念，那就是埋沒了佛法的精神。

「佛言：寶積！眾生之類，是菩薩佛土。所以者何？菩薩隨所化眾生而取佛土」，十方三世一切的佛都有佛土，我們很容易把它想像成一個帝王統治國土的觀念。佛土、淨土換一個名辭來講，就是成了佛的境界。佛說，一切眾生就是菩薩的佛土。眾生與菩薩是相對的，眾生是沒有悟道，還沒有找到自己生命的根源，還沒有明心見性，是因地上的菩薩。菩薩是已經明心見性，正在修持而還沒有完全到家的眾生。比如，我們今天精神很好，身體沒有病痛，感情思想也很清淨，自己覺得平安幸福。但這平安幸福是相對於身心不健康，不平安不幸福的日子來講的。所以轉眾生境界就是佛菩薩境界，佛菩薩境界的根在於一切眾生。如果沒有了眾生，就沒有成佛的事，也不須要成佛。沒有煩惱也就不須要求解脫。眾生有貪瞋癡慢疑，有聰明的，有笨的，各式各樣根器不同，而一切菩薩根據眾生的根性不同而成立他的佛土。比如，眾生與阿彌陀佛所持的願力、形相、作用的根性相近，因緣相契而隨緣往生西方極樂世界。但是也有眾生與阿彌陀佛所持的願力不相近，因緣不相契，可能會選擇東方琉璃光佛土。一切眾生根性不同，諸佛菩薩教化的方式也不同，佛土的境界也就不同。

「隨所調伏眾生而取佛土」，一切菩薩自己成就的境界是無執著、無主觀、無成見、絕對無我的。隨著眾生根器的不同，降伏他的妄心的方式不同，而成立的佛土境界也不同。調伏是調教降伏，是佛法的教育手段，用到各種各樣的方式，嬉、笑、怒、罵等都是。

「隨諸眾生，應以何國入佛智慧而取佛土」，看眾生該入哪一種佛國的境界，而引導他、教化他進入佛的智慧成就。入佛智慧是實證工夫。《法華經》講開、示、悟、入四法門，是「開佛知見，示佛知見，悟佛知見，入佛知見」四個不同的修持手段，但是有沒有哪個先哪個後呢？我認為都不是問題，但是歷來都有佛學的學者們，就先後次序起爭論，把佛法修持搞成思惟的學問了。這句經文等於是《楞嚴經》說的「隨眾生心，應所知量」，我們的自性清淨本然，周徧法界，本無方所。一切眾生業力不同，知見不同，形成了眾生種種的思想、情感、個性、根器不同，本體是一樣的，所有的差別都是眾生自我的差別。等於一桶水，有人拿一杓去作酒，有人拿一杓去作醋，有人拿一杓去作冰淇淋，但水性都是一樣的。因為眾生有這些差別，所以佛法的教化要「隨諸眾生，應以何國入佛智慧」，佛隨他的方便「而取佛土」。所以西方極樂世界是阿彌陀佛觀世音菩薩等的方便波羅蜜成就的佛土，不是為了他們自己，是為了有緣的眾生該往生那裡而成立的佛土。東方藥師如來世界，是藥師如來為了根器相應的眾生，「隨眾生心，應所知量」而成立的佛土。

「隨諸眾生，應以何國起菩薩根而取佛土」，同樣的道理，諸佛菩薩在這個世界上教化眾生也是「隨眾生心」，根據你所知的量。有些人量小根小，等於一株小草，碰上大雨，不但草不能活，連根都壞掉，受不了大法。大樹的根器大，狂風大雨之下巍然不動，反而受滋潤後枝葉更茂盛。所以一切眾生根器不同，「應以何國」，以什麼佛土的境界，教化培養他的善根，生起菩薩的根，而取佛土。教化眾生是非常苦的，有些眾生是顯教的根器，就只限於顯教，不能受密教；有的是密教的根器，跟他說顯教他聽都不願聽；小乘根器的，不能受大乘；外道根器的，無法信入佛法，必須用外道來誘惑。教育就是誘導，使他培養善根，讓他在外道裡轉回來。這就是菩薩教化的方便，難怪諸佛見面都彼此問候：「少病少惱否？眾生易度否？」

我們學佛修持，要從哪裡下手？從哪裡立根？從哪裡找淨土呢？要想成佛，離不開一切眾生，所以要先學會作人。與人都處不好，還想度眾生？自己想成佛，看到人都是冤家，嫉妒人家，這是種善根嗎？簡直是魔道了。你說自己瞋心大是阿修羅，你有阿修羅的本事和功德嗎？你能一怒而安天下嗎？

佛在《維摩詰經》說的這一段經文，看起來經意很明顯，其實是密教，祕密在其中，我們再讀一次，「佛言：寶積，眾生之類，是菩薩佛土。」所以學佛是離不開眾生的，一個眾生也不能捨離。「所以者何？菩薩隨所化眾生而取佛土。」你不要說眾生沒有隨你之所化，是你連化緣——教化的因緣，都結不上，因為你自己與眾生隔離了。造隔離之業，甚至於造仇恨之業，就是在造地獄餓鬼畜生三惡道的業。惡言刺眾生，惡語傷眾生，尤其是四種口業：惡口、兩舌、妄語、綺語。還有心中的貪瞋癡意業，你說，怎麼結化緣？當然得不到成果。

所以，一切菩薩「隨所調伏眾生而取佛土」，自己心中的眾生更要調伏，眾生就是心中的念。「隨諸眾生應以何國入佛智慧而取佛土，隨諸眾生應以何國起菩薩根而取佛土。」這一層道理是大乘佛法，注意！不是談空，是說有，是「而取佛土」。所以發了願就是執著你的願，要你不執著，是開佛知見，開示你先能夠了「妄念空」的一面，然後再起而修「勝義有」的一面，畢竟是有的，不是空。但是這個有是妙有，不是凡夫的執著假有。沒有真願力，就不能成就真佛土。比如一個人做學問、做事業，就得真發心，晝夜孜孜為此，才能有成就。就連寫毛筆字，如果沒有幾十年苦工夫練字，絕成不了書法家。所以要成佛就要發願，而且是發利他的願，否則不能成就，千萬記住。

「所以者何？菩薩取於淨國，皆為饒益諸眾生故。譬如有人，欲於空地造立宮室，隨意無礙，若於虛空，終不能成。菩薩如是，為成就眾生故，願取佛國，願取佛國者，非於空也。」這是大乘佛法的要義。諸佛菩薩皆為一件大事因緣出世，就是為利益一切眾生而出世，示現了脫自己的生死，這是佛法的真精神。我們學佛都是為別人而學，不是為自己。沒有這個認識，就不算佛子，標準的凡夫，標準的輪迴眾生，統統在為自己打算，在為自己要求，一點菩薩的氣息都沒有。

比方有一個人要在空地上建造一座宮殿，這是容易做得到的。如果沒有土地，想懸空蓋宮殿，是不可能的。這裡第一個祕密是，自己功德善根心地沒有修好，免談佛法。本錢都沒有，根基都沒有，想成佛不是大妄想嗎？白居易的詩：

空花豈得兼求果　陽焰如何更覓魚
攝動是禪禪是動　不禪不動即如如

就是這個道理。所以我們要檢討自己，根基何在啊！

一切諸佛菩薩發願成就佛土淨境，不是光講空。空是前行的方便而已，但你如果不能先證到自性空，是不能談修行的。所以必須要先修證到性空，然後才能修緣起妙有。比方說，這有一塊地，上面蓋了棟千年老房子，房子裡面有毒蛇猛獸，還有糞便，各種塵垢都有。你必須要先清理乾淨，甚至把房子全部剷平，重新蓋個房子，也就是要先空了，才能成就生命的有。但是只講空，就是邊見、頑空。講實際的道理，我們凡夫眾生初步是空其念，空第六意識的妄念、業力的習氣。慢慢影響，才空掉第七意識我執，人空我空。最後是無始以來，第八阿賴耶識的習氣也空也清淨了，空與清淨是一體的兩面。

諸佛菩薩雖已證到空，也修成有的國土，自心還是了不可得的，不取不著，依然入空。所以佛經也稱空為如如，真妙不可言，你說它空，它又不空，你說有，它又不有。隨眾生心，應所知量，諸佛菩薩建立了他的佛土境界，如此而已。佛在這裡就把佛法修持最高的要點告訴了我們。

「寶積！當知！直心是菩薩淨土，菩薩成佛時，不諂眾生來生其國。」一切菩薩起心動念是直心的，什麼是直心呢？是心直口快嗎？不是的，直心是無諂曲之心。你們學佛要研究眾生心理學，《百法明門論》非研究不可。一切眾生起心動念都是諂曲心，諂是諂媚拍馬屁的意思。例如我們日常穿衣服就有諂曲心，怕難看，拍眾生馬屁，化妝也是為了讓別人覺得好看。你說你不化妝，不洗臉了，還正是在諂曲你自己，將就自己。所以我們處處都有諂曲心，除非悟了道，明心見性了，才是直心。

直心就如《易經》講坤卦的三個字，直、方、大。《華嚴經》的全名是《大方廣佛華嚴經》，「大方廣」三個字就是直心，是大心，胸襟廣大，包容一切眾生，成就一切眾生，不為自己。佛說直心是菩薩淨土，心地真正清淨了，修戒、修定、修慧就是為了達到直心，達到菩薩淨土。因為菩薩在因地修直心成就了心意識的淨土，所以每一位菩薩成佛時，不會妄語，不會諂曲眾生來生其國。佛是不會作廣告的，看你自己發心有緣，如果無此緣他也不要你來，其實不是不要你來，是你自己不要來。淨土宗講阿彌陀佛如父母憶念子女般地希望眾生來歸，可是啊！子女偏要遠走他方，不念父母。父母想念兒女是無限的，佛經教我們用父母憶念子女般的心來念佛，那樣沒有不往生的。

「深心是菩薩淨土，菩薩成佛時，具足功德眾生來生其國。」深心與淺心相對。一個窮人如果在路上撿了三十萬元，當天晚上一定樂得睡不著。

有錢的人，一筆生意賺了一億，可能只笑笑說還可以，這是心量深淺的問題。大家打坐有一點點境界就很高興了，想自己快成佛了，明天打坐怕境界飛掉了，這就是心淺。你們作早晚功課要唸《楞嚴經》中阿難作的偈子：「將此深心奉塵剎，是則名為報佛恩。」什麼是深心呢？深心是菩薩淨土，一切功德，萬善莊嚴，沒有哪一點不修的，「諸惡莫作，眾善奉行」。今天叫你做件小事，馬上就想為什麼找我，為什麼不找別人？這樣子怎麼成就功德？什麼是「具足功德」？就是萬善莊嚴。大家喜歡講禪，什麼青蛙跳水噗通一聲，荷花開了，真是發瘋了。什麼是禪？禪宗祖師們說過：「實際理地不受一塵，萬行門中不捨一法。」你修得到嗎？「實際理地不受一塵」，就是把生生世世的業力習氣煩惱一概丟盡，實際理地是實相般若，不受一塵。一起心動念就是行，修行「萬行門中不捨一法」，就是萬善莊嚴。所以我常常看到同學們的行為動輒為己，自私心重，不發心，成了楊朱的徒弟，拔一毛利天下而不為也。如果這樣能夠成就，那我的佛法就白學了，我不是上當了嗎？佛法絕不是這樣的！

我再讀一次，「深心是菩薩淨土，菩薩成佛時，具足功德眾生來生其國。」心要深，要厚道，包容，善心那麼深，菩薩成立佛土的時候，要具足一切功德的眾生才能往生佛國啊！你們修藥師和淨土法門的要特別注意了，不要以為光叫幾聲佛名就可以往生的，你念佛要像父母憶子女那樣的念。這只是修的功而已，你還要有「具足功德」的德。淨土經典上告訴你，往生西方極樂世界的眾生都是阿鞞跋致，就是八地以上不退轉的菩薩，那已經深心具足一切功德，豈有不往生之理，這就是它的祕密。所以凡夫眾生，以貪求妄想之念，要想往生佛國，是何其狂妄而愚癡啊！

「菩提心是菩薩淨土，菩薩成佛時，大乘眾生來生其國。」菩提心的行為是大慈大悲、大喜大捨，真正的大澈大悟。明心見性是菩提心，真正禪宗明心見性的人，沒有不發慈悲喜捨心的。如果慈悲喜捨發不出來，般若智慧發不出來，願力發不出來，敢說自己已經明心見性，是絕無是處的。這個話我可以負責，講錯了下地獄，永不翻身。你以為坐起來得一點點清淨，瞭解了某一點道理就是禪，規矩戒律都守不住，狂妄無知，那不是開悟，那是地獄種子。

菩提心是澈悟之心，發了菩提心的人，必然是慈悲的。開悟的人還是那個人，但是他的起心動念，作人做事同以前是完全不同了，平常心量狹小的人變寬大了，窩囊的人變頂天立地了，習氣結使全改了。有些年輕人找上我，姓名也不先說，要跟我談禪，還要我給他印證，狂妄之極。唉！我只好說我不懂禪。要學禪，先讀好《維摩詰經》《般若經》《法華經》《楞伽經》《楞嚴經》再來吧！先從行下手啊！菩提心是菩薩淨土，所以菩薩成佛時，大乘眾生來生其國。大乘眾生沒有不發慈悲行願的，真大乘必有菩提心，所以大乘眾生才來生佛國淨土。

「布施是菩薩淨土，菩薩成佛時，一切能捨眾生來生其國。」真能布施是菩薩的淨土，一切能捨的眾生才有資格往生佛土。我們雖然口口聲聲講布施，都希望人家布施給自己，法布施，財布施，無畏布施，哪一點給人家了？「一切能捨」不是光把錢布施了就是布施，這是外布施；還有內布施，要把一切煩惱妄想乃至身心皆空。一切能捨的眾生，是絕對無我，是人無我、法無我的菩薩，才能做到一切能捨，才有資格來生佛國。

「持戒是菩薩淨土，菩薩成佛時，行十善道滿願眾生來生其國。」真正戒行清淨了，就是菩薩的淨土。講到戒行多可怕，三皈五戒、居士戒、沙彌戒、比丘戒、比丘尼戒、菩薩戒，有多少？《維摩詰經》沒有講得這麼可怕，你只把十善業道做到，一切戒行早圓滿了。身三業：殺、盜、淫；意三業：貪、瞋、癡；口四業：妄語、兩舌、惡口、綺語，這十個修行圓滿了，戒行自然清淨。我們曉得佛法細分不只三乘，有五乘：人乘、天乘、聲聞乘、緣覺乘、菩薩乘。學佛第一步把人乘作好，人都沒作好，基礎是沒有的。人沒作好，升天的資格都沒有，還想修到阿羅漢、得菩薩果？人乘的基礎，甚至全部五乘的基礎，都建立在十善業道。能做到十善業道，然後以善果迴向一切眾生，才是持戒成就的標準，然後可以往生佛國。

「忍辱是菩薩淨土，菩薩成佛時，三十二相莊嚴眾生來生其國。」大家看到忍辱就以為是受人打罵，那只是表面文字，是不相干的。真正的忍辱是八個字：「難行能行，難忍能忍。」我們這個世界翻譯叫作娑婆世界，娑婆的意思是能忍、堪忍。這個世界上的人，忍受一切物質環境痛苦的能力特別強，因為世界並不圓滿。夏天那麼熱，像我現在就在修忍辱，張口講課，冷氣吃進去，喉嚨乾燥，背上在流汗，並不舒服。只有一個願力，就是把自己所知所見的告訴別人，聽不聽是你們的事，這是忍辱行之一。晝夜那麼多事情，不為自己在做，也是忍辱。

菩薩在世界上都是在修忍辱苦行。《金剛經》上說過，佛昔為歌利王割截身體，遭到一刀一刀慢慢地割，還是能忍受下去，所以成就了。不是要你像佛一樣被人割肉，我們在這個世界上都是慢慢被割肉，發心的菩薩都是犧牲自己。忍辱是擔負一切，擔負不起來的還是要擔負；做不到的，還是在做。我們到佛堂念佛還要找個好地方坐下，還要爭取這樣那樣的，這樣的心性就成問題了。忍辱是一切菩薩的淨土，成了佛有三十二相，八十種好，相好莊嚴是怎麼來的？是忍辱功德成就來的，不是像有人講的，供花給佛，來生就長得漂亮，那樣就變成做生意了。

「精進是菩薩淨土，菩薩成佛時，勤修一切功德眾生來生其國。」

什麼是真精進？一句話概括，就是勤修一切功德。所以一切經典皆是戒律。我們看《維摩詰經》，戒律都在裡面了，每一條都是戒條，我們做到哪一條？我們學佛一天二十四小時中，有幾分鐘、幾小時在勤修一切功德？除了自己貪舒服，養自己這幾十斤大肉之外，並沒有勤修一切功德。這樣怎麼是佛法的行？這些經文都很明白很容易懂的，為什麼我要說得這樣嚴重呢？要大家不要以為容易懂，其實統統沒有懂進去。那不是在念經，是在造業，造無記業，得什麼果報？白癡！得愚癡的果報。你沒有聞思修，果報是很嚴重的。所以我處處提醒你們注意，每一句一字都要好學而深思之。

《維摩詰經》所講的淨土，包括了十方三世一切諸佛所有的淨土，不像《阿彌陀經》專指西方極樂世界的淨土，所不同的只是這一點，但原理原則都是相同的。

「禪定是菩薩淨土，菩薩成佛時，攝心不亂眾生來生其國。」這裡很明白地告訴我們，禪定的原則就是「攝心不亂」四個字，也就是制心一處，把雜念妄想制於一處。比如修淨土念南無阿彌陀佛一心不亂，就是制心一處，攝心在南無阿彌陀佛這一句上。比方修白骨觀，這一念就止在白骨上面。攝心不亂是修定的一個原則，我們打坐貪圖一個清淨舒服安詳，看起來是定，其實沒有一念專一，不算是真修定。真修定初步是有心定，不是無心定。一般人好高騖遠，上來就想空，什麼都不管，坐著很舒服，以為這就是修定。這是細昏沉，不是定啊！愈修腦子愈空白，愈修身體愈不好。

你可能會問，有些禪師不是教人一切不用心嗎？這裡不用心是要你不用妄心，沒有要你捨去正念。他講了前半句，後半句你要參啊！如果什麼心都不用，那去學死好了，何必學禪呢？再不然學睡覺吧！所以，真正禪定要攝心不亂，攝是收攝，一切妄心雜念要收回。

有些人說，那我只管心念收回就好了，身體不用管了，那又完全錯了。四大的身體和思想的念頭，身心合起來是一心，一心不亂，要身也不亂，不用談氣脈而氣脈自然調和。我經常要你們注意，隋唐以前的佛像是對的，得定的人坐像就是如此了，還是細腰身，沒有肚子，尤其胃沒有凸出來，更不是彎腰駝背的。

真的制心一處，或者念佛的一念專一，這個時候，身自然也專一，這個叫作攝心不亂，初步得定。這種禪定的因，是菩薩淨土，這是講初步。那你可以問，成了佛果就可以不要攝心嗎？當然不要攝心了，成了佛果是無功用道以後的事，不要用心去攝心不亂而自然不亂了，還是一心不亂。所以禪定是一切大小乘學佛的基礎，這裡說禪定是菩薩淨土，就是這個道理，這些有定力的眾生才能夠來生佛國。

「智慧是菩薩淨土，菩薩成佛時，正定眾生來生其國。」智慧就是般若，般若的智慧不是聰明，世間的人有學問，頭腦聰明，有思想，不一定是智慧，而是散亂。真智慧必定是得一切三昧的正定，由攝心不亂開始，到不須要攝心，無往而不定，無時而不定，定中有菩提心，有覺心，這是正定。所以說智慧是菩薩的淨土，因為一切菩薩成佛的時候，都靠定慧等持才能夠往生佛國。修智慧修定就是修淨土法門，修這個法門的菩薩，自己成佛的時候，因為智慧的力量來化生他的佛國。來生佛國不單是指眾生往生佛國，也指菩薩自己化生佛國，這裡特別交待清楚。

「四無量心是菩薩淨土，菩薩成佛時，成就慈悲喜捨眾生來生其國。」學佛的人第一步發心要發四無量心，尤其年輕同學特別要注意培養這一種胸襟，這種心地，就是慈悲喜捨。初步學佛的人做不到全部，就一個個來，先培養慈心或者悲心。這兩個心有什麼分別？慈心用中西文化混合來講，是愛心，愛一切人、眾生、萬物。慈心是帶陽性的，像父親愛子女的心。悲心是陰性母性的，等於母親愛兒女心情的擴大。

我們學佛的人口口聲聲講慈悲，真正慈悲的行為很少見，都以自己為中心。比如我一直有個理想要辦個養老院，收容各色人等，有各種教堂，可以讓老年人做些零活，能絕對自由生活到終了。跟幾個都是學佛的老朋友在談到這個理想的時候，就講到工作人員怎麼來，最後大家都同意，恐怕只有天主教的修女最合適。人家硬是在行的工夫上做得比我們佛教徒實在，有服務的精神，組織的能力也比我們強，學佛的卻只是求自己清淨，利他的精神不夠，組織散亂，講到這裡心情實在很沉重，這是個大問題。

再講到四無量心中的喜心，我們的年輕師父們將來要去弘法的，但是一點基本的演講技巧都沒有，臉又繃得死緊，毫無喜悅感覺。不像天主教基督教的神父牧師的演講技巧好，又面帶笑容，讓人想親近。我們這樣子怎麼與眾生結緣呢？能捨得掉自己的時間、意見、身心嗎？學佛不是光搞打坐，你們千萬注意啊！要先學建立這四種心理，而且要注意是無量的心理，慈悲喜捨都是沒有限量的。你能夠這樣修成就了，才可以往生佛國。

「四攝法是菩薩淨土，菩薩成佛時，解脫所攝眾生來生其國。」四攝法是菩薩道，上面講的慈悲喜捨是學佛人心理上要建立的第一步，四攝法是行為上要建立的第一步，包括了布施、愛語、利行、同事。布施是以布施道來攝化眾生，有內布施、外布施、無畏布施三種，布施就是奉獻。愛語，不是不理人家，是用慈悲性的愛語招呼人。利行是做任何事都對人家有利，交朋友一定要朋友能受到你的好處，乃至罵人打人是為了幫助他人而做。要做到同事菩薩很難，比如你愛打牌，我就陪你打，打厭了，我們一起學佛去。所以菩薩道沒有哪一樣不會的，吃喝嫖賭都來，為的是度人。菩薩行四攝法，但是不執著，懂得解脫，四攝法做到了，使一切人解除苦惱痛苦，自己在行功德而不自覺，是解脫法門，所以解脫所攝眾生來生其國。

「方便是菩薩淨土，菩薩成佛時，於一切法方便無礙眾生來生其國。」方是方法，便是便利，你有很多方法便利大家成就叫作方便。佛家以慈悲為本，方便為門。方便不是隨便，不是馬虎，但也有隨便，也有馬虎的意思，怎麼說呢？什麼是真正的方便？是於一切法方便無礙，任何魔法邪法外道法，到了真正菩薩手中，都可以用來讓人走入正道的佛法，這就叫方便淨土。

「三十七道品是菩薩淨土，菩薩成佛時，念處、正勤、神足、根、力、覺、道眾生來生其國。」三十七道品是四念處、四正勤、四神足、五根、五力、七覺支、八正道。要學佛，這三十七個學佛的因素一樣一樣必須去實習過、修持過，這是學佛的正道。三十七道品的內容就不在這裡細說了。

「迴向心是菩薩淨土，菩薩成佛時，得一切具足功德國土。」大家做了善事或者念了經就說迴向給什麼人，但什麼叫迴向？大家有沒有仔細想過它的意義？迴向是梵文翻譯成中文的名辭，迴是迴轉，向是方向。天地間的事物都是迴向的，宇宙是迴轉的，輪迴是旋轉的，迴向也是這個道理。一切心念自然會迴向的，你念經要迴向給誰，只要這個念頭一動就已經迴向了，不須要拚命去想或者特地去說出來。你心念專一了，心波放射的力就愈大，就能起影響。心念不能定，不能專一，就不能影響。一切因果，種善因得善果，種惡因得惡果，也是迴向。

「說除八難是菩薩淨土，菩薩成佛時，國土無有三惡八難。」貪瞋癡是人心理上的劣根性，佛學上叫「三毒」。貪心起因，所遭遇的惡果是水災、饑荒、餓鬼道。瞋心的果報是火災、刀兵、地獄道。癡心的果報是風災、瘟疫、畜生道。人在世遭逢到不好的果報，是多生累積的貪瞋癡三毒引來的。

「八難」是八種苦難：地獄、餓鬼、畜生、長壽天（長壽天是災難噢！因為生在那兒的人不會想學佛）、北俱盧洲（是四大洲之一，那兒的福報好，沒有災痛，生在那兒的人也不會想學佛）、聾盲瘖啞、世智辯聰（世間的智慧很高，嘴巴又能辯，但一學佛就不懂了，而且也不會相信）、佛前佛後（比如我們這個時代）。你覺得我們現在沒有在八難裡，其實四面八方都是八難。

我們自己有地獄種性，因為瞋心大。我們自己有畜生種性，因為癡心大。我們自己有餓鬼種性，因為貪心大。能在今天這個時代享受，把你放到極貧苦的山區，你一定受不了。你在享受就等於是在北俱盧洲了。我們可能耳朵能聽，眼睛能看，但是卻做了知識上的聾子和瞎子。世智辯聰就更不用提了，大家都自以為聰明，有的人你剛要說他，他就跟你辯起來了，看到這種人我的瞋心就來了。我們都生在佛後，這是第八種難，是我們大家共有的。所以我們學佛修持要除去心地上這八難的根根，佛的國土是沒有三惡八難的。

「自守戒行，不譏彼闕，是菩薩淨土，菩薩成佛時，國土無有犯禁之名。」學佛要守戒，《維摩詰經》講得很清楚，要內心自動自發地守戒，不是靠外在環境逼你，或者別人勉強你而守戒的。看到別人的行為不正，不譏笑他，不批評他，不宣傳他的缺點，就是不譏彼闕，是菩薩淨土，是菩薩道。佛國沒有所謂犯不犯戒，因為那裡人的行為自然都在道德中。

「十善是菩薩淨土，菩薩成佛時，命不中夭，大富梵行，所言誠諦，常以軟語，眷屬不離，善和諍訟，言必饒益，不嫉不恚，正見眾生來生其國。」學佛的基礎講戒，先要修十善業道。就是殺、盜、淫，貪、瞋、癡，妄語、惡口、兩舌、綺語，能夠把身口意容易犯的這十種過錯改過來，就是十善業道。前面已經講過了。

能修十善業道是菩薩淨土，為什麼學佛先要學作人？人道沒有修好就想證果是沒有可能的。人道怎麼修呢？就是修十善業道，修好了就是人道的成就。菩薩成佛時，「命不中夭」，不會中年幼年就死去；「大富梵行」，就是雖富有，同時也肯修行，這就不是我們常說的「貧窮布施難，富貴發心難」了；「所言誠諦」是所講的話言而有信；「常以軟語」就是不會粗暴地與人講話，不像我常大聲吼你們；「眷屬不離」，父母兄弟姊妹等六親眷屬不會分離；「善和諍訟」，能調和別人的諍訟；「言必饒益」，總是講有益於人的話，不講無益之言；「不嫉不恚」，不嫉妒不怨恨別人。讀了這一段，我們再用每一條來對照自己今生的遭遇和言行，就知道自己前生有沒有修十善業道了。

「如是！寶積！菩薩隨其直心，則能發行；隨其發行，則得深心；

隨其深心，則意調伏；隨其調伏，則如說行；隨如說行，則能迴向；隨其迴向，則有方便；隨其方便，則成就眾生；隨成就眾生，則佛土淨；隨佛土淨，則說法淨；隨說法淨，則智慧淨；隨智慧淨，則其心淨；隨其心淨，則一切功德淨。」這一路連下來，就是淨土法門，學佛做工夫的程式就在這裡了。佛說第一步是直心，不走諂曲心。因為真正修直心才能發行，發什麼行？發心行願，真能修行。然後慢慢就得到了深心，修持智慧功德心愈來愈深。得到了深心，你的妄念意識自然得到調伏清淨，你打坐時妄念降伏不了，因為沒有得深心。

佛在《金剛經》中說「應如是降伏其心」，照《維摩詰經》的道理來說，要直心、發行、深心，自然能調伏妄心。調伏了妄心，你才做到言行一致，說得到就做得到，做得到的當然說得出來。因為做到「如說行」，才有資格迴向一切眾生。能迴向，你的智慧才能方便度人，成就眾生。能成就眾生，你的佛土就是淨土了。你的佛土清淨了，自然開口所說一切都是淨法。因為說的是淨法，自然智慧清淨。因為智慧清淨，你心就清淨，就是淨土了，唯心淨土。也用不著往生哪一個淨土了，到了心就是淨土時，則一切功德莊嚴清淨。佛在這裡說得清清楚楚，修行的方法就在這裡了。

「是故，寶積！若菩薩欲得淨土，當淨其心，隨其心淨，則佛土淨。」隨便你修哪一種淨土，西方極樂淨土也好，東方藥師琉璃光淨土也好，上方香積淨土也好，北方不空如來淨土也好，南方寶生如來淨土等等，要注意重點的這四句話：「若菩薩欲得淨土，當淨其心，隨其心淨，則佛土淨。」你心不清淨，念佛念法念僧只能算暫時種一點點善根罷了！什麼是心，這問題大了，不是大家現在用的知覺感覺第六意識的妄想心，而是包括身心內外，心物一元的全體真心。至於怎麼淨，要先從妄念開始清淨，漸漸地使意識淨，然後是身淨，然後進入到身心內外心物一元完全的清淨。這樣才是真正的心淨，真正的淨土，真正的佛法，大家要把握到。這裡是《維摩詰經》的第一個要點。

為什麼看不見佛的佛土

「爾時舍利弗，承佛威神，作是念：若菩薩心淨，則佛土淨者，我世尊本為菩薩時，意豈不淨？而是佛土不淨若此。」這是很有戲劇性的一幕。舍利弗就是《心經》上的舍利子，翻譯的名字不同，他是佛出家弟子中智慧第一，很多經典都是因他起來向佛請示而由佛開示的，也是經常跟隨在佛身邊的弟子。這時「舍利弗承佛威神，作是念」，是聲明舍利弗並不是不知道這個問題，他雖現出家的小乘羅漢相，但他本是大乘菩薩，不會不懂，而是裝不懂，好像是跟佛二人在唱雙簧。佛用心念的威力感通他，叫他提問，是佛與弟子間心念彼此感應道交。於是舍利弗就心中產生一個思想，假如菩薩心淨了，那麼成佛時他的佛土就是淨土；如此說來，難道我們的老師釋迦牟尼佛多生累世作菩薩時心不太乾淨嗎？否則為什麼要在這個不乾淨的世界成佛呢？

「佛知其念，即告之言：於意云何？日月豈不淨耶？而盲者不見。」

佛感應到了舍利弗的心念，就對他說，你的意思怎麼看，日月難道不乾淨嗎？為什麼瞎眼的人看不見光明？佛這個道理是說，清淨光明無所不在，為什麼不能清淨呢？是因為人自己心念的罪障的緣故。

「對曰：不也，世尊！是盲者過，非日月咎。」舍利弗回答，看不見日月的清淨光明，與日月本身沒有關係。日月永遠是發光的，是瞎眼的人自己看不見日月的光明。這裡用了「過」字，是代表多生累積的業報因緣，所以眼睛不能見光明。

「舍利弗！眾生罪故，不見如來國土嚴淨，非如來咎。」佛就告訴舍利弗，你講得對，一切世界國土沒有不淨的，眾生因為自己罪孽的緣故，所以看不見國土的莊嚴清淨。這不是佛不來感應你，是你自己沒有辦法受感應。比如太陽永遠是照著大地，可是你躲在房子裡，以房子為自己的天地，自然看不見太陽。一切佛菩薩善知識，都想把自己的智慧光明灌輸給眾生，而眾生卻自己擋住不接受，自以為是。

「舍利弗！我此土淨，而汝不見。」佛再告訴舍利弗，這世界就是佛國淨土，只是你們看不見，只見到髒的一面。講到這裡，我舉個例證，你們參一下。各位坐在這房中，環境很乾淨吧！這牆壁是水泥和磚頭做的，可是水泥和磚頭的本質是泥土，如果把泥土放在房中，你就嫌髒了。牆上糊的有壁紙，你們去紙廠看過就知道紙漿是又臭又髒。沒有一樣東西本來是乾淨的，可是經過人工製造，現在都好像變得乾淨了。你去餐廳的廚房看看，都很髒，可是做出來的菜色香味俱全。所以《心經》上告訴你不垢不淨是高一層的道理，是法身上的道理，本體的道理。這裡也是講本體的道理，但又講現象的道理。一切物質世界的現象，淨與不淨是你智慧功德的能力，唯心所造。這個世界娑婆國土，只是佛的三千大千世界國土的一部分，佛告訴舍利弗，我這個娑婆國土其實非常乾淨，可惜你看不見。好像我們這一輩人比舍利弗運氣好一點，看見點影子。你看那太空人在外太空拍的相片，這個地球多美麗啊！很嚴淨啊！這個道理很深，要參究。

「爾時，螺髻梵王語舍利弗：勿作是念，謂此佛土以為不淨。所以者何？我見釋迦牟尼佛土清淨，譬如自在天宮。」這時聽眾當中有一位大梵天天王螺髻梵王，他頭髮是右卷的，他告訴舍利弗，你的想法錯了，你認為這個世界不乾淨，但從我們色界天天人的眼光看來，這個世界清淨莊嚴極了，同我們的自在天宮一樣美麗。

「舍利弗言：我見此土，丘陵坑坎，荊棘沙礫，土石諸山，穢惡充滿。」舍利弗說，可是以我們人的眼光來看，這個世界有山有坑，有刺人的荊棘，有土有石塊，充滿了又髒又臭的東西。舍利弗跟螺髻梵王都是老實地把自己看到的說出來，這是個大問題。

「螺髻梵王言：仁者心有高下，不依佛慧，故見此土為不淨耳。」螺髻梵王稱舍利弗「仁者」，這是佛教對平輩的出家人或在家人的尊敬稱呼，是由《維摩詰經》翻譯過來才開始使用的。中國習慣則是稱仁兄或賢弟，仁與賢都是代表道德高尚的意思。螺髻梵王對舍利弗說，因為你的心有高下，就是有分別心，萬事計較的意思。換句話說，也就是心不平。

如果心平了，看一切眾生如諸佛菩薩，也就是等，合起來叫平等心。平等心這個觀念，在人類文化中首次出現是來自佛法。心不平等，所以看這個世界就有缺陷。而心所以不平等，是因為不依佛的智慧眼光的緣故。要得佛慧得先修佛眼，佛眼永遠是以慈眼看一切眾生。人看人則是用斜眼、怒眼、諂媚眼看人的。記得我小時候跟著媽媽上廟子，看到菩薩的像就問媽媽，為什麼菩薩的眼睛好像沒睡醒似的。她隨口答我說，菩薩要是全睜開眼，世界上看不到一個好人，只好半閉著眼了。當時就這樣聽了，等到以後年紀大了，也學佛了，才覺得媽媽講得真有道理，不知道她是怎麼冒出這句話來的。

佛慧是什麼呢？一切畢竟空，了無一切可得，所以依佛慧看世界，自然是心無高下，一切空嘛！不垢不淨，自然看到的是淨土了。

「舍利弗！菩薩於一切眾生悉皆平等，深心清淨，依佛智慧，則能見此佛土清淨。」我們號稱學大乘菩薩道的人，讀起經典來真令人臉紅，這裡講的，我們哪一點做得到啊？螺髻梵王繼續向舍利弗說，因為菩薩看一切眾生平等，如此慢慢修持，就能夠深心清淨，不只是表面的。依唯識的道理來講，我們的思想意念清淨了，還不算是深心，只是第六意識的清淨，第七第八識還沒清淨。要把第八阿賴耶識清淨了，才算是深心清淨，到了這個境界才是真正依佛智慧，那時看這個世界就是佛土清淨。所以唯識說把第八阿賴耶識轉成大圓鏡智，不只是意識心念轉了，而是種子心念轉清淨了，習氣種子都轉了，然後再看這個世界，哪裡不清淨呢？

「於是佛以足指按地，即時三千大千世界若干百千珍寶嚴飾，譬如寶莊嚴佛，無量功德寶莊嚴土，一切大眾，歎未曾有，而皆自見坐寶蓮華。」佛見螺髻梵王和舍利弗討論個沒完，就顯神通，用腳趾按在地面，當時所有三千大千世界百千萬種的珠寶都呈現出來。講到這裡，想起世人顛倒，都愛珠寶鑽石，其實都是泥巴變的，有什麼好？鑽石同煤炭的分子一樣，只是排列方式不同。一個夏朝的陶碗，價值連城，還不過是泥巴燒出來的，我在街上買個新的碗，又美又實用。所以好與不好，都是唯心所變。這裡佛以唯心神通智慧的力量，把這世界另一個面目呈現了，譬如寶莊嚴佛，有著不可計算功德的寶莊嚴佛土。在座的所有人看見了，都讚歎從沒見過如此場面，不只如此，所有人還看見自己坐在珠寶做成的蓮花上。

「佛告舍利弗：汝且觀是佛土嚴淨？」佛就問舍利弗，這樣的佛土是不是莊嚴清淨呢？

「舍利弗言：唯然！世尊！本所不見，本所不聞，今佛國土嚴淨悉現。」舍利弗答說，唉！是的，從來沒有見過，從來沒有聽過，這個世界有這麼漂亮，現在親眼看見莊嚴清淨的佛國土呈現在面前。

「佛告舍利弗：我佛國土，常淨若此，為欲度斯下劣人故，示是眾惡不淨土耳。」佛告訴舍利弗一個祕密，佛的國土經常是這麼樣的清淨，但是為了適應這個世界上根器下劣眾生的關係，所以呈現的物質世界是如此的不乾淨。

「譬如諸天，共寶器食，隨其福德，飯色有異。」天人吃飯不是每一個人拿個碗和盤子來吃，是共同用一個大的容器來吃，可是同樣的飯，每個天人吃到嘴裡的感受不一樣。福報大的天人，味道就好，福報小的，味道就差一些。其實不只是天人，我們也一樣，有胃病的人吃起來什麼都不對，沒有胃病的人卻覺得好吃。當年有幾個同鄉從老遠的鄉下來找我，我拿巧克力糖招待他們，哪曉得他們一點都不覺得好吃。又像有一次，朋友招待我吃最好的榴槤，那個味道真難聞，我的福報不夠，真難以下嚥。有的人能把高麗蔘當蘿蔔乾吃，但我只要吃一小片就會流鼻血，補不得。所以福德不好的人，吃什麼都不美味。

「如是！舍利弗！若人心淨，便見此土功德莊嚴。」佛作了個結論，假如這個人自心清淨，自然看到這個佛土的功德莊嚴。這是事實，不是理論。例如你們真正修到禪定的人，在靜坐中會覺得身體內外一片光明，這不是用眼睛看見的。不過有時眼睛發炎也會見到光明，那個不是的。得定時，身體內外一片光明，身體已經沒有感覺了，沒有身子了，也沒有一點妄念，是絕對無分別，清淨莊嚴。這個光明是自性光明，晝夜不分，動中靜中都在一片光明中，也就是密宗所講的虹光之身。這我平常不跟你們講，怕你們聽了著相，天天求光明，最後非神經不可。

現在告訴你們兩個原則，一是心理上沒有一絲雜念，二是生理上沒有身體的感受了。你們坐在這裡聽課，身體有感覺嗎？感覺到自己的手腳身子嗎？是痛還是樂？在這個境界如果看到光明都不是好事噢！能夠不理它，倒還馬馬虎虎;聽過我講內外一片光明,自以為是放光了,那是瘋光。不要亂來!很多人在這個裡面看到東西,就說是發了眼通,其實是發了神經。

到了內外一片光明的境界,不論在定出定,看這個物質世界都是清淨莊嚴。這樣修持的人本身的氣象也會改變,臉色好看,放虹霓之光。有許多人自覺打坐放光,但是看他那滿臉的病相、死相,比煤炭還要髒。這些都是事實,不是理論。我看同學們打坐的樣子,念頭沒有一個是清淨過的,我一看就知道了。你有過一剎那的念頭清淨,你那神氣就不同了,走兩步路也不同了。不要以為打坐就是入定,心不清淨,搞了半天都白搞了。

「當佛現此國土嚴淨之時,寶積所將五百長者子,皆得無生法忍,八萬四千人,皆發阿耨多羅三藐三菩提心。」當年我們學佛,讀到這裡,大家就想,佛是右足還是左足按地?是用大足趾還是小足趾呢?佛是怎麼坐的?為什麼不用手按地?這些都是話頭。你們倒好,不起分別心,讀了就放過去了。你參參看,這些經文決不是偶然說的。例如《楞嚴經》講到阿難出了問題,佛從頭頂放光有化身佛在其中,傳一個咒子,教給文殊菩薩去救阿難。為什麼要從頭頂放光？為什麼另一個場合又是從心口放光？還有從眉間放光的，什麼理由？如果佛經都是神話假話，那就不用研究也不用學佛了。如果真有事實，為什麼放光的部位不同？這就是研究佛學的精神，也是實修同打坐做工夫都有關係的。國土，心田是心土，在生理上，胃是五行中的土，這些資料給你們，你們去參，參出來可以學佛，否則是學饞，不是禪。這是我提出《維摩詰經》裡的話頭要你們去參。

這裡講到當佛現出國土嚴淨的時候，寶積所帶領來的五百世家公子，當場就得了無生法忍。在座的八萬四千人，統統發了大乘心。發心是發明心地，就是禪宗講的明心。

「佛攝神足，於是世界還復如故。求聲聞乘者，三萬二千諸天及人，知有為法皆悉無常，遠塵離垢，得法眼淨。八千比丘，不受諸法，漏盡意解。」佛學上講神足通，一般研究教理的把這足字解釋作滿足的足，是充滿的意思。講修證工夫的，神足通的足是腳，真有神足通工夫的人是可以飛天的。

經文說，佛把腳收回來，腿盤起來，這時眾人看見世界恢復原狀。這裡又要參，為什麼佛要等到五百長者子得到無生法忍，八萬四千人發了大乘心之後就把腳收回來？而這時，小哩小器，計較心又大的，求聲聞的三萬二千諸天和人，總算悟道了，曉得一切有為法是無常的，曉得一點空的道理了，害怕這個塵世的牽累，得了一點法眼清淨而已。

你看，佛他老人家看出來，大乘根器的境界現完了，把腳拿上來。因為對小乘根器的人沒辦法，只好把腳收回來。好吧！該你們來吧！結果小乘根器的人也證道了。跟著有八千比丘「不受諸法，漏盡意解」，注意喔！不管你是天臺、密宗、淨土、禪，哪一個法門的，能做到這八個字才是真正比丘、比丘尼、沙彌、沙彌尼。我們眾生的煩惱和病痛，都從心中結使來，都解不開，如果意結一解開，八十八結使自然清淨，自然可以達到漏盡通的境界，才可算是比丘的阿羅漢，才可以做到不受諸法，空也不受，一切皆不受。

比如今天有朋友，一定要介紹有位從美國回來開會的教授來看我，他長期睡不著覺，一身是病，人變得很悲觀。我跟他談了一下，沒法子同他深講。

他根本的問題就是意結太多，唯心所造，影響到生理的健康。意解心開就是道，禪宗開悟的第一步就是這個。拿密宗來講，開悟第一步是脈解心開，心脈打開了。我們的心臟好像是八瓣蓮花，定力到了，真悟道了，心脈就打開了，就是意解心開。那是事實，沒有辦法冒充的，心脈打開有心脈開的象徵。有年輕人來找我印證，就憑這一念就不行了。修持要實實在在，不要自欺欺人，自以為懂了一個道理就到家了。真到了有所心得的時候，一定是意解心開，脈解心開。《維摩詰經》第一品就講到這裡。

方便品第二

爾時，毗耶離大城中有長者，名維摩詰。已曾供養無量諸佛，深殖善本；得無生忍，辯才無礙；遊戲神通，逮諸總持；獲無所畏，降魔勞怨；入深法門，善於智度；通達方便，大願成就；明了眾生心之所趣，又能分別諸根利鈍；久於佛道，心已純淑，決定大乘；諸有所作，能善思量，住佛威儀，心大如海，諸佛咨嗟，弟子、釋、梵、世主所敬。欲度人故，以善方便居毗耶離。資財無量，攝諸貧民；奉戒清淨，攝諸毀禁；以忍調行，攝諸恚怒；以大精進，攝諸懈怠；一心禪寂，攝諸亂意；以決定慧，攝諸無智。雖為白衣，奉持沙門清淨律行；雖處居家，不著三界；示有妻子，常修梵行；現有眷屬，常樂遠離；雖服寶飾，而以相好嚴身；雖復飲食，而以禪悅為味；若至博弈戲處，輒以度人；受諸異道，不毀正信。雖明世典，常樂佛法；一切見敬，為供養中最；執持正法，攝諸長幼；一切治生諧偶，雖獲俗利，不以喜悅；遊諸四衢，饒益眾生；入治正法，救護一切；入講論處，導以大乘；入諸學堂，誘開童蒙；入諸淫舍，示欲之過；入諸酒肆，能立其志。若在長者，長者中尊，為說勝法。若在居士，居士中尊，斷其貪著。若在剎利，剎利中尊，教以忍辱。若在婆羅門，婆羅門中尊，除其我慢。若在大臣，大臣中尊，教以正法。若在王子，王子中尊，示以忠孝。若在內官，內官中尊，化正宮女。若在庶民，庶民中尊，令興福力。若在梵天，梵天中尊，誨以勝慧。若在帝釋，帝釋中尊，示現無常。若在護世，護世中尊，護諸眾生。長者維摩詰，以如是等無量方便，饒益眾生。其以方便，現身有疾。以其疾故，國王大臣，長者居士，婆羅門等，及諸王子，并餘官屬，無數千人，皆往問疾。其往者，維摩詰因以身疾，廣為說法。

諸仁者！是身無常，無強無力無堅，速朽之法，不可信也。為苦為惱，眾病所集。諸仁者！如此身，明智者所不怙。是身如聚沫，不可撮摩。是身如泡，不得久立。是身如燄，從渴愛生。是身如芭蕉，中無有堅。是身如幻，從顛倒起。是身如夢，為虛妄見。是身如影，從業緣現。是身如響，屬諸因緣。是身如浮雲，須臾變滅。是身如電，念念不住。是身無主，為如地。是身無我，為如火。是身無壽，為如風。是身無人，為如水。是身不實，四大為家。是身為空，離我我所。是身無知，如草木瓦礫。是身無作，風力所轉。是身不淨，穢惡充滿。是身為虛偽，雖假以澡浴衣食，必歸磨滅。是身為災，百一病惱。是身如丘井，為老所逼。是身無定，為要當死。是身如毒蛇，如怨賊，如空聚，陰界諸入所共合成。諸仁者！此可患厭，當樂佛身。所以者何？佛身者，即法身也。從無量功德智慧生。從戒、定、慧、解脫、解脫知見生。從慈、悲、喜、捨生。從布施、持戒、忍辱、柔和、勤行精進、禪定解脫三昧、多聞、智慧，諸波羅蜜生。從方便生。從六通生。從三明生。從三十七道品生。從止觀生。從十力、四無所畏、十八不共法生。從斷一切不善法，集一切善法生。從真實生。從不放逸生。從如是無量清淨法，生如來身。諸仁者！欲得佛身，斷一切眾生病者，當發阿耨多羅三藐三菩提心。如是，長者維摩詰，為諸問疾者如應說法，令無數千人，皆發阿耨多羅三藐三菩提心。

第二品叫〈方便品〉，「方便」這兩個字不要隨便看過去了，你們學佛的同學答一下：方便波羅蜜是十波羅蜜中的第幾波羅蜜？是第七波羅蜜，這就是打你們一香板，連這個佛學基礎知識都沒有。所以方便是修菩薩道的一個法門，是登彼岸的一個法門，不是要你讓讓路的方便。方便是一個大法門，十波羅蜜中的一條大路。現在《維摩詰經》告訴你方便波羅蜜，你看這一品中包含著什麼，你就瞭解方便波羅蜜，這就是話頭了。普通看經以為文字都懂了，其實一點都不懂。

前面是由釋迦牟尼佛演出的序幕，這一場戲的真正主角是在家佛維摩居士。佛是教主，必須現出家身。在家的也可以成佛，這就是佛法的方便法門。這一品是《維摩詰經》全經的關鍵所在。現在方便品正式推出，維摩居士出場了。

有辯才　有神通　方便度人

「爾時，毗耶離大城中有長者，名維摩詰。已曾供養無量諸佛」，這裡讚歎形容維摩居士的每一句話都要注意，都是我們學佛的方法，都是方便波羅蜜。維摩居士，「已曾供養無量諸佛」，在過去生乃至當時，已曾經供養不曉得多少佛。

「深殖善本」，這裡用的是繁殖的殖，而不是種植的植，是說維摩居士多生多世做善事，深深的繁殖，不是只做一件，否則就該用木字邊的植了。

「得無生忍」，悟了無生法忍，是八地以上的菩薩。

「辯才無礙」，不是說人很會講話會強辯，而是什麼問題都解答得了。為什麼他能辯才無礙呢？因為多生多世修得口業清淨。其實他的口業修法正如禪宗祖師講的「言滿天下無口過」。即使罵人也是功德，不是過錯，因為出發點是慈悲喜捨。同樣的話，他說的人家會信；同樣的話，他說的就有分量；同樣的事，他說了就可以定案。如果這一生沒有辯才無礙，要深自反省，是生生世世沒有口業清淨，老是批評人家，刺激別人，不講好話，怎麼會有好果報？更不要說辯才無礙了，以世間法來說，要找有演講天才的學生都沒有。現在的歌星或是播音員，他的聲音悅耳都是前生的善因所得的善果。有人相貌雖不是很好，但是聲音好就蓋過了一切外相的不足。

「遊戲神通」，神通已經很難了，他能遊戲神通。什麼是遊戲神通呢？六神通的前五通（天眼通、天耳通、神足通、他心通、宿命通）是共法，魔道外道都有的。第六通的漏盡通是佛法的不共法，是魔道外道所沒有的。遊戲神通，是具足所有的大小乘魔道外道神通，可以遊戲自在。遊戲神通的第二個意義，這位大菩薩活在這個世界是來玩玩的，隨時可以走。

「逮諸總持」，佛經講咒語也叫總持，因為咒語包含了一切意義。總持的真正意義是一切的總綱，總是涵蓋一切的意思，維摩居士已經成就了一切總持。

「獲無所畏，降魔勞怨」，比丘有「怖魔」之意，破掉煩惱、生死等魔，證得無所畏的阿羅漢果。有些比丘說法不能圓融，而大阿羅漢、大菩薩，因為生死煩惱之魔已經破除了，說一切佛法得無所畏，大小乘佛法、所謂經律論三藏十二部、世法出世法、外道法、魔法，無所不通。所以在魔道外道中說法無所畏，能夠降伏世間的塵勞煩惱魔。你覺得作人作得很累，因為沒有到達菩薩境界，不能降伏塵勞。自覺對人萬分慈悲，卻換來以怨報德，而生惱怒。菩薩若不能降魔勞怨，就不能停留在這個世界上遊戲。到這裡有個問題你們參一下，維摩居士能夠降魔勞怨，為什麼不能降伏病魔？

「入深法門，善於智度」，大乘佛法的不共法注重的是智慧的成就，就是智度，不是普通人所追求的神通或者是禪定。世人以為佛法的究竟是共法的神通，那是絕對錯誤的。要得到智慧的成就，就要懂得入深法門，不是淺薄地懂了幾個佛學名辭，看懂了一些經典的文字，就可以了，而是要拿身心來求證，深入又深入。入深法門與善於智度是互為因果的。

「通達方便，大願成就」，我們學佛都曉得先要發大願，慣用的第一個大願是慈悲，可是不但普通人很少有慈悲的，就是學佛的人也很少有真慈悲的，都只是有限度的，以自我為主的一點輕微的同情心而已，而且時間也是很短暫的。真正能有大慈大悲心的願和行的人，他不成就也已到了成就的邊緣。我們觀察不只是佛教界，任何宗教或學術界，有了地位或學問的人，他的行為跟他的思想往往差得很遠，乃至成為一個令人討厭的人。這原因就在於不能通達方便，沒有方法，不學無術。

話說回來，我們年紀大了，看的各種人多了，就瞭解這很不容易。宋朝有位大臣寇準，權傾一時，官拜宰相，有次問一位好朋友對自己的評價，朋友勸寇準回去讀《漢書》的〈霍光傳〉，他回去翻《漢書》，原來史書對霍光的評語是不學無術，寇準才知道被朋友罵了。不學無術的術，就是方便。我們年輕時常愛批評別人是不學無術，現在年紀大了，覺得不學無術的人固然可怕，但更可怕的是不學而有術的人，這是我幾十年的經驗。有人自己沒有能力，做事沒有條理，一朝當權或做一件事情，耽誤別人更大，你說不可怕嗎？佛家有句話說：「慈悲生禍害，方便出下流」，一味的講求慈悲和方便，如果沒有智慧，就反而出問題。通達方便，大願成就是非常難的。這兩句話也是互為因果的。

「明了眾生心之所趣」，除了已經成佛得他心通的人外，一般人不能明白眾生心裡的思想和方向。但是就算你能明白，也不能度了每一個，有些眾生心中業力的關係，絕不是這一生能成就的。這一生能讓他種一些善根已經很了不起了，要想即生成就，談何容易。所以要度人，首先要能明瞭眾生心之所趣。

「又能分別諸根利鈍」，有利根器的人是多生累積修持功德來的，這種人反應敏捷，看到煙就曉得有火，就是禪宗祖師講的「良馬見鞭影而馳」。眾生根器利鈍的差別與心理的趣向一樣，利根的人心理趣向非常堅決，反應靈敏。孔子再三讚歎他的學生顏回，《論語》記載，有一次孔子問另一個高足子貢，要他自己同顏回比較，子貢回答說無法比，顏回聞一而知十，自己聞一而知二，孔子聽了就說，不只你不如他，連我也不如他啊！從這裡可以看見，眾生根器的利鈍可以差得很遠。歷史上的張良，所以輔助劉邦而不去幫項羽，就是因為他看出來劉邦是利根，腳在桌子下一碰他，劉邦馬上就會意了。今天講教育，真的教育家必須看出來學生能領受的程度，甚至於他的性向所趣。現在西方教育很注重小孩子的性向，其實中國三千年前已經知道了。

「久於佛道，心已純淑」，這裡說維摩居士實際上早已悟道成佛，久遠以來對於佛的菩提大道早已經純熟了，因此「決定大乘」，決定走大乘道路線。我常跟與我平輩的和尚說笑，不要和居士爭，他們聽了都笑，心裡明白，你看，每天拜的諸位菩薩都是居士身，觀音、文殊、普賢、彌勒都是。彌勒的本像不是大肚子的，那是中國塑的布袋和尚像，是彌勒的化身。只有地藏王菩薩一位是出家菩薩。大乘道是不限於出家在家的。大乘的菩薩道簡單的說有八個字，永遠都做不到的「難忍能忍，難行能行」，忍人所不能忍，行人所不能行。能做到了就是決定大乘，決不退轉的。

現在演繹什麼是大乘道的基本道理，就是「諸有所作，能善思量，住佛威儀，心大如海，諸佛咨嗟，弟子、釋、梵、世主所敬。欲度人故，以善方便居毗耶離。」大乘道做所有事情要再三思量，這是大乘與小乘不一樣的地方，小乘人動輒想無念，求空，不求思量，萬事怕囉嗦，山裡頭打坐最好，不敢用思想；大智度的成就是能善分別一切法，於第一義而不動，一切用心而菩提正道沒有動過妄念，這是智慧成就的境界。所以走大乘道的人能善思量，不是情感的衝動，喜怒哀樂都自智慧發出。但是他的內心是「住佛威儀，心大如海」，就是佛境界，就是現生的佛，他的心量之大，包容萬象。而且十方諸佛都向他求教，他的學生，欲界天的天主帝釋天，色界初禪天的天主大梵天，人世間的帝王領袖，以及三界天人都尊敬他。因為要度人，以變化神通的方便，現普通人一樣的身像，不是從石頭裡跳出來或者是蓮花裡生出來，為的是與眾生親近，否則眾生不會修道了，以為成佛的人必須是天生的。所以維摩居士以善方便居住在毗耶離。

（此時南師忽對某同學說：某某人，你在幹什麼？不要裝模作樣，放鬆！休息！很輕鬆地學佛作人就好了。聽到沒有？對了，笑了就好了，一個人每天笑幾次多好！不信試試看，躺下來休息，躺下來聽，不要打坐了，知道嗎？去後面躺下來。）

六度波羅蜜成就

「資財無量，攝諸貧民」，維摩居士「資財無量」，財富多得不得了，沒有限度，像是有個中國的聚寶盆似的。明朝初年首富沈萬三，據說就有個聚寶盆，朱元璋建都南京，沈萬三財富的力量很大，出錢修了三分之一的城。後來朱元璋要殺他，他被佛教人士稱為馬如來的馬皇后所救，財產沒收，流放邊疆。朱元璋的脾氣真壞，我現在發現很多學佛的人脾氣壞，包括我在內。馬皇后死後，朱元璋變本加厲，不知殺了多少人！講到維摩居士「資財無量，攝諸貧民」，一切的窮人都救濟，這是他布施的功德。

「奉戒清淨，攝諸毀禁」，維摩居士雖然是在家人，但是他奉守一切在家出家戒律，不會犯戒。

「以忍調行，攝諸恚怒」，以最高的忍辱修養，調伏自己的心理和行為。忍辱而沒有瞋恨心，輕微的怒是恚，再重的就是發怒，真正重的就是瞋，也就是恨心了。有瞋恨心的人可能會墮入畜生道，因為他所有的神經肌肉都帶一種恨意，很嚴重的。

「以大精進，攝諸懈怠」，我們學佛的榜樣就是如此，晝夜都在大精進，隨時都在努力，對自己不鬆懈，沒有懶惰怠慢。

「一心禪寂，攝諸亂意」，他的心永遠在禪定的境界中，寂滅清淨，在任何的情況下都不亂。

「以決定慧，攝諸無智」，這是般若智慧的成就，他智慧力之高，對無量法門有決定性的判斷力，無智的人到了他這裡都變得有智慧了。

上面這一路經文講的就是六波羅蜜門，原文說：「資財無量，攝諸貧民」，就是布施的意思。因為經典講究文學的境界，兩句一對排下來，很美。所以看《維摩詰經》，文字好像都懂了，觀念都沒搞清楚，中文程度不好，佛經禪學都看不懂。如果加一句，成為「資財無量，攝諸貧民，是布施也」，就清楚明白了。

大乘道為什麼講六波羅蜜？是為了這六個大方向的成就。因為布施，可以攝諸窮苦的人，免除他們窮困的痛苦，這就是度人。因為維摩居士資財無量，可以救助世上的窮苦人；因為他持戒的成就，影響了旁人不犯罪；因為他能忍辱，不會發脾氣生瞋恨心；因為他修精進，就不懈怠不馬虎；因為修禪定，心沒有散亂；因為修般若成就，對天上天下一切事無所不知。學佛學六度，為的就是這個，不是空口說白話。下面是我們在家居士要學的榜樣。

在家身 出家心 行為美

「雖為白衣，奉持沙門清淨律行」，白衣是代表平民的意思，是相對於作官或出家的人而言，中國的出家人穿緇衣，是染了不漂亮顏色的布。我有時寫信給出家人，具名的地方就寫白衣，就代表我是在家俗人，因為我也不好自稱是他的弟子。維摩居士雖然是在家人，但能夠奉守出家人的一切戒律的行為，心是出家的。

「雖處居家，不著三界」，雖然表現是在家人，心已經跳出欲界、色界、無色界三界，一切不執著。

「示有妻子，常修梵行」，雖然與在家人一樣，有太太和孩子，可是一直修的是清淨行。

「現有眷屬，常樂遠離」，本身有許多眷屬圍繞，像是父母、妻子、朋友、學生等等都算，可是他的修行境界是不會留戀這些的，已經超越了。好像我跟老朋友說，兒女大了，就不要再牽掛了，互不相欠，也不要指望兒女回報，否則你下輩子可能變成兒女的兒女來還債。也有朋友為兒女不肖而愁，我便勸他們看開些，社會上年輕人一定有好有壞，不可能個個都好，也不要要求自己的子女一定全都是好的，總要分擔一些吧！自己家裡樣樣都要好的，不是菩薩道。別人的苦難我們挑一些，這也是迴向。

「雖服寶飾，而以相好嚴身」，常有些人向我說某某女士已經學佛了還打扮那麼濃。我就說，這有什麼奇怪？難道學了佛就不顧形像，使一切眾生不願親近你嗎？你看觀世音菩薩打扮得多好看，頭上掛的，手上拿的，都滿了。菩薩要相好嚴身，不要使人討厭，並不是為了漂亮。維摩居士也帶珠寶，不是為了誘惑人，是要莊嚴這個色身。我們人的色身太髒了，把皮剝下來裡面又髒又臭！所以要莊嚴色身，但是心裡不要執著。

普通凡夫打扮都是為別人看的，漢武帝有一個愛妃生重病，武帝去看她，這妃子硬是把臉遮起來不給武帝看，侍女問這妃子為什麼，她就說皇上寵愛自己，是因為愛自己的容貌美麗，如果把病容給皇上看了，不但自己要失寵，連自己的家人往後都會失去照顧，就是這個道理。

「雖復飲食，而以禪悅為味」，在家人當然要吃要喝，但是一切的飲食營養是為了自己得道用，如果吃了反而妨礙自己學道就不吃了。

「若至博弈戲處，輒以度人」，維摩居士也進出賭場，也下棋，也去娛樂場所，但是他去這些地方是為了方便教化度人，在那個場合仍然還在布施持戒。這不是你們所做的，尤其你們出家人，要懂這道理。

「受諸異道，不毀正信」，學了一切外道，同外道都有來往，但是以佛法的正信教化人。

「雖明世典，常樂佛法」，世典是世間一切學問，他沒有不會的，但是他真正的中心是修佛法，是大乘道的居士行為。

「一切見敬，為供養中最」，因此維摩居士到任何場所都最受到尊敬，受人供養。另一個意思也可以說，維摩居士自己對待一切眾生，都是以最尊敬的心，沒有看不起任何人，都是在以法供養。

「執持正法，攝諸長幼」，他堅持走正佛法，毫不馬虎，就是我常說的：寧可將身下地獄，不把佛法當人情。一講到佛法，毫不客氣，沒有人情講的，不對就是不對。同學在這裡常挨我的罵，但是一旦離開這裡了，偶爾回來，我會客客氣氣地當他是客人。不論是什麼人，真是學佛法的，我尊敬你供養你，若是冒充的，決不理你。

「一切治生諧偶，雖獲俗利，不以喜悅」，維摩居士也做生意噢！一切謀生的事業都來，所以養了那麼多人，像寶積菩薩這些人，不做生意，錢哪裡來？「諧」，是描寫他談笑輕鬆和諧的樣子。「偶」，是什麼都來。但是賺了錢也不會高興，都是為眾生賺的。

「遊諸四衢，饒益眾生」，他外出遊玩，隨時隨地都在做利益別人的事，到了哪裡，哪裡就沾他的光了。俗話說「龍行一步，百草沾恩」，就是這個意思。

「入治正法，救護一切」，他在所住的毗耶離城等於是當地的主席，盡量愛護犯錯的人，重的罰減輕，輕的罰取消。如果居士從政或者執法的話，要有智慧，但是不能一味地慈悲，慈悲生禍害，方便出下流。

「入講論處，導以大乘」，到了學術團體，他會用種種的方法，引導人走入佛法的大乘道。

「入諸學堂，誘開童蒙」，到了幼稚園小學，會用誘導的教育教導不懂事的孩子們。

「入諸淫舍，示欲之過」，他連妓女院都去，但是他在其中說法，使人解脫淫欲。

「入諸酒肆，能立其志」，他也去飲酒場所，有酒德，喝酒心不醉亂，因自己的清醒，能使酒徒不沉迷，能自救自拔。

這篇文章我就把它標題為維摩居士行為的美，你會怎麼標題呢？你不要把這一段理解成了讚歎維摩居士的德行，其實這裡每一條都是我們學大乘佛法要引為榜樣、引以為鑑的。不然《維摩詰經》還是《維摩詰經》，你還是你。在家學佛戒律的榜樣都在這裡了，沒有一點要你做個面有菜色婆婆媽媽的人。

像有些年輕人一來就要行跪拜禮，你有恭敬心一進門就看出來了，打個招呼就好了嘛！不須要來這個，害我還得跪著還禮。你規規矩矩學佛，好過跟我磕頭。你成了佛我還來拜你。我一輩子不受人跪拜，因為我受八關齋戒，不坐高廣大床，這都是沙彌戒、比丘戒的基本，不坐上位。我講經白衣升座已是不應該了，所以我一定擺個佛像在前面。你們是拜佛不是拜我，這樣一來有人來磕頭我也不在乎了。

《維摩詰經》沒有一點形式主義的味道，真正大乘道不用裝起那個學道的樣子，有的人一臉佛相，滿口佛話，一身佛氣，進了房間把空氣都染污了，我最怕這種人。當然不只佛教徒如此，我看到這樣的基督徒同樣害怕。有一次有輛基督教的宣傳車開到我家門口，講了兩個鐘頭還不停，我已經忍辱波羅蜜吃了好幾個了，只好寫張條子遞出去，上面說：上帝曰：不要騷擾別人的安寧。他看了只好把車開走了。人家問我遞了什麼條子，我說是道教張天師畫的符，只有他懂我懂。所以，不要搞這麼多形式，反而引人反感。

維摩居士成就的功德

上文都是在述說維摩居士的成就德行，道業是這樣深。接著是說明維摩居士成就的功德。

「若在長者，長者中尊，為說勝法。」佛法所謂的長者，在過去印度是四種姓之首婆羅門階級中，年高德劭之人稱為長者。後來佛教傳入中國，長者居士要具備十種德行，年高、有學、有德、有道等等，才堪稱長者，我們現在有時也依佛教的習慣，寫信給前輩時尊稱對方為長者。維摩居士即使在眾多婆羅門階級長者眾中，也受長者們尊重，為長者們開導說教更高的出世法門。

「若在居士，居士中尊，斷其貪著。」這裡的居士不是指長者居士，而是普通居士，是在家學佛的。維摩居士在居士眾中受尊重，在家居士多半對世法、世間的因緣還有貪著，不能完全解脫。維摩居士對居士說法，可以斷了居士的貪著習氣。以下的敘述句子都差不多，我們就不詳細講了。

「若在剎利，剎利中尊，教以忍辱。」剎利是剎帝利，是印度的四種階級之一，是帝王將相等人世間的統治者，僅次於婆羅門，釋迦牟尼就出生於剎帝利階級。好武功的人多半是不會忍辱的，無勇之人能忍讓固然是很好的德性，但是可能只是窩囊，有勇而能忍才是真忍辱。

「若在婆羅門，婆羅門中尊，除其我慢。」婆羅門是教士階級，至今仍然存在。

「若在大臣，大臣中尊，教以正法。若在王子，王子中尊，示以忠孝。」王子是世子，研究歷史深刻了就知道，愈是帝王家庭，富貴之家，就愈沒有忠孝，愈是骨肉相殘，古今中外皆然。

「若在內官，內官中尊，化正宮女。」內官是太監，中國歷史上也稱黃門或中官，佛教戒律中也有提到黃門，是非男非女之人。看中國歷史就覺得內官力量之可怕，完全是變態心理。得勢的內官連皇帝的性命、挑選繼位的皇子，都揑在手裡，外廷的大臣大將，一點辦法也沒有。看了《維摩詰經》可以瞭解，印度歷史也一樣。化正宮女是使後宮能夠清淨。

「若在庶民，庶民中尊，令興福力。」庶民是老百姓。

「若在梵天，梵天中尊，誨以勝慧。」梵天是色界初禪天的天主，是得了定的，已經是有大修行的天人，他們有定而無最高的慧。維摩居士還是可以教誨他們般若勝慧，因為梵天仍然貪著色界天的境界，不能得般若勝慧解脫。天人也有欲望，例如愛乾淨是好色，藝術家愛美是好色，愛山水是好色，愛清淨莊嚴也是好色，都落在色界中。如何是解脫？能做到愛山林清潔同豬圈廁所一樣就解脫了。從前在四川我就碰過一位出家人，神通很大，只曉得大家管他叫瘋師爺，他一輩子住在過去那種茅房廁所中，不垢不淨，這就是解脫三界相，但是如果他是貪著廁所，那後果不得了，來世要變蛆蟲。

「若在帝釋，帝釋中尊，示現無常。」帝釋是欲界天的天主，就是中國所講的玉皇大帝，不是大梵天，大梵天比玉皇大帝還要大。玉皇大帝生在欲界天中的三十三天，這不是第三十三層天的意思，而是那個天界的名稱就叫作三十三天，是由三十三個區域組成的，勉強比方說等於是天上的聯合國似的，玉皇大帝就是其中推舉出來的天主。欲界和色界有何不同？欲界天的天人同我們一樣，貪戀五欲之樂。大的五欲是色、聲、香、味、觸，小的五欲是笑、視、交、抱、觸。欲界天人也有男女之欲，不過帝釋天的孩子是由肩膀上生出來的，不像人世間孩子是向下生出來的。到了色界天，就沒有欲了。據說如此，你修到那兒去求證吧！

大家做工夫，欲界這一關就過不去，精滿不思淫做不到，晚上會漏丹，天人都會漏的。宋朝朱熹寫給朋友有首名詩，就是講欲：

十年浮海一身輕　乍睹梨渦倍有情
世上無如人欲險　幾人到此誤平生

梨渦，就是酒窩，指美人而言。欲，最基本的一關是男女之欲，兩性關係都是荷爾蒙在作怪，你要是能化掉這荷爾蒙，也不要談修定通氣脈，就成功了一半。過了這一關，到了色界的幾關就比較容易。看各位修道，都是在二界關上徘徊，像蹺蹺板一樣，醒了就上升，不醒就再下墮。做工夫修道，到了一定程度就像站在蹺蹺板上，難啊！道家講煉精化氣，煉氣化神，煉神還虛，的確有這樣的次第。煉精化氣做到了就精滿不思淫，氣滿了就不思食，神滿就不思睡，都是確實的工夫。到了這樣的程度，才能說基本上破了兩性欲的這一關，只是身欲。還沒破眼、耳、鼻、舌四個欲關呢！看了美麗的衣裳、秀麗的山水你還喜歡嗎？喜歡就著欲了。舌是食欲，比身欲還難解脫。譬如這有一杯茶，茶葉要一萬塊錢一兩，想喝一杯嗎？這一念就可以把你的欲逗起來，飲食之欲難解脫啊！

你能解脫欲就超越欲界天去了色界天，可是在色界天還要求解脫。這裡代大家提出個問題，你說欲、色這麼難解脫，可是有的人不愛漂亮，是無欲無色了嗎？還有的人，自己長得體面，可是偏偏愛上眾人認為不漂亮又笨拙的人，原因何在？剛才說欲界是荷爾蒙在作怪，色界不是荷爾蒙在作怪，是神經在作怪。無色界呢？是感情的情在作怪，情人眼裡出西施就是情的原因。所以「乍睹梨渦倍有情」，碰到情，你一點辦法沒有。我積數十年之經驗，很多男女同學告訴我，他們這一輩子決不談情。我說，這個話好像是我前幾輩子發過的願，你碰到了個冤家，他不想你，你要想他。這就印證了那句話：「不是冤家不聚頭，冤家聚頭幾時休」，這就是情。

欲界的天人還同我們一樣有色身，到了色界的天人就沒有肉身，只有光明的光身，若有若無。無色界的天人連光身都沒有，但是這一念情還在。有再大的成就，父母、兒女、兄弟、男女的情不能斷，是永遠跳不出三界的。問題來了，既然斷了情又何以稱菩薩——菩提薩埵呢？薩埵就是有情，一切諸佛有情。中國有句老話，「不俗即仙骨，多情乃佛心」，佛菩薩度一切眾生豈不是多情嗎？他們是已經把情、欲化作慈悲。當然，從邏輯立場來講，慈悲就是有情，但是佛菩薩的有情，是對一切眾生大慈大悲的大有情。所以，諸佛菩薩都是我們的大情人，你念他們，他們就會念你，會加庇你。這個情就不是世俗的情，是真慈悲，愛一切眾生。為什麼要再三跟大家講這個道理？

要真求修證，根本就在這條路上，就在此處下刀子，這裡病根拔除不了，解脫無望，這一點非常重要。

現在回到經文，所以維摩居士在帝釋天教化天人，一切無常，不要貪戀欲。

「若在護世，護世中尊，護諸眾生。」護世是天神，廟裡的四大金剛就是護世天神，是欲界天中層的四天王天的天神，我們這個地球世界就受他們的保護。譬如韋馱菩薩，相傳就是四天王中南方天王的一名天將，他是在中國唐朝時始為人所知。後來有位禪師在山上坐禪，一時陷入昏沉跌下山崖，被護法天神托住而沒摔死。禪師叩謝，請求天神現身。天神現身自稱是韋馱，禪師把韋馱相貌描真繪下，才流傳於世。在我們這一個賢劫中，一共會有一千尊佛出世，釋迦牟尼佛是第四位出世的佛。韋馱菩薩是發了願，將會是賢劫一千尊佛當中，最後一位出世的佛。

上面說了維摩居士成就的功德，無論他處在哪裡，在哪一行裡，都是第一流的聖者，都能夠領導他人。他是我們在家出家的人學習大乘菩薩道的榜樣，也是儒家所講的「化民成俗」，教化民眾而變成社會的一股風氣。維摩居士不但做到對世間人「化民成俗」，還能教化天人。我常用一句俗話來說笑，人家問我多大歲數？我說「逢人大一歲」，地位呢？「逢官高一級」，至於作人，則是「見人矮一輩」，做到了這樣，就是維摩居士了。下面開始是進入《維摩詰經》的正題了。

居士病了

「長者維摩詰，以如是等無量方便，饒益眾生。」維摩居士修成功了前面所說的，以無量無數的方便法門，充分地利益一切眾生。

「其以方便，現身有疾。」但是維摩居士生病了。佛為了解脫生老病死而出家，以維摩居士這樣一位居士如來，雖是古佛化身，成就如此之大，結果還是有病，這佛法怎麼去學？不但維摩居士，連釋迦牟尼佛到八十一歲入涅槃，寒風發背，生病而死。怎麼寒風發背？佛年輕的時候在雪山修苦行六年，現在要你們打坐時身上披蓋好，佛當年可沒有這樣的設備，所以成了宿疾。佛有一次這老毛病發了，叫弟弟阿難去化緣，要酥油來熬藥。阿難去到維摩居士家裡化緣，被維摩居士罵了一頓，本經後面會講到。我們眾生有病，為什麼諸佛菩薩也不能離開病？這是個大問題，是個話頭，要去參。

我們看佛經，佛與佛見面時會彼此問訊：「少病少惱否？眾生易度否？」可見，成了佛在現身時免不了病，也免不了度眾生的煩惱。眾生不容易度是當然的，有時度得佛都要生惱。有些同學寫信問候我：「少病少惱否？」我看了真啼笑皆非，我又不是佛，你也不是佛。

「以其疾故，國王大臣，長者居士，婆羅門等，及諸王子，并餘官屬，無數千人，皆往問疾。」因為維摩居士有病，消息傳來，從國王到各界人士有好幾千人，都去探視。那個時候整個印度沒有多少人口，這麼多人去看他，那是轟動了全國。可以看到維摩居士道德學識的威風之大。

「其往者，維摩詰因以身疾，廣為說法。」對前來探病的眾人，維摩居士以生病作機會教育、教化大眾。

如何看待自己的身體

「諸仁者！是身無常，無強無力無堅，速朽之法，不可信也。」維摩居士怎樣說法呢？我們可以想像他躺在病床上，向來探病的人說，諸位，我們這個父母所生的肉身是不會永恆存在的，而且不堅固，脆弱，很快就會壞掉了，不要信賴這個身體。

由這句話我們反省一下，大家打坐修道搞氣脈，求健康長壽，都是在信賴這個身體。以為是在修道，已經錯了，非正見也。「速朽之法，不可信也」，看看自己年輕時的照片，那個你、三年前的你、去年的你，早就死了。我們覺得活著，其實那個你一天一天都過去了。這個肉體的我，不是真我。

「為苦為惱，眾病所集。」這個身體是痛苦的根本，這個身體是煩惱的根本。我們所有一切身心的病苦，都是因為這個肉身而來。佛經上說過，我們一生當中所可能患的病，以大類算，有四百零四種，因為地、水、火、風這四大，每一大所發生的病，各有一百零一種。同樣的意思，老子的表達是：「吾所以有大患者，為吾有身。及吾無身，吾有何患？」「諸仁者！如此身，明智者所不怙。」他說，諸位，真有大智慧的人，不會憐惜愛護這個身體。失掉父親叫無怙，失掉母親叫無恃。這不是叫你自虐身體，而是不要姑息它。我們對身體愈不姑息，它愈健康，聽起來很奇怪，但確實是如此。

接下來一段話，是維摩居士講這個身體的，文字很好，如果把它當文學境界看過去就可惜了。這每句話都是方法，是修止觀修密宗的觀法！觀就是上面講的「明智」，把自己觀察清楚。

「是身如聚沫，不可撮摩。是身如泡，不得久立。」我們這個身體，等於水面上浮聚了一堆的泡沫，我們的細胞、血液、血球堆攏一起，外面罩上一層皮，就成個人樣。這層皮剝開來，泡沫一流走就完了。所以講聚沫是真的，不是文學上的形容。「不可撮摩」，是捏不得，抓不住的。身體像泡沫，水泡不會持久，一下子就散掉了，就像文學上說的「百年一瞬」，中國文人的文章好，多因通了佛學的緣故。你能悟到佛學的境界，雖然寫白話文，照樣可以寫得優美。

講到一瞬，袁世凱的二兒子袁克文，號寒雲，人家比他是曹操的兒子曹植，是個才子。當時他寫了首詩：

小院西風向晚晴　　囂囂恩怨未分明
南迴孤雁掩寒月　　東去驕風動九城
駒隙去留爭一瞬　　蛩聲吹夢欲三更
山泉遶屋知清淺　　微念滄波感不平

「駒隙去留爭一瞬，蛩聲吹夢欲三更」，諷喻父親想當皇帝，他說不要爭了，光陰似白駒過隙，人生一瞬即逝，不要再做夢了，夜都已到三更了。真是好詩，外表不像是佛法，其實裡子有佛法，等於是引用了《維摩詰經》「是身如泡，不得久立」。他作了另一首意境相同的好詩：

乍著微棉強自勝　古台荒檻一憑陵
波飛太液心無住　雲起魔崖夢欲騰
偶向遠林聞怨笛　獨臨虛室轉明燈
絕憐高處多風雨　莫到瓊樓最上層

唉！不要講詩了，貪戀詩詞的文學境界就墮落到了色界、無色界裡。我有時作作詩，一首接一首，正在陶醉，又意識到了，馬上自我警惕，不要沉迷。文學也是情，墮不得。不過你不會文學，可不要抓住這一點來解嘲，要會而能解脫。你本來不會，根本沒有綁住，解脫個什麼！怕是文學家，恰恰墮在色界無色界的情裡。實際上情也是欲，文人當然有欲，漸漸就會好名好勝，然後就「天下文章在三江，三江文章在我鄉，我鄉文章屬舍弟，舍弟跟我學文章」，這樣我見就來了，欲望就生了。

學佛是起心動念都要檢查，這是觀的法門，一旦意識到自己對什麼事情沉迷上癮的時候，要即時甩掉，決不受它拖累。當年我下工夫練字，有老前輩看了誇我將來一定成為名家。我聽了從此不練字，不要成了書法家反而被這竹管子、黑墨困住了。當年于右任一天到晚為人家寫字，真是辛苦，就為了書法家這三個字，我才不上這個當呢！

但是這些你說不會也不行，要樣樣會，又樣樣解脫丟得掉，這才是佛法。樣樣不會，然後說自己是學空的，那是莫名其妙。

「是身如燄，從渴愛生。」看得懂嗎？這都是修觀法，講身體像火（陽焰。你看某人氣色好，紅光滿面，就是身體放的燄火，所以精神好，身體狀態好。身心不健康，就沒有光澤。這是怎麼來的？從愛欲來的。咦！剛才不是還在講愛欲不可取嗎？男女愛欲是荷爾蒙來的，這點荷爾蒙能轉化以後，就是密宗講修氣修脈修成了，肉身變成虹霓之身，就報身成就了。佛經上說佛在說法的時候面門放光，是真的，就是虹霓之身在不同光線、不同角度下反映，由不同的眾生不同的眼睛，看到的色彩均不同。

所以「是身如燄，從渴愛生」是觀法。如果用普通的說法，是男女愛欲暴發，成為饑渴的狀態，如果用定力和智慧把渴愛轉化，將所有身上的荷爾蒙精氣神轉成津液下來，就如醍醐灌頂似的清涼，色身就轉了。

佛在世時，很多人在佛的跟前只消半天甚至片刻工夫，就證果了。到我們後世的人，因為福報不夠，雖然一心專修，恐怕也要十幾年才能證果，同時還得一點魔障都沒有。如果碰到「十年浮海一身輕，乍睹梨渦倍有情」，嘿！那就他生再說吧！

凡夫的身體是從渴愛而生，有父母二人貪欲交合的因緣，加上我們的中陰身，三緣和合入胎。只有精蟲卵子沒有加入神識，是不能成胎的，縱然成胎也是死胎。我們得這個人身可難了，雖然維摩居士在本經裡那樣的貶低身體，但是我們還是要珍惜自己這個難得的身體。

佛說人身難得，中土難生，明師難遇，佛法難聞，共有四難。佛形容人身難得，如大海中的盲龜浮上海面，正巧頭能鑽進浮在水面上的一隻車輪孔中。這個機會是如此之難！我們年輕時總覺得佛說得太誇張了，後來懂了成胎的醫學道理，才大歎佛的高明。我們曉得男性一次排放精蟲的數目之多，如幾億盲龜在海中，進入女體還要正巧碰上排卵。健康的卵子只有一顆，而眾多精蟲只有一個能與卵子結合，其他都犧牲掉了。卵子受精成胎之後，還要能安度十月懷胎期，並且順產，這人才出世。夠難得了吧！我們幸而得了這個人身，又能聽到像法時期的佛法，自己再不好好修，下一次的機會恐怕「百千萬劫難遭遇」了！

《維摩詰經》每一句話好像都很淺近容易懂，仔細研究下去，每一句關於修持的內容有這樣多。因此再一次告訴大家，看起來容易的反而艱難，看來困難的卻沒什麼了不起，這道理在世法出世法都一樣。

「是身如芭蕉，中無有堅。」芭蕉樹的樹幹是中空的，不是實心的。

「是身如幻，從顛倒起。」我們都認為現在這個身體是存在的，你看看以前自己年輕時的照片，就會覺得如幻夢，照片中的人與你的樣子已經不同了。這個身體只是暫時屬於你，不能算是你永遠所有，終歸是要耗盡的。究竟此身是不是我？這是個大問題。其他的顯教皆認為這個身體不是我，四大是假的，四大皆空。但這個空又從何而來？何以會起四大？又都是問題。

「是身如夢，為虛妄見。」認為身體存在能做一切活動，是在做白日夢，是虛妄的見解，把假的當作是真的。

「是身如影，從業緣現。」人人都有五官，但是人人就是長得不同，健康不同，肢體也許有殘缺，這沒什麼遺憾，都不是這一生的事，是多生多世因緣業力湊合而來的，身體只是果報所顯現出來的影像。此中道理很深，要在法相唯識裡去解決，普通經典沒有說，但《瑜伽師地論》就講得很清楚。

「是身如響，屬諸因緣。」音響音聲是由因緣而來，身體也如是。

「是身如浮雲，須臾變滅。」這看起來是文學境界，其實詳細分析是科學的。

「是身如電，念念不住。」各位不要光用耳朵聽這些句子，要拿心來聽，你把這些句子聽到心裡面，看看清楚，是不是如此，這樣聽經才有用。你聽經時拿耳朵聽，再拿眼睛盯著文字研究，那只是搞普通文學，是白搞了，屬於妄想境界。這裡講如電是一閃即逝，思想一個接一個，無法停留。大家喜歡講空，什麼是空？空是形容「不住」，不是你去空它，是它要空你。你打坐求空，覺得空了，清淨了，都是在假造妄想，那可不是空。你不打坐呢？

空就沒了嗎？空者是念念自性空，不是你去空它。這個道理不懂的話，你坐一萬年也枉然。

「是身無主，為如地。」如同大地不是屬於哪一個人的，身體也是無主的。你說買塊地有所有權，那是人類社會假定的，反而人是屬於大地的，人最終都歸於大地。

「是身無我，為如火。是身無壽，為如風。」身體像火一樣，燒完就滅了。身體無所謂壽命或時間，幾十年就像一陣風吹過去了。

「是身無人，為如水。」我們看到大家每人都有個身體，人世間的觀念把每個身體叫作「人」，但每具身體都是骷髏堆上血肉，外表長了五官，你稱這是人，其實就像流水一樣，你看到的就已經過去了，絕不回頭，身體正如此。智者如孔子看流水就說：「逝者如斯夫，不舍晝夜。」《三國演義》一開頭也說：「滾滾長江東逝水，浪花淘盡英雄。是非成敗轉頭空，青山依舊在，幾度夕陽紅。」

「是身不實，四大為家。」地水火風四大房東湊起這個身體給我們住，我們也要交租金，餐餐要餵它，天天要洗它。

「是身為空，離我我所。是身無知，如草木瓦礫。」這個身體是空的，離開我，無我，也沒有我的。身體自己沒有知覺的，一口氣不來就同草木瓦礫一樣。

「是身無作，風力所轉。是身不淨，穢惡充滿。」我們的身體會動作是因為有口氣在，是風大。風大不來就不會動了。皮膚底下盡是髒的、臭的，你進開刀房去看看，或者看看受災而死的屍首，就不會覺得身體可愛了。

「是身為虛偽，雖假以澡浴衣食，必歸磨滅。是身為災，百一病惱。」人們為身體洗浴穿衣抹香水，還給它吃喝，但它畢竟是留不住的，會消失的。身是一切災難的根本，地水火風四大，每一大各會引發一百零一種病變，使人死亡。

「是身如丘井，為老所逼。是身無定，為要當死。」身體像是陷阱，人陷在其中，看著老死向自己逼近，終歸有一天要死亡的。

「是身如毒蛇，如怨賊，如空聚，陰界諸入所共合成。」身體如此可怕，我們檢討自己的生活，都為了這個肉體的需要在忙，都是為了我們暫住的這個傢伙在忙，不是為真正的自己。肉體需要吃，又拉出來，不是在整你嗎？它要睡，你就得睡下去，它要起來，你也得跟著起來，不是冤家嗎？空聚就是旋風旋氣流，中間沒有東西的。「陰界諸入所共合成」，簡單地說，就是心理和生理合攏起來，假想地構成了今天這個假我。

上面是維摩居士，對來探視他的人說法，把這個肉身說得一文不值。下面他作個結論。

如何成就佛身

「諸仁者！此可患厭，當樂佛身。所以者何？佛身者，即法身也。」諸位！我們的肉身極可厭，你們不要上當。我們要追求每一個人自己生命真正的身體，那就是佛身。佛身不是只有釋迦牟尼佛、阿彌陀佛他們才有。一切眾生本來是佛，個個都有佛身；你找到了這個身，你就成功了。禪宗所追求的所要悟的，是悟這個身，就是法身。法身不生、不滅、不垢、不淨、不增、不減，是我們真正的生命，而我們都找不到。法身並沒有藏起來，它就擺在你肉身上，但是和肉身沒有關連，可是它又隨時在這裡。你找到了這個身，就證到了法身佛。這是個要點，學佛追求的也就是這個。常有年輕同學問要怎麼去學禪，用維摩居士在這邊講的一段話就可以回答了，這是正統的禪宗。

「從無量功德智慧生。」接著說法身是怎麼證得的。不是你小忠小信小根器表現一下就證得的，而是來自無量的功德和智慧，這是學佛的兩個資本，福德資糧和智慧資糧。這是講證得法身的原則。

「從戒、定、慧、解脫、解脫知見生。」這是求證法身的下手工夫了。修戒定慧成就了，就得解脫；解脫之後的所知所見就開發了，透徹了，法身就可以成就。光工夫還不夠，下面說還要從各種作人做事的行為上著手。

「從慈、悲、喜、捨生。從布施、持戒、忍辱、柔和、勤行精進、禪定、解脫、三昧、多聞、智慧，諸波羅蜜生。」由四無量心證得法身。由各種波羅蜜證得法身。

「從方便生。從六通生。」無量法門誓願學，徧學一切方便法門證得法身。從神通具足證得法身，就是法身成就。

「從三明生。」三明是宿命明、天眼明、漏盡明，由此證得法身。真悟道的人沒有不知前生事、將來事的。雖然道不在神通上，但三明六通都是知道的。你自己有沒有開悟，從這裡自己可以印證。

「從三十七道品生。」是證道的三十七種資糧，即：四念處、四正勤、四如意足、五根、五力、七覺支、八正道。

「從止觀生。」前邊已講了止觀的道理。

「從十力、四無所畏、十八不共法生。」這些名辭也不細說了。

「從斷一切不善法，集一切善法生。」就是諸惡莫作，眾善奉行。一切佛法不用發什麼大願，你能做到這兩句話就成功了。

「從真實生。從不放逸生。從如是無量清淨法，生如來身。」從上面這些無邊無量的清淨法門，才生如來身，得到成就。

「諸仁者！欲得佛身，斷一切眾生病者，當發阿耨多羅三藐三菩提心。」這是維摩居士的總結，真證得了法身就能了生老病死，否則這個肉身免不了生老病死。縱然肉身修成金剛不壞，還是有病噢！不是這一種病，是另一種病。如修禪時得的禪病，那還不是世間藥治得了的。沒有到大乘菩薩第八地不動地以前，小病小惱，乃至大病大惱都在所不免。所以菩薩要具備的五明中，有一明是醫方明。而要得法身，了生老病死者，要發阿耨多羅三藐三菩提心，要發大心，發無上正等正覺，追求大澈大悟的心。這才是真正的發心，發菩提心。菩提心也是慈悲心，真發了心的人，對眾生一定慈悲。

「如是，長者維摩詰，為諸問疾者如應說法，令無數千人，皆發阿耨多羅三藐三菩提心。」維摩居士藉病說法，令無數來探病的人，都發了阿耨多羅三藐三菩提心。

弟子品第三

爾時長者維摩詰，自念寢疾於床，世尊大慈，寧不垂愍。佛知其意，即告舍利弗：汝行詣維摩詰問疾。舍利弗白佛言：世尊！我不堪任詣彼問疾。所以者何？憶念我昔，曾於林中，宴坐樹下。時維摩詰來謂我言：唯！舍利弗！不必是坐，為宴坐也。夫宴坐者，不於三界現身意，是為宴坐。不起滅定而現諸威儀，是為宴坐。不捨道法而現凡夫事，是為宴坐。心不住內，亦不在外，是為宴坐。於諸見不動，而修行三十七品，是為宴坐。不斷煩惱而入涅槃，是為宴坐。若能如是坐者，佛所印可。時我，世尊！聞說是語，默然而止，不能加報，故我不任詣彼問疾。

佛告大目犍連：汝行詣維摩詰問疾。目連白佛言：世尊！我不堪任詣彼問疾。所以者何？憶念我昔，入毗耶離大城，於里巷中，為諸居士說法。時維摩詰來謂我言：唯！大目連！為白衣居士說法，不當如仁者所說。夫說法者，當如法說。法無眾生，離眾生垢故。法無有我，離我垢故。法無壽命，離生死故。法無有人，前後際斷故。法常寂然，滅諸相故。法離於相，無所緣故。法無名字，言語斷故。法無有說，離覺觀故。法無形相，如虛空故。法無戲論，畢竟空故。法無我所，離我所故。法無分別，離諸識故。法無有比，無相待故。法不屬因，不在緣故。法同法性，入諸法故。法隨於如，無所隨故。法住實際，諸邊不動故。法無動搖，不依六塵故。法無去來，常不住故。法順空，隨無相，應無作。法離好醜。法無增損。法無生滅。法無所歸。法過眼耳鼻舌身心。法無高下。法常住不動。法離一切觀行。唯！大目連！法相如是，豈可說乎？夫說法者，無說無示。其聽法者，無聞無得。譬如幻士，為幻人說法，當建是意而為說法。當了眾生根有利鈍，善於知見，無所罣礙。以大悲心，讚於大乘，念報佛恩，不斷三寶，然後說法。維摩詰說是法時，八百居士，發阿耨多羅三藐三菩提心。我無此辯，是故不任詣彼問疾。

佛告大迦葉：汝行詣維摩詰問疾。迦葉白佛言：世尊！我不堪任詣彼問疾。所以者何？憶念我昔，於貧里而行乞。時維摩詰來謂我言：唯！大迦葉！有慈悲心而不能普，捨豪富，從貧乞。迦葉！住平等法，應次行乞食。為不食故，應行乞食。為壞和合相故，應取摶食。為不受故，應受彼食。以空聚想入於聚落，所見色與盲等，所聞聲與響等，所嗅香與風等，所食味不分別。受諸觸如智證。知諸法如幻相，無自性，無他性，本自不然，今則無滅。迦葉！若能不捨八邪，入八解脫，以邪相入正法。以一食施一切，供養諸佛，及眾賢聖，然後可食。如是食者，非有煩惱，非離煩惱；非入定意，非起定意；非住世間，非住涅槃。其有施者，無大福無小福，不為益不為損，是為正入佛道，不依聲聞。迦葉！若如是食，為不空食人之施也。時我，世尊！聞說是語，得未曾有。即於一切菩薩，深起敬心。復作是念，斯有家名，辯才智慧乃能如是。其誰不發阿耨多羅三藐三菩提心？我從是來，不復勸人以聲聞辟支佛行。是故不任詣彼問疾。

佛告須菩提：汝行詣維摩詰問疾。須菩提白佛言：世尊！我不堪任詣彼問疾。所以者何？憶念我昔，入其舍從乞食。時維摩詰取我鉢盛滿飯，謂我言：唯！須菩提！若能於食等者，諸法亦等。諸法等者，於食亦等。如是行乞，乃可取食。若須菩提不斷淫怒癡，亦不與俱；不壞於身，而隨一相；不滅癡愛，起於解脫；以五逆相，而得解脫，亦不解不縛。不見四諦，非不見諦；非得果，非不得果；非凡夫，非離凡夫法；非聖人，非不聖人。雖成就一切法，而離諸法相，乃可取食。若須菩提不見佛，不聞法，彼外道六師，富蘭那迦葉，末伽梨拘賒梨子，删闍夜毗羅胝子，阿耆多翅舍欽婆羅，迦羅鳩馱迦旃延，尼犍陀若提子等，是汝之師，因其出家，彼師所墮，汝亦隨墮，乃可取食。若須菩提入諸邪見，不到彼岸；住於八難，不得無難；同於煩惱，離清淨法；汝得無諍三昧，一切眾生亦得是定。其施汝者，不名福田，供養汝者，墮三惡道，為與眾魔共一手，作諸勞侶，汝與眾魔，及諸塵勞，等無有異。於一切眾生而有怨心。謗諸佛，毀於法，不入眾數，終不得滅度。汝若如是，乃可取食。時我，世尊！聞此茫然，不識是何言，不知以何答，便置鉢欲出其舍。維摩詰言：唯！須菩提！取鉢勿懼。於意云何？如來所作化人，若以是事詰，寧有懼不？我言：不也。維摩詰言：一切諸法，如幻化相，汝今不應有所懼也。所以者何？一切言說，不離是相。至於智者，不著文字，故無所懼。何以故？文字性離，無有文字，是則解脫。解脫相者，則諸法也。維摩詰說是法時，二百天子，得法眼淨。故我不任詣彼問疾。

佛告富樓那彌多羅尼子：汝行詣維摩詰問疾。富樓那白佛言：世尊！我不堪任詣彼問疾。所以者何？憶念我昔，於大林中，在一樹下，為諸新學比丘說法。時維摩詰來謂我言：唯！富樓那！先當入定觀此人心，然後說法，無以穢食置於寶器。當知是比丘心之所念，無以瑠璃同彼水精；汝不能知眾生根源，無得發起以小乘法；彼自無瘡，勿傷之也。欲行大道，莫示小徑，無以大海內於牛跡，無以日光等彼螢火。富樓那！此比丘久發大乘心，中忘此意，如何以小乘法而教導之？我觀小乘智慧微淺，猶如盲人，不能分別一切眾生根之利鈍。時維摩詰即入三昧，令此比丘自識宿命，曾於五百佛所殖眾德本，迴向阿耨多羅三藐三菩提，即時豁然，還得本心。於是諸比丘，稽首禮維摩詰足。時維摩詰因為說法，於阿耨多羅三藐三菩提不復退轉。我念聲聞不觀人根，不應說法，是故不任詣彼問疾。

佛告摩訶迦旃延：汝行詣維摩詰問疾。迦旃延白佛言：世尊！我不堪任詣彼問疾。所以者何？憶念昔者，佛為諸比丘略說法要，我即於後敷演其義，謂無常義、苦義、空義、無我義、寂滅義。時維摩詰來謂我言：唯！迦旃延！無以生滅心行，說實相法。迦旃延！諸法畢竟不生不滅，是無常義。五受陰洞達空無所起，是苦義。諸法究竟無所有，是空義。於我無我而不二，是無我義。法本不然，今則無滅，是寂滅義。說是法時，彼諸比丘心得解脫，故我不任詣彼問疾。

佛告阿那律：汝行詣維摩詰問疾。阿那律白佛言：世尊！我不堪任詣彼問疾。所以者何？憶念我昔，於一處經行。時有梵王，名曰嚴淨，與萬梵俱，放淨光明，來詣我所，稽首作禮問我言：幾何阿那律天眼所見？我即答言：仁者！吾見此釋迦牟尼佛土，三千大千世界，如觀掌中菴摩勒果。時維摩詰來謂我言：唯！阿那律！天眼所見，為作相耶？無作相耶？假使作相，則與外道五通等。若無作相，即是無為，不應有見。世尊！我時默然。彼諸梵聞其言，得未曾有，即為作禮而問曰：世孰有真天眼者？維摩詰言：有佛世尊，得真天眼，常在三昧，悉見諸佛國，不以二相。於是嚴淨梵王，及其眷屬五百梵天，皆發阿耨多羅三藐三菩提心，禮維摩詰足已，忽然不現。故我不任詣彼問疾。

佛告優波離：汝行詣維摩詰問疾。優波離白佛言：世尊！我不堪任詣彼問疾。所以者何？憶念昔者，有二比丘犯律行，誠以為恥，不敢問佛。來問我言：唯！優波離！我等犯律，誠以為恥，不敢問佛，願解疑悔，得免斯咎。我即為其如法解說。時維摩詰來謂我言：唯！優波離！無重增此二比丘罪，當直除滅，勿擾其心。所以者何？彼罪性不在內，不在外，不在中間。如佛所說，心垢故眾生垢，心淨故眾生淨。心亦不在內，不在外，不在中間。如其心然，罪垢亦然，諸法亦然，不出於如。優波離以心相得解脫時，寧有垢不？我言：不也。維摩詰言：一切眾生心相無垢，亦復如是。唯！優波離！妄想是垢，無妄想是淨；顛倒是垢，無顛倒是淨；取我是垢，不取我是淨。優波離！一切法生滅不住，如幻如電；諸法不相待，乃至一念不住；諸法皆妄見，如夢如燄，如水中月，如鏡中像，以妄想生。其知此者，是名奉律。其知此者，是名善解。於是二比丘言：上智哉！是優波離所不能及，持律之上，而不能說。我答言：自捨如來，未有聲聞及菩薩能制其樂說之辯，其智慧明達為若此也。時二比丘，疑悔即除，發阿耨多羅三藐三菩提心，作是願言：令一切眾生，皆得是辯。故我不任詣彼問疾。

佛告羅睺羅：汝行詣維摩詰問疾。羅睺羅白佛言：世尊！我不堪任詣彼問疾。所以者何？憶念昔時，毗耶離諸長者子，來詣我所，稽首作禮，問我言：唯！羅睺羅！汝佛之子，捨轉輪王位，出家為道，其出家者，有何等利？我即如法，為說出家功德之利。時維摩詰來謂我言：唯！羅睺羅！不應說出家功德之利，所以者何？無利無功德，是為出家。有為法者，可說有利有功德。夫出家者，為無為法，無為法中，無利無功德。羅睺羅！夫出家者，無彼無此，亦無中間。離六十二見。處於涅槃，智者所受，聖所行處，降伏眾魔，度五道，淨五眼，得五力，立五根。不惱於彼，離眾雜惡，摧諸外道，超越假名。出淤泥，無繫著，無我所，無所受，無擾亂，內懷喜。護彼意，隨禪定，離眾過。若能如是，是真出家。於是維摩詰語諸長者子：汝等於正法中，宜共出家，所以者何？佛世難值。諸長者子言：居士！我聞佛言，父母不聽，不得出家。維摩詰言：然！汝等便發阿耨多羅三藐三菩提心，是即出家，是即具足。爾時三十二長者子，皆發阿耨多羅三藐三菩提心，故我不任詣彼問疾。

佛告阿難：汝行詣維摩詰問疾。阿難白佛言：世尊！我不堪任詣彼問疾。所以者何？憶念昔時，世尊身小有疾，當用牛乳，我即持鉢，詣大婆羅門家門下立。時維摩詰來謂我言：唯！阿難！何為晨朝持鉢住此？我言：居士！世尊身小有疾，當用牛乳，故來至此。維摩詰言：止！止！阿難！莫作是語。如來身者，金剛之體，諸惡已斷，眾善普會，當有何疾？當有何惱？默往！阿難！勿謗如來，莫使異人，聞此麤言，無令大威德諸天，及他方淨土諸來菩薩，得聞斯語。阿難！轉輪聖王以少福故，尚得無病，豈況如來無量福會，普勝者哉？行矣！阿難！勿使我等受斯恥也。外道梵志若聞此語，當作是念，何名為師？自疾不能救，而能救諸疾人？可密速去，勿使人聞。當知，阿難！諸如來身，即是法身，非思欲身。佛為世尊，過於三界；佛身無漏，諸漏已盡。佛身無為，不墮諸數。如此之身，當有何疾？時我，世尊！實懷慚愧，得無近佛而謬聽耶？即聞空中聲曰：阿難！如居士言，但為佛出五濁惡世，現行斯法，度脫眾生。行矣！阿難！取乳勿慚。世尊！維摩詰智慧辯才為若此也，是故不任詣彼問疾。

如是五百大弟子，各各向佛說其本緣，稱述維摩詰所言，皆曰不任詣彼問疾。

舍利弗不敢探病

「爾時長者維摩詰，自念寢疾於床，世尊大慈，寧不垂愍。」維摩居士在病中，心生一念，為何慈悲的釋迦牟尼佛沒有念到我？

「佛知其意，即告舍利弗：汝行詣維摩詰問疾。」佛感應到維摩居士的念頭，也知道他的真正意圖不在要佛去慰問。於是，佛就點名他的出家大弟子舍利弗作代表去探病。舍利弗就是舍利子，是佛弟子當中智慧第一，他講的《阿毗達磨集異門足論》，就是講修持的道理。

「舍利弗白佛言：世尊！我不堪任詣彼問疾。所以者何？憶念我昔，曾於林中，宴坐樹下。」舍利弗回答說自己沒資格，不敢去問他的病。為什麼不去？因為舍利弗從前有一次，在樹林中打坐，被維摩居士教訓過。

「宴坐」就是打坐，清淨安詳謂之宴。你們打坐能清淨安詳嗎？念頭進進出出的，眉頭還皺著，又覺得腿子瘦。從前須菩提尊者，有一次在山中打坐入定時，空中有天花落下來，就問是哪一位天人在散花。空中有聲音答自己是梵天，因為看見您長者在這裡說法，所以散花供養。須菩提說自己並未說法，天人就說，尊者以不說之說，我以不聞之聞，所以供養，這是說到打坐的問題。

「時維摩詰來謂我言：唯！舍利弗！不必是坐，為宴坐也。」舍利弗說，我正在打坐時，維摩居士到來，不客氣地說，喂！舍利弗！你以為這是打坐嗎？

「夫宴坐者，不於三界現身意，是為宴坐。」維摩居士告訴舍利弗，不於三界現身意才是打坐。這還不是入定，要在三界裡面沒有身和意才行，你坐下來腿發麻，頭脹，就都是現身，思想念頭去不掉就是現意。

六世達賴喇嘛以活佛之尊，都老實承認過念頭去不掉，他說：

入定修觀法眼開　啟求三寶降靈臺
觀中諸聖何曾見　不請情人卻自來

他又說：

靜時修止動修觀　歷歷情人掛眼前
肯把此心移學道　即身成佛有何難

曾慮多情損梵行　入山又恐別傾城
世間安得雙全法　不負如來不負卿

六世達賴喇嘛晚上易裝偷出宮門，去酒家尋歡，這種事都做過。他有六十六首情詩留下來，這些詩你們好好研究，有幫助。

回頭說打坐時起這些念頭，就落入欲界、色界甚至無色界，都在三界現身意了。不是意動，就是身動，這就不是宴坐。

「不起滅定而現諸威儀，是為宴坐。」沒有離開滅盡定而現行、住、坐、臥四大威儀。自己隨時隨地在滅盡定中，不妨礙走路、講話、吃飯、罵人，這樣才是打坐。

「不捨道法而現凡夫事，是為宴坐。」凡夫該做的事都做。像第六代達賴就做凡夫的事，「肯把此心移學道，即身成佛有何難？」大家以為他沒成就，清朝召他去北京問話，被逼上路，他走到青海不想去了，盤腿一坐就走了。你看他有這個本事，來去自如，不捨道法而現凡夫事。

「心不住內，亦不在外，是為宴坐。」心不在內，不在外，難道在中間？心究竟是在哪裡？

「於諸見不動，而修行三十七品，是為宴坐。」於法身境界不動搖，雖然已經到達無功用不動地，但外表還是老老實實，從基本的三十七菩提道品，一步一步地修給人看。

「不斷煩惱而入涅槃，是為宴坐。」本來就在涅槃中，不需要切斷煩惱，你能悟到這樣，才叫打坐。

「若能如是坐者，佛所印可。」維摩詰居士把舍利弗奚落了一大頓，告訴他，能這樣打坐才是諸佛弟子。

「時我，世尊！聞說是語，默然而止，不能加報，故我不任詣彼問疾。」舍利弗說：我當時被維摩居士如此教訓，只有默默領教，一句話也答不出來。所以舍利弗說，他不夠資格代表佛去探病。

大目犍連的辯才問題

「佛告大目犍連：汝行詣維摩詰問疾。」此時佛就轉向另一位大弟子，大目犍連，號稱神通第一，《阿毗達磨法蘊足論》是他作的。

「目連白佛言：世尊！我不堪任詣彼問疾。所以者何？憶念我昔，入毗耶離大城，於里巷中，為諸居士說法。」大目犍連也不願去。因為大目犍連有一次在城中巷內，為居士們說法時，也挨過維摩居士的訓斥。

「時維摩詰來謂我言：唯！大目連！為白衣居士說法，不當如仁者所說。夫說法者，當如法說。」維摩居士對大目犍連說，你不應該這樣為在家的居士們說法。說法就要依據真正的佛法來說。這罵得嚴重了！

「法無眾生，離眾生垢故。」真正的佛法沒有一切眾生。換言之，也不須要度眾生，因為眾生本來是佛，何必要你來度？你以為眾生有罪過，自性本來不垢不淨，沒有眾生可以染污它的。

「法無有我，離我垢故。法無壽命，離生死故。」自性本來無我，不須要再去求個無我，也用不著你來講無我。自性無時間空間，沒有壽命，本來不生不死。

「法無有人，前後際斷故。」前後際斷就是前面一念已經過去了，後面一念還沒生起，過去了不可得，未來的還不生，當下即空，三際托空。這一段現成是空的，你不用去求的。這是真正的佛法，你要是抓不住，三大阿僧祇劫以後再說吧！

「法常寂然，滅諸相故。法離於相，無所緣故。」一切法本來寂滅的，本來在涅槃中，本來無相的。佛法是離一切相，即一切法，所以法離於相。

「法無名字，言語斷故。法無有說，離覺觀故。」講什麼佛啊，五陰十八界啊，都是多餘的。有這些佛學的理論東西存在，法執不脫，不能成佛。真正佛法是說不出來的，佛在《金剛經》裡面就說，自己四十九年來沒有法可說，真正的法身不是知覺觀念可以體驗表達的，所以說離覺離觀。

「法無形相，如虛空故。法無戲論，畢竟空故。」真正佛法哪有形相？哪有境界？本來就虛空。一切講空講有的理論都是笑話。因為法畢竟是空的。

「法無我所，離我所故。法無分別，離諸識故。」佛法無所謂我，也無所謂我所的建立。我們一切起心動念是唯識的作用，你能不起分別，才能轉識成般若智慧。起分別是識，不起分別是智。

「法無有比，無相待故。法不屬因，不在緣故。」法不是比量，不是相對的；法是現量，當下即是，是絕對的。一切佛法不離因果，不入因果，不在因上，離一切所緣。

「法同法性，入諸法故。法隨於如，無所隨故。」佛法在哪裡？就在這裡，一切世間法就是出世間法。佛稱如來，本來沒有來，也沒有去。

「法住實際，諸邊不動故。法無動搖，不依六塵故。」真正佛法無所謂正法時代，像法時代，還是末法時代。它的真理是永恆不滅的，也是常住不動的。佛法不在色聲香味觸法六塵上，靠念佛找清淨是依靠聲塵，看到佛像莊嚴覺得清淨是色塵。

「法無去來，常不住故。法順空，隨無相，應無作。」佛法不去不來，不生不滅，無所住而生其心。空、無相、無作是大乘的三解脫門，但只是方便法門，如果死抓住就錯了。

「法離好醜。法無增損。法無生滅。法無所歸。」佛法無美醜，不增不損，不生不滅，不能歸納說哪一種是佛法，哪一種不是佛法。

「法過眼耳鼻舌身心。法無高下。法常住不動。法離一切觀行。」大家打坐在眼耳鼻舌身意上做工夫，統統是錯的。佛法是平等沒有高下；是常住不動的。觀想動念都不對，都是六根在動，同清淨法身不相干。

「唯！大目連！法相如是，豈可說乎？夫說法者，無說無示。其聽法者，無聞無得。」喂！大目連！佛法的真相如此，你懂嗎？還在這裡說什麼佛法！真正佛法是說不出來的，也無法表示。真正懂得聽法的人，聽了等於沒聽。嘿！跟很多同學們一樣，聽了就忘了，因為他們無聞無得。

「譬如幻士，為幻人說法，當建是意而為說法。當了眾生根有利鈍，善於知見，無所罣礙。」說法像是放錄音帶一樣，是空的。要有如此境界，然後才能隨機說法。要能曉得聽法的眾生是利根，還是鈍根，連他們前世的業報都要能知道。所以才曉得誰應該修止觀，誰應該修淨土，誰應該參禪。

「以大悲心，讚於大乘，念報佛恩，不斷三寶，然後說法。」因此，弘揚佛法，要能以大慈大悲的心情，讚歎大乘的佛法，能報答佛恩，不斷於三寶，然後才有資格說法。

「維摩詰說是法時，八百居士，發阿耨多羅三藐三菩提心。我無此辯，是故不任詣彼問疾。」維摩居士對大目犍連說這一番話時，當場有八百個居士悟道了，發了大乘菩提心。大目連自稱辯才不夠，不能代表佛去探病。

到這裡已經有兩個大弟子不行了。再繼續講下去之前，我們要特別注意，《維摩詰經》講的是形而上真如法界，也就是禪宗所標榜的直指人心、頓悟成佛的法門，是最上乘的佛法，所以和一般講漸修的法門，有許多不同的地方。每一位被維摩居士申斥的佛弟子，他們在此地所代表的是小乘佛法、漸修法門、三大阿僧祇劫才成佛的觀點，與大乘佛法、頓悟法門、直指人心見性成佛的觀點是相對的。這一點大家一定要先把握住，否則來聽《維摩詰經》不見得有好處，反而有壞處。什麼壞處？會學成狂禪，口頭禪，犯了謗佛的罪。

大迦葉乞食不平等嗎

「佛告大迦葉：汝行詣維摩詰問疾。迦葉白佛言：世尊！我不堪任詣彼問疾。」大迦葉就是禪宗的初祖。葉要讀如「攝」。他也不敢代表佛去。

「所以者何？憶念我昔，於貧里而行乞。」因為大迦葉有一次在貧民窟裡化緣，佛十大弟子個個有不同的作風，說明了每一個人成道的境界，在道體上，雖然是一樣的，但是作人做事起用的時候各有不同，因為這些大阿羅漢多生累積的習氣不同。好像是同一父母所生的子女，儘管遺傳一樣，但是子女的個性都不同。佛弟子中須菩提專門教化富人。大迦葉出身首富家庭，雖然成婚，但是和妻子一心向佛，二人謹守戒律；出家後將財產全部布施，穿糞掃衣，以修頭陀行著稱，喜歡與窮人結緣，與須菩提正好相反。所以佛有次喝斥他兩人心不平等。

「時維摩詰來謂我言：唯！大迦葉！有慈悲心而不能普，捨豪富，從貧乞。」維摩居士見到大迦葉在貧民窟化緣，就責備大迦葉只度貧苦的人，慈悲心應該是普遍的，不論富人還是窮人都要度。

「迦葉！住平等法，應次行乞食。」出家人不自己耕種煮飯，出來化緣應該心裡行平等法，挨家挨戶照次序乞食。

「為不食故，應行乞食。為壞和合相故，應取摶食。為不受故，應受彼食。」欲界中的眾生，最重要兩件事，就是飲食和男女，孔子說過「飲食男女，人之大欲存焉」，告子也說過「食色性也」，注意！這可不是孔子說的！眾生都是被這兩件大事驅使。所以修定做工夫要斷五蓋，財、色、名、食、睡，這是小五蓋，大五蓋是貪欲、瞋恚、睡眠、掉悔、疑法。因為這五蓋把我們的清淨心遮蓋住了，所以不能得定。例如貪欲，不只是指財富或男女之欲而已，打坐學佛求健康都算是貪。又如小五蓋中的食很難戒，不只是戒吃葷，想吃的念頭就已經是了。但你可不要隨便去斷食，如果不知道正確的方法，小心被送進醫院。

維摩居士這裡講的，是比丘去乞食化緣的目的，是要斷除飲食男女之欲，也就是貪欲之蓋。不論人家布施什麼都一樣的吃，就算是布施的食物中有葷的，當初的戒律也不禁止。當年大陸就經常看到出家人，專門揀人家倒棄的食物去吃，要人不要浪費食物，你在旁邊看，真不知道他們怎麼吃下去的。有本書叫作《金山活佛錄》，寫的是真人真事。當年在杭州有位師父，他不修邊幅，從不洗臉，有次要傳法給我，他坐在床上髒兮兮的帳子裡，叫我進去，我硬著頭皮掀開帳子把頭湊進去，哪曉得帳子裡卻是一股清香味，蘭花都沒這麼香。這事說給你們年輕人聽都不相信。我當年找師父，凡是大名鼎鼎的就不碰，專找一些苦行有道的師父。

回過頭來講本經，我們的身體是四大和合而來的，肉啊、骨頭、血液、神經等等湊合來的。在沒有成道之前，還是需要維持身體這個機器，因此要摶食，就是用手抓著吃。又叫作段食，人類吃食有早餐、中餐、晚餐，是分段吃的。修道有成的人不吃食物也不死，他靠識食，是精神的食糧；乃至有天食，就是有天人送食。我們廟裡晚餐不是正餐，叫藥石，就是把吃飯當作是用藥，用來維持這個和合的肉身，所以不得不吃。佛說我們有四種進食方式：段食，觸食，思食，識食。這個吃飯的道理，我們留到本經後面，講吃飯的那一段，再詳細討論。

至於什麼是化緣的精神？或者說什麼是化緣的出發點呢？學佛的人只有布施別人，不接受別人的布施，這是不受。但是即使比丘修到不用吃了，因為慈悲，還是出來化緣，是為眾生種福田。

沒有得道的人聽了，可不要拿來作化緣的藉口，有次一位比丘說，他本來不想化緣，為了給人一個布施的機會才來化緣。我在旁邊聽到了，瞪了他一眼，本來還要送他一筆錢，也不送了。送了怕增加他的罪過。因為他有傲慢心，還沒有得道敢說這個話！過去許多高僧如虛雲、太虛，守銀錢戒，出家人不沾手銀錢，怕起貪念，人家供養的錢送來，他看都不看，管帳的向他報告，香火錢收入有多少，他答都不答，這也是不受。這一段講的就是出家人的戒行，化緣的精神。

「以空聚想入於聚落，所見色與盲等，所聞聲與響等，所嗅香與風等，所食味不分別。」聚落是古時的村莊，「以空聚想」，是說比丘進入村莊城市社會，心裡仍然一切皆空，不受環境影響。有的同學說都市髒亂嘈擾住不得，都市與山林有何分別？都是你自心在分別。不論在家或出家人，出入社會對所見、所聽聞、所嗅、所吃的，都應該不起分別心。例如你是有道之士，見到萬人向你膜拜，心裡也不覺得如何。化緣時聞到菜香，跟風一樣沒分別。布施來的食物，不覺得好吃或難吃，都一樣。這些不是理論，是實際的工夫噢！你做得到就得道了。當年我在峨嵋山閉關，期滿下山入城，離城市還有三四里路，就聞到空中一股股人味，跟我一起下山的，有一位武漢大學的同學，就沒有聞到，他不是不起分別，因為進了城，一家小吃店正在爆回鍋肉，他就覺得香，嘴饞。你看，習氣是多麼難斷。

「受諸觸如智證。」這句話更難懂了。受，是感受。觸，是接觸，像是接過一碗飯，或是居士向比丘頂禮，頭接觸到比丘的腳。種種的接觸都不會妨礙比丘內心清淨，因為性空緣起，不起分別。

「知諸法如幻相，無自性，無他性，本自不然，今則無滅。」出外看到的形形色色都如夢如幻，不著相，沒有自性沒有他性，因為一切本空。

本來沒有生滅，本來不動，無去無來。空也不著，有也不著，這是中觀。

大迦葉以頭陀著稱，維摩居士就教訓他，什麼是真頭陀行，真出家才是頭陀行，心出家才是真出家。各位在座的不論在家出家的，要心能出家，才是真比丘比丘尼。

「迦葉！若能不捨八邪，入八解脫，以邪相入正法。以一食施一切，供養諸佛，及眾賢聖，然後可食。」我的天哪！作佛弟子要吃一餐飯還真難。維摩居士對大迦葉說，要能夠不拋棄八邪見（八邪為八正道之相反：邪見、邪思惟、邪語、邪業、邪命、邪方便、邪念、邪定），就是邪魔外道的見解；外表與邪魔外道一樣，而證入佛法的八解脫法門，以邪法修持而證入菩提正法。雖只用一味的食物，卻能夠一念之間，將之化作千百萬億的善妙飲食，來供養十方一切佛、一切賢人聖人。這些名辭我看就不用抄給大家，省得你們去搞名相了。

能做到這樣，才夠資格吃人家供養的飯。這是真正的大乘佛法，即使是外道邪見也不拒不迎，正因為如此，才能方便度外道邪魔。維摩居士的外表，顯示的也是邪相，卻是真正證到阿耨多羅三藐三菩提，為在家佛的代表。

「如是食者，非有煩惱，非離煩惱；非入定意，非起定意」，能夠有資格受供養的人，是沒有煩惱的；卻也不脫離煩惱，因為煩惱即菩提。真有個煩惱可離，就成了斷見。托鉢化緣的時侯，沒有離開定，但明明還在走路吃飯，所以是無定無不定，隨時都在定中，是真正的大定。

「非住世間，非住涅槃。」這是大菩薩境界，因為大慈大悲，所以不入涅槃；同時，有大智慧成就，也不會為世間迷惑，是所謂悲智雙運。

「其有施者，無大福無小福，不為益不為損，是為正入佛道，不依聲聞。迦葉！若如是食，為不空食人之施也。」接受人家布施的時候，心中不分是哪一位施者得大福報，哪一位得小福報，誰供養得多，誰供養得少，沒有功利的想法，這樣才不是小乘的佛道。要這樣才不辜負人家的布施。所以中國佛門就有首偈子：「佛門一粒米，大如須彌山，今生不了道，披毛戴角還。」這碗飯不容易吃啊！

「時我，世尊！聞說是語，得未曾有。即於一切菩薩，深起敬心。

復作是念，斯有家名，辯才智慧乃能如是，其誰不發阿耨多羅三藐三菩提心？我從是來，不復勸人以聲聞辟支佛行。是故不任詣彼問疾。」大迦葉說，聽了維摩居士一番教訓，對大乘菩薩起了最深的恭敬心。想到維摩居士以一位在家人，有如此大的辯才智慧，誰聽了不發大乘心呢？從此以後，就不再勸人發小乘學佛心。因此，大迦葉也不敢去探病，他是第三位推辭任務的弟子。

須菩提被罵糊塗了

「佛告須菩提：汝行詣維摩詰問疾。須菩提白佛言：世尊！我不堪任詣彼問疾。」下一位是須菩提，他也不能擔任探視維摩居士的任務。

「所以者何？憶念我昔，入其舍從乞食。時維摩詰取我鉢盛滿飯，謂我言：唯！須菩提！若能於食等者，諸法亦等。諸法等者，於食亦等。如是行乞，乃可取食。」須菩提有一次去維摩居士家化緣。維摩居士拿了他的鉢，盛滿了飯，端在手裡就罵了。假使你能對食物不分別好壞精粗，平等看待，你看一切法也就空了。能做到這個境界，你才有資格出來化緣，吃我供養的飯。你看，維摩居士可惡吧！

「若須菩提不斷淫怒癡，亦不與俱；不壞於身，而隨一相；不滅癡愛，起於解脫；以五逆相，而得解脫，亦不解不縛。不見四諦，非不見諦；非得果，非不得果；非凡夫，非離凡夫法；非聖人，非不聖人。雖成就一切法，而離諸法相，乃可取食。」要什麼資格才能吃這碗飯？要沒有斷絕過淫怒癡，沒有斷男女飲食，卻也沒有黏過。沒有離開肉身的欲望，但是在欲望中，此心是空的。同凡夫一樣，有父母子女等等的癡愛，在家仍然證得解脫。雖然有最壞的五逆行為，而顯金剛怒目的菩薩相，但既不解脫也沒有受到習氣束縛。也沒有見到小乘法的苦集滅道，而是見到了真諦。得了果位也不覺得自己有果位。雖不是個凡夫，仍做凡夫的事。不是聖人，也不能說不是聖人。佛法一切法都成就了，但不著相，這樣才可吃我的供養。

「若須菩提不見佛，不聞法，彼外道六師，富蘭那迦葉，末伽梨拘賒梨子，刪闍夜毗羅胝子，阿耆多翅舍欽婆羅，迦羅鳩馱迦旃延，尼犍陀若提子等，是汝之師，因其出家，彼師所墮，汝亦隨墮，乃可取食。」維摩居士繼續罵下去，假如你須菩提，拋棄對佛對佛法的執著，能把六位外道的大師看成是你的老師，與佛是平等的；換言之，也把佛看成是外道大師一樣。你跟著外道去出家，這些大師們墮落的話，你也陪著墮落。有這樣的本事，須菩提你才夠資格吃這碗飯。

講到這裡，想到道家一副對聯：「人間莫若修行好，世上無如吃飯難。」須菩提尊者在《金剛經》裡出盡風頭，談空第一，在這本經裡被維摩居士一路罵下來，這鉢飯看得到吃不到了。

「若須菩提入諸邪見，不到彼岸；住於八難，不得無難；同於煩惱，離清淨法；汝得無諍三昧，一切眾生亦得是定。其施汝者，不名福田，供養汝者，墮三惡道，為與眾魔共一手，作諸勞侶，汝與眾魔，及諸塵勞，等無有異。於一切眾生而有怨心，謗諸佛，毀於法，不入眾數，終不得滅度。汝若如是，乃可取食。」須菩提，你能夠進入邪魔外道的見解，不跳出苦海，在人世間的八種苦難中安然自在，而苦難妨礙不了你。因為你自己已經證悟了，就待在人世間的煩惱痛苦中，已不用待在清淨法中。須菩提，你雖然已經得了無諍三昧，不辨是非了，可是你須要知道，一切眾生本來自己已經到了這個地步，不要覺得你自己了不起！而且，有時布施你的人，非但不能得到福德，反而墮了地獄，作了畜生，因為他們是用功利思想供養佛法僧。如果你自己以為了不起，值得人家來供養，那就與魔同類了，成為魔的伴侶；你就與魔和世間一切塵勞中人，沒有兩樣。你有資糧對於一切眾生生怨心，有資格出來謗佛，罵法，罵一切聖賢嗎？你有這個資糧，也不會要求自我涅槃了。你真的能參透到這些正反不二的道理，才真得了無諍三昧，才有資格拿走這一鉢飯去吃。

「時我，世尊！聞此茫然，不識是何言，不知以何答，便置鉢欲出其舍。維摩詰言：唯！須菩提！取鉢勿懼。」須菩提給維摩居士罵得不知所以，不敢拿鉢，正要轉身就走時，被維摩居士叫住，你不要懼怕，把鉢拿去吃飯吧！

「於意云何？如來所作化人，若以是事詰，寧有懼不？我言：不也。維摩詰言：一切諸法，如幻化相，汝今不應有所懼也。所以者何？一切言說，不離是相。至於智者，不著文字，故無所懼。何以故？文字性離，無有文字，是則解脫。解脫相者，則諸法也。維摩詰說是法時，二百天子，得法眼淨。故我不任詣彼問疾。」維摩居士對須菩提說，假使我這樣責難一個如來化身的來人，化身會怕嗎？須菩提說，不會。維摩居士說，一切法都是如夢如幻，你也用不著怕！你不懂我講的這一番話，相都是空的。大智慧成就的人，不對文字語言著相，自然不會怕文字語言。文字語言只不過表達佛法，你真懂了佛法，就不用文字語言了。真能解脫，就是佛法。維摩居士對須菩提說法的時候，有二百天人澈悟佛法，得法眼淨。所以須菩提也不敢去探維摩居士的病。

這是第四位不敢去的弟子。你要注意，這幾位弟子講的，都是過去碰到維摩居士親身經歷的事，佛故意找機會，讓他們去受維摩居士的教化。在佛和維摩居士這次說法的時候，他們已經大澈大悟。但他們還是在報告過去的經歷，說明自己也不能代表佛去看望維摩居士的理由，同時也正代表我們一般學佛之人狹隘的見解，只能入佛，不能入魔而超然成佛。這正要請大家注意。

富樓那說法的障礙

「佛告富樓那彌多羅尼子：汝行詣維摩詰問疾。富樓那白佛言：世尊！我不堪任詣彼問疾。」富樓那是佛的高足，很多經典中都出現過，尤其是在《楞嚴經》中，問了佛一個我們大家要問的問題，這個我們在開頭已經講過了。在這裡，富樓那也推辭，不敢去探維摩居士的病。

「所以者何？憶念我昔，於大林中，在一樹下，為諸新學比丘說法。」富樓那是佛弟子中，原來修習小乘聲聞法的，而且差不多已經是個領袖人物了。新學出家的比丘，很多都受他的教育，比方說是大學一年級必修科目的講師。

「時維摩詰來謂我言：唯！富樓那！先當入定觀此人心，然後說法，無以穢食置於寶器。」我們學佛的人，尤其出家的，都想自度度人，如果你自己還沒有證得菩提，拿什麼來度人？度人要講師道，佛祖是人天之師。韓愈寫的一篇〈師說〉，並不算是師道，講中國文化的師道要看《禮記》中的〈學記〉。師道分兩種，第一是人師，以道德品性為人表率；第二是經師，講學理的，講四書五經傳達學問。做經師容易，能做經師又兼人師的，歷代以來就非常少了。有同學送一對瓶子給我，刻上「經師人師」四個字，我都不敢當，恭維太過了。中國文化中的「經師人師」，與佛教中的「人天之師」的境界差不多，要這樣的人，才有資格做佛法的法師，才可以教化眾人，才可以度人。度人不只是說讓人信了佛教、肯跪下磕頭、或是肯吃素了，那是教育方法之一，沒有錯，但不徹底。要讓人證得菩提，明心見性了，才算是徹底度人。退一步說，就算沒有讓人大澈大悟，至少要能夠讓人曉得修學菩提的正知正見，才能算是度了人。

在密宗得了金剛阿闍梨戒的人能說法，起碼要有他心通與宿命通的本事；用現在的觀念說，是要瞭解聽法眾人的心理、程度、性向，才能知道用哪一種教育方法比較恰當，才能夠因材施教。

佛在世時，經常跟從他的弟子有一千多人，以印度當時人口比例來看，可說是聲勢浩大。但由他親自剃度的弟子不多，多數是由弟子代他剃度的。有兩個比丘是目犍連的弟子，一個修的是數息觀，另一個修白骨觀，目犍連問舍利弗，為什麼兩比丘修法總是不能進步。舍利弗問清楚這兩個比丘沒出家之前的職業，一個是銀匠，修白骨觀，另一個是漂布的，修數息觀。舍利弗就要他二人調轉過來，因為漂布的習慣看著白布在水裡，修白骨觀就容易；而銀匠習慣作細緻的活兒，修數息觀更適合。換過方法之後，這兩個比丘修了三天就得阿羅漢果。舍利弗就是能夠「先當入定觀此人心，然後說法」，能夠觀察學生的根基而施教。

富樓那當時正在為新學比丘說法，注意這裡是用說法而不是講經。講經是在佛過世之後，將佛說的記錄彙集成經典，後人根據這些記錄而講學才叫講經。但禪宗叢林制度下只有說法堂，沒有講經堂，因為大和尚就代表了現身佛，而且大和尚說法時是不帶書本的。

富樓那說法時被維摩居士呵斥，因為富樓那沒有觀察新學比丘們的心理就說法。像是把又髒又爛的食物放進寶貴的器皿中，簡直是糟蹋人家。

「當知是比丘心之所念，無以瑠璃同彼水精；汝不能知眾生根源，無得發起以小乘法；彼自無瘡，勿傷之也。」維摩居士罵富樓那不瞭解比丘心中所想的，不要把玻璃混作水晶。因為你不知道眾生的三世因果，前世有什麼樣的修行成就，人家是大乘根器，你教些小乘佛法；人家身上本來沒有瘡的，你不要去挖他的肉。

禪宗有位祖師開悟之後說：「我眼本明，因師故瞎」，罵他從前的老師指導無方，把他本來清明的法眼給弄瞎了。孟子說：「人之患在好為人師」，無論世間法或佛法都一樣，我們大家要警惕。

「欲行大道，莫示小徑，無以大海內於牛跡，無以日光等彼螢火。」對於要走大路的人，不要指引他走小徑，牛踏過的蹄印是容不下大海的，不要把太陽光和螢火蟲相比。這段話是強調要先認識學生的根器，對小乘根器的人無法勉強教以大乘法，會害了他，反之亦然。所以你看，佛在說《法華經》的時候，有五千位追隨佛很久的比丘，認為佛說錯了，竟然當場退席，走了。這就是告訴我們教育之難，眾生根器不同，程度不同是很大的問題。

「富樓那！此比丘久發大乘心，中忘此意，如何以小乘法而教導之？我觀小乘智慧微淺，猶如盲人，不能分別一切眾生根之利鈍。」維摩居士告訴富樓那，在場的這一位新學比丘過去生是修大乘道的。因為菩薩都有隔陰之迷，中間轉生幾次把大乘道給忘了，但是那大乘道的天性還在，怎麼能用小乘道來教他？小乘根器的人像是盲人，不能看清楚眾生的根性。

「時維摩詰即入三昧，令此比丘自識宿命，曾於五百佛所殖眾德本，迴向阿耨多羅三藐三菩提，即時豁然，還得本心。」維摩居士就以身教示範，他當時進入定境，引起了那位新學比丘的宿命通，明白自己過去多生累世走的是大乘路線，親近供養過五百尊佛，所發的大乘願也都迴向眾生。這比丘因此當場開悟，明心見性。

此地只提「曾於五百佛所」，而不說五百以上，就是點出這位比丘是小菩薩的果位，得宿命通只能知過去的五百生，五百生以前就不知了。若是大菩薩的神通境界，就連五百生之前的生生世世都能知道。

「於是諸比丘，稽首禮維摩詰足。時維摩詰因為說法，於阿耨多羅三藐三菩提不復退轉。我念聲聞不觀人根，不應說法，是故不任詣彼問疾。」當時在場的新學比丘，就向維摩居士頂禮。注意！根據小乘比丘戒，比丘是不可以對居士頂禮的。但是大乘比丘戒就沒有這樣的禁例，對善知識頂禮並不分出家在家的。因為維摩居士的說法，使得這些比丘進入了大乘菩薩不退轉地的果位。富樓那因此非常慚愧，簡直無地自容，所以現在也不敢去探視維摩居士。

我們曉得佛的這些大弟子，每一位都是有佛法的專長的。為什麼碰到維摩居士這位大乘菩薩就都沒用了呢？因為他們雖然專，但是不圓融不圓通，所以沒用，這也是小乘與大乘的區別。後世禪宗講求頓悟，受《維摩詰經》影響之大，是無與倫比的。

迦旃延生滅心說實相法

「佛告摩訶迦旃延：汝行詣維摩詰問疾。迦旃延白佛言：世尊！我不堪任詣彼問疾。」下一個是迦旃延，他也推辭了。迦旃延也是佛弟子當中學小乘佛法的講師級人物。

「所以者何？憶念昔者，佛為諸比丘略說法要，我即於後敷演其義，謂無常義、苦義、空義、無我義、寂滅義。時維摩詰來謂我言：唯！迦旃延！無以生滅心行，說實相法。」無常、苦、空、無我是根本的佛法，尤其是小乘佛法的基礎所在。無常，簡單的講就是不會永恆的，會變去的。苦是說沒有真正的快樂，人是把輕微的痛苦當作快樂，因為受苦慣了，偶爾給你減輕一些苦的壓力，就高興了。

迦旃延回憶有一次，佛給比丘們講了小乘法的基礎，其後他就替比丘們演繹自己的心得。不料維摩居士到來，指斥迦旃延是在用凡夫的生滅心，給比丘們說法。思想、推論、學問都是生滅心，一個念頭接著一個，思想生了隨即又滅了。《禮記》中的〈學記〉也提到：「記問之學不足以為人師。」文章典故知識儘管淵博，沒有真正自己悟道的見解，還不夠格做人師。這裡維摩居士說，迦旃延還沒有悟到實相般若，也就是最高智慧。實相就是無相，所以般若無知，如果還有一個智慧境界存在，就不算。比方真正最高學問的人，常覺得自己沒有學問。乃至到了文字一字不識之境，沒有了文字相，如上文維摩居士對須菩提說：「智者不著文字……文字性離，無有文字，是則解脫。」對目犍連說：「法無名字，言語斷故。」

「迦旃延！諸法畢竟不生不滅，是無常義。」小乘法說一切法皆是無常，真正大乘法剛好相反，沒有無常，這是很嚴重的問題。釋迦牟尼佛三十幾歲悟道之後，先說的法是小乘的無常、苦、空、不淨、無我、寂滅，度人無數，證得阿羅漢果，這些都記錄在中文翻譯的《四阿含經》中，有憑有據。為什麼佛到了八十一歲臨終前所講的《涅槃經》，卻提出常、樂、我、淨？

佛學講無常，萬物不會永恆存在，是對現象而言。中國《易經》講變化，萬物萬事無時無地不在變化，講的是原則；所以通其變者是聖人，凡夫為其所變。用我們上課作比方，所講的每一句話，一生一滅都過去了，的確是無常。是真無常嗎？我們能知之性卻常在，不隨時間過去蒼老死亡。昨天的事是過去了，但是我今天知道昨天的事過去了的這個「知」，是不變的。所以維摩居士說「諸法畢竟不生不滅」，生滅只是現象，你不要拿著雞毛當令箭。

「五受陰洞達空無所起，是苦義。」我們人生感受到的痛苦，都是由五陰來的。五陰是色受想行識，有生理的和心理的。我們講受陰，是受感覺狀態支配的。你看了一本書或懂了什麼道理，這不是感覺狀態。但感覺狀態的舒服、高興、快樂都是由心理引起的感受，是唯心所造，唯識所生，這個一剎那的作用其體性是空的，也是生滅作用。「洞達空無所起」，是透徹瞭解了五陰的作用是無所起，本來沒有動過，像水上偶然起的波紋，過了也了不可得。講苦講樂，都是個人自己唯心所生的，本來無苦樂。

「諸法究竟無所有，是空義。」畢竟空。大家若被我罵是神經病，一定生氣。其實這一句話講過就過去了，你生氣是白生氣。你打坐要求空就是大傻瓜，你空得了嗎？空是它來空你，你是空不了它的。你不求有也不求空才空，諸法究竟無所有嘛！

「於我無我而不二，是無我義。」好久以前我為這個題目做了一次演講，就感嘆為什麼這許多人要為「我」、「無我」爭辯不已。什麼是無我？是佛的方便佛法，作人做事必須處處要有我，例如寫文章無我是寫不好的。有我中間就是無我，無我是證入形而上時，放棄了我見，才達到無我。其實無我才是個大我，這個我與無我是不二的，就是一。這個不二就是佛教文學的妙用。《金剛經》講無我多加一個相字，無我相，要你不著相，不要被現象所騙。你把無我相、無人相、無眾生相、無壽者相這個意思參通了，不二法門就懂了。

「法本不然，今則無滅，是寂滅義。」什麼是涅槃？不生也不死，不來也不去，不空也不有，本來清淨，所以自性本來就是涅槃。「法本不然」，一切法本來都是無生，但不說絕對，一說絕對就落入相對了，這個絕對是沒有的。這是佛法的邏輯，法本不然，你不能說它是肯定還是否定。本來沒有生過，所以現在也沒有滅去，這樣叫作寂滅。

「說是法時，彼諸比丘心得解脫，故我不任詣彼問疾。」聽了維摩居士的說法，所有當場的比丘都得到解脫了。所以迦旃延也說沒資格代表佛去探病。

你看，佛所培養出來的弟子，一個個都吃了維摩居士的悶棍，實在對佛是一件不光彩的事。為什麼會這樣呢？這是個話頭了。

阿那律眼通的問題

「佛告阿那律：汝行詣維摩詰問疾。阿那律白佛言：世尊！我不堪任詣彼問疾。所以者何？憶念我昔，於一處經行。」阿那律是佛弟子中號稱天眼第一。因為他的肉眼壞了，佛要他修天眼，結果修成天眼通。阿那律的故事有啟發性，他有一次要縫衣穿針線，但因為眼睛看不見，就問有哪一位師兄可以幫忙。當時其他人都在打坐，沒有人來幫他，佛聽到了，就下座幫了阿那律。阿那律知道是佛，就問為何由佛來幫他？佛回答說，即使成了佛，還是要積功德，應該做的就去做。對於其他在場的弟子，佛就訓斥他們，為了要打坐入定，一點善事都不肯做，這樣是白修行了。我們有的人，學佛之後就一臉佛氣，一嘴佛話，好像是儼然有道，實際上沒有佛行，是沒有用的。另外要說的是，即使阿那律得了天眼通，肉眼還是壞的，這是兩回事。《金剛經》中佛講如來有五眼：肉眼、天眼、慧眼、法眼、佛眼，每一種眼都不同。

這裡阿那律說，他不夠資格去探維摩居士的病，由於有一次他在經行時，被維摩居士呵斥。根據佛制，拜完佛之後要右轉圍繞佛三次，是印度的禮貌。一定要右轉，是順轉；左轉是逆轉。經行同繞佛的意義不同，禪堂規矩在坐禪下座後要散步，稱作經行，也是向右走；當然不一定繞圈子。有的一個人閉關，經行就走直的，走到要回頭時，就向右轉身往回走。真用功的人起身經行時，連眼都不願睜開，保持打坐的定境，就在兩旁掛繩子繫上竹筒，經行時就摸著竹筒走，才不會走偏。經行有大步、小步、快步、慢步。在禪堂快步經行叫跑香，是快步、大步的走，不是運動的跑步。出家人行住坐臥都要講究威儀，就是要有生活的姿態，要隨時在定中。

「時有梵王，名曰嚴淨，與萬梵俱，放淨光明，來詣我所，稽首作禮問我言：幾何阿那律天眼所見？我即答言：仁者！吾見此釋迦牟尼佛土，三千大千世界，如觀掌中菴摩勒果。」梵王是色界天的天人，已經不具肉身像，而是一團光。關於梵天梵王我們在前面講三界天人時，已經大致介紹過了，我再補充一點。修行的心行非常重要，即使你工夫做到四禪定境界，但是如果習氣沒有轉過來，就不會得到四禪天的果報。阿那律說，當時有一位名叫嚴淨的梵天王，與一萬個梵天一同放淨光明。實際梵天人本身就會發光，故不用作意去放光，所以叫作色界，在色界中有光而已經無欲了，人修到了無欲才到光明境界。這梵天王向阿那律頂禮，然後問阿那律所得的天眼通，能看到什麼程度？阿那律說，他看見佛的三千大千世界國土，就像看手掌中一粒菴摩勒果那樣清楚。菴摩勒果也有翻成菴摩羅果，約橄欖那麼大。

「時維摩詰來謂我言：唯！阿那律！天眼所見，為作相耶？無作相耶？假使作相，則與外道五通等。若無作相，即是無為，不應有見。」這裡維摩居士所講的，正是大家要參的，大多數人學佛都被宗教的神祕色彩，把自己的正見思惟染污埋沒了。你自我檢查，學佛有沒有求神通的心理成分？恐怕十個有五雙都如此吧！有這樣的動機，想證得菩提，是幾乎不可能成功的。《楞嚴經》說：「因地不真，果招紆曲」，動機不準確，方向就不對，所以不會得果。第二點，你對神通信不信？如果這裡有一個有神通的人，你不會不信他的，所以正信很難。

唐宣宗還是世子的時候，曾經出家作和尚，與黃檗禪師兩人是同參，有次犯錯，禪師毫不顧及他世子的身分，打了他。宣宗即位之後，也毫不記恨這位禪師。黃檗禪師有次去浙江天臺山參訪，那時開創天臺宗的智者大師，已過世許久了。黃檗禪師在天臺山結識了一位僧人，有一次兩人同行在山中遇到大雨，溪水暴漲不能渡過，僧人脫下斗笠，踏著斗笠過溪，黃檗禪師見了，就斥責僧人為自了漢，拂袖而去。僧人聽了，就歎黃檗禪師真乃大乘法器。如果是各位同學見了這僧人的工夫，恐怕要大為佩服了。一般學佛的人，很難有黃檗禪師這個境界的。

常常聽人說，某人有天眼通，可以替人看前世因緣，這些奇人不論是睜著眼看，還是閉著眼看，通常臉會發紅，就是血壓上升之兆。記得抗戰時，在重慶有位修東密的法師，以眼通聞名，是一位華僑，多年之後，我在香港第一次遇見。他那時年事已高，在旁的有一位老居士朋友就要他幫我看一下，我當時就勸他不要再玩這個了，年紀大了，高血壓，危險呀！

維摩居士問阿那律，你用天眼通所看見的，究竟還有沒有相？是不是有作相的？是在空的境界看見呢？還是在有的境界看見呢？注意！阿那律雖然肉眼瞎了，但是能見的眼識沒有壞，還是「看」得見的。即使是瞎子還是看得見，看見的是黑漆漆的相。光明是相，黑暗也是相。

維摩居士接著說，假如你阿那律是有作相的，有境界有光，在這個裡面看見，你認為是天眼，其實是外道天眼，外道的天眼和五通都是作相。你們有人持咒的，有時在靜坐時，雖然自己嘴裡沒有唸，耳中卻聽到唸咒聲，這就是耳識在作相了。這聲音怎麼來的？它不是外來，不是內發，也不是中間；

不自生，不他生，是因緣會聚所生。有些是過去生聽慣了，或是過去生唸某個咒子慣了，就埋藏在阿賴耶識裡，在心念極清淨的時候，阿賴耶識中的種子暴發就聽見了。還有一些是由於耳朵聽覺神經震動，加上自己心念的一個非量錯覺，以為聽到了咒語或其他聲音。

維摩居士說，如果你阿那律的眼通是不作意，不作相的，那就是無為法了，就證得涅槃。既然涅槃，就是畢竟空，那就不應該看見了。等於《金剛經》所說：「若見諸相非相，即見如來。」是指實相的道體一無所見，是不會見到光，不會有眼通，連空都不見。你們打坐閉上眼，都還在看，在看眼皮子，因為被擋住了才看不出去，看著黑洞洞的，愈看愈昏沉。眼耳鼻舌身識都沒關掉，意識又在打妄想，坐在那兒玩弄境界。

「世尊！我時默然。彼諸梵聞其言，得未曾有，即為作禮而問曰：世孰有真天眼者？維摩詰言：有佛世尊，得真天眼，常在三昧，悉見諸佛國，不以二相。於是嚴淨梵王，及其眷屬五百梵天，皆發阿耨多羅三藐三菩提心，禮維摩詰足已，忽然不現。故我不任詣彼問疾。」

阿那律被維摩居士責難得答不上話，這時那些梵天天人，大讚維摩居士高明，向維摩居士頂禮，又問世界上有得真天眼通的人嗎？維摩居士答，佛是得了真天眼通的人，是常在如來大定境界中，是定慧等持的三昧，不須起心動念去看什麼東西，但是與所有的佛的國土是一體的，不二相，不求見而自知，這是真天眼。於是嚴淨梵王等天人，就發了大乘菩提心，向維摩居士頂禮，然後就不見了。所以，阿那律也不能去探病。

本經中，維摩居士教訓每一個弟子的毛病，原本應該是各個弟子的長處，但是在維摩居士面前都站不住腳，這些也都是我們修行上最重要的問題，學佛參禪一定要熟讀《維摩詰經》。

優波離與犯戒比丘

「佛告優波離：汝行詣維摩詰問疾。優波離白佛言：世尊！我不堪任詣彼問疾。」優波離是佛弟子中戒律第一，當時佛弟子中背景複雜，有貴族世胄，有富豪，有平民。優波離出身賤民，在當時社會中，見到貴族都要跪著躲在一旁的，佛卻指派他執行僧團的戒律，這除了優波離本身修持得好之外，還可見佛的教導手法不凡之處。佛要優波離去探視維摩居士，優波離也不去。

「所以者何？憶念昔者，有二比丘犯律行，以為恥，不敢問佛。來問我言：唯！優波離！我等犯律，誠以為恥，不敢問佛，願解疑悔，得免斯咎。我即為其如法解說。」優波離回想，曾經有兩個比丘犯了戒律，覺得很羞恥，不敢去問佛，就來找優波離，希望優波離能夠在戒律的性地上，為他們開導解釋。性戒是一切眾生在天性上都認為是罪過的心行，是惡業。譬如殺生，這是先天的，不是後天的觀念。有些戒律是遮戒，因時因地因人而不同。對於遮戒，有時是有方便的。根據別的經典所載，這兩位比丘犯的是淫戒，是性戒，也是比丘戒的第一條戒。所以他二人深感羞恥。優波離就為他們依戒律規定說戒，讓他們懺悔。

「時維摩詰來謂我言：唯！優波離！無重增此二比丘罪，當直除滅，勿擾其心。」當時維摩居士來到，對優波離說，你不要反而加重了他二人的罪業，犯了戒律要用直心來消罪業，現在你為他們解說戒律，反而擾亂他們的心，增加了心理上的痛苦。

「所以者何？彼罪性不在內，不在外，不在中間。如佛所說，心垢故眾生垢，心淨故眾生淨。心亦不在內，不在外，不在中間。如其心然，罪垢亦然，諸法亦然，不出於如如。」這裡維摩居士說罪性像心一樣，不在內、不在外、不在中間。換言之，也在內、也在外、也在中間，無所不在。究竟在哪裡？「如其心然」，心就在這裡，當下就是，本性自空，所以罪性也自空。就要這樣懺悔的。有心去求懺悔，那要三大阿僧祇劫才能慢慢把你的罪過洗刷乾淨。如果能但超直入，當下即是。所以說「心垢故眾生垢」，你心髒了去修善法佛法都是犯戒的。你心清淨了，去修魔法外道卻不妨。心、罪垢、諸法都當下即是，「不出於如如」。如者，《金剛經》講得最清楚，無所從來亦無所去，是名如來。佛經常說如如不動，大家要參究。如果以為心中有個不動的，你已經動了，動了那個不動的。你感覺到那個不動的境界，是第六意識所造的。如如不動好像是平靜的流水，你看著它不動，實際上是流動的；要不流動就成了死水，水停百日則生蛆，就成為最髒最有罪過的所在。此心要活活潑潑的，是無所住而生的。這個心念是清淨念，不思善，不思惡，連不思也不思的念。有一個不思善，不思惡的念，已經此心有塵垢了。

宋朝的朱熹晚年有首詩講悟道境界很好：

半畝方塘一鑑開　天光雲影共徘徊
問渠那得清如許　為有源頭活水來

從禪宗來看，理學家朱熹是破了初關，有沒有破重關是另一問題。他的另一首詩：

昨夜江邊春水生　艨艟巨艦一毛輕
向來枉費推移力　此日中流自在行

這也是悟道境界，你們打坐不是念頭去不了就是昏沉，向來枉費推移力，像一艘巨艦擱在淺灘，推也推不動。一下悟道，不用你去推了，輕如毫毛，就是此日中流自在行。

宋明理學家是儒家中的律宗，講究律行，大家可不要輕視，不要有門戶之見；而老莊則有如禪宗，講解脫。《金剛經》說：「一切賢聖皆以無為法而有差別」，這是佛才有的胸襟，不問他是哪一教派，凡是有所得的，都入聖賢之流。

回過頭來講戒律，不殺、不盜、不淫、不妄語、不飲酒是戒的相，是規定，是行為的標準。戒的相很多，比如殺，除了不自殺，不自己動手殺之外，還有不教他殺，不教唆他人殺，不暗示他人殺，連看到兵器，想到怎麼用，這一動念，都犯殺戒。所以戒的相很難講，判斷起來比法律斷罪還難。戒的用是讓人「諸惡莫作，眾善奉行」。戒的體呢？就是維摩居士告訴我們的如如不動，「不出於如如」。有的經本把句子斷成「不出於如」，我不同意。

「優波離以心相得解脫時，寧有垢不？我言：不也。維摩詰言：一切眾生心相無垢，亦復如是。」維摩居士問優波離，真悟道解脫時，心裡還有塵垢染污嗎？優波離答沒有。維摩居士就說，一切眾生自性本體本來沒有罪，沒有染污，本空嘛！前念有，後念即空；前念空，後念即有。空有念念不住，所以不垢不淨。第一念動是佛境界，下一念動是魔境界；佛境界不住，魔境界也不住。本自不住，不是用理去修的。你有修相，要求空，就是客塵煩惱。要這樣去懺悔才是。

「唯！優波離！妄想是垢，無妄想是淨；顛倒是垢，無顛倒是淨；取我是垢，不取我是淨。」

妄相紛飛的思想是塵垢；無妄想，當下就是淨土；顛倒念頭是垢，無顛倒就是淨土；取我相是塵垢，不取我相是淨土。

「優波離！一切法生滅不住，如幻如電；諸法不相待，乃至一念不住；諸法皆妄見，如夢如燄，如水中月，如鏡中像，以妄想生。其知此者，是名奉律。其知此者，是名善解。」一切法包括心理、生理、宇宙萬有一切法，生生滅滅不停，如幻如電，過去就過去了。以自心本體來說是沒有相對的，一念不住，念念都不住；所以一切法都是妄見，如夢如燄，如水中月，如鏡中像，一切善法、惡法、無記法，都因妄想而生，由分別妄想而有。你懂了這個，才有資格說守戒。你懂了這個，才算真了解戒。

「於是二比丘言：上智哉！是優波離所不能及，持律之上而不能說。我答言：自捨如來，未有聲聞及菩薩能制其樂說之辯，其智慧明達為若此也。時二比丘，疑悔即除，發阿耨多羅三藐三菩提心，作是願言：令一切眾生，皆得是辯。故我不任詣彼問疾。」這時犯戒的兩個比丘，聽了維摩居士這一番話，即時懺了罪，讚歎是無上智慧，是真正的佛法持戒持律，是優波離比不上的。優波離就說，除了佛之外，沒有聲聞或菩薩，能比得上維摩居士的智慧辯才和樂於說法。「明達」是明了通達。兩個比丘立即掃除了對正法的疑悔，當時就發大乘菩提心，同時發願，希望眾生都得到大智慧成就。所以優波離也說，他不能去探視維摩居士的病。

在這一章〈弟子品〉中，佛要派他的弟子們去向維摩詰問疾，就是代表佛去探病，可是這些弟子們都不敢去。我們曉得，這裡講的十位佛的最有名的出家大弟子，都各有所長，舍利弗是智慧第一，智慧第一的人是得道的，卻被維摩居士批駁得智慧不第一了；目連尊者神通第一，經過維摩居士的訓誡，神通第一沒有了；大迦葉代表了出家的頭陀行，苦行僧；須菩提談空第一，見到空了，他們也都不行；接著摩訶迦旃延，論議第一，思想經義研究第一，阿那律天眼第一，優波離持戒第一，現在都變成第二了，甚至連第二都沒有了，這是很嚴重的。

現在還剩下兩個第一的，一個是佛的兒子羅睺羅，是密行第一，祕密修行第一，怎麼祕密呢？誰都沒有說過，佛也沒有說過，不過，釋迦牟尼佛涅槃前，吩咐四位大弟子留形住世，應該到現在還活著的，一個就是他兒子羅睺羅，一個是大迦葉尊者，就是禪宗第一代的祖師，一個是賓頭盧尊者，一個是君屠鉢歎大阿羅漢。

羅睺羅是留形住世的一位，他是佛的兒子，他的媽媽在佛陀出家之後，懷孕了六年才生下他，這是很奇怪的事。中國的老子，傳說中在媽媽肚子裡懷了八十一年，生下來時鬍子眉毛都白了，在娘胎裡就老了，所以叫老子，究竟姓什麼也不知道，母親在李樹下生他，因此姓了李。相傳如此，事出有因，查無實據。這些都是世界上永遠無法解釋的祕密，所以說羅睺羅的祕密是什麼，這裡面問題是很多的。

羅睺羅說出家的功德

「佛告羅睺羅：汝行詣維摩詰問疾。羅睺羅白佛言：世尊！我不堪任詣彼問疾。」現在，佛叫羅睺羅去向維摩居士探病，羅睺羅也推辭了。

「所以者何？憶念昔時，毗耶離諸長者子，來詣我所，稽首作禮，問我言：唯！羅睺羅！汝佛之子，捨轉輪王位，出家為道，其出家者，有何等利？我即如法，為說出家功德之利。」他說因為有一次在毗耶離城，這就是維摩居士所居住的地方，城中的世家公子們來找他，向他磕頭作禮，問他說，你是釋迦牟尼佛的兒子，皇帝也不要當，要出家，究竟出家有什麼利益？羅睺羅就依據佛法的道理，對他們講出家的功德和利益。

「時維摩詰來謂我言：唯！羅睺羅！不應說出家功德之利，所以者何？無利無功德，是為出家。有為法者，可說有利有功德。夫出家者，為無為法，無為法中，無利無功德。」當時，維摩居士來對我說，我不應該為他們講出家人有什麼功德和利益。因為「無利無功德，是為出家」，那麼各位豈不是白出家了？實際上維摩居士的意思是，既然出家了，就應該放下一切功利思想，不計較有沒有價值，不要想我將來可以得什麼利益，得什麼果位，不要有這個利害觀念。同時，也沒有功德的觀念，如果心裡想著：「我學佛了，佛應該保佑我吧」，這都是功利思想。

求道學佛應該沒有利害的觀念，不是為了利害出家，不是為了求功德，「有求皆苦，無欲則剛」是副很好的對子，你說出家人沒有欲望，但是想求道不是很大的欲望嗎？這比做生意的一本萬利欲望還大呢！打一天坐，明天就想色身起變化，學三天佛就想升天，都是以功利思想來出家學佛。所以說，人家問你出家有什麼利益？你應該講沒有利益，愛出家就出家，講這樣那樣好處的功利主義，都是不對的。

這句話還有一層道理，一個人活在世間一無所求，有求皆苦，沒有利害，也無功德思想，人就是應該做好事。我不敢說跑遍天下，但是在中國去過的地方不少，有一塊岩壁上，看到不知是哪一位題的斗大的字：「願天常生好人，願人常做好事」，真是好！佛法什麼法都講完了。我覺得很多名勝古蹟，好多文人題的字作的詩，都是浪費工夫，都不如這位不知名人士題的字。有很多人學佛卻還抱怨沒有好的報應，你花這些精神去做世界上任何事都有利益的，只有學佛不同。學佛法是學空法，一切放下，連放下的觀念也放下。大家如果用有所得之心去求無所得之法，那是完全背道而馳了。

維摩居士在這裡說羅睺羅講錯了，因為問題本身已經問錯了，問出家有什麼功德和利益，你根據出家有什麼功德和利益來回答，自然不對了。所以說，「有為法者，可說有利有功德」，對世間法，有為法來講，可以說有利益有功德，世間法本來如此。但是「夫出家者，為無為法，無為法中，無利無功德」，無為法是沒有絲毫的利害功德觀念的。什麼是真出家呢？「羅睺羅！夫出家者，無彼無此，亦無中間。」真出家了，一切放下，沒有我，也沒有他，也沒有你我之間，都沒有，這是人的方面。沒有世間，也沒有出世間，也沒有半世間半出世間的中間路線。

「離六十二見。」這麻煩了，《大品般若經》上提到有六十二見，就是六十二種思想觀念。外道認為這個世界有神或沒有神、有常或無常等等，講過去的世界或未來的世界等有間、無間等等，涅槃入道了以後，還來不來這個世界，這個身體和靈魂是合一或不合一，這個生命有斷有生死或沒有生死，這些合共有六十二種觀念，我們不詳細講了。這些觀念我們大家不論出家在家都有的，自己不知道是錯誤的。好像有人學佛修道想下輩子不再來這個世界了，太苦了，這個屬於神我的常見，是觀念的偏差，落入外道了。雖然是外道也是道噢！外道是歪道，不是正道。

「處於涅槃，智者所受，聖所行處，降伏眾魔。」一個出家的人將這些觀念思想統統放下，因此能夠「處於涅槃，智者所受」，涅槃是得道的最高境界，智者所受是大智慧成就，不是迷信，佛法是講每一個人大智慧成就，自性自度，盲目信仰不會成就的。所以真出家的，是大智慧的高人，才能智者所受，是聖人的境界，不是普通人受了痛苦，覺得世間很麻煩，因此出家，那就不算是「聖所行處」。出家穿了這件不漂亮的壞色衣，頭髮鬍子刮光，就是為了破世間人愛美的心理魔障，「降伏眾魔」就是降伏一切魔怨，什麼魔？生死魔，煩惱魔。

歷史上，在宋朝時要出家可難了，還要考試，考取了，政府給個文件，拿到了才能出家，所以叫度牒。這樣出家三年以後，才能受沙彌戒。如果今天仍然推行這個制度，由我這個白衣來主考的話，就要問，根據《維摩詰經》羅睺羅問答的這一段，出家人什麼受、什麼處、降什麼魔？依原文答出來，這三句話答得出來才算合格。

「度五道，淨五眼，得五力，立五根。」度就是超越，五道是地獄道、餓鬼道、畜生道、人道、天道。「淨五眼，得五力，立五根」，這些名辭就不再詳細講了（五眼為：肉眼、天眼、慧眼、法眼、佛眼；五力為：信力、精進力、念力、定力、慧力；五根為信根等五力之根）。

「不惱於彼，離眾雜惡，摧諸外道，超越假名。」「不惱於彼」，出家人剃了頭，什麼都不要了，穿了一件並不漂亮的衣服，為什麼被世間人看不起？你也不要看我，我正想離開這個世界，你也少煩惱，我也免得痛苦，彼此都不要煩惱。「離眾雜惡」，離開世間，一切錯亂的壞事都不來，不做惡了。「摧諸外道，超越假名」，摧伏了一切外道的觀念。

世間人常常為名所困，出家人放棄名字，取一個代號。小說上寫乾隆皇帝下江南，遇上金山寺的當家和尚，這和尚不曉得他是皇帝，皇帝看他忙進忙出，就問這位法師怎麼這樣忙，和尚說：「唉呀！當家忙啊！」乾隆就說：「我看你還是再出一次家吧！」這個道理是說明，我們在家人為名所騙，已經算不上學佛了，如果出家更被這個假名所騙，那就違背了這個出家的原意。所以出家人就隨便起兩個字作代號，什麼明光，光明也可以，你愛怎麼叫都可以，只是代號，出家要有這個精神。

「出淤泥，無繫著，無我所，無擾亂，內懷喜。」跳出社會這個爛泥，既出了家，就沒有牽掛，無繫著，也無我，也無他，也無所受，苦也當成樂，一無所受，功德不受，空境界也不受，無空無不空。此心是絕對的清淨，沒有擾亂之處，內在永遠只有喜悅。

「護彼意，隨禪定，離眾過。」永遠照顧自己的起心動念，不動壞念頭，乃至不動念，意念如如不動。我去年講《金剛經》的時候說過，《金剛經》的精華就在三個字：「善護念」。什麼是善護念？就是護彼意，保護你的起心動念。心念永遠不散亂，隨時都在禪定的境界裡，叫作「隨禪定」。「離眾過」，是身口意離開一切的過錯。

「若能如是，是真出家。」維摩居士總結上面，從「無彼無此」到「離眾過」一段話，告訴羅睺羅說，「若能如是，是真出家」，不是剃光頭吃素的，那是另外一回事。

維摩居士罵了羅睺羅之後，「於是維摩詰語諸長者子：汝等於正法中，宜共出家，所以者何？佛世難值。」他說，好了，你們現在懂了，你們處在佛法的正法，立刻一齊出家，為什麼呢？因為現在釋迦牟尼佛在世，萬劫千生難得碰到肉身佛出世啊！

「諸長者子言：居士！我聞佛言，父母不聽，不得出家。」他們聽聞佛的戒律是，如果不先得到父母的同意，是不准出家的。「維摩詰言：然！汝等便發阿耨多羅三藐三菩提心，是即出家，是即具足。」他說，你們說得沒錯，但是我要你們出家，不是要你們剃光頭披上僧衣，你們的心真出家了，發了大乘心了，立了大願，這一生一定要求得菩提，大澈大悟，發了這樣的無上真心真願，就是出家，就是得了具足戒。反過來說，你們即使形式上出家了，如果沒有真發了阿耨多羅三藐三菩提心，不是真出家，也不是得具足戒。這就是大乘菩薩道，大比丘的道理。在別的經典上，佛也說過，出家者是心出家。心怎麼出家？就是剛才《維摩詰經》上這段話，「護彼意，隨禪定，離眾過」。

「爾時三十二長者子，皆發阿耨多羅三藐三菩提心，故我不任詣彼問疾。」羅睺羅告訴佛，當時有三十二個長者子聽了維摩居士這話，都發了阿耨多羅三藐三菩提心，所以我沒資格代表你去探病。

現在剩下最後的一位大弟子，是阿難。

阿難為佛乞食

「佛告阿難：汝行詣維摩詰問疾。阿難白佛言：世尊！我不堪任詣彼問疾。所以者何？憶念昔時，世尊身小有疾，當用牛乳，我即持鉢，詣大婆羅門家門下立。時維摩詰來謂我言：唯！阿難！何為晨朝持鉢住此？我言：居士！世尊身小有疾，當用牛乳，故來至此。」

最後，佛轉向阿難，要他去給維摩居士探病，阿難也表示自己不夠資格去，為什麼呢？因為阿難想起從前有一次，釋迦牟尼佛感染小病，要飲用牛奶，阿難就拿著鉢，去到一個大婆羅門的家，想化緣一些牛奶。那時，維摩居士來了，問阿難為什麼早上就跑出來化緣，因為佛門有些出家人日中一食，中午才出來化緣。阿難就告訴維摩居士，因為佛陀有些不舒服，要喝牛奶，所以現在出來化緣。

「維摩詰言：止！止！阿難！莫作是語。如來身者，金剛之體，諸惡已斷，眾善普會，當有何疾？當有何惱？默往！阿難！勿謗如來，莫使異人，聞此麤言，無令大威德諸天，及他方淨土諸來菩薩，得聞斯語。」維摩居士對阿難說，你不要亂講，「如來身者，金剛之體，諸惡已斷，眾善普會，當有何疾？當有何惱？」如來是金剛不壞之身，一切的惡果已經斷了，集匯了一切的功德善行，怎麼還會生病？也怎麼會有煩惱？快不要亂講了，你阿難是佛的大弟子，又是佛的堂兄弟，怎麼還毀謗佛呢？你趕快走吧！不要讓那些外道聽到你這番粗陋下流的話，更不要讓各方天人、各方淨土的大菩薩們，聽到你這些話。

「阿難！轉輪聖王以少福故，尚得無病，豈況如來無量福會，普勝者哉？」維摩居士接著說，阿難啊！世間治世帝王有福報的，都不會生病，何況成了佛的人，那福報不知比世間帝王大多少倍。講到這裡，想到我過去在大陸上，看過有位老人家一生沒有病，我那時還年輕，他已經七八十歲了，什麼宗教也不信，什麼道也沒有，那是大福報人。當年還有一個朋友，那時六十八歲，一輩子沒有做過夢，他抓住我問，「什麼叫夢？」叫我怎麼答啊？你們諸位會回答嗎？這都是大福人，他也不信宗教，白天常哈哈大笑，沒什麼煩惱，家裡終年備有奉茶，給路上來往的人喝，也不收錢。

「行矣！阿難！勿使我等受斯恥也。外道梵志若聞此語，當作是念，何名為師？自疾不能救，而能救諸疾人？可密速去，勿使人聞。」維摩居士又催阿難趕快走，不要在這裡給他丟人了，阿難被罵得一塌糊塗。實際上，釋迦牟尼佛哪裡會等著阿難拿牛奶回去吃呢？這是什麼理由？

維摩居士接著說，如果婆羅門這些外道們，聽到阿難你化緣求牛奶的話，他們就會想，這怎麼能叫作老師啊！自己的病都醫不好，怎麼去度眾生生老病死啊？你還是快一點走吧！不要被別人聽到了。

「當知！阿難！諸如來身，即是法身，非思欲身。佛為世尊，過於三界；佛身無漏，諸漏已盡；佛身無為，不墮諸數。如此之身，當有何疾？」阿難你應該知道，一切成了佛的身體，已經成了不生不滅、不生不死的法身，不是世間思想欲念所構成的身體。「佛為世尊，過於三界」，佛是世間最為尊貴的，不只是人間的老師，也是天上的老師，已經超過了欲界、色界、無色界。「佛身無漏，諸漏已盡」，佛是沒有缺點的，是圓滿清淨不漏的。「佛身無為，不墮諸數」，佛的身體正處在涅槃的無為道，「不墮諸數」的數，是限量的意思。如此這樣的身體，怎麼會有病！

「時我，世尊！實懷慚愧，得無近佛而謬聽耶？即聞空中聲曰：阿難！如居士言，但為佛出五濁惡世，現行斯法，度脫眾生。行矣！阿難！取乳勿慚。」阿難被維摩居士罵得無地自容，懷疑自己有沒有聽錯，是佛叫他出來化緣，難道是佛講錯了？這個時候，聽見虛空中有聲音說，維摩居士說得沒有錯，佛是不會生病的。「但為佛出五濁惡世，現行斯法，度脫眾生。行矣！阿難！取乳勿慚」，但是佛的肉身出現在我們這個五濁惡世上，五濁是劫濁、見濁、煩惱濁、眾生濁、命濁。劫濁是指各種劫難，如刀兵劫、水火劫，見濁是講世人的思想見解都是髒的，煩惱也是濁，世人都為自己打算，西方極樂世界就沒有這些髒東西。但是要走大乘菩薩道，就要五濁惡世我先入，不怕滔天的苦海。你去西方極樂世界度誰啊？只有別人度你！佛現身我們這個世界，現在故意表示人的肉體脫不了生老病死，用自己的病，以身行教來說法。所以空中的聲音對阿難說，你不要怕，快去化緣吧，世尊的確要用牛奶。唉！這阿難還真難了，進退兩難。

佛還是有業報的，像這一次生病，還有在八十一歲涅槃時，寒風發背。又有一次，佛的腳扎進刺出血，他用神通查知是多生累世之前，他刺傷過別人，應該受這個果報，還這個帳，因為成佛了，只要他身上出血，這個因果就可以了。佛經上說，「假使經百劫，所作業不亡，因緣會遇時，果報還自受」，所以你要求少病少苦，這一生就多布施醫藥給人，他生自然會少病少苦。如果你只為自己打算，凡事只求自己好，恐怕這一生都沒人理你，何況他生來世！

「世尊！維摩詰智慧辯才為若此也，是故不任詣彼問疾。」阿難回憶這一段遭遇，對佛說，維摩居士的智慧辯才這樣高明，請不要找我去探病吧！

「如是五百大弟子，各各向佛說其本緣，稱述維摩詰所言，皆曰不任詣彼問疾。」佛的十大弟子，每一位都有第一的本事，這下慘了，恐怕第二也輪不上，變成第三了！佛接著又問遍了其他的大弟子，這些五百羅漢，每一個都表示被維摩居士教訓過，個個不敢代表佛去探病。

菩薩品第四

於是佛告彌勒菩薩：汝行詣維摩詰問疾。彌勒白佛言：世尊！我不堪任詣彼問疾，所以者何？憶念我昔，為兜率天王及其眷屬，說不退轉地之行。時維摩詰來謂我言：彌勒！世尊授仁者記，一生當得阿耨多羅三藐三菩提，為用何生得受記乎？過去耶？未來耶？現在耶？若過去生，過去生已滅；若未來生，未來生未至；若現在生，現在生無住。如佛所說，比丘！汝今即時亦生亦老亦滅。若以無生得受記者，無生即是正位，於正位中，亦無受記，亦無得阿耨多羅三藐三菩提。云何彌勒受一生記乎？為從如生得受記耶？為從如滅得受記耶？若以如生得受記者，如無有生。若以如滅得受記者，如無有滅。一切眾生皆如也，一切法亦如也，眾聖賢亦如也，至於彌勒亦如也。若彌勒得受記者，一切眾生亦應受記。所以者何？夫如者，不二不異。若彌勒得阿耨多羅三藐三菩提者，一切眾生皆亦應得。所以者何？一切眾生，即菩提相。若彌勒得滅度者，一切眾生亦當滅度。所以者何？諸佛知一切眾生，畢竟寂滅，即涅槃相，不復更滅。是故，彌勒！無以此法誘諸天子，實無發阿耨多羅三藐三菩提心者，亦無退者。彌勒！當令此諸天子，捨於分別菩提之見。所以者何？菩提者，不可以身得，不可以心得。寂滅是菩提，滅諸相故。不觀是菩提，離諸緣故。不行是菩提，無憶念故。斷是菩提，捨諸見故。離是菩提，離諸妄想故。障是菩提，障諸願故。不入是菩提，無貪著故。順是菩提，順於如故。住是菩提，住法性故。至是菩提，至實際故。不二是菩提，離意法故。等是菩提，等虛空故。無為是菩提，無生住滅故。知是菩提，了眾生心行故。不會是菩提，諸入不會故。不合是菩提，離煩惱習故。無處是菩提，無形色故。假名是菩提，名字空故。如化是菩提，無取捨故。無亂是菩提，常自靜故。善寂是菩提，性清淨故。無取是菩提，離攀緣故。無異是菩提，諸法等故。無比是菩提，無可喻故。微妙是菩提，諸法難知故。世尊！維摩詰說是法時，二百天子，得無生法忍，故我不任詣彼問疾。

佛告光嚴童子：汝行詣維摩詰問疾。光嚴白佛言：世尊！我不堪任詣彼問疾，所以者何？憶念我昔，出毗耶離大城，時維摩詰方入城，我即為作禮而問言：居士從何所來？答我言，吾從道場來。我問：道場者何所是？答曰：直心是道場，無虛假故。發行是道場，能辦事故。深心是道場，增益功德故。菩提心是道場，無錯謬故。布施是道場，不望報故。持戒是道場，得願具故。忍辱是道場，於諸眾生心無礙故。精進是道場，不懈怠故。禪定是道場，心調柔故。智慧是道場，現見諸法故。慈是道場，等眾生故。悲是道場，忍疲苦故。喜是道場，悅樂法故。捨是道場，憎愛斷故。神通是道場，成就六通故。解脫是道場，能背捨故。方便是道場，教化眾生故。四攝是道場，攝眾生故。多聞是道場，如聞行故。伏心是道場，正觀諸法故。三十七品是道場，捨有為法故。四諦是道場，不誑世間故。緣起是道場，無明乃至老死皆無盡故。諸煩惱是道場，知如實故。衆生是道場，知無我故。一切法是道場，知諸法空故。降魔是道場，不傾動故。三界是道場，無所趣故。師子吼是道場，無所畏故。力無畏不共法是道場，無諸過故。三明是道場，無餘礙故。一念知一切法是道場，成就一切智故。如是，善男子！菩薩若應諸波羅蜜，教化衆生，諸有所作，舉足下足，當知皆從道場來，住於佛法矣。說是法時，五百天人，皆發阿耨多羅三藐三菩提心。故我不任詣彼問疾。

佛告持世菩薩：汝行詣維摩詰問疾。持世白佛言：世尊！我不堪任詣彼問疾，所以者何？憶念我昔，住於靜室，時魔波旬，從萬二千天女，狀如帝釋，鼓樂絃歌，來詣我所，與其眷屬，稽首我足，合掌恭敬，於一面立。我意謂是帝釋，而語之言：善來！憍尸迦！雖福應有，不當自恣。當觀五欲無常，以求善本。於身、命、財，而修堅法。即語我言：正士！受是萬二千天女，可備掃灑。我言：憍尸迦！無以此非法之物，要我沙門釋子，此非我宜。所言未訖，時維摩詰來謂我言：非帝釋也，是為魔來，嬈固汝耳。即語魔言：是諸女等，可以與我，如我應受。魔即驚懼，念維摩詰，將無惱我？欲隱形去，而不能隱。盡其神力，亦不得去。即聞空中聲曰：波旬！以女與之，乃可得去。魔以畏故，俛仰而與。爾時，維摩詰語諸女言：魔以汝等與我，今汝皆當發阿耨多羅三藐三菩提心。即隨所應而為說法，令發道意。復言：汝等已發道意，有法樂可以自娛，不應復樂五欲樂也。天女即問：何為法樂？答言：樂常信佛。樂欲聽法。樂供養眾。樂離五欲。樂觀五陰如怨賊。樂觀四大如毒蛇。樂觀內入如空聚。樂隨護道意。樂饒益眾生。樂敬養師，樂廣行施。樂堅持戒，樂忍辱柔和。樂勤集善根，樂禪定不亂，樂離垢明慧，樂廣菩提心。樂降伏眾魔，樂斷諸煩惱。樂淨佛國土。樂成就相好故，修諸功德。樂莊嚴道場。樂聞深法不畏。樂三脫門，不樂非時。樂近同學。樂於非同學中，心無罣礙。樂將護惡知識。樂親近善知識。樂心喜清淨。樂修無量道品之法，是為菩薩法樂。於是波旬告諸女言：我欲與汝俱還天宮。諸女言：以我等與此居士，有法樂，我等甚樂，不復樂五欲樂也。

魔言：居士！可捨此女，一切所有施於彼者，是為菩薩。維摩詰言：我已捨矣！汝便將去。令一切眾生，得法願具足。於是諸女問維摩詰：我等云何止於魔宮？維摩詰言：諸姊！有法門名無盡燈，汝等當學。無盡燈者，譬如一燈然百千燈，冥者皆明，明終不盡。如是諸姊，夫一菩薩開導百千眾生，令發阿耨多羅三藐三菩提心，於其道意，亦不滅盡，隨所說法，而自增益一切善法，是名無盡燈也。汝等雖住魔宮，以是無盡燈，令無數天子天女，發阿耨多羅三藐三菩提心者，為報佛恩，亦大饒益一切眾生。爾時天女，頭面禮維摩詰足，隨魔還宮，忽然不現。世尊！維摩詰有如是自在神力，智慧辯才，故我不任詣彼問疾。

佛告長者子善德：汝行詣維摩詰問疾。善德白佛言：世尊！我不堪任詣彼問疾，所以者何？憶念我昔，自於父舍設大施會，供養一切沙門婆羅門，及諸外道貧窮下賤孤獨乞人，期滿七日。時維摩詰來入會中，謂我言：長者子！夫大施會，不當如汝所設，當為法施之會，何用是財施會為？我言：居士！何謂法施之會？法施會者，無前無後，一時供養一切眾生，是名法施之會。曰：何謂也？謂以菩提，起於慈心。以救眾生，起大悲心。以持正法，起於喜心。以攝智慧，行於捨心。以攝慳貪，起檀波羅蜜。以化犯戒，起尸羅波羅蜜。以無我法，起羼提波羅蜜。以離身心相，起毗梨耶波羅蜜。以菩提相，起禪波羅蜜。以一切智，起般若波羅蜜。教化眾生，而起於空。不捨有為法，而起無相。示現受生，而起無作。護持正法，起方便力。以度眾生，起四攝法。以敬事一切，起除慢法。於身命財，起三堅法。於六念中，起思念法。於六和敬，起質直心。正行善法，起於淨命。心淨歡喜，起近賢聖。不憎惡人，起調伏心。以出家法，起於深心。以如說行，起於多聞。以無諍法，起空閒處。趣向佛慧，起於宴坐。解眾生縛，起修行地。以具相好及淨佛土，起福德業。知一切眾生心念，如應說法，起於智業。知一切法不取不捨，入一相門，起於慧業。斷一切煩惱，一切障礙，一切不善法，起一切善業。以得一切智慧，一切善法，起於一切助佛道法。如是，善男子！是為法施之會。若菩薩住是法施會者，為大施主，亦為一切世間福田。世尊！維摩詰說是法時，婆羅門眾中二百人，皆發阿耨多羅三藐三菩提心。我時心得清淨，歎未曾有。稽首禮維摩詰足，即解瓔絡，價值百千，以上之，不肯取。我言：居士！願必納受，隨意所與。維摩詰乃受瓔珞，分作二分。持一分，施此會中一最下乞人。持一分，奉彼難勝如來。一切眾會，皆見光明國土難勝如來，又見珠瓔在彼佛上，變成四柱寶臺，四面嚴飾，不相障蔽。時維摩詰，現神變已，又作是言：若施主等心施一最下乞人，猶如如來福田之相，無所分別，等於大悲，不求果報，是則名曰具足法施。城中一最下乞人，見是神力，聞其所說，皆發阿耨多羅三藐三菩提心。故我不任詣彼問疾。如是，諸菩薩各各向佛說其本緣，稱述維摩詰所言，皆曰不任詣彼問疾。

彌勒菩薩——什麼是菩提

前面一品是佛的出家弟子五百羅漢，這一品輪到了佛的大乘弟子大菩薩們。

「於是佛告彌勒菩薩：汝行詣維摩詰問疾。彌勒白佛言：世尊！我不堪任詣彼問疾，所以者何？憶念我昔，為兜率天王及其眷屬，說不退轉地之行。」

在家眾的首座彌勒菩薩，是繼承釋迦牟尼佛的佛位，下一次到這個世界成佛，稱彌勒佛。有一部經叫《彌勒下生經》，中國的外道如一貫道等，都假借這部經，號稱彌勒佛已經快要來了。其實彌勒下生還早得很呢！彌勒佛不是大肚子啊！那是他的化身，是五代時期在浙江奉化的布袋和尚，他涅槃後大家才曉得他是彌勒化身，所以中國後來造彌勒佛的像，其實是布袋和尚的像。彌勒菩薩的本像，同觀世音菩薩一樣，非常莊嚴。他現在在哪裡呢？在欲界的兜率天當天主，在那裡享福。那兒有個彌勒內院，就是禪堂，是清修的地方。釋迦牟尼佛當時也是如此，每一個佛一生補處，在來到這個世界成佛的前一生，是在六欲天中作天主。六欲天的天人，男女飲食同我們一樣，欲望享受是很嚴重的，但在這個中間能夠自己超脫，這就是菩薩的境界。

彌勒佛在兜率天說法，無著菩薩夜裡入定，去聽法作記錄，早晨出定把記錄整理好，就成了《瑜伽師地論》。有許多出家法師和居士們發願，不要往生西方極樂世界，而是根據《彌勒下生經》，發願往生彌勒內院，隨彌勒佛下生人間，在他手下當場悟道，這叫作「螞蝗叮到鷺鷥腳，你上天來我上天」。例如近代太虛法師帶領的弟子，都是發願往生兜率天，大概這裡近，飛機票便宜一點，極樂世界比較遠，不過這兩邊都要一心不亂，這也是先決條件。

現在佛要彌勒菩薩替他去探維摩居士的病，彌勒菩薩也不敢去，他說，因為彌勒菩薩前一生在欲界天中心的兜率天裡，為天王和他的眷屬，就是天兵天將們，「說不退轉地之行」，為他們說第八地菩薩境界，就是不動地，不退轉就是《阿彌陀經》上講的阿鞞跋致。修道到了第八不動地以上，才不會退轉，第七地之前的菩薩都還是會倒退的，就是會墮落的。到了第八地的菩薩，住胎出胎還有一點把握，要到十地以上菩薩，住胎出胎就不迷了。否則，即使是大阿羅漢，住胎出胎都有隔陰之迷。

「時維摩詰來謂我言：彌勒！世尊授仁者記，一生當得阿耨多羅三藐三菩提，為用何生得受記乎？過去耶？未來耶？現在耶？若過去生，過去生已滅；若未來生，未來生未至；若現在生，現在生無住。」彌勒菩薩正在兜率天說法時，維摩居士來了。對彌勒菩薩說，彌勒，據說釋迦牟尼佛當時給你授記，盡此一生大澈大悟而證道，我問你，你用哪一生得釋迦牟尼佛受記呢？

授記是佛的規矩，跪著由佛摸著頭頂，宣說你來生會生在什麼時代，什麼地區，生在什麼家庭環境。佛給彌勒授記，他三大阿僧祇劫的修行，現在這一生是補處菩薩，當下一生再來到這個世界時，繼承釋迦牟尼佛的衣鉢，登上佛位，那時候天下太平，人的壽命為八萬四千歲。所以彌勒佛來的時候，是世界最幸福的時候，而釋迦牟尼佛來的時候，是世界最痛苦的時候。因此我也說他二位是同參道友，但是彌勒佛作功德善事比釋迦牟尼佛偷懶一點，所以比他慢一步。佛是難行能行，吃不了的苦我來吃，比較精進，所以先他一生成佛，是有這樣的一個故事。

維摩居士問彌勒菩薩，你到底是用過去生，未來生，還是現在生來得佛受記呢？如果你說是過去生，過去生已經過去了；是未來生的話，未來生還沒有來；如果是現在生的話，現在生也無從把握住。因為正如佛對一些比丘說過，所謂人生的幾個階段：生、老、滅。這裡病不算了，病就是衰老的一個過程，人感冒一次就衰老一次，胃痛一次也衰老一次，哈哈大笑一次、哭一次也衰老一次，這些都是病。生活四大威儀，實際上都是病，這個病算在老裡。喜怒哀樂起心動念皆是病，是心病。身體的苦痛是身病，都會使你衰老，最後死亡。生老病死在哪裡？注意！就在這一剎那，《莊子》講的「方生方死」也是這個道理。當人生下來就是開始死亡的那一剎那，出娘胎的那個我已經死掉了，不是長大的那個我，今天的我不是昨天的那個我，今年的我不是去年的那個我，早就變去了。現代醫學說，一個人身上的細胞不斷老死又生出新的，新陳代謝，每十二年為一週期，全身細胞都換了。我們自己覺得如生，其實也是如死。一切都是如此，如夢如幻。

僧肇法師〈物不遷論〉說：「回也見新，交臂非故」，這是引用《莊子》裡孔子告訴顏回的道理。兩人對面擦臂而過，就這一刹那，兩人都變去了，你已經不是剛才的你，我也不是剛才的我了，一切皆在生滅變化中。所以生老只有一時，佛經所以不記時的，只有一時，沒有過去，沒有未來。過去的已經過去了，未來的還沒有來，都了不可得；現在的才說現在就過去了，也了不可得。

「如佛所說，比丘！汝今即時亦生亦老亦滅。若以無生得受記者，無生即是正位，於正位中，亦無受記，亦無得阿耨多羅三藐三菩提。」佛曾對比丘說，你的生、老、滅都在這一念、這一刹那，沒有過去、現在、未來。假如懂得這個，悟了這個叫悟道。所以禪宗不是道理懂了，是要證到那個境界，得無生法忍，當下生而不生，滅而不滅，現在就是，哪裡去找得到？現在是什麼？現在是一念本空，不要你去空它的，你造出來一個空，是第六意識境界。是它來空你的，你想停留也停留不住，過去不可留，未來還沒來，一來變現在，現在也不可留。所以本空，不要你去空它，本來空你的。懂了這個，可以得無生法，懂了無生法，才真可以得到佛菩薩的授記。

無生法是真正學佛的正位，不得無生法，你一切的修持都沒有入正位。所以菩薩在正位中，也無所謂受記，也無所謂得到了什麼大澈大悟。我們上午講藏密的方法，把佛像都壓在下面去了，這是什麼道理？是表法，破了人的法執，不但無我執，也沒有法執；有一個佛，有一個法在，你還沒有真解脫。真正得到了阿耨多羅三藐三菩提，得了大澈大悟無上正等正覺，是沒有覺得自己是悟了的。覺得自己已經大澈大悟了，他就已經有了我相、人相、眾生相、壽者相。因為無我相也就無所得。

「云何彌勒受一生記乎？」維摩居士講了這個道理，然後問彌勒菩薩：你，據說是得了釋迦牟尼佛的授記，你拿什麼來受記的啊？這個問題真是雞蛋裡挑骨頭！真莫名其妙，很簡單嘛！佛明明告訴他是下一生，卻偏要問「受一生記乎？」大家看文字好像很容易，你想想看容易懂嗎？不容易！我們不要說前生後世的事情，太麻煩。在座各位現在在聽經，你知道自己現在聽經的這個心，是昨天的，明天的，還是現在的？還是過去的，是將來的？想想看。在座的各位都有相當的學歷，還有到博士程度的，你這些知識程度，是當初媽媽生你下來所帶的那一點呢？還是後來加上許多？從你有記憶到現在這麼多的學問，又懂了吃素、拜佛、念咒子、結手印，現在有了這些本事的心靈，和你剛懂事時的心靈，是一個還是兩個？說說看。

佛在《楞嚴經》上為波斯匿王講八還辨見，佛問波斯匿王幾歲了。王說：「六十二了。」佛問：「你是幾歲才看到恆河的水？」王說：「記得是三歲時，母親帶我去拜祭時看到的。」佛說：「你現在六十二歲，由小孩變成壯年，又變成老年，雖然你的外形轉變那麼大，且不管眼睛老花，但你看恆河的水，那個能看的，同三歲時能看的是不是一個？」王說：「當然是一個。」佛說：「能見之性沒有因年齡而有差別，見性是常在的。」所以，你現在能思想能記憶的心，這一念，它沒有時間、沒有空間的啊！要把握這個道理。

同樣的事情，不同的說法，維摩居士問彌勒菩薩，你是一生受記嗎？換句話說，你受記是下一生嗎？真的有過去有現在有未來嗎？過去現在未來，昨天今天明天，是人因為物理世界晝夜的不同，自己劃分出來的。你昨天知道肚子餓了吃飯，今天也知道，明天也知道，這個能知之性沒有時間，沒有前生後世，緣起性空。

「為從如生得受記耶？為從如滅得受記耶？」大家現在活著覺得自己是生，實際上是假的，假有之生！是假有偶然暫時的存在，縱然活到一百歲，這一百年從宇宙的觀點來看，一彈指就過去了。我們活了幾十歲的人，回想自己年輕的時候，好像就是昨天一樣。我們走路去某個遠方，向前看覺得還有很遠，等走過去了，再回頭看，非常短，對不對？人生就是這個道理，走過了幾十年，回頭一看，非常快，所以年輕人看前面，覺得前途茫茫，而老年人回頭看卻覺得很短嘛！所以我們活著，不管是前看後看，一切皆空，都是偶然暫時的存在。維摩居士這裡講「如生」、「如滅」，要特別注意，我們活著是好像活著，那個真我在哪裡？你始終沒有掌握到，那麼這一生就都是假的，不是你的。那麼死了是真死了嗎？也不是的，因為如滅。如生也如滅，如去也如來，所以叫如來，也就是自性。如來這個翻譯很妙，也可以說來如，好像來了，無所從來也無所從去。釋迦牟尼佛好像現在不在這個世界上，走了嗎？沒有，無所去，無所不在叫如來。另外一個高明的翻譯是真如，真如並不是有個真，好像真的，也沒有假的。

「若以如生得受記者，如無有生。」維摩居士接著說，當下即是，如沒有生過。

「若以如滅得受記者，如無有滅。」如沒有死。就是大家現在坐著，我講，你聽，如生如滅，前一句話過了已經沒有了，空了。你說空了嗎？再說，還有，你還是會聽見。但是此中能聽之性不生不滅，緣起性空。要在這個地方體會，那你可以學佛了，可以參禪了。

「一切眾生皆如也」，皆如也，眾生還求什麼了生死？本來就無生無滅可言。（師敲桌面一下）咚的一下就得定，這就是如如不動，你要注意！就是這一刻，誰叫你動啊？可惜你又錯過了，還好像是，哼！也是如也！再叫你就不是了。

這就是如的道理，所以一切眾生皆如也。眾生覺得都活著，好像這宇宙中有這一段，有那麼多人經過，有唐、宋、元、明、清朝，又到現代……好像好多人都來過這個世界，也都過去了。

「一切法亦如也」，不是你去不動不搖，不是你去求的造的如如不動，它本來是不動而如如，好像來了而沒有來，你活了二三十年，覺得只像是昨天的事，一切諸法皆如昨夢，皆了不可得。

「眾聖賢亦如也」，觀世音菩薩、孔子、耶穌、釋迦牟尼佛一切聖賢亦如也，好像來過了，在哪裡呢？如去亦如來。

「至於彌勒亦如也。」就是彌勒你也如也，你覺得存在嗎？只像水上浮萍飄一下，在歷史宇宙中一彈指就過去了。

「若彌勒得受記者，一切眾生亦應受記。」如果彌勒你受記了，未來成佛，我告訴你，一切眾生也應該受記，也都成佛！如果我是彌勒，就會反駁維摩居士說，「這當然如此！十方三世佛早就給眾生授記了，一切眾生皆有佛性嘛！」

維摩居士繼續說，「所以者何？」什麼理由？

「夫如者，不二不異。」你看他專門在「如」上面作文章。什麼叫如？不二法門，不二就是一，不異就是沒有變，沒有二樣。如來的「如」字你懂了，幾萬年的宇宙就是一時，沒有時間空間的差別。你今天證得菩提了，就同過去佛未來佛一樣，等無差別，他悟的是這個，你悟的也是這個。

「若彌勒得阿耨多羅三藐三菩提者，一切眾生皆亦應得。」如果彌勒你大澈大悟了，一切眾生也應該都大澈大悟，個個是佛。

「所以者何？」什麼理由？「一切眾生，即菩提相。」菩提不是你串成念珠的菩提子，菩提者覺悟也。我們本身就是大澈大悟，就是道，這是道的相分，不是見分，所以有各人不同的相貌，都是道變出來的現象。能變一切相貌的是菩提自性，但誰也沒有迷過，哪一個不悟啊！哼！可惜你彌勒不悟。這好像當年有和尚問我為什麼不出家，我說我從來也沒入過家，從哪裡出啊？一出一入只是眾生自己的分別而已。

「若彌勒得滅度者，一切眾生亦當滅度。」如果彌勒你將來得了涅槃，一切眾生同你一樣，也可以得涅槃。

「所以者何？諸佛知一切眾生，畢竟寂滅，即涅槃相，不復更滅。」注意噢！真正佛法在哪裡？涅槃是這個道的果，你現在正在涅槃中而不知啊！一念不生全體現，萬念皆生也全體現，現有的現量境就是這一點境。一切眾生從出生到現在，本來是不生不死的在寂滅中，哪裡還要求一個涅槃滅度呢？學佛求道最後的果位是證得涅槃。

涅槃很難翻譯正確，所以不翻，普通解釋成圓寂、滅度或寂滅都不全對，都只是片面的。譬如極樂世界，極樂、光明、清淨也都是涅槃境界。涅槃是本來清淨，本來至善至美，不生不滅的，其中包括的意義太多了。如果翻成中文的圓寂、滅度或寂滅，結果我們就把人死掉，當作涅槃。死是生死，不算涅槃。人死了，自性沒有死啊！《心經》上說：「不生不滅、不垢不淨、不增不減」，就是涅槃。

「是故，彌勒！無以此法誘諸天子，實無發阿耨多羅三藐三菩提心者，亦無退者。」維摩居士就罵彌勒，你在這裡給天人說什麼法啊！真正的佛法不可說不可說，個個都是佛，你不要在這裡誘騙天人了，你勸他們發大乘阿耨多羅三藐三菩提心，但是實在無心可發，一切眾生此心本是大乘心，心性之體本來不生不滅，哪有退掉道心的人？但是我補充一點，他這是講心性的體，至於我們這些眾生，並沒有證得心性之體的，就不要吹了。發心是佛教的名辭，悟道了才真叫發心，是發明心地，不是叫你出兩個錢，那個是發的出錢心。真正發阿耨多羅三藐三菩提心是發明自己的心地，是明心見性，大澈大悟。

講到這裡，我特別要岔進來一個話題，同學們平常學習或是聽修證方面的課程，像是禪觀、唯識，這些修證成佛的工夫是如此之難，為什麼《維摩詰經》說得那麼容易，大家也覺得一看就懂了？首先要注意這個問題，不然都搞錯了。《維摩詰經》所講的都是第一義，用現代話講，是形而上道最高的一點，等於是禪宗所講的頓悟成佛法門。在這部經裡，佛的十大弟子，都已成就了阿羅漢果位的，他們還都受維摩居士的訓斥，挨了罵，道理在哪裡？是見地的問題。

我們學佛有見惑和思惑的問題，思惑是思想的結使，是障礙迷惑我們的，有貪、瞋、癡、慢、疑。這種心理和生理上的障礙是靠做工夫修持，漸修而斷的。見惑有身見、邊見、見取見、戒禁取見、邪見，就是見解上、理上不透徹，不是修所能斷的，是要靠慧來斷。不是你工夫修得好，佛念了多少，打坐坐了一萬劫，只要智慧、見地不到，是沒有用的，所以見思二惑怎麼才能斷除，要搞清楚。

有的人工夫修得很好，學佛也學得很誠懇，都很對，但是不能算他悟了，因為見惑沒有斷，智慧沒有成就，就不可能證到菩提。思惑靠修所斷的，雖然有功德有善行有禪定。縱然修到四禪八定，境界之好，當然是很不簡單了，但是並未究竟超越三界；再進一層來說，修到現生小乘阿羅漢入滅盡定，幾乎是超出了三界，但還非究竟，最後還要回轉來，回身向大乘再學。所以大乘的經典，像《金剛經》《楞嚴經》《法華經》《維摩詰經》《華嚴經》等等，多半的記載是偏向於見地方面的事。

見地要高是可以，但我們是根本還沒有登地，一點修持成就也沒有的凡夫，就是所謂博地的凡夫。地就好像是一層一層的樓，要想進入菩薩地，聽了這個佛法很簡單，好像都理解了，然而思惑的貪、瞋、癡、慢、疑結使根根，一點沒動搖，那是一點用都沒有，依舊在六道輪迴打滾。甚至更慘的，有狂見而沒有真修持，修所斷的沒有到，不要談見所斷。即使你三藏十二部都背得出，生死來的時候也抵不住！那種四大分離的痛苦，你沒有修持是毫無辦法的。我年輕的時候也自以為都懂了，慢慢曉得嚴重就不敢狂妄了。我用自己吃過苦頭的經驗教訓你們，要求證到了，才是真懂，你思想理解到了沒用的。

《維摩詰經》是對已經有成就者在見地上的呵斥，我們要特別注意到這一點，否則也不用講這本經了。我們學佛的人，曉得悟道成佛是如此之難，不如走條捷徑，好好念佛去。念南無阿彌陀佛往生極樂世界，免得自己在輪迴中迷了路。到極樂世界並不是成佛了，是好好去留學，在那個環境有諸佛菩薩隨時講法，也不要交學費，也無風吹雨打，多好多方便。這個問題一定要搞清楚，否則聽了《維摩詰經》只有壞處，沒有好處。學禪的人離不開《維摩詰經》，但是一兩千年來，多少學禪的人，修持不到家的，最後還是要入輪迴。我特別提出這一點，要注意！現在回到《維摩詰經》原文。

「彌勒！當令此諸天子，捨於分別菩提之見。」維摩居士告訴彌勒菩薩，你教化別人應該曉得教育路線，你要教他們捨離心理意識的分別心，分別菩提之見，什麼是分別菩提？我們大家總認為自己是凡夫，那個菩提道是不可想像的，不知哪一天才能見到那個東西，好像窮人想得寶，一直苦到老，也沒看見個寶。寶在哪兒啊？寶在你自己那裡，並沒有掉，個個都有寶的。《法華經》比喻為「貧子衣中之珠」，我們的自性菩提大道寶就在我們這件衣服裡，不是身上穿的衣服，是媽媽給我們的這個皮囊裡。妄念與菩提本來是一體之兩面，所以維摩居士說要捨於分別菩提之見，當下即是菩提。煩惱即菩提，你一念放下煩惱，煩惱就變清涼了。知道自己在起心動念不對了，這一知就是菩提。我要打你了，手舉起來了，心裡想，不對，手就放下來了，這一知就是菩提。所以菩提在「捨於分別菩提之見」。

「所以者何？菩提者，不可以身得，不可以心得。」這裡是關鍵之處，你打坐時閉著眼睛在那裡，禪宗祖師罵你是在鬼窟裡作活計，你感到黑洞洞的，沒有念頭，晃啊晃的，很清淨，嗯，自己大概差不多了。我看是差不多該死了！那都是分別心意識境界，都在身體裡找道。維摩居士說，「菩提者，不可以身得」，不在身體上。那你說我都不管身體了，搞氣脈守竅是外道，我不是外道，那你是哪一道？內道還是食道？他又說「不可以心得」，這一下完了，在哪裡啊？維摩居士留了一手，說了一半，他說菩提者，不可以身得，不可以心得。我給他補充另一半：菩提也不離身，也不離心，都不在也都在。他罵彌勒菩薩，我還要罵他呢！你為什麼只講一半？你罵彌勒菩薩騙人，你自己也騙人，不過手段高一點罷了。

下文來了，一大堆，這才告訴你菩提是無所不在的。

「寂滅是菩提，滅諸相故。」這話沒有錯，我們身是相，心也是相，物質世界無一不是相。我們此心不跟著外面現象走，當下就清淨，清淨就寂滅，寂滅就是菩提。《楞嚴經》說：「狂性自歇，歇即菩提」，哪一個人肯狂心自歇呢？你說，我狂心歇了，一心只想修佛。這修佛的心還是狂心，狂得還更厲害，一切心都是狂心。歇是大休息，一切放下，歇就是菩提。

「不觀是菩提，離諸緣故。」你說我打起坐來一片光，有時氣在背上轉，這都是你的意識在觀察。放下就是，不觀是菩提，菩提大道沒有一切緣慮之心。

「不行是菩提，無憶念故。」不行不是不走路，行是五蘊的那個行。像你們打坐都在憶念，在想昨天那個境界怎麼掉了？我現在是不是到了老師說的初禪邊上了？都在憶念佛經的道理，不是在回想就是在妄念。何以我們清淨不了？因為行蘊空不了，你想空它空不了。所以叫你們要研究唯識二十四種心不相應行法，那個動、勢、時間，你想空它也空不了，這些屬於行蘊。譬如你打坐時再清淨，你的血脈還在流通，心臟並沒有停下來，那是肉體上行蘊的作用。五蘊皆空談何容易啊！所以說「不行」，行蘊清淨了，才是菩提。

「斷是菩提，捨諸見故。」小乘法門告訴我們斷惑證真，就是斷見惑思惑，思想觀念上有任何一點懷疑都要把它斷了，貪瞋癡慢疑都要斷。斷惑證到真如，得道了。你看，《金剛經》的另一個名稱是《能斷金剛般若波羅蜜多經》，就是能斷，切斷了。你說你出家很多年了，一切都切斷了，談何容易啊！念念之間念念斷，斷就是放下，就是菩提。「捨諸見」就是一切主觀成見都沒有了。

「離是菩提，離諸妄想故。」為什麼講離，離什麼？真正學佛的人先要發出離心。出離什麼地方？出離三界，是跳出塵網之心，如果連出離心都沒有發起，還自稱在學佛，那就是自欺欺人。真正發起出離心的人，平常是不起任何妄想的。譬如有人出家了，對燈紅酒綠沒有任何留戀了，但是還喜歡山水風景，雖然風景清靜，這仍然是著迷，一念有情已經被綑縛住了。

愛清靜同愛燈紅酒綠一樣是愛，一有愛念就被黏住了。你說我什麼都不要了，就想住廟子。你還有廟子的觀念就應該丟掉了，哪裡不是廟子啊？有些同學抱怨沒有地方打坐，我告訴你，廁所裡都可以打坐，我有一段時間環境不好，只有一張辦公桌，寫東西在桌上，要打坐時把書搬開坐上去，吃飯也在這桌上，哪裡不可以打坐？再連辦公桌都沒有了，你站著總可以吧！非坐著才能證菩提嗎？你不能發起出離心，對世間有分別，這樣是離塵嗎？那樣是沒有跳出，就不行。一念出離，哪個地方不可以坐，不可以入定？

「障是菩提，障諸願故。」障礙就是菩提，為什麼呢？你把一切的願、一切的欲求都擋開了，當下即是菩提。

「不入是菩提，無貪著故。」六根也叫作六入，人隨時都由眼耳鼻舌身意六根進入情境，能一切處不入就證得菩提了，因為於一切處不貪。

「順是菩提，順於如故。」順道而行，自然而然進去了，一切處一切時皆是如來。剛才講，你哪裡不能打坐？不能入定？要如如不動，一切處皆如如。

「住是菩提，住法性故。」當下即是就是住，說放下就放下，一念切斷，就是菩提，自性本空，你不要去空它，它來空你。

「至是菩提，至實際故。」「至」是到，「實際」用現代語言講是本體，佛學叫實際。哪裡是本體？一念到了就是，本體還另外有個體嗎？就在你這裡，當下就是實際。

「不二是菩提，離意法故。」我們普通都把佛法當出世法，與世間法是兩樣，其實是一樣。不二就是一。你以為修道才會有道，不修就沒道，那是二。道既然不生不滅，你修它也有，不修也是有的，修與不修都是你意識思想上的差別。所以你能離開意識的法則，就是不二法門，處處都是道。

「等是菩提，等虛空故。」你能懂了一切平等，自己的本性同虛空一樣相等，不是你去修到虛空，虛空是本空的，所以平等。

「無為是菩提，無生住滅故。」一切法本來都是無為，本來無生無住也無滅，你不要去找一個「生住滅」的觀念。

「知是菩提，了眾生心行故。」我現在講話，你聽了知道了，懂了，這一知就是道，就是菩提。所謂知了，一知道就了，了了眾生的心行。我們心理的行為，是非善惡都自己知或不知。老子也講過，「知人者智，自知者明」。能夠知人，了解別人，算是有點智慧，但是不算是明白人，能夠自知才算真是個明白人。世上明白人難找，都不自知，可是看別人卻都清楚得很。最可憐的是人人苦不自知，總覺得自己了不起。

「不會是菩提，諸入不會故。」你真什麼都不會的話，差不多也是菩提了，世人都太會了。會是會攏，諸入是六入，諸入都不會攏，像是眼睛看外界，見而不見就是不會，耳朵聽聲音，聽而不聽是不會，那就是出離了。

「不合是菩提，離煩惱習故。」「合」與「會」不同，不合是不黏著。例如我們看到一個人就氣，那你是又會又合了。你看到人如夢如幻，不配合攏來，就是有出離感，解脫了。於一切法不黏著就是菩提，離一切煩惱習氣的緣故。你對境無心，就是不會也不合，但怎麼樣可以修持到對境無心呢？

煩惱不單是痛苦，你看見一件事快活，這快活就是煩惱，你覺得舒服也是種煩惱。擾亂你的叫作煩，使你困惑的叫作惱。世間一切事都是煩惱，沒有一件事是不擾亂、不困惑的，眾生習氣又偏偏喜歡找煩惱。我們有人不找煩惱的，工作完了就回家看書讀經，很好吧？還是自找煩惱！同我一樣，看什麼書？讀什麼經？不是本來清淨嗎？你說這一切我都不要，只學佛，還是煩惱！你沒有成佛之前都煩惱死了。所以離一切煩惱習氣，徹底離開了，就畢竟菩提。

「無處是菩提，無形色故。」菩提是沒有一個地方的，不像外道說道在肚臍，這個竅那個竅。菩提道無所不在，沒有形相色相。

「假名是菩提，名字空故。」假名是菩提，中國話說得道也是假名，名字是空的，不要被它困惑住。

「如化是菩提，無取捨故。」一切事物都像是電影，例如現在聽《維摩詰經》，我們自己就是演員，自己也在欣賞這部電影，再過二十分鐘這場電影也散了。一切是如夢如化，都在變化中，沒有一個實在的。你懂了就悟道了。

「無亂是菩提，常自靜故。」我們學道常常求個清靜，你以為打坐就清靜了嗎？其實你亂得不得了，又想數息，又想結手印，又想唸阿彌陀佛，你看多亂啊！真正靜了就什麼都沒有，本來空，亂也黏不住了。不散亂就是菩提，永遠在清靜中。

「善寂是菩提，性清淨故。」善於寂滅，寂滅比淨還要進一步，本來寂滅就是菩提，自性本來清淨嘛！

「無取是菩提，離攀緣故。」取就是執著，我們做人一輩子沒有哪一點不想抓住的，都想取得，都想屬於我。乃至朋友不和你講話你就痛苦，因為取不得了。你的東西不見了就痛苦，因為取不得了。取是十二因緣的一個，取是最麻煩的。蘇東坡自以為悟道了，一切無取，〈赤壁賦〉裡他還是要取江上之清風與山間之明月，自以為什麼都不要，你看已經取了，已經被眼前的境界吸引住了。十二因緣都是在攀緣，人生都在攀緣，離開攀緣就無所取，就是菩提。

「無異是菩提，諸法等故。」「異」就是變化，我們心理都有個變異，認為佛堂才有佛，鬧區就沒有，山林才有道，廁所就無道。這都是心念在變異，心念一清淨就無往不是。所以不變異就是菩提大道，一切法平等故。

「無比是菩提，無可喻故。」一切法沒有可比喻的，比量境界都不是，只要當下即是就是現量。

「微妙是菩提，諸法難知故。」最後，總而言之，道微妙到不可思議，當下即是。你只有證到菩提，才可以徹底了解，一通百通，否則你用世間的心量是永遠無法求知的。

你看這一大段，難怪維摩居士叫作辯才無礙，抓住一個題目嘩啦嘩啦說下來，這還沒說完呢！他算客氣了，要是佛來說的話，還要說下去。佛在《華嚴經》上說個不停，說得你暈頭轉向，維摩居士還只提了一點。維摩居士雖然講了那麼多，我們可以用兩句話歸納：「無往而不是菩提，無處而不是菩提」，菩提大道當下即是，是也不是，不是也是。這個菩提你到哪裡去找啊？

「世尊！維摩詰說是法時，二百天子，得無生法忍，故我不任詣彼問疾。」彌勒菩薩報告到這裡，告訴佛說，維摩居士說了這一番話的時候，當場就有二百位天人悟道了，所以我沒資格代表你去探病。

彌勒菩薩這一段，為什麼講菩提講了這麼多？因為彌勒菩薩和釋迦牟尼佛本來是同學，佛因為比彌勒菩薩精進，所以先成了佛。佛給彌勒菩薩授記，來生當證得阿耨多羅三藐三菩提而成佛。彌勒菩薩難道沒有悟嗎？當然他悟了。但是他最後一點尾巴脫不掉，在哪裡？就是沒證得菩提，當下成佛。什麼是菩提？現在告訴大家，哪裡不是菩提？一切都是菩提，世間法沒有哪一點不是菩提，只要當下能夠悟了就是。所以《維摩詰經》可以研究，也可以不研究。研究而不好好修持的人容易起狂心，以為道理懂了就對了，我再告訴大家一次，只懂道理是沒有用的。

光嚴童子——何處是道場

「佛告光嚴童子：汝行詣維摩詰問疾。光嚴白佛言：世尊！我不堪任詣彼問疾，所以者何？」現在輪到光嚴童子這位菩薩登場，所謂童子不見得是小孩，菩薩修行到了第八地不動地的境界，都稱童子，表示無漏。開場白也是一樣，光嚴童子推辭了去探病的任務，他有什麼理由呢？

「憶念我昔，出毗耶離大城，時維摩詰方入城，我即為作禮而問言：居士從何所來？答我言：吾從道場來。我問：道場者何所是？答曰：直心是道場，無虛假故。」他說，「憶念我昔，出毗耶離大城，時維摩詰方入城。」這句話有個重點，毗耶離大城是維摩居士居住的地方，據佛經記載是一個社會安定，經濟繁榮的地區，政治上也自由民主平等，是善人所居住的地方，維摩居士在當地的地位，有點像是現代說的主席。光嚴童子同我們一樣，喜歡到處趕道場，他正要出毗耶離大城，大概是覺得城裡太鬧，要找個清淨的道場。那時，維摩居士剛好要進城，他二人一個要離開鬧熱找清淨，一個正要進來鬧熱的地方。

光嚴童子就向維摩居士頂禮，問：「居士從何所來？」我們以前講過，能稱呼居士不是容易的，要有財、有德行的在家菩薩才夠得上。維摩居士回答：「吾從道場來」，他曉得光嚴童子要去找道場。光嚴童子就問：「道場者何所是？」怎麼才夠稱得上是道場？「答曰：直心是道場，無虛假故。」維摩居士開口就一棒打過來，你還想去哪裡找道場啊？就在你心中啊！哪有清淨煩惱之分！都是你的自心在搗鬼。與直心相對的是我們都有的諂曲心，喜歡轉彎的心。譬如我們與人講話前先笑一下再講，這個心態動作就是諂曲，諂媚，怕人不喜歡聽，先給人一個笑臉，很自然地做出來，是眾生的習氣。當然不是說笑是不對的，是舉例子。直心是很難的，也不是說要罵人就罵，要打人就打。所謂直心者是無心，無心無念不加任何意識就是道場。換句話說，直接由心王起用，不加意識的分別就是道場，心裡沒有虛偽。

「發行是道場，能辦事故。」發行是發心修一切善行，當我們第一念想做件好事，心動了構成行為就是發行。發行是道場，真發起心，行一切善，就是道場，因為能辦事的緣故。不要學了佛就萬事放下不管，離開家庭社會找個廟子清淨地方修行，那已經沒有慈悲心了。學佛要度一切眾生，你的家人不是眾生嗎？你度得了嗎？自己家人都度不了，你還要度誰啊？我常說，本欲度眾生反被眾生度，這類情況太多了。什麼是真發心善行？能辦事，自己能為眾生盡心做事。

「深心是道場，增益功德故。」深心非常難，前面已經講過深心，你們做早晚功課要唸《楞嚴經》中阿難作的偈子：「將此深心奉塵剎，是則名為報佛恩。」但是一般人用心都很膚淺，要大智慧成就了才有深心。譬如大家覺得唯識就很難懂，它是把心的作用、心的體相，作深刻的分析。心在哪裡？心臟不是心，頭腦也不是心，真正能思想能作用的心你找不到，這個心王不可知，禪宗講明心見性，你就見不到。真明白了深心，這就是道場，因為有了深心就可以修一切佛法，增益功德。大家不要以為捐了錢是做了些善事，就沾沾自喜，真的大善事要有智慧來做，很難啊！有時幫助一個人，以為是善事，結果是壞事；有時不幫助一個人，看起來是壞事，反而是善事。這個處理就要靠深心，所以深心是智慧的成就。道場不是有形的，不是只有廟子是道場。

「菩提心是道場，無錯謬故。」學佛發心是發菩提心，菩提就是覺悟，能夠明心見性，大徹大悟。菩提心也是大悲心，愛一切人。所以菩提心以大悲為根本，以見道為菩提，是悲智雙運，是大悲心與大智慧的成就。真正發了菩提心才沒有錯誤的觀念。

「布施是道場，不望報故。」真布施是一切都捨出去了，為什麼布施不求福報呢？布施而不希望有回報是很難的，我們可以很慷慨的布施，過後碰到利害關係時又會後悔的。布施出去了就應該丟下，心中沒這個事了，不期望什麼回報。我們是不是常常聽人埋怨：自己不是壞人，做了很多好事，為什麼結果卻有這樣遭遇？我們有沒有檢查自己的心理，是不是會這樣？例如你對某人好，這是布施，如果你又認為某人應該也對你好，這就是下意識地期望有回報。菩薩發心布施是不求回報的，我對你好，你對我好不好是你的事，沒有計較心或利害心的。

「持戒是道場，得願具故。」學佛的人由三皈依開始，五戒、八關齋戒到沙彌戒、比丘戒、菩薩戒，這戒行修持是硬性規定的，是由外面打進內心，由外形的管理改變自己的內心。智慧不一定要依賴戒行而發，那是由內心的發動打到外面來。真正智慧成就的人，持戒一定很嚴肅的。小乘的比丘戒、比丘尼戒成就，是為了修持得到羅漢的不漏果。我們講禪林規矩也提到，外形的不漏是內心不漏的開始。大乘的持戒，是為了達到十波羅蜜（布施、持戒、忍辱、精進、禪定、慧、方便、願、力、智）的圓滿成佛，悲智雙運，悲不入涅槃，智不住三有（三界）。這是佛法的究竟，本來也無涅槃可入，涅槃就在自心中。

「忍辱是道場，於諸眾生心無礙故。」我經常講一句話，什麼都可以受，只有氣不受，不受人家的氣。你們什麼都可以學我，這一句不要學，學了就變毒藥。不受氣這句話，是教育特定人所用的方便，事實上並沒有人拿氣給我受。大家學佛好像越學氣越大，都用聖賢菩薩的標準看人，這個也不是，那個也不是，卻不去反省自己。因為不反省，忍辱也沒有作。忍辱不是硬忍，大忍辱就是大慈悲，不須要忍，所以忍辱的辱並不一定是別人侮辱你。我們人生遭遇環境的痛苦，一切的不如意，都屬於辱，都是忍辱的範圍，真學佛就會無所謂，該如何處理就如何。真做到這樣大乘的忍辱，就不會覺得受辱，也就是道場。心裡對於一切眾生都沒有罣礙，看你和我是一樣的，看仇人如親人一樣，這樣自然就不會煩惱了。換句話說，要怎麼去修大乘的忍辱呢？就是「於諸眾生心無礙，是名忍辱是道場」，這也是一副很好的對聯。

「精進是道場，不懈怠故。」學大乘道的人於法隨時精進，精進是勇猛的用功，懈怠是原諒自己的偷懶。真精進的人是不會懈怠的。

「禪定是道場，心調柔故。」禪定的修法始終離不開四個字：心一境性，也就是繫心一緣。但是大乘菩薩道的禪定，用不著繫心一緣。繫心一緣是為了調伏我們剛強的第六意識心念，你叫自己不要想了，它不聽你的，你叫自己不發脾氣也辦不到。有禪定修養的人，可以把剛強的心念慢慢調柔，然後再使它空掉，所以禪定是道場。

「智慧是道場，現見諸法故。」這個智慧就是般若。這一段都在說六度，簡單一句話就是：六度是道場。可是他把六度分開講。真智慧，明道了，就是道場，當下就了解，一切世間法出世間法統統是道。

「慈是道場，等眾生故。悲是道場，忍疲苦故。」慈和悲是兩種不同的心態。慈就是愛，看一切眾生平等，看別人的父母子女如同看自己的父母子女。真做到這一點，就是慈，也就是道場。如果說，我看一切眾生平等，已經不平等了，因為你有個「我」在了。悲不是悲哀、流眼淚，是憐恤一切眾生，因此犧牲自己，為了有利於眾生，為了救度眾生，能忍受各種疲勞苦難，這是大悲心，不是坐在那裡哭。

「喜是道場，悅樂法故。捨是道場，憎愛斷故。」世間的歡喜不是喜，因為沒有真正的歡喜。真正的歡喜是得到法樂，真達到那個境界，就是道場。

捨與布施不同。布施分三種，外布施是金錢財物的布施；內布施是身心一切放空，奉獻出來；無畏布施是給一切人力量，精神的幫助和支持。捨是放下，是能切斷一切心念，所以捨是道場。外布施的捨，放掉財物，沒有什麼了不起，能夠把心理上所憎愛的切斷放掉，才了不起。憎是討厭的意思，不是瞋；憎的相反就是愛，就是喜歡。你們年輕同學讀過蘇曼殊，事實上他並不真是和尚，是弄了個假度牒玩的，他有首詩：

禪心一任蛾眉妒　佛說原來怨是親
雨笠煙蓑歸去也　與人無愛亦無憎

他用的就是這個憎。

「神通是道場，成就六通故。」大乘的神通不是什麼眼睛看到鬼這一套，真大智慧是大神通，神而通之。因為神通智慧而成就六通（天眼、天耳、他心、宿命、神足、漏盡）。我們都有眼睛耳朵和心智，為什麼不能知道天上天下、過去未來一切事？因為我們不通，阻礙了。是被什麼阻礙了？是我們心理上的結使：貪瞋癡慢疑等等。把這些壞的心態洗刷乾淨，就打通了。六通很容易的，並不難。我們年輕讀書沒有人會問你唸畢業沒有，而是問你讀通了沒有。以前我們作文章，老師用紅筆批兩個字「不通」，就丟回來。智慧沒有開嘛！拿支筆會寫，但是道理不對。如果能有長輩讚你書讀通了，那就已經了不起了，這是通的道理。你們不要迷信神通，我們本來是通的，因為沒有智慧所以就不通了。

「解脫是道場，能背捨故。」我們常說學佛的目的，第一步是學到解脫，把煩惱痛苦的包袱解掉，就像是把衣服的鈕扣解開脫掉，就舒服了。人生揹的包袱太多了，太平天國的石達開，最後兵敗逃入四川，上了峨嵋山頂，說了句話留在日記裡：人生到此解脫為難，只有放聲大哭。這是時代英雄的心境，地位到了某個階段，作了領袖是很痛苦的，想放下，放不下，這個經驗你們年輕人是不能想像的。

前幾年有位工商業的巨子，逢到生意不好的時候，我說你可以結束嗎？

他說結束不了，我說對。他知道如果把工廠關了，所有員工連家屬幾萬人的生活就會有問題，想想只有扛下去了。我說這就是大菩薩心境，你好好做下去。所以不要以為當頭子好，當頭子也很痛苦，解脫好難啊！

學佛的目的，第一步是求解脫，學道家的第一步是學《莊子》的逍遙，但是我看了許多學佛學道的，往往是既不解脫又不逍遙，人生本來已經有很多條繩子綁得你解脫不了，因為學佛又加上些繩子，真是越學越可憐。所以解脫是道場，能背捨故。背是違背，背捨是指八種背捨（內有色相觀外色解脫，內無色相觀外色解脫，淨解脫身作證具足住，空無邊處解脫，識無邊處解脫，無所有處解脫，非想非非想處解脫，滅受想身作證具足住），名辭就不解釋了。

「方便是道場，教化眾生故。」要弘法教化眾生很難啊！每個人根性不同，要懂一切方法，要懂得大菩薩的方便，才能教化眾生。

「四攝是道場，攝眾生故。」四攝法是布施、愛語、利行、同事。學大乘菩薩道只有犧牲自己，布施出去不要求回報。愛語第一是要關懷別人，要跟人家講話，不是不講話。第二是所講的話要別人聽得進。利行是所作所為都是利於人家的，不是利於我的。同事更難，為了要教化人家，即使是自己不願意的事也只好去做，慢慢把他哄上路，所以跟他同事，他喜歡做的事你陪著他做。四攝法是菩薩的道場，由此才能包容眾生。

「多聞是道場，如聞行故。」多求學、多聽、多研究就是多聞。有人聽經一耳進一耳出，自己覺得已經懂了，但是不能如聞行，聽到的道理，不能變成自己內在的心性行為。

「伏心是道場，正觀諸法故。」一切修行是要降伏我們的妄想狂心，伏心就是《金剛經》的第一段，須菩提問佛要怎麼樣降伏其心，就是降伏妄想心念、煩惱。能降伏其心就是道場。把妄心分別心真降伏了，智慧就開發了，看一切佛法得正觀，不會得邪見。

「三十七品是道場，捨有為法故。」佛學的重點就是三十七個菩提道品，是大小乘的基礎，我們同學一定要搞清楚，剛開始至少要把名字和數字記清楚：四念處、四正勤、四如意足、五根、五力、七覺支、八正道。我反覆講過很多次了，名數都記不得是很嚴重的。

三十七菩提道品，基本是建立在四念處上，這是修行的第一步，一切禪定都從這裡來，我們都講過了。這三十七菩提道品，仍然是屬於有為法，但是佛法是講無為，講空，《金剛經》上佛說：「一切賢聖皆以無為法而有差別」，你怎麼空，怎麼達到無為呢？古來要數明朝的栯堂禪師講得最徹底了，他有句詩：「有為須極到無為」，意思是說，把有為法修到家了，自然達到無為法空的境界。所以大家不要自認為是修大乘法，修空的，小善小事都不為，那就錯了。

「四諦是道場，不誑世間故。」四諦是苦集滅道，是學佛的第一步。世間皆苦，是苦諦；眾生以苦為樂，抓住痛苦當快樂，是集諦；要解決痛苦，滅盡苦、集就得道了，是滅諦和道諦。人類，甚至說一切生命，有個共同的目的是離苦得樂，都想求得享受求得快樂，事實上三界眾生都是以苦為樂，把輕微的痛苦當成最高的享受，這就是所謂眾生的顛倒。例如你去按摩很舒服，其實按摩是輕輕打你，打重了你就痛苦了。所以說世間一切皆苦，沒有錯，沒有說謊，懂得如此，才真正解脫得道，離開一切苦得究竟樂，這是佛法的真義。

「緣起是道場，無明乃至老死皆無盡故。」如果抽出《維摩詰經》這一句話來考試，同學們要吃苦頭了。大家都會唸《心經》，對不對？其中有「無無明，亦無無明盡，乃至無老死，亦無老死盡」，同這句話一樣，包括了十二因緣。你們十二因緣記得清楚嗎？高級班的同學應該一問就答得出來。如果連這些基礎的名辭次序都背不出，還覺得自己學問思想非常高，那才是莫名其妙。

恐怕有些居士不了解十二因緣，我們再把它寫出來，無明緣行，行緣識，識緣名色，名色緣六入，六入緣觸，觸緣受，受緣愛，愛緣取，取緣有，有緣生，生緣老死。現在黑板上寫成橫的一條，其實應該寫成圓圈，以無明作起點，這是十二因緣。十二因緣管三世，前生，現在，來生。大家誰記得媽媽沒有生你之前在哪裡？都記不得了。現在把過去切開，一個人一念之間來投胎，生不知從哪裡來，死了會去到哪裡，有沒有把握？也不知道，統統是無明，就是莫名其妙，就是混蛋，就是糊塗。不要說生死哪裡來去了，你們明天早上醒來的第一念會是什麼，你有把握沒有？絕對沒有把握！那個念頭怎麼來怎麼去都不知道，所以叫作無明，這是道理上的無明，什麼都不知道，沒有光明，沒有智慧，一團黑暗。

一切眾生是怎麼來投胎的？就是行，行就是動，念頭一動就來了。這個動力的前面是無明，莫名其妙，不知道怎麼樣動的。如果明了就不是十二因緣，是得菩提了。貪瞋癡慢疑，一切大煩惱、小煩惱、隨煩惱，統統是一念無明。有念，生命這一念不知道何處來就是無明。佛經說：「一念瞋心起，百萬障門開。」人發了脾氣，起瞋心，就有障礙了。「瞋是心中火，能燒功德林。」一怨天怨地，憤世嫉俗，對任何人都不滿，對環境也不滿，種種埋怨都是瞋念。有很多人學佛，佛經讀得很熟，佛學也講得很好，文章也寫得很好，樣樣都會，但是事情來了就不行了，結果是在那裡自欺欺人。貪瞋癡當中，瞋是最大的無明。

小說《濟公傳》中寫到，濟顛和尚有天喝醉了，半夜裡起來就大叫，「唉喲！不得了！無明發囉！」把大家都吵醒了，眾和尚要追打他，他就跑，結果回頭一看，廟子失火燒光了。原來他是要告訴大家，火要來了，又不好明講。

火就是瞋心，瞋心就是無明。無明緣行，我們投胎的動力是行陰。你們打坐念佛為什麼雜念妄想去不掉？現在應該知道了吧！我已經講明了嘛！因為行陰沒有停止啊！它永遠都在動，沒有辦法，等於我們睡覺時血液循環沒有停止。我們不能得定，不能專一，就因為行陰的力量大得很。

無明緣行，一念無明引起這一股業力，它動性不停。行緣識，一有行動又引起中陰的意識，我們思想意識不能停，因為行陰動了，緣就是連鎖的關係，一個抓住一個，一個抓住一個。中陰意識看到男女兩個有緣的，三緣和合入胎了。識緣名色，一般人稱名色就是胎兒，因為四大就是色，變成了有形的肉體。名色緣六入，胎兒在母體中起變化，有眼耳鼻舌身意，就是六入，有了生命。六入緣觸，觸是內外接觸起了知覺感覺的作用。觸是身根來的，有了身體就有感受，譬如穿了衣服覺得冷或熱，是觸。觸緣受，這兩個有什麼不一樣？觸是講起作用，你兩手合攏來感覺到是觸，你手合攏覺得暖還是冷，到心裡頭去了，身心兩個發生關係，那是受。

感與受不同，那能夠感的是觸，受是連到心理。觸法有時不一定連到心理，也就是生理上叫觸，可以說是醫學上講神經的反應。如果我們某一部分神經麻痺，神經反應我們感覺不到，但那沒有麻痺的神經還活著的，觸法還在，只是你心裡可沒有受了，所以觸跟受是不同的，否則會覺得差不多。因為受，好受的就愛，受緣愛，愛得要死就要抓住。愛緣取，我要這個茶杯、這個手錶，要抓。這世界上越抓緊就越會飛掉，求不得苦嘛！人生有八苦。你越想求它，它越厲害，同物理一樣，向心力有多強，離心力就有多強。天下事有時你不想抓它，它偏跑來了。

愛別離苦的背面就是怨憎會苦，你不要的它偏來，你不願意見的人，一轉彎就碰見，跑到廁所裡還碰見哩！喜歡看到的人偏偏寫信不回，電話不接，是不是？人生就是這樣。

取緣有，因為抓住有，所以構成了偶然暫時屬於你的，這就是有。其實沒有真的有，一定會散去的。所謂「積聚皆銷散，崇高必墮落，合會終別離，有命咸歸死」。爬高了一定要下來的。東西啊！錢啊！累積多了一定散掉用掉，很多錢也是替別人累積，兒女也是別人啊！天下無不散的筵席。只要有生命，總有一天會死亡的，所以有是抓不住的。有緣生，生緣老死。死了呢？一念無明，無明緣行，又來投胎了，這叫十二因緣，是圓圈。

所以要想修行得道，就要斷無明，也就是要斷見思二惑，斷惑就證真，證到真如就得道了。所以基本上無明一念空掉就得道了，以小乘來講就得阿羅漢了。大乘的菩薩還要進一步做到《心經》說的：「無無明，亦無無明盡」，你以為切斷就得道了嗎？錯了，那是小乘偶然的，等於「抽刀斷水水更流」，是假的空。大乘菩薩畢竟空，不須要斷去無明。所以斷惑證真是小乘法門，大乘菩薩沒有講斷，非斷非常。無明沒有斷，而是轉無明而成真如，轉識成智。因為無明本身是空的，它不停留的，用不著斷它。所以說：「無無明，亦無無明盡」，所謂盡就是斷，不須要斷就空了。《心經》這一段一路無到底，「無老死，亦無老死盡，無苦集滅道，無智亦無得，以無所得故，菩提薩埵……」就是菩薩境界。

維摩居士這裡也講：「無明乃至老死皆無盡故」。你這才會曉得緣起性空，性空緣起。一念無明怎麼樣緣起而來？它自性本空，不要你去空它的，本來不存在。所以「緣起是道場」，十二因緣同無明，乃至最後老死皆無盡，不須要你去斷它，是它來空你。

「諸煩惱是道場，知如實故。」小乘的修法是要斷一切煩惱，斷惑證真。維摩居士說煩惱本身就是道場，因為煩惱本空嘛！煩惱是心態的相狀，你不被現象所迷住，那個心態是本來清淨，本來是實相，你知道如實。所以「煩惱即菩提」這句話，也在《維摩詰經》等註釋裡。

「眾生是道場，知無我故。」他說，不用離開一切眾生，眾生主要指人類社會。你要跳出紅塵，離開這個社會，你想躲到哪裡去？你說自己什麼都不要了，只要青山綠水，自以為很解脫，但是都被這些顏色困住了，是更紅的紅塵。眾生世界本身就是道場，用不著逃避。如果沒有眾生，也不須要成佛了。既然沒有眾生，自然不須要度眾生了，何必成什麼佛呢？有人感嘆這個世界太亂，我說就因為世界亂你才有事可做，世界不亂你還有屁用？因為有眾生所以才要成佛度眾生嘛！沒有眾生你成佛幹什麼？沒有對象了嘛！

「一切法是道場，知諸法空故。」一切法包括了魔法、外道法。如果魔法、外道法不在一切法之內，邏輯上這一切法就不能叫一切了。善法、惡法、有為法、無為法……無法而不在內，才叫一切法，而一切法皆是道場，因為一切法自性本空。

「降魔是道場，不傾動故。」學宗教的人都很迷信的，講有魔啊！有鬼啊！什麼道高一尺魔高一丈，說得像真的一樣。實際上魔在哪裡？魔都在你心中，是自己搗鬼。所以說起心動念就叫作天魔，如你硬壓下念頭，不起心動念就是陰魔。或起不起，有時有念有時又好像無念，就是煩惱魔。什麼是或起不起？就是「剪不斷，理還亂，是離愁，別有一番滋味在心頭」。清代有個文人蔣坦，有天聽見雨打芭蕉，心緒淒迷，就在花園的芭蕉葉上寫了一個句子：「是誰多事種芭蕉？早也瀟瀟，晚也瀟瀟。」他的妻子看到了，就接著寫：「是君心緒太無聊，種了芭蕉，又怨芭蕉。」其實，人生境界不管出家的在家的，都是種了芭蕉，又怨芭蕉，所以一切都是自造的。

《西遊記》中描寫孫悟空頭上被觀世音戴了個金箍，最怕唐僧唸緊箍咒，一唸咒孫悟空就頭痛，只好聽話了。最後到了西天，唐僧也取了經了，孫悟空一想，頭上的金箍還沒取下，就跑去找如來佛，請佛幫他取下來。佛就笑了，問他：「猴子，是誰給你戴上這個金箍啊？」孫悟空答：「是觀世音啊！」佛要他摸摸自己的頭上是否有個金箍，孫悟空一摸，真的，本來就沒有戴上。這就是「種了芭蕉，又怨芭蕉」。孫悟空因此大悟，猴子就成佛了。人生這個頭痛的圈圈都是自己戴的，每個人沒事還要想個辦法，找個圈圈戴到頭上，戴上之後，頭痛極了，好煩惱啊！然後想盡辦法把這圈圈脫掉，還告訴人自己本事多大，能脫下這個圈圈。脫掉了不到三天，頭不痛了，人就不舒服了，又來一個圈圈把頭套上去。

講回到降魔，哪裡是魔？你以為打坐看到可怕的鬼是魔嗎？那些魔都不可怕，就算那個魔要吃你，你給它吃下肚，兩手一摳，不就摳了個窟窿出來了嗎？孫悟空最慣用這個辦法的，被吃下去，一捅就出來了。被鬼弄死了也好嘛！死了我也變鬼跟他打一架。這沒什麼可怕的，最可怕的是自己心中之魔，煩惱魔。唉！種了芭蕉，又怨芭蕉，這個很難辨。所以維摩居士說「降魔是道場」，什麼是真降魔？就是不動念，「不傾動故」。你不去種芭蕉，當然就不怨芭蕉了嘛！

「三界是道場，無所趣故。」跳出三界，你去哪一界啊？是第四界、第五界，還是第六界？智不住三界，悲不入涅槃。已經跳出來的人自由自在，來去自由。

「師子吼是道場，無所畏故。」諸佛菩薩說法如獅子之吼，獅子為百獸之王，獅子一吼，百獸都為之頭痛腦裂，所以常比喻諸佛菩薩的說法是獅子之吼，就是這個道理。也就是說，諸佛菩薩說法說真理講正道都沒有恐懼。

「力無畏不共法是道場，無諸過故。」佛有十力，四無畏，十八種不共法，都是道場，這些名辭前面已經講過了。

「三明是道場，無餘礙故。」成佛得到三明六通，六通前面講過了，三明是漏盡明、天眼明、宿命明。明比通還厲害，通不過是打通了，像陰溝一樣通了；明像太陽出來，無所不照。三明是道場，沒有殘餘的障礙。

「一念知一切法是道場，成就一切智故。」這就統統告訴了我們，什麼叫真正的學佛。道場不在山上也不在廟子，就在你心中。講了那麼多，你隨便從哪一點悟道都真是道場了。「一念知一切法是道場」，根本大澈大悟就是道場，到了這個境界，一切大智慧成就，成佛了。

維摩居士對光嚴童子一路棒子打下來，都打光了，掃光了一切。他接著說：

「如是，善男子！菩薩若應諸波羅蜜，教化眾生，諸有所作，舉足下足，當知皆從道場來，住於佛法矣。」他說，你應該悟到這些道理，懂了「如是」，也就是懂了前面所講的，一切學佛的人假定都懂了這個道理，應該依六波羅蜜教化一切眾生。菩薩世間所有作為，「舉足下足」，就是提得起放得下，像腳走路一樣，統統都是道場。你哪裡去找個清淨道場？菩薩道在世間舉足下足，「當知皆從道場來，住於佛法矣。」佛法就在這裡，哪裡有道場？一念清淨，當下就是道場，你又何必「種了芭蕉，又怨芭蕉」？

維摩居士給光嚴童子說法，這位菩薩名光嚴，智慧光明的莊嚴，這一段法都是說智慧莊嚴。

「說是法時，五百天人，皆發阿耨多羅三藐三菩提心。故我不任詣彼問疾。」維摩居士講完時，在場同時聽法的五百天人，都大澈大悟了，都懂了。所以光嚴童子也表示，自己沒有資格代表佛。

《維摩詰經》到這裡，由十大小乘阿羅漢弟子開始，一直到大菩薩彌勒菩薩、光嚴童子都不敢當代表。不是不敢去，如果你認為他們是不敢去見維摩居士，那同我們世間人一樣，何必學佛呢？這一班人也太不偉大了。其實他們是不敢作佛的代表，可是求善知識問法是很願意的，就是願意當學生。所以最後只有文殊菩薩去了，文殊菩薩是七佛之師，一切佛都是他教出來的，只有靠他的智慧帶領大家一齊去，這是《維摩詰經》的故事。

我們知道，《維摩詰經》這一品，講的是大乘菩薩境界，重點在每一位大乘菩薩的見地。第一位彌勒菩薩所代表的見地是，如何是菩提，也就是如何是得道，大澈大悟，悟的是什麼東西。第二位光嚴童子所代表的見地是，如何是道場。道場是修道的地方，佛教中的顯教和密教將修道的地方都稱道場，例如廟子、佛殿、佛堂等。有稱庵或堂的，過去習慣將比丘尼所住的地方稱庵，在家女居士修行的地方稱堂。稱寺的，就是叢林、大禪林，例如滿清末年留下來的叢林，江蘇揚州高旻寺。稱廟的，普通把庵、堂、寺都稱為廟，但是近世大陸出家人所住的地方很少稱廟的，廟代表了一切神廟。道士們所住的地方不叫寺也不叫廟，而叫觀，讀音如灌。這些都算是道場。佛堂是道場，大殿是道場，佛的塔廟是道場。有時候在家人請法師們來唸經或是放焰口，臨時搭個棚子，掛個佛像，那個地方就叫道場。中國佛教的習慣，唸經做法事的地方，就叫作道場。今日的閩南語、廣東話大概還有的，說某某法師作道場去了。中國的民俗觀念上，一個唸經、修行、打坐的地方都叫道場，這是宗教形式上的觀念。《維摩詰經》卻告訴我們，大乘佛法真正的道場在心，不在外形，不著相的。他還講得客氣，「緣起是道場，無明是道場」；換句不客氣的話，廁所也是道場，天堂也是道場，不垢不淨。只要心一念清淨了，當下就是道場，就是修道的場所。

順便告訴你們年輕的同學一個故事，現在東方的文化，尤其是禪、佛學，流通到外國，尤其美國，已經很久了。這件事算算不止二十年了，當時在美國有一位中國的老教授，他沒有學過禪。在美國當教授也很可憐，隨時要有新的東西補充，如果三五年沒有新的著作、新的報告發表，就落伍了。其實在中國也一樣，每一個讀書人到老都在用功，不斷的上進。因為禪開始在美國流行了，所以大學裡要他把禪宗的東西翻譯出來，他接受了這個任務；翻禪宗的《指月錄》《五燈會元》等等。那時他跑到日本東京去翻，碰到很多問題，日本佛教界也不能完全滿足他，最後不知怎麼打聽，到了我這兒。我因為他是中國人，希望翻譯到外國去的東西不要給中國人丟面子，就答應幫忙了。

後來才知道他原來也沒有學佛、學過禪的。其實現在也很多這樣的人，這些在國外的中國教授，每位都懂禪，唉！真是可笑！他把翻好的東西寄來要我審查，我要他一部分一部分寄過來，全文一次送來我沒有時間。那時有位老道友黃居士，他現在都有九十多歲了，他英文程度很好，我那本《禪宗叢林制度與中國社會》就是他翻的。我就請他審查，看看翻對了沒有，有問題就來問我。結果看到那位教授把道場翻譯成墳墓，黃老居士很生氣，就講：這種錯誤怎麼得了？我不改了！唉呀！我就講，千古以來翻譯的東西各種錯誤是很多的，你也不要生氣了，還是給他改過來吧！何況，他把道場翻譯成墳墓還有道理的。什麼道理？中國人過去要和尚去墳上放焰口唸經，蓋一個棚子，就說作道場了，習慣了。這教授小時候在國內，大概看過和尚在墳上唸經作道場，因此他想道場就是墳墓嘛！

但是你們同學千萬要注意！不要因為常識不夠在外頭鬧笑話，你外出弘揚佛教不要變成黑揚佛教了。過去的鳩摩羅什、達摩祖師，這些大師們到中國來翻譯佛經，翻得那麼好，那麼準確，可不簡單。過去因為有政府、皇帝的提倡，每一個翻譯的地方都有千把人，這些很高明的人集中在一起，一個名辭、一句話都研究了好幾個月才確定。不是像你們現在學了幾句外文，中文又只懂一點，然後就亂翻一通，牛頭不對馬嘴。這是講到道場，特別插進這一段。

我們學佛的兩大觀念在這兒了，怎麼樣才是道，就是菩提，由彌勒菩薩代表，這講過了。第二個問題，怎麼樣才是修道的地方，也就是道場，由光嚴童子代表。修道的地方不在哪裡，一切在自己的心中。前幾年我要閉關，到處看地方，好多同學、老朋友都要我去他們那裡，有的房子我看了就跟他們說不行。也有人要送我地，那我還要蓋個房子，等蓋好了，也許我閉關都該改成閉棺了。忽然想想，自己也傻，還找什麼地方，都市裡就可以閉關，我住的地方門一關就閉關了嘛！心關了就關了，到哪裡才叫閉關啊？所以人家以為我去了一個山頂上，其實我就在都市裡關了三年。自己把門一關，當天就閉了。不要特意找什麼清淨地方修道、出家，你心不清淨，哪裡都不清淨，去哪裡都沒有用！道場就是這個道理。你們去找什麼廟子？到廟子你才不妙呢！一樣的煩惱，一樣的痛苦。你真妙了以後，嘿！什麼痛苦的地方都是道場。注意！這是大乘佛法的要點。

彌勒菩薩代表菩提，把道是什麼搞清楚了。悟了道以後，找個地方行道，道場也搞清楚了。悟道，行道，地點也有了，現在開始學道。

持世菩薩——如何修行

「佛告持世菩薩：汝行詣維摩詰問疾。持世白佛言：世尊！我不堪任詣彼問疾，所以者何？憶念我昔，住於靜室，時魔波旬，從萬二千天女，狀如帝釋，鼓樂絃歌，來詣我所，與其眷屬，稽首我足，合掌恭敬，於一面立。」

現在《維摩詰經》的主角換成了持世菩薩。我們要注意，每一位菩薩的名號同佛法都有密切的關係。持世是保持這個世界，世間一切法就是佛法，在家在俗是世間，世間法就是出世間法，沒有兩樣。做到這樣才能夠修持、行道。

佛轉向持世菩薩，要他代表佛去探維摩居士的病。持世菩薩向佛表示他沒有資格去，因為他從前住在靜室修道，大概不曉得是在哪個山裡，又蓋了個茅棚或修個廟子，廟子裡也不清淨，就再找個房間，房間修成關房，什麼人都進不來，就清淨了。當時，大魔王波旬帶了一萬二千名天女來了。

你可能想，魔王為什麼要帶著天女？要知道，大魔王是所謂的天道阿修羅，還是有功德的，有相當的善行，但是瞋心煩惱不斷，一切業習的種子不斷。魔在古時是寫成磨，就是磨難、折磨的意思。挫折、煩惱都是磨。你肚子餓沒飯吃，飯就是磨。夫妻吵架，彼此就是對方的磨。後世把石改成鬼字變成魔，你就把魔想成鬼了。實際上修道人都有魔。譬如我常說自己一天到晚還受魔，但是什麼天魔、陰魔我都不怕，最怕人事魔。人找你麻煩，看到真煩死了。你不要以為看到什麼三頭六臂、牙齒露出來的、青面的，那些一點不可怕。人事魔最可怕了，我覺得人比魔可怕多了，這是真話，你們要注意這個道理。

另一個道理，魔跟佛是有同等力量的。基督教說上帝萬能，但是為什麼卻不能降魔？上帝與魔鬼並存，上帝的本事有多大，魔鬼也有多大，那上帝就不見得萬能了，這個最重要了。佛法也是同樣道理，佛能夠降一切，最後還是降伏不了魔。在《涅槃經》上說，佛要涅槃了，就問這個魔王波旬，好了，我要離開這個世界，你總該高興了吧？魔王說，差不多，高興，但是也不高興。佛說，我走了五百年後，還有我的弟子，正法還可以住世，五百年後你還有什麼辦法來破壞佛教？這些在《涅槃經》裡都有。魔王波旬回答，你老人家安心去吧！我有辦法的，我穿你的衣服，吃你的飯，講你的經。佛說，啊！你行！你厲害！這是魔破壞佛教的願力，我們眼看著這個時代都快要來了。中國老話說：道高一尺，魔高一丈，魔的力量比你大。作人的道理也一樣，福無雙至，禍不單行。好事沒有兩樣一起來的，可是壞事一來就好多接著來，這個娑婆世界就是那麼痛苦。

魔鬼不稀奇，處處都是魔，人生境界能不被魔所魔住就了不起了。魔王波旬是天界的大魔王，佛在《華嚴經》也說過，大魔王是十地大菩薩的轉變，他故意走魔王的路子來磨練人，看你能不能過關而成道。所以修行人並不必一定怕魔，經過一番魔障，道理進步一番，過了這一關你就躍進一步。

所以魔王波旬是天人境界，這是看不出來的。他帶了一萬二千個漂亮的天女，自己變成了帝釋的樣子。帝釋是欲界天的天主，住在忉利天又叫三十三天的中心，就是中國所講的玉皇大帝。持世菩薩正在靜室中修道，當時不曉得是魔王來了，以為是玉皇大帝帶著天人來了，還吹打著音樂。經上沒有細說，但是一定還帶著五彩祥光從空而降，到了持世菩薩那裡。帝釋率領隨從向持世菩薩恭敬行禮，然後站到旁邊，是那樣的崇拜他。你看一個人修道到這樣，你們假使打坐或唸經時，不要說來了那麼多天人，就來個土地公公或城隍爺給你磕頭，我看你不曉得要多高興了。老師啊！我工夫進步了，那個城隍爺土地公都來拜我了。你一定高興得發魔了，不只是發瘋。

「我意謂是帝釋。」你看，修行多難，持世菩薩是大菩薩了都分辨不清，以為是天人玉皇大帝來護法了。

「而語之言：善來！憍尸迦！」就對他說，憍尸迦你來得好。憍尸迦是帝釋的梵文發音，有人說天主教基督教的上帝的英文是God，就是玉皇大帝憍尸迦的名字，我說這不一定，很難講，音是相近，但不要隨便牽強附會。

「雖福應有，不當自恣。」持世菩薩接著批評他，你雖然福報大，是玉皇大帝，不要太驕傲放恣。古時中國的帝王權力多大，但是只敢說是天子，祭天時一樣要跪下來，自稱臣，這一套天人觀念看似神話，但它構成了宇宙觀念的制度，所以天人的福報比世間的帝王還要大。但是持世菩薩告訴他不要放恣，你看他帶了一萬二千天女，而且又有那麼多音樂，排場不得了。

「當觀五欲無常，以求善本。於身、命、財，而修堅法。」持世菩薩接著對他說法，他教訓玉皇大帝，你還要進一步修行才行。我們出家修行的人不敢享受五欲的快樂。五欲是色、聲、香、味、觸，是修道人要遠離的。你又有天女，又聽音樂，又唱歌又跳舞。五欲福報享完了還是要墮落的，你雖有善報做了玉皇大帝，這個並非究竟，更應進一步修道向善。向上修到色界就要走禪定的路線，戒定慧的路線。你這樣可不行啊！

修道的人要把四大肉身看空，觀身無常。這個世間的命，欲界的命沒有什麼了不起，分段生死的命非究竟。就算到了色界、無色界，變易生死的命也沒有什麼了不起。這些不是真的命，真的命是悟到菩提證道。至於財，古代人間皇帝擁有四海，四海之內莫非王土。當了玉皇大帝，人世間乃至於欲界天很多都屬於他的。人的生命身體是正報，財產物資是依報。譬如阿彌陀佛在西方極樂世界，那個光壽無量是正報，西方極樂世界國土，琉璃為地，七重行樹等等，是他的依報。我們世上人有的身體有缺陷，有的特別健康強壯，這是正報。如果沒有房子沒有錢，那是依報不莊嚴。我們修行人要正報莊嚴、依報莊嚴，就要行一切善、修一切功德才能做到。有人這一生雖然生得端正，一切很好，就是沒有錢，因為前生不布施的關係。

有人這一生功業大，錢也有，但是身體有缺陷，例如清朝的曾國藩；是中興名儒，出將入相，那還得了！可是他一生受皮膚病所苦，身上像有鱗甲似的，一抓要出血的；所以有人說曾國藩是大蟒蛇投胎的。又我們曉得的有位第一等的貴婦人也是有皮膚病，一輩子治不好，沒有辦法。這就是前生持戒不清淨所致。又比方常用花供養佛，可能他生來世會長得莊嚴漂亮，像花一樣好看。不過你小心，好看也會找來很多麻煩，因果要注意！供養花不要發求好看的願，這個因一不對，果就不對了。供養花的時候要求一切為眾生的福報，就是使人一見起恭敬心，不要只為自己。

回過來說，生命是正報，財物是依報。持世菩薩勸魔王波旬假扮的玉皇大帝，當然他不知道這是魔王，魔王的威力同玉皇大帝一樣的，天人沒辦法消滅魔王，魔王沒辦法消滅天人。我們這個亂世，在佛經上來說是劫數，這時三界裡天人和魔王在作戰，佛經上描寫開始時天人容易失敗，最後天人反攻，魔王敗了，就帶領了無數的魔兵魔將，躲到蓮藕的一個洞裡。魔王用他的神通，把蓮藕的一個小洞變成了另外一個三千大千世界，所以天帝就找不到他了。這蓮藕的洞在哪裡？就在我們心中。我們的心房裡也有個蓮藕的洞，這是表法的道理。

像持世菩薩這樣的大菩薩，事前都看不出來這是魔王，他對魔王扮的玉皇大帝說，你應該看空了，「於身、命、財，而修堅法」，堅就是再進步上進，堅固。

假如持世菩薩看出是魔王的話，他會不會還坐得住，會不會起恐怖心，這還是個問題。所以這魔王對他還留了一手，化成帝釋，正面來誘導。魔對膽子小的來嚇唬他，對膽子大的，像菩薩境界的嚇不住，他就現出可愛的面貌。這持世菩薩對魔王的說法，是正法，講得都很對，是善的一面。修行人行善業道，一切清淨放下。

「即語我言：正士！受是萬二千天女，可備掃灑。」菩薩是菩提薩埵的簡稱，菩提是覺悟，薩埵是有情。菩薩覺悟什麼？覺悟是悟道，有情是利他，自利利他是為菩薩。菩提薩埵在中國文化就是道人，有道的人。菩薩在中國古代有幾種翻譯名稱，有叫開士、正士、大士。開士是開悟者。觀世音菩薩又稱觀音大士。

魔王化身的玉皇大帝就勸持世菩薩，接受這一萬二千天女作供養，可以幫你掃地啊、燒水啊、抹桌子啊。中國後來送人丫鬟說是「可備掃灑」，就是引用自鳩摩羅什翻的《維摩詰經》。

「我言：憍尸迦！無以此非法之物，要我沙門釋子，此非我宜。」持世菩薩一聽，就說，憍尸迦，你不要誘惑我破戒，我是沙門，出家人，佛的弟子啊！連妻子都不娶了，還要給我一萬二千個天女！我的媽呀！怎麼得了！怎麼拿這非法之物，要我收下作供養！沙門是譯音，漢朝時譯作桑門。唐朝以後就都不用了，只用比丘，因為印度不論哪一道的出家人都稱作沙門，是通稱，等於中國人將修道的都稱道士，不管你是哪一道的。比丘、比丘尼就是特稱，後來用習慣了，叫沙門也可以，可是根源要搞清楚。

持世菩薩持戒很嚴謹，尤其出家沙門是比丘，修苦行（頭陀行）的比丘衣服不超過三件。所謂三件不是說天氣冷了，你穿五件不可以，三件是以袈裟為標準，披上袈裟還要露出膀子，在印度天氣熱可以，到了中國，尤其在天冷的地方，你怎麼能只披一件呢？所以就有了海青，海青是漢朝衣冠，大袖。頭陀日中一食，零碎的東西都沒有了，只帶個鉢和淨水瓶，淨水瓶的梵文音譯為軍持。中國古代有一句名詩：「空街夜雨注軍持」，就是夜裡下雨，拿個淨水瓶在外面接雨水。天落雨在中醫學上叫無根水，醫書上寫熬藥用無根水，就是下雨時半空中接來未落地的水叫無根水。這些都是常識，不告訴你們將來書都讀不懂。

「所言未訖，時維摩詰來謂我言：非帝釋也，是為魔來，嬈固汝耳。」持世菩薩責怪魔王的話還沒講完，維摩居士這老兄就出現了，對他說，這不是玉皇大帝，是魔王，來擾亂你的！連是不是魔都搞不清楚！所以維摩居士第一句話就罵了他。

「即語魔言：是諸女等，可以與我，如我應受。」維摩居士氣派大，就對魔王說，你怎麼把這一萬二千天女送給和尚？他怎麼行？統統送給我才對！他照單全收了。

「魔即驚懼，念維摩詰，將無惱我？」魔王一看到是維摩居士來了，就嚇死了，心想，糟糕，碰到他了，這下完了，魔王這下要賠本了，就像《三國演義》說的，賠了夫人又折兵。

「欲隱形去，而不能隱。盡其神力，亦不得去。」魔王當時就想隱形，不靈，又把所有的神通使出來，仍然逃不掉。

「即聞空中聲曰：波旬！以女與之，乃可得去。」這些鏡頭連電影都演不出來的，當時空中有個大聲音就來了。波旬！叫魔王的名字，你趕快聽話，把一萬二千天女給他，你才走得了。

「魔以畏故」，魔王聽了空中聲音的警告，大概是魔王老祖警告他，沒有辦法，害怕了。

「俛仰而與。」這個文字用得非常美，俛仰是形容低下頭又抬起頭想了半天，捨不得，又不得不給的樣子，最後只好把天女給了維摩居士。

「爾時，維摩詰語諸女言：魔以汝等與我，今汝皆當發阿耨多羅三藐三菩提心。」維摩居士就對這些天女說，你們的老闆把你們送給了我，就屬於我的了，第一個條件，給我聽話，先要發菩提心。

「即隨所應而為說法，令發道意。」下了第一道命令，然後維摩居士當場把一萬二千天女作了處理，教育他們。一萬二千人每個人的個性都不同，維摩居士用大神通力，根據每一個人過去的業力，現在的個性，對每一個人分別作不同的教育說法，每一個天女都覺得維摩居士在自己面前作單獨教育，使得一萬二千天女，每一個人都發心修菩提正道。這兩句話可不要隨便看過去了。

「復言：汝等已發道意，有法樂可以自娛，不應復樂五欲樂也。」教育完了，維摩居士說，你們現在肯修道了，有佛法清淨的法樂可以享受，再不要去享受世間五欲的快樂了。我們欲界是以五欲為享受，有學佛的道友說，這個或那個是種享受。我一聽，這還在魔境界裡，說是信佛修道，老實講，資格不夠，只能說像那個樣子。講一句話你們出家人不要多心，大陸江浙一帶，在家人有時故意稱和尚為和樣，和尚的樣子，南方話尚、樣同音。和尚是梵文的音譯，意思是為人師可以讓弟子道力生起，叫人和尚是真正尊敬的稱呼。你們不懂，看我叫住持法師為和尚，還以為我不尊重他。

「天女即問：何為法樂？」能夠懂什麼是法樂的，才夠資格稱作居士。這裡天女就問維摩居士，什麼叫法樂？注意！這裡正題來了。

「答言：樂常信佛。」維摩居士回答，常常處處要恭敬佛，不是只有到了佛堂才如此，自己內心恭敬，才是信佛。不是叫你拜佛像，佛教不崇拜偶像的。那些泥巴塑的，木刻的，都不是真的佛菩薩，那是表法。真正的佛在哪裡？在你心中。佛經告訴你，心、佛、眾生三無差別，三位是一體的。佛是化身，心是法身，眾生是報身。也可以說，佛是報身，眾生變成化身，這個無定位的。怎麼叫常信佛，怎麼是真正信佛？你現在懂了吧！不是迷信，不是去廟子燒香磕頭，你隨時恭敬自己的心，隨時恭敬一切眾生，不要看不起任何一個人，才是信佛。所以說，佛以佛眼看眾生，以慈眼看眾生，不是以怨恨輕視的眼光看別人，才是信佛，信自己的心。你們都是信佛的，但是嚴格來說，諸位都不夠資格。要隨時恭敬自己、恭敬別人啊！

「樂欲聽法。」樂於研究、聽經、聽說法。你說佛已經不在了，那我聽誰說法呢？我們這裡有五六部《大藏經》呢！你們要看啊！我書房案頭上也堆著好幾本《大藏經》，我每天有問題就抽出來看，隨時研究。你們沒有我這樣用功吧！可見你們不樂欲聽法。你說讀書、看經沒時間，好苦，那就不樂了。讀書求學問是樂趣，談何容易！

最近好多同學勸我，老師你不能這樣搞啊！算算一個禮拜有十幾堂課，老命不能這樣拚啦！完了以後你還要看書、做事，每天能睡上幾個鐘頭呢？怎麼得了！我說，放心吧！我的業報還沒完，死不了的。前天晚上我還告訴一位同學，我看東西處理事情是享受，你不要擔心了，去睡吧！你要做到研究學問、研究佛法是一種快樂，那麼你算是得其中三昧了。你們看書讀經記不住，看不懂，好苦啊！我看大家是：學而時習之，不亦苦乎？有朋自遠方來，如果家裡沒錢買菜招待，不亦慘乎？人不知而不慍，不亦君子乎？要這樣我寧可作小人。

「樂供養眾。」大家要反省，這就是戒律，你們供養眾做到了嗎？你處在團體中，滿臉的怨氣，滿口的怨言，一肚子的怨恨，這就沒有守樂供養眾的戒律。據我所知，這裡有一位同學答應為大家講《莊子》，講了之後大家頗有怨言，認為這位同學好高騖遠，好為人師。你們沒弄懂《莊子》，人家幫你們弄懂，是好事，是法供養，你們竟然這麼小器。這個就要罵你們！這是犯了沒有樂供養眾。

假如別人也有過錯的話，應該勸導，或者觀過而知非，自己反省不要犯這個過錯。因為別人犯過，就吱吱喳喳的，這是犯了口業。因為講樂供養眾，觸動我對這件事的感想，才告訴你們。你們犯的是普通人的心理，不是學佛人的心理。自古文人相輕，千古以來文人都看不起別人。老話說，文章是自己的好，太太是別人的好，這是中國人的通病。人的心理都如此，不只是知識份子，你看佛教界裡也是，批評這個法師那個居士不對，甚至罵人。佛教怎麼會興起來？都不團結。所以你們問我，某某人這麼講的，對不對？我從不答覆。你不提人名，說有件事這麼說對不對，我或許會答覆你。

文人千古相輕，我說，宗教是千古相仇。不管信的什麼教，信教的人彼此是仇人啊！比文人還厲害。越是信教的，那個恨人的心理越比普通人重。佛說無我相、無人相、無眾生相、無壽者相，結果宗教團體的人我是非特別多，我聽了就煩。那麼江湖呢？江湖是千古相嫉。文人千古相輕，宗教千古相仇，江湖千古相嫉，這幾句把世故人情都說完了。

你們在這裡號稱修行，是不是真修行？考考自己。一個學佛的胸襟氣派一定要大，能夠包羅萬象，對的就對，不對就不對，這種小事有什麼了不起。話說回來，同學們固然不對，但是聽了這些閒言閒語心中煩惱，也太沒有程度了。叫你們讀的《昔時賢文》，其中有一句我七八歲時就背了：「誰人背後無人說，哪個人前不說人。」哪個人背後沒有人批評啊？兩個人碰到了，不講別人的事，講什麼啊？這就是人。老夫妻倆在房中講媳婦怎樣、兒子怎樣，也是在講人。所以把人世間這些東西看通了，聽了那些話都是狗屁不如，這樣你就胸襟大了。

我以前作過領導的，部下在我面前，我講什麼，「是」都喊得很大聲，背著我可就有花樣了。任何人對你喊萬歲，將來叛變的就是他。越恭維得厲害，越靠不住。我經常同那一班在做事的人說，絕對喊服從的人問題最大。有些翹頭翹腦的，你吩咐他就這麼辦，他不同意，真是討厭，可是他有他的理由，而且是對的。這時候你坐在上面的人，意志就要像刀一樣，把自己這個不快的心理硬是切下來。桌一拍，好！就照你的辦！這樣才可以作上面的人，很痛苦啊！

本來上佛法課不跟你們講這些的，這些課不是跟你們上的，把你們教會了也沒有用。這些是給真要為人上者，或者將來能當師父的時候就有用了，作師父也要包容徒弟啊！不要說徒弟了，你的兒女也是有自己意見的，都是乖的嗎？兒女、學生、徒弟都一樣，只好包容，該罵的罵兩句，好的要獎勵，過後呢？講句不好聽的，管他媽的！反正我要死的。你曉得自已總要死的不就好了嘛！沒得氣了嘛！你不要以為我這不是佛法，這就是咒，即說咒曰：管他媽的！就好了。是無上咒，是無等等咒，能除一切苦，真實不虛。這不是笑話，你真學了這一法就行了。

「樂離五欲。」大家學佛能真的樂離五欲嗎？離不開吧？我有個最新型的彩色電視機，大概這兩三年沒有看過兩次。過去我天天看電視，不是為了看電視，而是學生作了某某電視臺的總經理，他要我幫他看演對了沒有。現在根本沒有時間看，而我看你們有時候看得兩個眼睛比入定還厲害。那喜歡聽音樂的，也沒有離開五欲。這個時候要考驗自己能不能樂離五欲。其實，你們在看電視，我撞見了也不出聲，就悄悄地來，悄悄地走。你們將來作人父母、作人婆婆的要懂這個，唉呀！小孩子們有時要讓他玩一下嘛！不要管得太嚴了。你們喜歡看就讓你看，萬一發現了，唉喲老師啊！請坐啊……那不是味道，不給他知道，他也省力氣，我也沒煩惱，溜開了就好了，這也是為人上者要學的地方。叫你們絕對離五欲，那是煩惱的事情，要自己修到離開了五欲，然後覺得是快樂境界時，你就夠得上修行了。所以要注意第一個字，是「樂」離五欲。

「樂觀五陰如怨賊。」五陰是色受想行識，看這個身體像冤家一樣，不迷戀它，把它放下。你們在理論上可以看這個身體像冤家，在情感上可親得很，這個身體你能空得了嗎？空不了的。眾生享受的都是屬於五欲之樂，佛享受的是清淨涅槃之樂，但是如果貪圖清淨，被享受困住了，一樣是魔境。要搞清楚這個道理，才能明白維摩居士為魔女說法的道理。

什麼叫魔女？貪圖享受之樂。什麼叫魔境？貪圖享受之樂，凡有所著，所執著、所貪著的，統統是魔。了解這個道理，才能了解真正大乘佛法的精義。魔女悟到了這個道理，能轉過來，煩惱即是菩提，那就不叫作魔女了，成了空行天女，也是密法所稱的空行母，是女性成就的境界。修密法空行母成就的，可留形住世，身體永久存在，隨時來去。但是這可不是隨便能修的，如果自己沒有程度，算不準修來的是妖魔鬼怪，不是真正的空行母。

「樂觀四大如毒蛇。」這個身體是地水火風四大所組合的。這四大如毒蛇一樣在咬我們，在吞噬我們的生命。生命的本身不是這個肉體，我們每天為了這個身體忙碌，為了身體而消耗精神，佔去生活十分之九以上的時間，三頓吃飯，大小便，穿衣脫衣，睡覺等事，都不是為了生命所需要，是身體所需要。這身體是四大組合而成的，中國俗語說學佛的人四大皆空，就是看這身體不是我，我現在只是有幾十年的使用權，而沒有所有權。我不可能擁有身體的，它隨時變去。雖然是暫時使用，這四大的身體還是很麻煩。等於聰明的人不肯買房子，寧肯用租的，因為買了房子麻煩多。我們智慧不能成就，菩提不能證得，都是被四大所困擾。各位每天晝夜二十四小時中，大部分是被身體困擾，不是不舒服了，就是餓了冷了，或者是身體的變化，荷爾蒙分泌失調引起情緒好壞，所以要觀四大如毒蛇。

可是誰能做到「樂」觀四大如毒蛇？事實擺在這裡，這邊的同學都學過白骨觀，十個人中能觀得起來的有半個吧！真觀得起來一個都沒有。你光觀得起來有個白骨的影子不算，能定得住的十個人中有零個。講學識、理論都吹得蠻好，工夫統統沒有做到。白骨觀就是觀四大如毒蛇，凡是修大小乘佛法，這個修持的方法是基本的。假如有人觀白骨，你問他樂不樂，很苦的啊！在那兒東搞一下，西搞一下，腿又發麻，修久了營養又不夠。佛也說修白骨觀要注重營養，釋迦牟尼佛這話，絕對是修持經驗來的。

若四大能夠觀空，再進一步，進入妙樂境界，那才是觀四大如空而得定。得定的人在定中是樂，是享受。為什麼人肯入定？定是一個絕大的享受。不過，如果大乘菩薩「耽著禪悅」，貪著禪定的境界是犯菩薩戒的，因為他不能起而行之，不能行六度萬行的布施法門。話雖這麼說，你們年輕同學沒得到禪定，腿也熬不住，就不要拿這句話來講，自稱走大乘路子，不耽著禪悅，看不起這小乘法門。哼！不要自欺了。先要能夠修到禪定，才發大心而捨棄禪悅，那才可以談菩薩戒，否則不能談的。

所以說觀四大如毒蛇，然後達到四大皆空，在這個境界得妙樂，得享受。據我所知，在座有些年紀大的同學，有的已有二十年以上的修持經驗，你聽了這個話不要以為自己已經做到了，因為你坐起來非常舒服。其實你還是在四大中，你感覺到的是身體受陰的快感，你正在被四大毒蛇吞沒而不自知，不要自以為是。要四大完全觀到空，沒有身體存在，沒有受陰的感受了，然後在空的境界生起空性的妙樂，這才是觀四大空以後的妙樂。維摩居士告訴這些魔女，你們所貪圖的身體上、心理上的快感，都非究竟。要得到究竟的享受與快樂，必須能樂觀四大如毒蛇。

「樂觀內入如空聚。」什麼叫內入？我們身體外部有六根，大概我們所了解的，只有五根，有一根也在身體上，不過在身體表層以內。眼、耳、鼻、舌、身這五根很清楚，意根你就看不見了。有人說意根所在，是從心臟連到腦的部分，他們不知《成唯識論》說第六意識不住身，又徧寄身中。我們一接觸到外界的東西，內在就會有反應，所以叫作內入。色、聲、香、味、觸、法，就是六入，法就是思惟，六入進入到身體內部，便產生了思想、情緒各種的變化。我們閉上眼睛，好像自己內部有個東西，在想，在作用，就把這個東西守得牢牢的，一般打坐都是在這裡搞。其實你覺得很清淨、很空，那是外法塵進入內在意根上所徘徊不去的影像。

所以我們覺得內在有個思想，來來往往，這就是意根停留了法塵的影像，就是所謂六入進到內部來。但是一般人沒有觀察到，現在維摩居士提出來，教他們觀，所謂止觀，你要觀察清楚，一切六入進入內部，你以為內部有個東西能夠思想，維摩居士告訴你，如空聚，假的。看起來有個東西住在裡面，好像有個生命的東西，實際上是空洞的。所有的感受，一切的聲光變化，到內部來，一下就過去了。假使我們死了，六入不能內聚，就是人體的死亡，我們活著時是六入內聚。但是這個六入內聚有沒有個東西呢？畢竟沒有東西的，是空聚，假的。

我們身體四大也是這樣，感覺死人比活人重，我們抱起一個活人容易，抱起死人就比較難，為什麼？他四大中的風大沒有了，所以就感覺重了。譬如氣球充了氣比重就輕了，如果扁了的話，這氣球比重就比較沉重了。所以這身體內部是空聚，空空洞洞的。我們活著覺得內部有個思想，有個感受，這是假的，不要受它的欺騙。上一句「樂觀四大如毒蛇」觀身空，下一句「樂觀內入如空聚」觀心空。身心皆空，達到樂的境界，得禪定的妙樂，那是真修行，真享受。

這裡每一句話都是大乘的修行法門，我們要好好觀察牢記。

「樂隨護道意。」怎麼樣能隨時隨地保護修道最初發心的意念？我經常告訴你們，上課時不要打坐，要看經本，不然自己在自欺。為什麼？你說喜歡聽課，心很清淨，那同玩弄聽收音機是一樣的。你們自己不觀察，現在年輕人作功課喜歡開收音機聽，就是這個道理。你心以為在打坐，其實是大散亂，結果用這個時間好像在聽課，也不看書本，在那兒打坐，聽得很有意思，這叫作秋風過驢耳，秋天風吹過驢子，驢子同豬一樣的，這個耳朵吹進來，那個耳朵吹出去了。所以智慧永遠不能成就，結果這個經典也聽了，那個道理也聽了，一問他，寫都寫不出來，記也記不住。

智慧的成就，能知過去未來，是靠「隨護道意」這一念。要你們看《華嚴經·淨行品》，依著意思做到就是道意。所以為什麼一直要你們依《華嚴經·淨行品》來修行，可是誰做到了？我看是做到了「倒」意，不是道意，統統在顛倒中。

「樂饒益眾生。」這更難了，是菩薩行，樂於在一切作人做事中修菩薩道，處處是利益他人。我們這裡都標榜是學佛的人，有沒有利益眾生的思想呢？理論上有。我也是人，知道大家做了好事會想，啊！今天我行了菩薩道，幫忙了人。告訴你，越是書讀得多、佛法聽得多、佛學了解深的人，計較心就越大，簡直沒辦法收拾。中外都一樣，知識份子的作人，比愚夫愚婦更壞，因為有了知識，計較心也大，就容易意見相爭，認為只有我的才對。沒有知識的幫忙，人對於是非善惡的分辨就很平淡。所以有時候不用菩薩的智慧和眼光，多了知識學問反而墮落得越快。這是講樂饒益眾生之難，也是戒行。

「樂敬養師，樂廣行施。」─樂於恭敬供養師長，這很難。中國的孔孟之道講尊師重道，但是普通社會對尊師重道做得是不夠的，最注重尊師重道的是宗教。所有的宗教都非常尊師的，注重傳承，但是多半只是形式上的，沒有尊師的行為。現在無論是中國還是歐美社會，都不重視師道尊嚴。現在還有些中國的讀書人，想保留過去的文化，要求別人尊師重道，真是笑話。原因在哪裡？教育制度變成了學校制度了，不是從個人來師承學習，而像去到百貨公司的商業行為，老師上課是販賣知識，學生念書是選購進貨知識。尤其將來聲光科技發達，電腦的普及，知識的傳播更不靠個人傳道，所以尊師的精神只會更薄弱。

但是這個尊師的道理還存在嗎？是存在的。有兩點要注意，第一點，尊師重道的真正精神，在於尊重知識學問本身。所以佛學裡對於傳法的老師視為是法身父母，給人慧命，智慧的生命。肉身父母給的肉體，壽命只有幾十年，慧命可是永遠的不生不滅。例如文殊菩薩是七佛之師，連釋迦牟尼佛都是他的學生，他早已成佛了。因為學生要到這個世界來成佛，就來幫忙，應化成為釋迦牟尼佛面前的菩薩，這都是法身父母的道理。所以「樂敬養師」是尊重法，也尊重知識。

第二點，以我的研究，所有宗教中尊師重道最嚴重的是佛教，而佛教中最嚴重是密宗。密教對於敬養師父，有馬鳴菩薩著的《事師五十頌》，講如何對老師敬養。照那個規矩，我們一般作弟子的沒有一個夠資格。那規矩非常嚴重，幾乎可以說比盲目迷信還嚴重。東西是白的，如果老師說是黑的，就跟著老師當成是黑的，我們一般人是做不到的。

佛教的尊師精神，影響到後來的宋明理學家們，我主張你們年輕人一定要看宋、元、明、清《四朝學案》，可以看到儒家在宋明以後對於師道的尊嚴，好多地方值得效法。例如明代大儒羅近溪，學問很好，他把老師顏山農接到家中，他的兒孫要為太老師招呼茶，他不准，因為是他的老師，他必須自己來，兒孫輩還沒資格。可惜你們學佛的人不看儒家東西，這門戶之見很嚴重。我常說宋明理學家等於是佛家的律宗，真講戒律你要看《四朝學案》。老莊等於是佛家的禪宗。這羅近溪在《明儒學案》只寫了一半，他要死的時候，學生們都趕來了，來了跪在老師前面，請老師多留一下。他給學生吵煩了，就同意活一日，時間一到他就走了。《明儒學案》只記到這裡，但是你就知道他可以預知時至，而且生死來去自在。《明儒學案》不願意記載神祕的一面，根據我看到其他文獻的記載，在他死後不久，他的家人還收到他自外地託人捎回的口信，家人一問，帶信人和羅近溪在外地相遇的那一天，正是他老先生走的那一天。你看，他還有化身呢！儒家諸如此類有成就的人還很多。

回頭再說「樂敬養師，樂廣行施」，於上而言要樂於敬養師，於下而言要樂廣行布施一切眾生。這裡尤其要注意這個廣字，是我們一般人所做不到的，我們偶然有點善心，都是像俗語說的：強盜發善心。大家像強盜土匪，偶然發一點善心就很了不起了。為什麼這一篇都要加個樂字？是對魔境界而言，與世俗追求的快樂享受不同。學佛的人也在追求享受，追求快樂，但是同世俗有不同的一面，這就是佛法。

「樂堅持戒，樂忍辱柔和。」學佛第一要守戒，戒律沒有什麼了不起，怎麼說呢？它是個生活的規範，生活的藝術。尤其是比丘、比丘尼戒，它是佛教僧團生活的規範、道德、藝術，是一種民主社會的自我約束。因為佛的弟子男的女的出家很多，如果沒有共同遵守的規範，這個集團怎麼樣帶領？除了根本戒律是屬於道德性質的規範以外，很多戒律是共同生活在一起必須有的規律。能堅持遵守戒行的人，是了不起的，但是難了。我們每一個人心裡都有戒律，但是那個戒律可不是教主規定的，你知道嗎？例如兒女或丈夫、妻子，違反你的要求就不可以，那就是你的戒律。又例如你的東西習慣這麼擺的，旁人給你擺得不對就不高興，也是你的戒律。所以你看不慣別人，是因為別人犯了你的戒律。這是小戒律，不是真的戒律。

大戒律是團體的行為，道德的戒律基本上有殺盜淫，這不只是一個人認為是罪過，而是一切眾生都害怕這個行為，是根本戒。其他的生活戒律是為了團體的安全。普通的戒律是什麼？就是公車後面寫的，「保持距離，以策安全」。你懂了這個，就懂了戒。你們同學們不懂生活的藝術，都覺得自己是特殊的，常來找我有特殊的要求，我看你就不值錢了，不懂事。對老師也好，對團體的主管也好，越信任你就越要守規矩，給人家作榜樣，聰明的領導人一看，心裡有數，知道這個人可以。假使有人在團體裡，不要人家告訴他戒條，自己處處嚴謹，保持道德規範，沒有不成功的。所以禮儀的戒律是這樣。

基本道德上的戒律除了居士戒、沙彌戒、比丘戒、比丘尼戒、菩薩戒以外，什麼是戒律？經典就是戒律。你們沒有研究律宗，律宗的根據是：所有經典就是戒律，每一條都是戒律。你以為受了二百多條的戒是戒律？那個行為太有限了，那二百多條戒，大部分的行為與印度當時的環境有關，我們不會犯的。有許多根本沒有辦法，我們早就犯了，連祖師爺都犯了。環境不同，時代不同，那些戒早應該改了。所以到了中國來，百丈禪師就把它改了，叫作叢林規矩。但是叢林規矩到了現代，又應該改了。要改的地方很多，時代不同了，過去是點青油燈，現在是電燈；過去吃飯時蒼蠅蚊子一起來的，現在沒有；現在有自來水，過去叢林，早上四點鐘幾百和尚起來，一起在院子排隊，手裡拿了洗臉帕，輪流去行堂和尚抬出來的熱水桶中，沾點熱水，擦把臉就下去，你現在講叢林，也這樣擦嗎？怕都擦成花臉了。過去叢林半個月排隊洗一次澡，現在行嗎？這些都是生活行為，很多需要變動，這個不是真戒。真的戒是什麼？此心隨護道意是真戒，念念隨護道意，念念隨護行為。

進一步說，真正的戒是「樂堅持戒，樂忍辱柔和」。尤其在團體生活中，幾個人能夠修到忍辱？反而是狠心地侮辱人家，給人家好看，認為這樣才夠英雄，其實處處在造孽。性情要柔和，做得到嗎？性情柔都很困難，和就更難。我常觀察同學們，一有什麼達不到他的所望，那個眼神都橫起來變成毒蛇了。告訴你們，眼跟心是連在一起的，就是起了這一念的因，在你的阿賴耶識就有了瞋毒的種子，就不得了啊！所以，學佛不是光盤腿盤得好，這些行都是戒，做不好都不行。而且不只是忍辱柔和，要樂於忍辱柔和，做到了就是樂堅持戒的成果了。

「樂勤集善根」，這個和上面都是連著的。堅持戒做到了，修養由外再打進來，由忍辱達到內心的柔、和，沒有任何地方不使人有祥和之氣，個個喜歡。學佛的人有一句話，「未曾學佛先結人緣」，就是學佛第一步要廣作布施，先結人緣，然後結一切眾生緣。但是許多人不自我反省，看到任何人都討厭，人家看他也討厭。為什麼不得人緣？因為他心地上道德根基不夠，多生累世不修忍辱，不得柔，不得和，因此在輪迴中慢慢打滾吧！功德不會圓滿。心性能夠修養到柔，柔而到達祥和，那就人見人愛，是人人都喜歡的菩薩境界，功德圓滿。要樂於在這一方面修，才是佛道。

我們曉得，一切眾生平常日用之間，動壞念頭比好念頭多得多。前面講過儒家等於是佛教的律宗，都講戒律的。我們年輕的時候一定要讀《文昌帝君陰騭文》《太上感應篇》這兩本書。你們年輕人沒見過，我們小時候讀書，書桌子旁邊有一張紙，叫作功過格，這個紙上有很多圈圈，一個月一張。每天檢查自己的心念行為，有不好的，就拿黑筆在圈圈裡點一點，有好的，就拿紅筆在圈圈裡點一點，然後定期檢查，到底是黑點多還是紅點多。

我小時候家裡請了位前清的秀才先生，按那時的說法，我家是東家，他是西席。他留過洋，可是從不說洋文，每天除了教我們讀書就自己讀《金剛經》。他是吃素的，所以我母親每天都為他準備齋食。我常常覺得這先生的嘴中有香味，覺得奇怪，就問我母親，她說一定是先生的牙齒鬆了，素菜中的芝麻落在牙縫裡我才聞著香。我後來上課時仔細觀察先生的牙，果然如此！這是一笑。但是他很誠心，有一年他留在我家中過年，他在自己房間裡讀過經之後，供上祖宗牌位，供上菩薩，拿出功過格，很緊張地看著，就跪著一面打自己耳光，一面罵該死！該死！我看是黑點比紅點多的緣故。我那時好奇，是從門縫偷看先生才看到的，這是確確實實的事。這就是中國文化的國民道德教育，它有自己的一套。現在學校裡有什麼訓導處，越訓越盜，訓得了嗎？《文昌帝君陰騭文》《太上感應篇》，我現在都還保存著。像這樣修持，叫勤集善根。

善要下根啊！我們有時候也動了善念；動了善心，但是不入根。剛要對人好一點，善事做了一點，忽然另一種刺激環境來了，就什麼都不管了，恨起來比不行善的時候還要恨，這是善根沒有成就，所以修道不會有成果的。要「勤集善根」，這就是你們同學經常不大注意的三十七菩提道品，那裡頭特別注重這東西，可惜你們只把它當作佛學的名辭。修道學佛，戒、定、慧，不能完成就是功德不能圓滿，功德如何圓滿呢？就要勤集善根，行善要種下根基，深深埋根下去才能成就。

「樂禪定不亂，樂離垢明慧，樂廣菩提心。」注意！要樂勤集善根以後才真正得到禪定。你們有的經文本子把這兩句圈點成上下句，等於一正一反。所以我們修道打坐為什麼不能到達禪定的境界呢？因為善根的根基不深。根基不深不能成長的，所以你們打坐做工夫有時候好、有時候壞，進一步退三步。有時好個幾天就不得了，窮人得寶，「抖」起來了，結果窮人抖起來進了精神病院，因為善根不深啊！必須要勤集善根以後，才能真正得到禪定之樂，永遠不散亂了。實際上什麼是禪定呢？行善就是禪定。禪定到了，不必然念念行善。所以看你真有沒有定力，只要看你有沒有行善就知道了，不是看你能盤腿多久。但是盤腿也是要的，這是習定，練習定的基本工夫。真得定了，盤腿、放腿、走路、睡覺，無一不在定中，這要善根成就才做得到的。

有了禪定以後，「樂離垢明慧」，才能發起智慧。智慧是什麼？是離一切心理上的染污，唯識學心所上的染污都離開了，心中明淨。這明淨不是理論，是工夫，內外光明清淨。這個時候，真正的智慧不思而得，不勉而中，發動了。得了智慧幹什麼？大澈大悟而證得菩提，所以「樂廣菩提心」，菩提是翻譯名稱，意思是覺悟，就是阿耨多羅三藐三菩提，中文是無上正等正覺、大澈大悟。這裡為什麼要加一個「廣」字？表示不是我們一般小智慧小聰明境界。所以我這一次跟著去年講的《瑜伽師地論》連貫下來，要你們研究《成唯識論》，就是要開發開廣你們的智慧。真了解了菩提心，就知道它的體是性空緣起，而以大悲心為用。真得了菩提心，一定發大慈悲心。

「樂降伏眾魔，樂斷諸煩惱。」什麼是魔？不是你夜裡看到了鬼，煩惱就是魔，一切眾生心中皆有煩惱。我常說佛學比一切學問都高明，例如佛法用的煩惱二個字，或者翻譯成煩惑，每人每天沒有哪個時候不在煩，惱是討厭。煩惱不是痛苦，痛苦就很嚴重了。沒有一個人不煩惱，《維摩詰經》

等註釋說「煩惱即菩提」，看你能不能把煩惱轉過來，煩惱轉了，就清淨了，就大澈大悟了，就離垢明慧了。煩惱就是塵垢染污，一切心態心所所起的，都是染污心理。魔有很多種，煩惱也有很多種，所以說：「一念之間有八萬四千煩惱」，這呼吸一進一出叫一念，這一念之間就有那麼多煩惱，自己沒有檢查出來。

你們愛寫文章的就可以體會，當你拿著筆在寫字的時候，你觀察一下（這就要有定力了），我們的思想來得快，筆跟不上，你用電腦打字也跟不上。思想很快，一把握不住就溜過去了。你想記錄自己一剎那之間有多少思想，是沒有辦法的，尤其是思想敏捷的人。你們跟我久的同學都知道，我寫東西的時候，要擺三支筆在那，寫得快起來都來不及再找筆，過去了就懶得動了。你就發現，如果寫不快的話，你最好的觀念一下就溜過去了，過去心不可得啊！這裡告訴你什麼？不要當鬧熱聽了，這是叫你檢查自己的一念。你從這裡坐電梯下去，只有十一樓，不要一分鐘就到了，可是你在電梯裡想了多少事了？你看有人坐在那裡織毛線，你以為是織毛線，其實在搞煩惱，腦子裡都在想別的，心都是散亂的，不得禪定。很多年輕人看書根本看不進去，你們都有這種經驗了。如果你每本書的每一個字每一句讀下來，中間沒有岔過別的思想，那就叫讀書了。能這樣專一的話，修行也能夠專一。但是你做不到，都是一面看，思想一面在那裡跳動，這叫煩惱。所以禪定也做不到，智慧也做不到。定就要在這個地方體會，否則你打坐都是在搞昏沉，修亥母定，亥屬什麼？亥屬豬，要注意啊！

「樂淨佛國土。」煩惱清淨了，就一念之間煩惱不生，叫無生法忍，離染污心而明淨，此心就是淨土，淨土就是佛土。《維摩詰經》說「心淨則佛土淨」，內心一淨了，佛土境界就清淨了。道家張紫陽真人講過：

不移一步到西天　　端坐西方在目前
項後有光猶是幻　　雲生足下未為仙

不須要往生，已經生了，也不要往，自然生，也不往，自然去。西方就在你心田中。你縱然修禪定到全身放光，也還是幻境界。你身體可以飄起來，站在白雲上，還是妖魔境界，仍然是由妄想心生出來的，並不稀奇。換句話說，你心還沒有清淨，還在著相。不著相煩惱就轉菩提了，就達到「樂淨佛國土」。

「樂成就相好故，修諸功德。」這是修大乘道學佛之路，為什麼要修諸功德，修一切功德？我們若持小乘戒、比丘比丘尼戒，走的是消極的修善，沒有積極的修功德。大乘菩薩戒除了消極的為善，還要積極的修功德。所以修功德是非常積極的，修一切功德圓滿才能成就一切佛法。大家早晚作功課都唸「皈依佛兩足尊」，哪兩足？福德和智慧都滿足了。福德怎麼來的？修功德來的。功德成就，福德就圓滿。大家學佛往往重修慧而不修功德，但是慧也沒有修到，聽了又忘了就是沒有慧根，要能一入即三世不忘，即使是讀書的博聞強記，也都是修得的。

你們同學在現代教育之下老是靠筆記本、原子筆，靠電腦，腦子永遠是空白的，我最反對。我有時也靠筆記本，這是因為腦子暫時先管下面重要的，臨時拜託這筆記本先幫忙記下來，等一下我還是要把它記到第八阿賴耶識心田裡的，這樣可以拿起來就用。我不相信年紀大的記憶力就退步了，至少在我現在這年紀還否認，記憶力反而比以前還好。為什麼？年紀大了功力越來越深，頭腦就越冷靜，記憶力就越強。所以年輕人談不上，年輕人能博聞強記，除非他修定力有成就，或者是過去生的定力帶來的。歷史上講白居易生下來就能認字，還有很多人也是這樣，那都是真的。

這是講修功德的重要，功德不成就，智慧是不會成就的。善根成就的人是有真智慧的，真智慧是真神通，真智慧是真善根。過去我們中國人講：「天子重英豪，文章教爾曹，萬般皆下品，唯有讀書高」。十幾年以前我在大學教書就講，萬般皆上品，唯有讀書低。這個世界每一樣東西都值錢，只有知識不值錢，但是知識的代價，它的成本，比什麼都高。一篇文章寫下來，稿費沒有幾個錢，但是真正的好文章，要累積了許多時間，收集攏來許多智慧，不過寫一二千字，那個成本的確很高。

幾十年前我有個不識字的老鄉，發了財，找我幫他寫一封家書。我事情很忙，他就坐在旁邊等，等急了要催我快點，就說：求你真難啊！你這寫信不過就拿起筆畫個兩下嘛！言下之意好像我有意為難他。這一下我有點火了，也想教訓他，就說：「寫信就拿起筆畫個兩下，那你來畫！」他說：「我就是不會寫才求你嘛！」我說：「你曉得我給你寫封信，成本多少錢嗎？」他說：「這就一張紙有多少錢？」我說：「告訴你，從我媽媽懷胎那一天算起，生下來，從小養大，又讀了幾十年書，現在不過會替你寫信，這要多少成本啊？你同我一起讀書的，你怎麼不會寫！」他被我罵得只好說：「是啊，我小時候不努力，我笨嘛……。」

你看，智慧是不值錢，但是財富再大你買得到智慧嗎？譬如你想悟道，你可以花錢請人替你去打坐嗎？你可以悟道嗎？所以要想悟道，還要修諸功德。不要以為你只打坐，什麼事不管就可以了，現在有好多同學走上這個錯誤的路子。我真要罵人了，你能修得好我頭都給你！我同你賭這個頭。我不要打坐嗎？我這個老頭子一天到晚為你們忙得要死，什麼事都要我管，連草紙都要我管，天氣冷，還要打電話上來提醒你們把窗子關好，不要著涼。我這是什麼禪定工夫啊！我在當你們的孫子啊！這是幹什麼？修諸功德啊！你為什麼不在這個地方去參究呢？光會在那裡自己當老太爺，要讀書寫文章打坐，你那個文章，哼！叫作文髒！打坐叫作打墮！學佛注意啊！要修諸功德啊！

能修諸功德才能做到上一句「樂成就相好」，佛有三十二相，八十種好，智慧具足，福德具足，是怎麼修來的？不是他六年在雪山中冰雪靠背來的，如果這樣可以成佛太簡單了，你打開冰箱靠個六年不就成佛了嗎？不行的啊！要修一切功德才成就相好莊嚴。這不是我講的，是維摩居士對魔女們說的，我不過是個傳話的。

現在繼續講維摩居士為魔女說法，什麼叫作魔境界？就是求快樂、求享受、求快感。維摩居士一連串說下來，說明世間的快樂並非究竟，那究竟的快樂是什麼？現在繼續：

「樂莊嚴道場。」剛才講的是個人的莊嚴體相，現在講到道場。我們的身體是正報；我們長得白、黑、胖、瘦，不同的健康情況，都是因果報應問題，這是正報。時代社會的環境，有沒有財產，住的環境，甚至一切的遭遇等等，是依報。例如阿彌陀佛有三十二相八十種好，這是他的正報莊嚴。因為他的四十八個大願，願一切眾生成就，所以他成就的道場是西方極樂國土，依報也莊嚴。

我們人也一樣，有人一生正報莊嚴，現在看到這種人很少。過去在大陸上，地廣人多，我看過很多例子，許多叫花子相貌蠻好的，臉孔長得像佛像，有的幾乎兩耳垂肩，如果他去拍電影一定是一流的。但他是個討飯的，什麼道理呢？耳朵大了是長壽相，但長壽不一定好。如果看相的說你可以看到曾孫子，你先不要高興，你可能很孤苦，兒子活得沒你那麼長。人要靠兒女過生活已經不是味道了，尤其是現代的人，養兒女是責任，不要有做買賣心理，期望他們還你債來養你。時代不同了，這觀念要改了。我常講，兒女向父母拿錢用，是躺著拿的，太太向先生或先生向太太拿錢用，是站著拿的，要想向兒女拿錢用，就要跪著拿了。

再說有的人正報莊嚴，但是依報不好，環境不好，窮苦一生。何以依報不莊嚴呢？多生累世不修功德之故，不做善事。所以真正之樂，前面講要正報莊嚴，現在講依報也莊嚴是人生最樂，是菩薩之樂，樂莊嚴道場。

「樂聞深法不畏。」喜歡聽聞高深的佛法而不怕。為什麼要怕？聽起來很奇怪，如果你從事教育時間夠久，就一點也不奇怪。如果你從事宗教教育、佛法教育時間夠久了，更一點不奇怪。一班上課有幾十個學生，其中那個笨的，你真想跪下來叫他爸爸，希望他聰明一點都沒得辦法。而且他真的怕，怕接受教育。一班同學有時上百人，畢業了能夠在社會上成功，對家庭有好的貢獻的沒有幾個。樂聞深法而不怕，還肯追求是很難得的。你拿真正好東西教人家，人家不一定肯接受。所以我上課能有這麼多學生肯來聽課，真想給他們跪下謝謝。能真正聞深法而不畏，並不容易。譬如你們想悟道，悟道並不難啊！真的！為什麼人不能悟道呢？因為有一天真有那個道來到你面前，你會怕的。

我上午告訴你們，我實在很佩服那位《外婆禪》（老古出版，新版書名更改為《參禪日記》）一書的作者，以一個在國外定居的七十歲老太太，沒有一個老師在身邊，能夠自己有這麼多境界，不單是了解，而且都過得去，不斷地有進步，全靠自己摸索，真不容易。昨天下午接到她的信，她每半個月定期要向我報告一次，這一次她說打坐時突然好像碰到了颱風境界，風聲極大，但是她曉得這是自己裡面的風動。風一過了就覺得大水來了，如汪洋大海浪潮波動，她曉得是水大動了。總而言之，地、水、火、風都經歷過了，最後不只覺得自己身體沒有了，她早有這個境界了，而是氣從每個毛孔出去了，充滿了虛空，大得很，萬物皆無，自己這個人沒有了，什麼都是雲、氣，自己覺得在若有若無之間，好像只有一點靈光在虛無飄渺中。我們講得很容易，她一個人在國外家中做工夫，家裡人都不在，碰到這些境界沒人可問，也沒有人可商量，自己會曉得這是什麼，不恐懼，真是非常難。這是「樂聞深法不畏」的道理，何況還不算是深法。

所以有的人用功修禪，有時候說入魔了，哪裡有魔啊？不過是自己害怕畏懼，或者是一念貪著七情六欲境界，就走上岔路了。想起來這位《外婆禪》老太太的日記提到，她的鄰居住的是位美國教授，有一天從精神病院出院回家了。一個人進了精神病院就是入了地獄，那是不可想像的，你們沒參觀過，不知道的。所以你們學佛修道，千萬不要把自己弄神經了，被送進了那個地方就不好辦了。什麼病都可以生，精神病可不要生。不只是學佛的，任何宗教都有年輕人信得害精神病了，沒有正知見是很可怕的。這是所謂樂聞深法而不畏，不但不畏，聽到高深的佛法變成了十善道，變成快樂。

「樂三脫門，不樂非時。」三解脫門之樂是貪、瞋、癡都轉了，聲聞、緣覺、菩薩到這個境界，就不樂非時之樂，是正樂。

「樂近同學。」樂於親近同道修行的同學，過團體生活的人都知道，這句話真要做到也很難。在團體中一起修行久了，同學在一起是會不舒服的，不但環境不舒服，而且天天會有煩惱是非的。

「樂於非同學中，心無罣礙。」能夠樂近同學已經不容易了，而能夠和志不同道不合、乃至相反意見的人相處，心裡面卻沒有煩惱。不要說別的，即使是家裡面住在一起的兄弟姊妹相處，都會心有罣礙，隨時會起煩惱，何況團體中的同學！各人意見不同，生活習慣不同，障礙就更大。

「樂將護惡知識。」惡知識與善知識是對立的，佛法講善知識是最好的，是得道的人、有道德的人、可以指導我們不會走錯路的人。即使學問好道德高，如果使我們走錯路，就不是善知識，是惡知識。惡知識是壞人，但是為什麼仍然要保護壞人？這就是菩薩道，即使是壞的，還要保護他、照應他。

「樂親近善知識。」親近善知識當然是應該的。

「樂心喜清淨。」維摩居士為什麼在這兒講這一句話？我們會覺得奇怪了。我們學佛修道就是想求個心清淨，大家都這麼想。事實上，真正到達心念空了、心清淨的時候，你就不會幹了。剛才講過，其實悟道很容易，求道求到涅槃境界，到那個時候恐怕你就不幹了。我們天天要求清淨，真到清淨了，不做了。

剛才吃晚飯時跟老朋友們談話，談到人生的境界。有一對學佛幾十年的夫妻，在家中供養一位禪宗的老師跟著他學，過去很多學佛的人是這麼學的。這老師最後在他家裡面涅槃了，他還親自給老師收拾辦後事。他道家、密宗都學的，現在年紀也到了古稀的七十開外，正報依報都不錯，子孫滿堂。這位太太在大陸上的妹妹最近過世了，先生得到了消息沒有立刻對太太講，怕她心情不好，現在當到我在場才對太太說了。我就說他，「這個也看不開！生來死去普通得很。別人可以，你學佛一生，修道一生，這個情字捨不掉，什麼都不要談。」這話說是說，講理論容易，勸人的時候好聽得很，臨到自己頭上，鼻子就變成眼淚了，就受不了了。講心清淨，人到了老年清淨很容易，什麼都沒有了，返老還童了，像當小孩的時候，什麼都沒有，光屁股來到世界上，老年又要回到那個光光的境界去了。修道的人到了什麼都沒有的境界，嘿！還正好享受。寂寞，在一般人叫淒涼，你如果一知道這個寂寞是享受，就變成真清淨了，那無比的舒服，一無牽掛。可是真清淨來了你受得了嗎？老實講，你們年輕人學佛是追求好奇，清淨寂滅的理論都會講，給你寂滅一下看看，真到那個境界你受不了的。所以「樂心喜清淨」，並不容易，不但清淨，還變成樂。清淨哪裡有？處處有清淨，你做不到而已。

「樂修無量道品之法，是為菩薩法樂。」要樂於修行無量道品之法，不只是三十七道品而已。我們學佛，三十七道品一樣都沒有做到，要真正做到三十七道品之法，包括我們上兩個禮拜累積所講的這一大堆，這叫作菩薩境界，大乘的法樂。我們查佛學字典，什麼叫法樂，只是很簡單的一個觀念。現在《維摩詰經》記載維摩居士所講的，只列舉了一小部分的法樂，還不是全體。全體是三藏十二部，小乘、大乘、佛道、外道、魔道等等，一切的修持轉成菩提的境界，叫作菩薩道的法樂。總結這一段，維摩居士是給落在魔境界人說法，魔境界是貪圖世間五欲之樂，他勸他們放棄，轉修出世的法樂。

「於是波旬告諸女言：我欲與汝俱還天宮。」講到這裡，這個魔王波旬就對魔女們說，我們可以回去了。大家要注意！天人也還是魔，佛學裡頭的魔並不是壞的，凡是貪著身心愛樂的都是魔。所以有感情是情魔，有愛魔，還有更大的欲魔，這三樣是人世間大魔。天人境界就是魔，六欲天中的天人都在魔境界中。我們是不是呢？我們也是，我們就是魔，而且彼此相磨。

「諸女言：以我等與此居士，有法樂，我等甚樂，不復樂五欲樂也。」魔女說，對不起了，現在我們同維摩居士一起，得到了法樂境界，不想要世間的五欲之樂。

「魔言：居士！可捨此女，一切所有施於彼者，是為菩薩。」這魔王看到他的一萬二千天女眷屬，被維摩居士一個人哄走了，就請維摩居士行個好，放棄天女。還說，一切東西可以布施給別人的，才叫作菩薩。你怎麼佔有我這些眷屬呢？

「維摩詰言：我已捨矣！汝便將去。」維摩居士說，我本來沒有執著抓住他們，早就布施啦！你就帶回去吧！

「令一切眾生，得法願具足。」這句話就是菩薩境界，學菩薩道的人要能滿足一切眾生合理的欲望。

「於是諸女問維摩詰：我等云何止於魔宮？」於是這一班魔女問維摩居士，我們跟著魔王回去了，今後怎麼樣在魔的境界裡修行菩薩道？要注意！這是代表我們問，不管在家出家，在這個世界上就還在欲界中，餓了要吃，冷了要穿，病了要吃藥的，一切都是魔境界。人怎麼樣在魔境界裡修行？不在魔境界內修，不叫修行。

「維摩詰言：諸姊！有法門名無盡燈，汝等當學。無盡燈者，譬如一燈燃百千燈，冥者皆明，明終不盡。」維摩居士回答，有一個法門叫作無盡燈，你們要學。什麼叫無盡燈呢？譬如一個燈，一支蠟燭，可以點亮千百支蠟燭，一千一萬支都點得亮。只要點亮了，光明永遠不盡。這個道理就是無盡燈。

維摩居士繼續說，各位大姊回去吧，在魔宮裡修法，就是修無盡燈法門。這個道理有兩個意義，第一個意義，真正的佛法在世間，不一定要出世，在這個世間留著一點佛法種子的光明，影響更大。所謂一燈可以點亮千萬燈，「心燈無盡」就是這個道理。第二個意義是內在做工夫的，只要我們自己心中明白了，即使在魔境界也是好的道場，這個痛苦的世界就是西方極樂世界，還去哪裡找清淨道場？這裡就是了。所以一燈可以點燃百千萬燈，只要一點靈光不昧，隨處都是道場，魔宮裡正好修行。沒有魔的地方是不能修行的啊，沒有魔的地方你修行修不成的，因為你不需要修行了嘛，對不對？沒有魔哪需要修行？譬如夫妻相處，互相是對方的魔，在這裡受得了、空得了、悟得了就是修道。家庭中各分子在一起都是魔，你磨他，他磨你。有好魔的，大家相親愛的，這個魔是看不見的。不好的魔呢，天天吵，吵死為止。修行在魔宮裡修，是大乘道，在魔法裡打得過，才是成就。修道人經過一層魔障，就跳過一層道業。俗話講，道高一尺，魔高一丈。你能跳得過一丈，就更厲害了。

所以修行不是跑到廟子、跑到山裡去，山裡誰磨你？算什麼修行？有年輕出家人要去住山洞閉關我都供養，但是我都告訴他們，你修不好的，你去三年再下山跟我做事看看。他三年打坐，跟我做事一天就垮了，就受不了。尤其我這個大魔，天天罵他這樣不對、那樣不對。他在山上受人恭敬禮拜，到了這裡挨老師罵就受不了，這個魔境界過不去你不要修道。《維摩詰經》這一段就是告訴你，受得了魔才是道。尤其你們這些剛剛找上魔境界的，要多注意啊！古人作的一副對子：「能受天磨真鐵漢，不遭人忌是庸才」。一個人出來做事如果沒人嫉妒你，那這人是個笨蛋。又能幹又有本事的，一定有人吃醋，被人討厭，在團體裡沒有人討厭妒嫉的，就曉得這傢伙一定是無用的東西。有你不多，沒你也不少，這樣一個人一定是個閒傢伙。人做到這樣一點價值也沒有，這是普通的道理，不是佛法。你不要以為這兩句話簡單，我是一輩子拿來當咒子唸的。年輕時我風頭之健，各方面要打擊我的很多，心裡很煩，一想到這兩句，就哈哈一笑，不理了，真解脫了很多痛苦，「是無上咒，是無等等咒，能除一切苦，真實不虛」。這不是給你們說笑話，你以為一定要什麼咒語，這就是好咒語。你哪天夜裡碰到鬼，把這兩句一唸，那鬼都跑掉！如果鬼要來迷你，證明你這個人還有點好處。如果鬼都不理了，你這個人還有什麼用處！對吧？

「如是，諸姊！夫一菩薩開導百千眾生，令發阿耨多羅三藐三菩提心，於其道意，亦不滅盡，隨所說法，而自增益一切善法，是名無盡燈也。」你們在魔境中修法，要把自己點亮，把智慧打開，你就是一盞心燈，在這個世間可以開導教化一切眾生，可以影響多少人，都能夠發無上正等正覺心。一盞燈點亮了，可以分燈千百萬盞。一個菩薩自己悟道了，可以教化人家，不但對自己沒有損害，自己的道理越布施出去，智慧越增加，這個道理就叫無盡燈，你們同學就要學。我這裡給你們講明，因為你們不亮，你們雖然也是燈，是熄滅的燈。

我從上個禮拜起，喉嚨不舒服，發聲困難，好多同學就勸我休息一陣子不要講課了。但是我不肯停，因為同學們要學啊！還管它有沒有聲音，照樣要它講出來，這要點本事的啊！我吃了一大堆中藥西藥，一點用也沒有，只有不理。學佛的人，犧牲自己照亮別人，所以我不肯停，還不是講下來了！這是告訴你們，不要自私，不要為名，不要為利，只有一番弘揚佛法的心，不要管自己，你充其量講死了嘛！假如在這裡就是講死了也蠻好的，你們把油漆一漆，打上防腐劑，就算肉身不爛，還可以給你們賣門票收點錢，也不錯，對不對？不要當笑話，就要下這個決心，無私無我，傾你所有布施出去，沒有什麼艱難的。學佛修道就是這麼一條路子，這就是無盡燈。我看你們來學佛學道，年紀輕輕，非常照顧自己，又懶，又不肯助人，但要求起別人卻非常嚴格，看看這個不對，那個也不對，覺得別人都不是聖賢，難道你就是聖賢嗎？我看你是剩閒，是剩下來沒有用的閒人，有你也不多，沒你也不少的人。你們在家裡、在社會都要幫助別人，犧牲自我沒有要求，就是無盡燈的道理。當然要點亮了自己，這也重要。

「汝等雖住魔宮，以是無盡燈，令無數天子天女，發阿耨多羅三藐三菩提心者，為報佛恩；亦大饒益一切眾生。」所以維摩居士對魔女說，你們回魔宮去，以這個道理去修持，自己作一個照亮的明燈，影響無數天人天女都發無上菩提道心，這樣才是報佛的恩。什麼是報佛恩，就是大大地利益一切眾生。

「爾時天女，頭面禮維摩詰足，隨魔還宮，忽然不現。世尊！維摩詰有如是自在神力，智慧辯才，故我不任詣彼問疾。」講到這裡，這些天女頂禮維摩居士，就跟隨魔王回去了。

持世菩薩本來在道場入定，天魔就帶了魔女來玩了這個花樣，他的處理方式就是對魔王說，我們是出家修道的人，不可以這樣。這就是一般學佛修道人的作法，鐵青著面孔教訓人。維摩居士就在魔境界裡遊戲人間，你們千萬不要帶著一個宗教徒那副死相，大菩薩道要度一切眾生，魔就不是眾生了嗎？外道就不是眾生了嗎？你就度不了嗎？你把他們排開了，那你還算是菩薩道嗎？他是壞人更要照亮他，你這個燈就要點啊！所以佛法修道在世間，不在出世間，就在魔道裡修佛道，成就了才是真佛道。

既然持世菩薩也吃癟了，佛就找另一位菩薩。

長者子善德——布施與供養

「佛告長者子善德：汝行詣維摩詰問疾。」長者子是世家公子，善德顧名思義，這菩薩的境界是修一切善的。佛要他代表去問候維摩居士的病。

「善德白佛言：世尊！我不堪任詣彼問疾，所以者何？」但是善德菩薩同諸位菩薩一樣，表示自己也沒有資格去。什麼理由？

「憶念我昔，自於父舍設大施會，供養一切沙門婆羅門，及諸外道貧窮下賤孤獨乞人，期滿七日。」善德菩薩向佛報告，以前為了紀念自己的父親，要做功德，就設了一個大布施的法會，供養一切出家人、婆羅門貴族、外道、下賤階級的人、孤獨的人、討飯的，布施了七天。

「時維摩詰來入會中，謂我言：長者子！夫大施會，不當如汝所設，當為法施之會，何用是財施會為？」那時維摩居士來了，他對我說，公子，真開一個大布施會，不應該像你這樣辦的，只拿錢和食物來布施是不夠的，真布施是法布施。佛法講法布施是智慧的布施，教育就是智慧的布施。我可不是在布施啊！我這是叫出賣。布施不容易的，我是做不到的，那硬是要犧牲自己，不論是什麼人你硬是要教化他。連迦葉尊者、須菩提都做不到，都有偏向。迦葉尊者只教化貧窮的人，富貴人他不理，須菩提正好相反。所以我說我做不到，我的做法、教法只是有限的人可以接受，不能做到無遮大會的法布施，人要有自知之明啊。菩薩道法布施可不容易，法布施真做到了，才是十地菩薩的法雲地，說法如雲如雨似的普遍灑下來，等於古代所說，「龍行一步，百草沾恩」，那才夠得上是法布施的大菩薩，我們只算是開始在學習而已。

所謂法布施有時也稱法供養，但是嚴格講來，這兩個名辭是有差別的。

法布施是已經有成就的菩薩，自利而後利他，為人說法，度一切眾生，是布施的精神。供養是以下對上而言，例如供養諸佛菩薩。但是一切眾生皆是菩薩，是因地上的菩薩，都具有佛菩薩的種性，只不過是善根沒有發現。所以用謙和的大菩薩境界心理來說，法布施就是法供養。學佛的人必須要修供養，在修持法門裡，供養不光是理論而已。一個學佛的人隨時要起供養心，也可以說是要起布施的心，不但要有實際的布施，還要有法布施。

拿世俗的觀念來講法布施，是看不見的，好像不花本錢，我心裡想一想就是了。如果是這樣，就變成戲論了。法供養、法布施要隨時隨地培養自己的心田，以清淨法，供養一切十方三世諸佛、菩薩、聖賢、有成就的僧伽、眾生。所有的供養中，如飲食、衣服、臥具、湯藥是佛經歸納為四種供養。學法的人如果自己有佛堂作道場是最好了，如果沒有，家中也不方便，就不需要。心中有佛，心中就是道場，念念有佛、法、僧三寶在心中道場。開始你觀想一個有形象的都可以，想像一個自己理想中的道場，用這個理想的道場，隨時修供養法。

講飲食的供養，像我們當年學佛，不論如何，身邊總想辦法有個佛，因此就弄個佛像，是象徵的作用，畫的、雕的都好，自己不論吃任何東西，沒吃之前都先拿起來供養佛，然後才自己吃。據說我們這裡有位同學，他買回來水果都先拿去供佛，然後才吃，不論他是不是學過，以此發心就是對的。實際上諸佛菩薩不需要吃你的，你是在培養自己的恭敬心，上供養一切三世諸佛，同樣地也是供養你的父母。我看過很多信宗教的人，對於他們的教主，不論是佛還是上帝，很有恭敬供養心，對於自己的父母卻好像是冤家一樣。你對一切眾生都要供養，何況是父母？很多學佛的人，和自己的家人相處不好，覺得家人是拖累，覺得煩。這些人連自己眼前的家人都不能度，逃避到宗教裡來，還說什麼要度一切眾生，簡直是犯罪！佛經上說，事父母如佛一樣的人，必定得福報的。飲食的供養包括吃的和喝的，乃至我雖窮得沒有辦法了，泡一杯茶，倒一杯清水，也是供養。你們佛堂泡的茶葉，每天也要換幾次，心情要像佛菩薩就在這裡似的，不要以為今天已經泡茶供佛了，就不管了，這是自欺。衣服也是供養，乃至自己買了一塊布作新衣服都要供養。

供養不只是供佛菩薩，連善知識、上師也要同樣供養的，當年我們學佛都是這樣做的。現在時代變了，我早就說過，現在不供養佛也不供養上師了，是我們要供養眾生。不是他們來求法，是我們要跪著，求他們接受法。各位同學，現在有這樣的環境供養諸位，吃住學一切都不需要顧慮，是何等的福報啊！我常告訴你們，自己要反省，何德何能，受此供養？所以我常常講戒律有兩句：「忖己功德，量彼來處」，這是非常重要的。我們接受人家的供養，要反省檢查自己所作所為有什麼功德，要估計這個人對我的布施供養，該不該接受。這些地方你們不是沒有榜樣，活的榜樣都有，但是你們不知道。有時候高興起來要罵你們，不高興只有感嘆，此乃佛所說，至可憐憫者，愚癡得可憐。

如果你們的福德智慧資糧夠了，才可以修上乘大法。上乘大法說，「諸供養中，法供養最」。剛才講的飲食、衣服、臥具、湯藥還容易理解，怎麼叫法供養？就是你本身悟道啊，你證得阿耨多羅三藐三菩提大澈大悟就是法供養，也是真正的法布施。有人用世俗的話講，法供養是精神供養，但是這樣說並不對。最好的法供養是自己悟道，其次，是此心二六時中無雜念、妄想、煩惱。是不是做得到，這是個問題。所以維摩居士對長者子善德，講法供養的道理，他說開布施大會最重要的，不是拿財物布施，法布施才是真布施。

「我言：居士，何謂法施之會？」長者子善德就問維摩居士，怎麼樣叫作法布施的法會呢？

「法施會者，無前無後，一時供養一切眾生，是名法施之會。」這文字容易懂，你一唸就過去了。所以後人叫唸經是背書，背書並沒有錯，我已經講過了，現在你們年輕人讀書都是靠筆記，哪一個背得來？書背不來智慧啟發不了。佛教的背書的方法非常好，叫作誦經，誦就是讀，嘴裡唸出來。唸經為什麼敲木魚呢？木魚是作什麼用的？古人認為魚是不睡覺的，其實魚也是會睡覺的，但是因為魚始終不閉眼，所以木魚是提醒我們晝夜要清醒，不要無明，不要昏沉，不要糊塗，心目都要保持清明。敲木魚為的是，唸經時每一個字都不散亂，念念清楚，這叫唸誦。

維摩居士的回答，照文字字面講，法布施的法會，連在宇宙中過去和將來生存的人都要布施，這是無前無後，同一個時間就供養了一切眾生，這叫法布施。這樣講你們聽懂了嗎？哼！全不懂！這叫作「依文解義，三世佛冤」，如果只照著文字解釋經典的意思，過去、現在、未來三世的佛都要喊冤枉了。下面還有兩句：「離經一字，允為魔說。」如果你說，那我不照著經典來說，照我自己修持的方法心得而說可以了吧！但如果你說的和經律論的道理不相合，就是魔說，不是佛說。所以真正學佛的人，經要通，教理要通，宗要通，自己悟道工夫還要到，樣樣要俱到。再嚴格講，內明要通，自己內在要得道，外學也要通，世間一切學問要通，才夠得上是學佛。如果你只管自己一個人，那學佛幹什麼？真正學佛的人不會只管自己一個人，一定隨時作利益他人之想。現在寫佛學論文的人，都是在依文解義，抓住一個題目，東一條西一條兜攏來，再寫一些註解引證，真教三世佛都要喊冤。

維摩居士講的法布施，在同一時間供養一切眾生，沒有前沒有後，你做得到嗎？可能嗎？就算你是神經病會幻想，你如果能幻想出來算你本事大，我就印證你幻想成就菩薩。你絕對做不到的！要一念之間做到，而且不是只有供養人而已。所以你以為文字看懂了，這不算佛法，還沒有深入懂得內義。

「無前無後」是要你前後際斷。我們把起心動念分成三段，就是三際，譬如我一講話，你們一聽到就沒有了，這是前際，下面要講的你還沒聽到，這是後際。前念已滅，後念不生，當體即空。這是《金剛經》所講的：「過去心不可得，現在心不可得，未來心不可得。」你能把自己的身心煩惱思想妄念，一下前後際斷，無前無後，當下即空嗎？不空，怎麼不空呢？無前無後沒有說中間啊！中間非空非不空。說空的，前面念頭過去了，沒有了，後面念頭沒有來，中間一定是空。這個空的就是自性現前，正是有。這個有不是世間的有，所以唯識法相叫這是勝義有。這是身心修持最基本的法門。能做到一切煩惱妄念前後際斷，無前無後，念念當下即是，當現前的一念清淨空念，就是供養一切眾生，這叫作法布施。我們做得到嗎？

我們作個世俗的研究，把布施收到最小的範圍。我們這個身體也是一個世界，身體上有很多眾生，因為身體內部和皮膚上，有很多寄生蟲和細菌。身上的細胞是不是一個單獨有靈性的生命，以今天的科學還不敢斷定不是。

假使你念念之間妄念不生，前念皆空，後念不起，當體皆空，一時之間至少供養了身上所有眾生得清淨、安樂，這也是法供養、法布施。

我們過去學佛的，進出自己家中佛堂都要行個禮，不只行禮而已，五體投地之後要站起來，合掌去供桌前靠一下頭，還要有響聲，表示額頭碰到佛的腳了，這些你們沒有看過。當然我現在也自然了，不過在我自己家中佛堂是如此的，也收拾得非常乾淨。除此之外，每次上座身子擺好了，第一念要想，一切修法不論是修觀想、呼吸等等，如有所得，一切成就功德迴向一切眾生，不屬於自己的。這個願發了以後，第二念再空下去，或者再開始念佛。要隨時隨地念念如此才叫法供養、法布施，一個人幾十年當中能夠念念如此，才算是學佛。我們做得到嗎？恐怕法供養做不到，倒是在氣供養，氣人家擾亂你打坐，這個那個的。

「曰：何謂也？」維摩居士講的，善德菩薩聽不懂，就請維摩居士解釋。

「謂以菩提，起於慈心。以救眾生，起大悲心。以持正法，起於喜心。以攝智慧，行於捨心。」你看，維摩居士一講就又是一大堆，如銀瓶瀉水一般，嘩……就下來，你接都來不及接。難怪十地菩薩叫法雲地，說法如雲如雨，蓋滿虛空。維摩居士是在家佛，超過十地境界，他說法自然也如雲如雨。

這裡他開始為善德菩薩說，什麼叫法布施。他說，「以菩提，起於慈心」，你以為文字一看就懂，恰恰不懂。怎麼是以菩提，起於慈心呢？普通經典說菩提心就包括了慈心，這裡怎麼說不同呢？菩提者中文意思是覺悟，換句話是悟道，是明心見性。悟了道以後從內心起慈悲心，看一切眾生如子女一樣，如慈父愛護一切眾生，這個是法布施，是法布施的一種。

「以救眾生，起大悲心」，行法布施的人，隨時隨地心理上念念之間在如何救眾生，眾生有煩惱，有苦，我要如何救他，要起這個大悲心，這樣叫作法供養。我們學佛的人自己要反省啊！你什麼時候想過要救眾生？很多人對我說，「老師你發願在度人哪！」我說：「去你的！什麼發願？我為了吃飯！我本願度眾生，現在是反被眾生度。」你們聽謙虛話聽不懂，其實是罵人的話，你們學什麼佛！哪裡想度眾生，你度了誰啊！念念想眾生來度你，裝個學佛的樣子。所以外邊人問我信什麼教，我就說信睡覺，因為跟他們講不通嘛，省得囉嗦。你說我不慈悲嗎？我這就是慈悲，方法不同，大家哈哈一笑。我是看對方什麼人，毫無根器的人，我就先跟他來這個，你拒之越遠，他求之越切。你如果拉著要教他，跪下來叫他祖宗，他也不聽的，人就是這樣的，這是方便法門。

我們反省自己是不是隨時有救人的心？不要說救人了，就連肯幫助人的心有沒有啊？只要人家一點不肯幫你，只要眾生不供養你，就起了大瞋心。所以讀經典不是容易的，你看這文字很容易，我們幾時做到隨時隨地以救助一切眾生的心情來發起大悲心？這不是要你起個念頭：「我要慈悲去救助這些眾生」，你有個「我」就錯了，要忘我，以救一切眾生，起大悲心，才是法供養。

「以持正法，起於喜心」，以修持正法的心情來生起喜心，這裡都是講菩薩四無量心：慈、悲、喜、捨，是學大乘菩薩必須要培養的心情，也就是我們必須培養的情操。我們讀佛經真應該一邊研究，一邊掉眼淚，自己感到很難過。為什麼？就拿喜心來說，一天到晚看到人家嫌煩，別人看到你也煩死了，臉孔像討債的冤家，一點喜心都沒有，你還能度眾生？凡夫就是如此，你慢慢修吧！三大阿僧祇劫再來。逢人就笑也不算喜心，喜不是笑，是喜悅之心，真學佛修道的人，你看他那個神情，臉上的細胞都是使人看到就喜歡的，即使他在罵人打人的樣子都是慈愛的。

喜心怎麼起呢？維摩居士說要持正法。問題來了，什麼是正法？哪個法不正啊？尤其現在末法時代，每個老師每個善知識都說自己是正統的，別人都是旁門左道。昨天才有個同學打電話給我，談起這個問題，他有一陣子沒有來我這兒了，他說最近參加了很多這位法師那位居士的法會，本來以為去聽一些法，結果光聽到他們在批評別人，也有批評我的。他就問我，這是怎麼搞的？我說：「唉！如是如是，善哉善哉。」每個人都說自己的是正法，譬如這本《維摩詰經》，大家都知道是正法，就要學習正法，末法時代哪裡去找明師呢？本師釋迦牟尼佛在這兒啊！他的經教都在，都是正法，為什麼不好好研究？因為信不過人。

我們後世學佛的人要記得幾點一定的道理：「依經不依論」，一切道理以佛經為標準，乃至《瑜伽師地論》《成唯識論》《大智度論》等都是次要，至於後人，尤其現代人的著作根本連看都不看了，因為他有沒有修證到，都有問題。其次，「依智不依識」，「依了義不依不了義」，要研究大乘了義經典，譬如《楞嚴經》，是徹底的經典，有些佛說的經典是不了義，是對某一些程度不同的人作另外的說法，是不了義教。「依法不依人」，你們同學常常說我這個老師很難辦，脾氣又大，拍馬屁拍不上，的確是的。講到佛法，不管你對我感情如何，我始終保持一個態度，「寧可將身下地獄，不將佛法作人情」。這就是所謂四不依的法門，也可以說是四依法門，不然怕走錯了路。這個四不依，在本經最後也會提到，就不先詳細說了。

所以我們求師訪道學佛不要情感化，絕對要理性化，求正法以四不依的法門來檢查。什麼是正法？譬如大乘的經教，像《華嚴經》《法華經》《楞嚴經》《楞伽經》《解深密經》《維摩詰經》《金剛經》等，絕對是正法，不會有錯。古人說通一經一論才真正夠資格學佛。唐宋時代是不能隨便出家的，要通過佛學的考試，自己可以指定一本經或是一本論，他就考你這本經論，通過了，國家就發你一個證明文憑，就是度牒，不是像現在這麼容易拿。若是出家人犯了法規，政府可以把度牒追回來。到了唐明皇以後，有一度國家的財政出了問題，同外國打仗經費不夠，也曾經出賣過度牒。

所以經論不通，就不會了解正法。大體來講，《大般若經》《金剛經》《心經》都屬於般若系統，在中國的佛學系統裡是屬於性宗，直接講形而上道、明心見性。另有由科學的心理入手，一步步起修的唯識系統，中國叫相宗。這兩大系統，都屬於正法。還有很多正法，如三十七菩提道品、十二因緣都是。再簡單點說，佛法說心法是正法，凡是依心起修的都是。

由修持正法，而有所得，生起法喜充滿，這個是菩薩的喜心，是真正的布施。換句話說，你要度一切眾生，就教他正法，不要走邪路，不要走方便法門，「寧可將身下地獄，不將佛法作人情」。可是你們不要搞錯變成慳吝心，跟你學法還要拿紅包來皈依，否則不將佛法作人情，那就變成邪法了，不要借這句話隨便用啊！

「以攝智慧，行於捨心。」捨，就是放下，就是布施。什麼叫放下，就是丟得開。佛法講慈、悲、喜、捨，我們反省每一個字做到了一分半分沒有？都只是嘴巴上做到而已。捨心做不到，怎麼學佛？你說你什麼都捨掉了，唉呀！就是還有個身子！哼！那是怎麼都捨不掉的，我告訴你吧，人要想捨掉外境界是做不到的，不是叫你丟開家庭兒女，家庭兒女就是道場，去哪裡找清淨地方？你在家中念念捨心，你的家人就是眾生，就為他們犧牲不就好了嗎？雖然人少，有幾個就幾個嘛！連為家人都不肯捨掉，不肯犧牲自我，還說要學佛度眾生？你連個鬼都度不了！

什麼才是捨心？「以攝智慧，行於捨心。」行，是修行。攝，用現代話說，就是包括進來。亂攝可不是智慧，譬如講布施，好多同學都有經驗的，大家說起有什麼人很可憐，我就同意出點錢。旁邊同學勸我為什麼要出錢，我說我帶頭啊！應該做的事就是捨。但是有時同學提到要去幫助某人，我反而說不能，你連一毛錢都不能給，要出問題的，你幫助了他，他犯的罪造的業反而更重了。同學表面同意，背著我還是去幫他了。事後回來對我說，老師，還是你對了。這就是做善事也要有智慧的。

我們心裡越放得下就越空，然後空的智慧就發起了。越放不下，智慧就越是發不起。你們打坐要想清淨就是捨心，想把煩惱妄想丟開，但是丟不掉，因為沒有攝智慧來修行。放不放得開，丟不丟得掉，那是般若智慧成就的問題，不是你說想硬放開就放開了。你丟不掉的啊！實際上你坐得越好就越放不開了，那個定的境界多舒服啊！定就放不掉了。這個中間的道理要搞清楚，就是攝智慧修行。佛法的智慧是空，你空得了一分，你的捨心、布施心就大一分，你空不了一分，那個不能捨的心就加大一分。

「以攝慳貪，起檀波羅蜜。」檀波羅蜜就是布施波羅蜜。修菩薩道要起布施心，這是大乘菩薩道六波羅蜜的第一條。為什麼要起布施心？是為了攝慳貪。我們人都有慳吝的習慣。慳吝不是節省，節省是道德，是對自己的節儉，對人家的寬厚。如果因為我自己節省，對人家也節省，就不是道德，而是慳吝，是捨不得。慳字是心字邊上有個堅字，把心抓得牢牢地，一點都捨不得。貪，是有了還想更多。

凡是眾生一定慳貪，你說自己能不慳貪，不容易的。譬如我，什麼都能捨，就是書不能捨，所以人家問我借書我都不借，因為常常有去無回，乃至一套書借出去，回來少了一本變成殘書了。這個心理就是慳，我將自我反省講給你們參考，大家自己要警覺。不過現在我不怕人家來找我借什麼祕本了，因為我把它都印了，公諸天下，你來借十本也可以，我有幾百本呢。但是，你看，這還是慳吝心。

所以修菩薩道要先修布施道，前面講過有三種布施：除了財布施、法布施，還有無畏布施。無畏布施不花本錢的，但是大家做不到。譬如有人怕鬼，你就教他一個法子不怕鬼，雖然你的法子可能是扯謊的，但是只要他不怕了，也就靈了，這也是無畏布施。又比方有人到了極困難的地步，你沒有錢幫他，就告訴他一句話：「我支持你！欠了帳我替你還！」其實你比他還窮，但是，嘿！這一句話就救了他。給他精神支持，就是無畏布施。又比方有的人生病快要死了，醫生說他的病是絕症，我就對他說：「你怎麼相信這些醫生，他懂個屁！我幫你看了相，現在一摸你的脈，你起碼再活十年！沒有事的！」其實我是亂說的，他聽了居然就好了，我這個咒就靈了。

但你給人家無畏布施可要懂得智慧，懂得方便才行。前陣子有個老朋友打電話給我，「不好了，出大事了！我生病要死了，你不知道嗎？某人某人都來看過我了。」我是真的不知道，他心理上也在希望我能去看他。他接著告訴我，自己住院了，自己家的屋子又被一輛車子撞進來，家人幾乎送命。我聽他的電話，差點脫口而出：「福無雙至，禍不單行」。話到了嘴邊嚥了回去，就說：「你全家人趕快懺悔，唸《地藏經》，我明天送過來，立刻就開始唸。你那個面相可以活到九十歲的，不要擔心。」這都是現成的故事，給人無畏布施，法供養。

「以化犯戒，起尸羅波羅蜜。」尸羅波羅蜜就是持戒，尸羅是戒律的梵文音譯。因為防止不道德的心犯罪，所以佛制定了一切戒律。戒律的修行法門，就是在感化一切犯戒的眾生，使他不犯戒，度他到彼岸。我們對於慳吝的人要教他布施，對於容易犯戒的人，要教他持戒，這樣對不對？對？你將來作法師時，可不一定要這麼認為啊！你一定要懂得方便，要以慈悲為本，方便為門。慳吝的人你要他布施是要他的命，他不會聽的！本來還相信佛法的，你教錯了他就不相信了。

對慳吝的人，你乾脆教他持戒，一毛錢不要亂花，不義之財也不苟取，他會非常聽得進，就信佛了。學到某一個程度，他功德有了，智慧開了，自然肯布施了。如照佛經那麼講，教慳吝的人去布施，絕對行不通的啊！我的經驗很多很多。

倒是教愛犯罪的人作布施還容易，他天天去聲色場所，往往一擲千金，你要他在某個地方出點錢，他就幹，這樣慢慢引導他，使他自然不會犯戒。教育要懂方便，不要刻板，抓住「以攝慳貪，起檀波羅蜜」，你還檀呢！他早就彈跑了！幾十年前我講《金剛經》，《金剛經》也講布施的，有個有地位又有學問的朋友本來天天來聽，後來就不來了，後來跟其他同學聊起，他們說這個人認為我上課指著他罵，因為他有幾個錢，認為我講布施就是要他把錢拿出來給我。唉！你說，我這有什麼辦法！這就是眾生。

「以無我法，起羼提波羅蜜。」羼提就是忍辱，忍辱可不能硬忍啊！硬忍要忍出肝病來的。我經常講，凡是傲慢的人，就是有自卑感的人。世界上最傲慢的人是當皇帝的，而當皇帝的人自卑感最重。因此他多心病最重，這個人靠不住，那個人靠不住，這個人對我不恭敬，殺了他。一個人真做到無我也就無所謂自卑。真正絕對傲慢的人不會懷疑一切人，你看得起我要聽我的，看不起我也要聽我的，那是只有諸佛菩薩才做得到的「天上天下，唯我獨尊」。

「以離身心相，起毗梨耶波羅蜜。」毗梨耶是精進的意思。我現在深深體會，自己年紀大了，有時候就懶囉！最大的痛苦是批改你們的文章和日記，尤其是過年到了，國內外的來信、賀卡，一個禮拜就成厚厚的一堆，一天拖一天，看了心裡煩，可是手邊事情又多得不得了，只好倚老賣老，在來信上用紅筆一劃就寄回去，也算答覆了。同學們也不見怪，我老了嘛。這我還算下筆快的，每封信只能用上一兩分鐘把問題解決了就好。可是就算這樣，每次一搞都是一兩個鐘頭啊！要是像你們那樣慢慢想、慢慢寫，那我的媽呀！早就急死了。

為什麼要講這個事？你注意這個話：「以離身心相，起毗梨耶波羅蜜」。雖然事情辦不完，可是大家這麼愛護我，怎麼辦？有時同學們也勸我，你太累了，年紀大了，要多保重一點。我說，算了，早死早了。他們又說，你也要為我們多留一些日子好不好？道理不錯，就聽你們的吧！好像我還要賣個交情似的。但是，真老了嗎？真是事做不完嗎？不是的，還是偷懶。懶是怎麼來的，有身相，有的時候，一看是重要事情，非做了不可，忘掉自己，一下也就做完了。

如果我坐下來，雖然我也沒有定，但是我們總喜歡學個定，這一定就不想動了，這一不想動，世俗的事就堆了一大堆。有時只好犧牲所貪圖的舒服，只好起來吧！做吧！這一下就做完了。今天早上跟他們開會還在講這事，有位同學早上七點鐘上來，看見我坐在書桌前，就說，老師那麼早起來啊！其實，我昨天坐在那兒看書做事一夜。我一看快天亮了，然後接著九點鐘就有事，這就不能睡了，一躺下去一定會睡個無天無地，乾脆不睡！一直到中午吃過飯，我還覺得精神好得很。如果今天再不睡，一夜下去還可以到三點。身相沒有什麼了不起！

我看你們同學真是好懶，年紀輕輕還不如我這個老頭，真不精進哪！腦子更不精進，經看了記不得，精進一點嘛！不就記得了嗎？連我現在都還記東西，要緊的東西靠翻筆記本多麻煩，多用幾次腦筋就背來了。要背到第八阿賴耶識裡去，不要在腦裡想，那不是背！背到不用意識就背來，嘴裡就唸出來，腦子裡就反應出來，那就叫背來了。

「以菩提相，起禪波羅蜜。以一切智，起般若波羅蜜。」來了！你們不是最希望學禪嗎？怎麼打坐？打坐不是禪啊！但是要學禪定的禪，非從打坐開始不可。大乘的禪固然不在於坐，行住坐臥都在定中，即使你不學禪定的禪，學這個如來禪，也是以打坐為基礎。修禪定打坐要「以菩提相，起禪波羅蜜」。菩提者正覺也，你打起坐來在身體上搞氣脈、搞感受、搞境界，根本離菩提越來越遠。學佛是修菩提啊！菩提者覺悟智慧之道，要參究。所以要你們研究《成唯識論》，這是參究菩提的正路。要用正思惟的，不是不思惟的。

你們有一點點問題，乃至用功的心理上、生理上一點點問題，就來「老師！老師！」我告訴過你們，不要問我啦！你有依賴性始終不會成功的，我死了你怎麼辦？你自己先參究，有了結論再來問我，那就好辦了。媽媽生給你一個頭腦，為什麼不用？智慧是正思惟來的，菩提是參來的。你打坐腿麻腿痛也來問我為什麼，你坐久了，腿當然會痛。你真要問，就要問自己，究竟是腿在痛腿在麻，還是心在痛心在麻？去參！

有位老同學都七十幾了，二十年來，每天功課不停，一定讀一卷《地藏經》，早晚一定打坐。昨天還問我，「這個真要命的啊！半個鐘頭嘛，腿一定發麻，怎麼熬也熬不過去，是啥個道理？」我說，「這沒啥道理，你熬一熬就過去了，熬不過去是心的問題，你好好參。現在如果有人用槍指著你，你一動就開槍，包你一天都熬得下來。命要緊時哪還會管腿？」不過要注意！老年人不要死熬，你出了問題去看骨科、神經科，可不要怪我啊！但你們年輕同學這一關都過不去嗎？你真熬過去了，氣脈走通了，舒服透頂就真不想下座，寧可殺頭也不願意放腿。這些道理你要參啊！要求菩提、求覺悟，起禪波羅蜜，處處要講智慧，不要有依賴性！這每一句經都是話頭，都要好好研究，都要參，每一句裡頭都有深義在，你多用腦筋，多想一下就懂了。

現在接著再講法布施，這法布施拿現代話講，就是智慧文化的布施、供養，也是道的布施。

「教化眾生，而起於空。」「空」「無相」「無作」是大乘的三解脫，「無作」在有些經典翻譯成「無願」，修大乘佛法這三點一定要把握住，其中包括了大乘修行最重要的「境」「行」「果」。一切都是境界，成了佛，弘揚佛法，都是境界。譬如我們坐在這裡，我們心理上的感受、思想、身體上的感覺，這一切都是境界。成了佛或是大乘菩薩，他們雖然在教化眾生，卻不覺得自己在教化眾生，不著教化的觀念，不著教化的相。行無所事，過了就算，如夢如幻，這是講自己本身。第二點，在境界上得道的人，教化眾生而起於空。諸佛菩薩證道了以後，常在空定中，一切都是如夢幻空花的境界，常住此定中。如果貪著於定，認為定就是道，是錯誤的。所以定也空，動也空，無往而不空，念念皆在空中。所以諸佛菩薩以菩提心、大慈悲心，憐憫眾生，為教化眾生而出這個空的定，就是「教化眾生，而起於空」。

「不捨有為法，而起無相。」小乘的羅漢最怕有所作為，什麼事情都躲開，世間法什麼都不管。講小乘是客氣話，講不客氣是逃避現實的人，渺小的人。人世間的責任一切不管，好像別人都該死，只有你修道是世界第一。所以小乘最後被認定是外道，是錯誤的路線。小乘人偏於空，認為空是究竟，實際上他沒有懂空。真正了解了空就明白，靜固然是空，動也是空啊！為什麼怕動而專取靜？大乘菩薩是真悟道的，所以「教化眾生，而起於空」。小乘怕一切有為法，怕有所作為。有為法包括了世間法，世間法包括了魔法，一切外道法門，任何一切世間法門都屬於有為。無為法只有一樣：證得涅槃，就是空。

如果你認為有個空可以證得，可以保持這個空，就像小乘的羅漢們，天天定在這個空上，動都不敢動，起心動念都不敢，他認為這就是空，實際上是偏空。你知道自己定在空境界上，這不還是有為法嗎？還是一樣沒有在修無為。可是他們卻自以為在修無為法。世法、出世法一切唯心唯識所造，哪一樣不是有為法？唯有大乘菩薩不捨有為法，因為有為法如夢幻泡影，也是空啊！因此大乘菩薩徹底悟道的，「不捨有為法，而起無相」，不認為無相是究竟，起無相的三昧而如是利生，起這種度世之行。《法華經》說一切治生產業，「皆與實相不相違背」，世間一切有為法，做生意、種田、做任何事，統統與菩提大道不相矛盾。

「示現受生，而起無作。」小乘的羅漢們，什麼都不敢動，認為一切空了就是究竟，所以沒有願力。大乘的菩薩們發願生生世世永遠在世間度一切眾生。發願是心法，心念念不可住，作而不可住，所以是無作。大乘菩薩了解生死涅槃皆如空花，因此人世間經常來，照樣投胎長大成人，照樣遭遇人世間許多事，照樣學道、出家、入世，「示現受生」，接受生生不已在輪迴中。「而起無作」，而離開了無願無作那個偏空的境界。這些，都是佛菩薩的境界，都是佛菩薩的法布施、法供養，是真正佛法的道理。所以學佛的人了解三解脫既然是空的，當然更不會執著自己的生命，更要去弘法利生，而不是拚命求個空的境界，給自己享受、安慰，自己坐在空的境界，以為是道，這樣是錯誤的。

「護持正法，起方便力。以度眾生，起四攝法。」大乘菩薩掌握了「空」「無相」「無願」修持的「境」「行」「果」，因此可以護持正法，使之在世間永遠留傳下去。什麼是護法？現在出家人客氣地稱呼我們捐獻金錢的在家人為護法，這實在不敢當。要真正作個護法很不容易，要十波羅蜜中的方便波羅蜜成就了，懂一切方法才算。譬如佛教、佛法、佛學是一個東西，我們把它分成三個來講。

現今人類的文化世界的潮流，真是到了末法時期，沒有辦法可以挽回。為什麼沒有辦法挽回？理由是二十四心不相應行法中的「勢速」，是社會趨勢的關係。在這樣的潮流時代中，出家、在家的菩薩們，不論是果位上還是因位上的菩薩，都在維持正法，使它住世。我常跟年輕同學講，佛教的這個教，不跟著時代變是絕對維持不住的，世界的趨勢太厲害。像我每天不斷地接觸到國內外新的消息資料，所以天天有新的觀念和想法，看見人類社會的轉變太快了。所以我說，宗教的形式不變的話，是沒有辦法的。

但是佛法不會跟著宗教的形式而衰落，反而更昌明。現在全世界的人類，正不斷地用各種方法，來追求人生的究竟。因為要追求人生的究竟，佛法的價值、佛法的光輝，就會越來越高。在過去，這個護持正法的擔子，純粹落在佛教出家的比丘眾身上。但是這幾百年來起了蛻變，擔子多半到了在家人身上，這問題是非常非常的嚴重。至於佛學，在世界文化的思潮裡，在世界各地的最高教育機構裡，佛學的課程越來越普遍，但是對於佛教，這個並不是一個好現象。能夠把佛教、佛法、佛學合一，能扶持正法的，就要如維摩居士所講的，「起方便力」才能做到，也就是要懂得古今中外一切學問，懂得一切方法。你光有方法而沒有力量，就像年輕人做一切事，理想非常高，但是方法用出來沒有力量。所以要得方便波羅蜜的力，那個方法用出來要有效果。

起方便力作什麼用？「以度眾生，起四攝法」，這很難了。四攝法大家聽得多了，是布施、愛語、利行、同事四樣。這個「攝」字要注意，是包涵、包容別人。我們做得到多少？例如很多人，包括我在內，沒有時間也沒有精神來跟你說空話，這就不是愛語的精神，放棄了方便教化的機會。我雖然跟同學講佛法幾十年了，如果有人考核我，應該打零分的。從教育的方法來講，我不夠資格護持正法，因為我沒有耐心。怎麼說呢？假如碰上了學識修持都有了成就的，就可以很輕鬆地用禪宗的方法，機鋒轉語，靈丹一粒，點鐵成金。如果是一天到晚唸般若波羅蜜，還要在那邊張家長李家短的，我的媳婦不好啊……我看了就煩，就沒耐性了，可以說是水太清則無魚。你們年輕法師學四攝法，一定要大大地包容。現在有好多年長的法師，我看了他們真是要五體投地頂禮膜拜，他們有這麼大的耐心，能夠包容，這是非常難的。要聽許多厭煩不必要的話，要說許多厭煩不必要的話，要做許多厭煩不願意做的事，這就是忍辱波羅蜜。我可一樣做不到。所以你們青年同學有志弘揚佛法，就要做到四攝法的布施、愛語、利行、同事。

「布施」，要做到精神布施，我看到你們做事就沒有這個精神，事情一多就煩死了，同我一樣。我的毛病你們都有，我的好處你們一樣沒有。甚至還學了我罵人的口氣，這只有我能玩，別人可不能玩的。歷史上有祖師把七佛的名字寫在褲襠裡，有徒弟也學了玩，結果下半身就爛死了。所以你們沒有這個道，沒有這個德，不要學這些。

大家千萬對四攝法要注意，如何去包容人家，不要被人家包容，讓人家原諒的人，是末等人，你去原諒別人，才是第一等人。學菩薩道的人，更應該如此。布施不只是錢財，要有精神布施。你們經常學到我的缺點，我的布施你就學不到，我雖然把自己批評得一文不值，我也有很值錢的地方，你不要好的不學，都學壞的。

「愛語」，我雖然不耐煩說空話，可是還時時在說空話，譬如我講經也在說空話。我其實連經也不願意講了，還講個什麼？你們老早就應該自己懂了。可是有什麼辦法？不懂只好講了。這種精神布施你要學。

「利行」，有利於別人的事情，不分大小，有機會就應該幫助。

「同事」就是世間法的同事，同事之間相處不易，你去到社會上做事，每一個地方，不論是公司、政府、乃至廟子，都有同事，兩個人往往弄成三派。你看我不慣，我看你討厭，只有看自己是越看越偉大。每一個人都這樣，不能與人相處。

所以菩薩道的四攝法：布施、愛語、利行、同事，你自己反省，哪一點做到了？這每一點拿來寫文章的話，都可以寫成一部書了。中國古人所說的敬業樂群，就是菩薩道的四攝法，恭敬自己，恭敬別人，做任何一件事情都專心一致，沒有推諉，沒有煩惱地做到底，是敬業。樂群是團體群眾的人與人之間，彼此很快樂地相處，我們幾千年都這麼教育，結果幾千年都沒有做好，都是不合作不團結。菩薩道的四攝法是這麼難，所以維持正法的人才這麼少。

「以敬事一切，起除慢法。」「敬事一切」的敬是名辭，是說我們的心理狀況和行為要隨時恭敬。恭敬不只是心理的，是對任何一件事認真去做，非常謹慎、慎重，謂之敬。要敬重自己，把自己當人看，但普通人不把自己當人看。譬如讀書，總想把學問搞好，可是一讀書就東想西想，不專一，不努力了，不打起精神，也不限定時間把問題研究清楚，這就是不敬事，就是不尊重自己。尊重自己之外還要敬重別人，與人相處不尊重人，就是不敬。至於敬法敬佛，真做到了嗎？幾時心中有佛？學佛的人心中隨時隨地有佛就是念佛，也不用你著相，隨時把佛法的精神擺在心中就是敬。

「敬事一切」的事是動辭，一切的作為行為叫作事。「一切」包括了善法、惡法、不善不惡法，世法、出世法。學大乘道的人要敬事一切，「起除慢法」，除掉了我慢，沒有我，也可以說，一切人、一切事都變成我，我應該替大家服務的。

大家學佛那麼久，我慢的心理可能還檢查不出來。連一個白痴都有我慢，但是知識低的人，我慢心還差一點，學識越高的人，我慢就越大，因為又加上了增上慢，自以為了不起，自己就算錯了，也還是對的。所以學菩薩道的人要先去慢心。慢不是驕傲，慢在內心你看不出來，人的慢心擋住了自己不能成道。我幾十年經驗看人，有的人對我尊崇得不得了，但是他自己有沒有真的學法？沒有，都在我慢中，總找一個理由解釋自己的我慢，因我慢引起不精進，心行錯誤。

所以大乘佛法要我們「敬事一切，起除慢法」，像今天晚上吃飯時大家說笑，有一位醫生的老同學，昨天在醫院忙了整晚，救活了一個病人朋友，病人醒了，第一句話就說：「感謝主啊」，根本不提醫生。我們就說這老同學應該用個方便手法對病人說：「對！感謝主把你救回來，不過主命令我代表主來救你。」我說，對的，當一個人信宗教信得發瘋時，他就得救了。但是這個不是得解脫，他只是心理上得安慰。一個人不論男女，晚年若能夠安排好自己，不要人家來服侍你，是世界上第一等人。

再講回那個病人，他感謝主，就是慢，是宗教的增上慢，完全不感謝醫生朋友幫了那麼大忙。這種慢，不論信哪種教，有沒有信教，都是有的。人的慢很難去除，因為自己這樣的心理狀況很難檢查出來，要是能檢查出來的話，這個人雖然沒有得道，也差不多了。

「於身命財，起三堅法。」人抓得最牢的三樣東西，叫作三堅，就是身命財。身就是身體，也就是我，是我慢的根本。身體還不要緊，命最要緊，假使你生病了，要把胃割掉一半，否則就會沒命，那你只有割了，身體不如命要緊。財也一樣要緊，要割的時候，趕快去繳費，割完以後會想，真可惜，花了那麼多錢。這三樣東西，一切眾生都抓得很牢。要能捨，就是真正的三堅法。

「於六念中，起思念法。」大小乘修行法門十個念：念佛、念法、念僧、念戒、念施、念天、念休息、念安般、念身、念死。六念就是十念的前六個，請問我們有念念在這中間嗎？才沒有。就坐在這裡聽經，心中也沒有念佛法僧，都在思念別的事，沒有在這六念中起思念法。

「於六和敬，起質直心。」六和敬是我們在團體中最重要的相處之道。和尚是僧，有時被人故意念成「憎」，成了仇恨的意思。僧伽就是僧團，出家人謂之僧，修道的謂之伽，出家的團體總稱叫僧伽。三皈依中，皈依僧是皈依僧伽的意思。僧團不一定指出家，在家真正發心修持的也算是僧團。僧團相處有六和敬，就是六個條件，彼此和平相處，沒有鬧意見，互相尊重。這個敬就是「敬事一切，起除慢法」的敬。我們從經驗知道，只要幾個人相處，乃至兩個人住在一起，就不得了，別人都是混蛋，只有自己是個好蛋。

人與人相處能夠做到六和敬，然後再擴充到這個社會，就天下太平了。

什麼叫「六和敬」？第一是「身和同住」，是什麼意思？你可以解釋成：不打架就是身和，沒有一個生病的，四大調和，每人都精神飽滿，無病無痛，彼此客客氣氣。身也包括面孔，沒有壞臉色給人看也是身和。中國的大廟子一進山門就看到彌勒菩薩的笑臉，學佛就先學拉開嘴巴笑，先學假笑也好，慢慢神經拉開了，看到人就笑，總比哭好看嘛！我最怕看到同學整個人繃在那兒，這是學佛的樣子嗎？一點都不能使人喜歡，我看了就討厭，笑臉總可以學吧？學佛第一步先學中國的彌勒菩薩，肚子大包容大，臉在笑。這個都學不會就是身不和敬。身不和怎麼同住？身和還要注意衣冠整齊，生活整潔，自己生理行為每一點都要搞得乾乾淨淨，不使人家討厭我。最難的是，即使別人做不到，你也要容納他，能做到就不得了。不但學佛，與同事之間也能夠做到才行。人與人之間就是相處不了，身不能和，因此就不能共同生活在一起。出家要生活在一起，第一就要學六和敬。

居士也一樣，自己既然曉得缺點，就自己找一個山頭，孤峰頂上，氣吞諸方，不要說人來不到，就連鬼也來不到，那連八和敬都做得到，要發脾氣可以一個人對著樹發，那氣也出了，多舒服啊！這樣你也做不到。我那時一個人住峨嵋山頂，「通玄峰頂，不是人間，心外無法，滿目青山」，那個境界就是如此，連一和敬也不用。這六和敬真做到，天下就太平了，齊家治國平天下都做到了。「身和同住」我們誰做到了？每個人身體都不調和，多愁多病之身，都要別人照應你，你照應不了別人。所以佛說多拿醫藥布施，他生他世就無病無痛。我就有這種朋友，活了七八十歲，從來不知道什麼叫傷風感冒，健康得不得了，也不學佛學道。不知道多值得羨慕。

六和敬第二是「口和無諍」，不講傷害人的話，即使罵人也要有罵人的藝術，而且還要看對象。像我罵這位陸居士幾十年，他從來不生氣，再怎麼大聲罵他，還是一張笑臉，我真佩服他。他對我是口和無諍，這難囉！你觀察這世界上很多人的長處是值得學習的。在團體中有的人嘴就不和，本來很好聽的話，他講的就不好聽，真奇怪了。再不然，那嘴厲害的故意找些好聽的話說，但是那些話一聽就曉得，很討厭。這口要和是要會講話，三言兩語就可以把人家的意見調和了，這是高度的道德修養，是很難的。但是這個口業也是修來的，你前生沒有修口業，口德不好，你越勸，人家越要打官司。有的人一來，罵個兩句，「搞什麼名堂！不成樣子！吵個屁！我請你們吃飯去」，別人就不吵了，毫無道理的幾句話，也就解決了。這就是他前生修口業，有威德。所以要修口德啊！這是其一。

其二，嘴巴上吵來吵去沒有什麼事，一句話空的嘛，卻抓得好緊，心裡生氣好幾天，不只把臉氣綠了，還氣烏了。尤其兩夫妻之間的爭吵，到我這兒來訴苦，我肚子裡都打好分數了，兩個都不是好東西，為什麼？口和就無爭論嘛！不過你們在勸夫妻不和的時候要注意，他們講另一半的不是，你可不要附和，他們回頭和好了，就會說起你這個中間人的不是了，這是實際的例子。口要和才無諍，這就是修行嘛！你不要以為是空話，你只會南無南無有什麼用？所以大家要反省，有幾個人是口和的？同我一樣，一開口就使人討厭就糟了。

第三是「意和同悅」，我們處在團體生活要注意，嘴巴不和還容易，有時口裡說點假話，唉呀！我對不起，抱歉……可是肚子裡卻梗著，這會梗出癌症來的，真的喲！癌症就是與生悶氣有關的。非常內向的人，你打他都不放個屁的人，然後臉上發青發烏，在裡面生氣，將來百分百得肝癌。另一種是脾氣非常大的，也有肝癌的嫌疑。中國人肝病特別多，肝癌特別多，就是喜歡在心裡頭生悶氣。因為這個民族很奇怪，表面上有個假面孔的，裝作沒事，心裡卻生悶氣。意如何做到和，不但和，而且要能與人同事，能與人共同生活。家庭也是如此，你看父母與兒女之間的意見會相同嗎？絕對不會。現在講代溝就是意不和，意和就沒有代溝了。

第四是「戒和同修」，這個戒不但是戒律，也包括生活上的習慣。譬如愛乾淨的同不愛乾淨的，就不容易處在一起。像我是非常愛乾淨的，而且愛整齊，我的東西不喜歡別人亂動亂放，有同學拿了不好好放回去，我就心裡討厭，這就是一種戒不和。但是真碰到了，又能怎麼樣呢？真把我東西搞亂了，你斜眼一瞪，他笑一笑，也算了，你就要想，這東西最後是會壞、會沒有的，就沒有事了。所以戒和才能夠在一起同修。戒和，照一般的解釋是大家的戒律一樣的好，這怎麼可能嘛？有人道德好，有人道德差一點。差一點好一點要能和最難，你看六和敬除了和還有敬，敬就是要尊重人家啊！這樣才能共同修行。

第五是「見和同解」，見就是意見觀念，人與人之間意見會不同。不要講別的，沒有一對夫妻的意見完全是相同的，但也因為兩人的面貌不同、個性不同，才能結婚，完全一樣是不能結婚的，結了婚會早死一個。吵吵鬧鬧的反而可以吵一輩子，吵完了又沒事了。這種情況我看得多了，如果一直吵架的老伴走了，剩下的一個沒有吵的對象也就差不多了。見和是見解相同，如何溝通來達到見和是很重要的修行。

第六是「利和同均」，利不只是錢，連睡上下鋪的人之間也有利的問題，這是個比方。利害關係之間能夠和平相處是同均，平等平等。發揮起來也包括社會經濟問題，這六和敬在佛經中是應用在僧團的生活上，實際上你們想想看，擴充起來，齊家治國平天下都在其中。你們天天要寫佛法的文章，就不曉得發揮，把六和敬這麼偉大的佛法，只用到僧團中，太可惜了，這是佛的真正教育法，天下太平的大法。

現在考你們一下，六和敬從哪裡做起？……算了，我幫你們答吧！六和敬有兩層意義，要先從內心做起，身、口、意從個人自我做起，戒、見、利從行為擴大，由內而到外，人人自動自發，這是真民主，真自由，也是真佛法。這些大文章不去寫，一天到晚鑽牛角尖，做什麼學問？世界不能和平，主要問題不在政治制度或是學術文化，而是在每個人此心能不能和平。因為做不到此心的和平，此心不能了、不能度，要想求家庭、社會、國家、天下能夠和平，那是永遠不可能的。這是人類文化的大問題，所謂人類文化，包括了一切宗教、教育、哲學、政治、社會、經濟、軍事等等，不只是博物館的古畫，或是什麼歌舞才算文化，文化包括了整個人類的生活和習慣。如果六和敬能做到了，也許這個世界就能夠太平。但是很難，坦白地說，連所有的宗教團體，人與人之間相處，都做不到六和敬。如果有任何的團體可以做到六和敬，他們就值得我們頂禮膜拜，可以稱作是真正的僧伽。

《維摩詰經》上告訴我們：「於六和敬，起質直心」。人怎麼能做到六和敬的要求呢？《維摩詰經》說：「起質直心」，質是樸實，老老實實，不虛偽，不作假。直，是不轉彎，不整人，不害人。質直心就是樸實、不彎曲的心。有些同學講話常挨我的罵，他說起事情來不直，轉了半天的彎，本題都沒說到，我又忙，其實一句話就說清楚了嘛！又有的人喜歡講些討好的話，有彎曲心，我一聽就知道。不需要向長上討好，因為要討好，常常會做錯了事。什麼是質直心？你們自己的心理都檢查不出來，常在起心動念的下意識裡另有目的，這是阿賴耶識帶來的，也就是業力，自己都不知道，因為無明嘛！假使你能找得出來，就是修行人了。「於六和敬，起質直心」，你因為依六和敬修正自己的行為，就能漸漸地生起道心。

「正行善法，起於淨命。」要如此自處，如此處於團體中，才是正行善法，這叫作正行法門。你們早晚課一開始都叫你修《華嚴經》的〈淨行品〉，淨行做到了才是淨命，生命才是清淨莊嚴。這些都是道德的完成，都是法布施、法供養，都是修法啊！你以為要用密宗的方式傳你個咒子，教你個手印，你嗡啊嗡的唸才是嗎？這些密宗方法我多得是，但是我一概不用，也不傳，這都是小法，大法都在這兒了！什麼才是真正的密法？告訴你也做不到，告訴你也聽不懂，就是大法。有形的密法很容易，像我們把千古不公開的密宗手印都印出來了，每個手印都是手語，就像是聾啞人使用的，我們用來和菩薩通話，但是這些是密教，而不是密法。真正的密法就在顯處，在明顯的地方，可是你不懂。手印是修法，結了手印，至少你的手被拉住，就不做壞事了，十根指頭就是自己生命上十條大的雷達網，可以跟法界菩薩相通的。當然有些人指頭生得短，有的手印把指頭扳斷了也結不起來，這也很苦。

那什麼是正行？以大乘菩提道來講，正行是很難的。你拜佛算是正行嗎？不是。吃素算是正行嗎？不是。守戒算是正行嗎？不是。六度萬行算是正行嗎？也不是的。戒定慧算是正行嗎？都不是的。三十七菩提道品算是正行嗎？都不是！沒有一樣是的！什麼才是？證得阿耨多羅三藐三菩提，悟到了本來自性清淨，無修無證，那才是正行。退回來說，什麼是正行？什麼是真正的修行？三十七菩提道品中的八正道才是正修行。大家不要以為自己在修行，誰在正修行？除了十方三世諸佛菩薩以外，沒有的。我們只不過能說是在學習正行，譬如拜佛、吃素、六度萬行、戒定慧都是修行的加行法，一切都是加行法而已。

再講善法，善法是證得菩提，起心動念無一而不善。真正的善法是淨土，內在心的淨土，外在極樂世界阿彌陀佛的淨土。「正行善法，起於淨命」，因為正行善法，我們的生命活在世界上才算是淨命。這個世界叫作五濁惡世，五濁中有一濁是命濁，所以不是淨命。能把我們的生命，還不只是這個身體而已，轉成淨命，只有靠正行善法。五濁惡世是劫濁、見濁、煩惱濁、眾生濁、命濁。

「心淨歡喜，起近賢聖。」接著上面一句，「正行善法，起於淨命」，能做到心念清淨，於心念清淨中起歡喜心，親近善知識，就是親近一切有成就的聖人、賢人。在中國的儒家文化裡，孔子是聖人；孔子的弟子三千人，其中了不起的有七十二賢人。佛法的聖賢有三賢十聖，三賢是十住、十行、十迴向，做到這三位才夠得上佛法所稱的賢人。十聖是初地到十地菩薩，十住之前有十信，那還是預備班。三賢是修菩薩道的資糧，有了累積資本才可以開始修行。十地是正位。好了，這個裡頭一共分五十幾位，等於是五十幾層樓，我們還在門口沒進來，十信都不夠。不要才學了幾天佛就「天上天下，唯我獨尊」，傲慢起來了，那是釋迦牟尼佛，不是你。

要想親近善知識有一個條件，要心淨。但你的心不淨，不是上面所說的「質直心」，是說你的心都有所夾帶。好像很多人學佛打坐，目的是為了身體好，那你去吃藥去運動不更好嗎？動機不對，有所夾帶，認識不清，做不到心淨。怎麼樣叫淨心？就是善念不起，惡念也不生，念念清淨，念念在空，修淨與空的三昧，引起自心歡喜。我常說你們不要成天繃緊著臉，要學中國的彌勒菩薩像，一臉笑容。有一副對子最好的，你不要只把它當文學，它就是佛法，「大肚能容，容天下難容之事」，你做得到嗎？「開口常笑，笑世間可笑之人」，我們就可笑啊！講什麼《維摩詰經》啊！道家也有兩句話值得參考：「神仙無別法，只生歡喜不生愁」，每天都是歡喜的，自然陽氣充滿。

你縱然好像是起了歡喜心，只是凡夫的歡喜心，是親近不了善知識的。

在心境中有充滿法喜的歡喜心境界，才可以隨時隨地接觸善知識、親近聖賢。很多同學修法、拜佛修持很久，好像諸佛菩薩都沒有感應。當然不會有感應，因為你沒有做到心淨的關係，好像電線的插頭沒插進去，接不上電。就是子女向父母親討點錢，也得說幾句好聽的，俗話說，「千穿萬穿，馬屁不穿」嘛！這雖是笑話，但是我們自己反省，一天之中能有幾分鐘幾秒鐘，對佛法起了歡喜恭敬心？沒有吧！可能在家人反而比專門修的人還恭敬一點，為什麼？在家人是用做生意的心理嘛！他忙了一天然後燒支香，那一下是很誠心的，要發財，要兒女好，三毛本錢一支香，再加磕一個頭。我要是菩薩就不理他，本錢花得太少了嘛！用不淨的心理來求感應是行不通的。

「不憎惡人，起調伏心。」學菩薩道的人，上要親近善知識，下要「不憎惡人，起調伏心」。對壞人也要慈悲他，憐憫他，即使這個人真正不好，也不要憎恨他。學佛不是要度一切眾生嗎？善人固然要度，惡人更要度了。好人要愛護，不好的人更值得憐憫。調，是協調，伏是降伏，使他轉成善心。你看在大叢林下，佛菩薩的蓮花座下是些什麼人在扛？當然它是表法，都是些金剛、餓鬼、死屍、毒蛇，尤其是密宗的畫像更是如此，蓮花寶座都靠它們扛的。萬一我成佛了，這可是假定這麼說的，我都不忍心讓你們這些弱不禁風的善人來扛蓮花座，我就需要他們這群很勇猛很壞的來扛。你看佛像就懂了，就悟道了，因為世界上有壞人，所以要佛來教化他們。沒有壞人，要他來成佛幹嘛？要了解這個精神，佛菩薩的寶座下面都是惡鬼扛住的，絕不是善人來揹的，你們善男子善女人還是回去吃飯，打坐睡覺吧！

「以出家法，起於深心。」出家是為了證得菩提成佛，因為出家所以能擺脫世俗很多的障礙和拖累，能夠專心一致去修法，找出自己的本心，而起深心。可是大部分人出家是偷懶法，逃避現實，當然偷懶法也是八萬四千法門之一法，真的，不是說笑，你看有好幾個禪宗祖師都是以懶法成道的，但是你沒有那個本事學。為什麼要出家？是為了起深心。這個深心在佛典上經常出現，《楞嚴經》的偈子：「首楞嚴王世希有，銷我億劫顛倒想，不歷僧祇獲法身，願今得果成寶王，還度如是恒沙眾，將此深心奉塵剎，是則名為報佛恩。」出家不是讓你來偷懶的。

什麼是深心？非常值得研究。一般在家的大學者，就像歐陽竟無、熊十力師徒，我與他們是忘年之交，還有好幾位，包括王恩洋、呂秋逸等人，他們雖然是在家人，可是終身不娶，所以他們學問成就是這樣扎實。出家法不要講戒律了，用中國道家的觀念，黃石公的《素書》所講：「絕嗜禁欲，所以除累」，為什麼要出家？也就是要離情棄欲，離開世間一切情感的困擾，拋棄世間一切的欲望，這樣就擺脫了一切拖累，可以專心一致用功。

講到出家的大師，像是太虛法師、印光法師、虛雲老和尚，我年輕時都見過的。當年我們學佛，比你們這些大專學生調皮多了，你們這「散」男子、「散」女人，是散開的散，是希望他們離開遠一點。我們當年碰到這些真修行的法師，不顧一切，敢在大街上就跪下來拜。但是當時對太虛法師，雖然他盛名傳遍世界，我們看到他卻是不理的，覺得他只是講講佛學的，沒有修持。一直到了後來，我才跟我的老師講，「先生啊！我們看錯他了，太虛法師是有修持的。」老師還把鬍子一拉，「哦？真的啊？你有何所見？」

事情是這樣的，當時太虛法師坐火車回首都南京，南京火車站歡迎他的人真是人山人海，很多還是很有地位的人，是他的弟子。這就像當年虛雲老和尚，他威風也大了，連國府主席林森都親自拿著香，率領文武百官跪在碼頭迎師父下船。這些大法師受人尊敬擁戴，真是菩薩各有各的眷屬。話說太虛法師，乘火車一到南京，他老先生下了車尿急了，不管前面的軍民男女人等，轉過身把袍子拉開就小便，狀若無人，尿完了旁邊跟著的人就對他說：「師父，他們都來歡迎你的。」他說：「噢！好！阿彌陀佛。」我看到這一點，心想，唉喲！這位和尚不得了啊！他對這所謂的榮耀沒有動過念頭，他無所謂，管你那麼多男的女的，袍子拉開來就屙尿了。有些老太太女居士都不敢看，他可自然得很。你不說他得什麼大定，就算是個昏沉定也不得了啊！目中無人，都空了。這是一，因此我就開始注意了，覺得過去多年對他的成見太深了。

太虛法師的左右不用小和尚，也不擺威風，他一輩子那麼多著作，全部精神都在佛經上，真是發起深心的。他旁邊只用兩個在家人，那時候叫茶房，現在叫服務生，他給人家薪水的。那麼多人來皈依他，膜拜他，都要給供養，他一輩子持戒律不摸錢的，都是由茶房捧進去了，太虛法師絕不會到後面問茶房收了多少錢，用出去的也問都不問，這都是我們所見到的。

講這些故事給你們聽，不要說他的修持如何，就算不修持，他晝夜都在經典上，在佛學的學理上專修，就了不起了。所以，「以出家法，起於深心」啊！不只是你們，許多國內外的教授來了這裡，我都把他們當小孩子，不只是年齡上的小孩子，也是學識上的小孩子，為什麼？現在人讀書作學問，都沒有發起深心。學佛更是要起深心，也就是戒定慧三學都要深入。例如你們都受過戒的，我只要一考你戒，就絕對答不出來，你二百五十條戒都背得出來也還是不懂戒，為什麼不去研究《大藏經》的《律藏》？古人說：「袈裟未著愁多事，著了袈裟事更多」，為什麼事更多呢？更要精進，晝夜專心一致在求道，找出這個深心來。出家人不清楚這個觀念的，就是在逃避現實，非出家法也。

「以如說行，起於多聞。」多聞是知識學問淵博，佛法淵博，不是你多聽就是多聞啊！要怎麼樣求得多聞呢？要如說行。什麼叫如說行？就是佛在各種經典上講的，你能做得到，能依教奉行。

「以無諍法，起空閒處。」這句話難懂啊！不要以為文字好懂。根據《金剛經》，佛的弟子中，須菩提得無諍三昧，真正清淨修行。無諍三昧是身、口、意無諍。人和人相處都有相爭的地方，真能做到無諍，只有證得了空，無相三昧才做到。須菩提得了無諍三昧，佛送什麼學位給他？樂法。得了無諍法門的人愛清淨，但還不是大乘道，要起空閒處，不要怕入世，入世也無諍。

「趣向佛慧，起於宴坐。」宴坐就是打坐，習定。打坐是土話，例如說打水洗臉，水怎麼可以打？打坐就是坐，有學生告訴我他最近「打」得很好，硬是不講坐。當然有許多在家朋友是有打有坐的，他的打是打麻將，麻將打疲勞了就打打坐，所以他可以說是打坐。但是你們專門打坐的為什麼要講打得很好？明明應該說坐得很好，連話都不會講！言語表達不清楚，怎麼口和？

真正的打坐叫宴坐，不依身，不依心，不依也不依，你們打坐通常是依身，歪著脖子，皺著眉的……都被身體困住了。再不然就依心，就連依個空也不對。你們都沒有宴坐，是在熬坐，乾熬，熬腿子。那麼你說我不熬也不依，算是得定了吧，這算是佛法嗎？不是的，那是定相。真正成佛是菩提智慧的成就，大澈大悟了。你要大澈大悟，不在宴坐，但是也不離宴坐，動也對，靜也對，就澈悟了，所以說「趣向佛慧，起於宴坐」。

我經常對你們愛打坐的同學說，不要貪圖打坐了，多去做點事培養福德吧。你福德不夠想開發智慧？沒有這回事啊！真正的福德是智慧！你不信嗎？父母有幾百億家財，能夠幫子女買到個聰明的頭腦嗎？做不到的！智慧不是財產或世間福德所能換來的，是要多生累積福德來的。不要講菩提智慧，就講普通學問，那笨的就沒辦法，為什麼頭腦如此笨？因為不修福德。智慧是福德中來的，要想證得佛道，沒有習過定的人不成的。我常罵你們不打坐不修定，你們奇怪我為什麼經常說來說去，我哪有說來說去？是你顛倒糊塗！教育手法不是固定的，你太老實的人教你開放，你太開放的人教你規矩，你笨蛋才聽不懂。看老師上午這樣講，下午那樣講，我又不是神經病！

我教育的方法是開個藥，你有這個病就吃這個藥，你沒這個病就別吃這個藥嘛，怎麼這樣笨！佛說一切法，為度一切心，我無一切心，何用一切法？你能做到無一切心嗎？那是佛境界，你做到了就大澈大悟了。所以對那些只貪圖打坐而不修行，不在行為上去修的人，我就喝斥。要修得夠了，智慧才開。我自己一生的體會，有時忽然智慧開朗，心想這個道理怎麼會參透的，再想，原來是某件事上有些福德，立刻有報應，智慧就開了一層。就有這樣嚴重。我告訴你，一天到晚不修福德，自私自利，拚命求自己樣樣好，然後還想開智慧，智慧有這樣容易開嗎？所以「趣向佛慧，起於宴坐」，要起來修行啊！

「解眾生縛，起修行地。」解眾生縛是自己得解脫不算數，要幫忙一切眾生得到解脫，如此者晝夜不斷地為人而修道，幫忙人家，利他就是利己啊！教育上都曉得「教」「學」相長，你肯去利他就是利己。老實講，天下沒有利他的事，利他就是處處利己，你們自己去體會這個道理吧。

「以具相好及淨佛土，起福德業。」剛才講過，一個人要想這一生少病少痛，相貌莊嚴，是要靠修來的，要前生福德修來的。你這一生多用笑臉迎人，他生來世長一個人人都喜歡的面孔。見到人用那個討債的死相，他生來世長一個處處惹人討厭的臉。要相貌莊嚴，甚至於依報好的環境，進佛國土，都要好，就要修福德啊！福德和功德有差別，譬如你修苦行，這是勞苦功高來的功德。福德不同，是犧牲自我，所有的利益都讓給人家。行四攝法等等，就是福德，六度也是福德。修福德修智慧都要精進啊！很多同學拚命用功，想得定想悟道，但是做不到。為什麼？你福德不夠！例如有年輕同學要求馬上閉關，我雖然答應他，但是也同時罵他，你當心會消去了福報啊！閉關要有人護關，護關的人要招呼你的生活，倒可以培福報。你在裡頭又拜佛又打坐，能磨出一個什麼東西來？磨不出來的！你的福報受得了嗎？尤其是我給你護關，因為是我找人去護關的，你何德何能啊！要注意啊！學佛修行最重要是培福德，以實際行為幫助別人，不要只圖自利。

我們現在繼續講法布施、法供養。一切布施以法布施為第一，一切供養以法供養為第一。上面已講過「於六和敬，起質直心」，這就是法布施。

「知一切眾生心念，如應說法，起於智業。」什麼是真正的法布施？

各位將來要出去弘法利生的人，特別注意自己的修養、自己的修持，要到達能夠了解一切眾生心念的地步，當然最好是修到有定力，有少分的他心通，一切眾生起心動念你都了解，不過裝糊塗不說而已，然後才好教化。了解眾生的業力，了解他接受的程度，了解他的根器，應該教他修什麼法。有所謂逆性順性，鬼神所不能知。逆的教法是相反，用魔鬼的方法來教化；順的教法是正面教，使他為善學佛。「如應說法」的應，是感應相應，也勉強可以說是應該。「起於智業」，起於智慧的業力，使一切眾生生起智慧，弘法的人自己的智慧也一天天有不同的成就，教學相長。

「知一切法不取不捨，入一相門，起於慧業。」不取不捨是中道觀，譬如你學空，學偏了就成為小乘的空，就是捨。一切放下是捨法，真正一切放下是不是佛法還是問題。不取不捨，非有非空，你們這次寒假專修要注意這個問題。「入一相門」，一切法只有一相，都是法相。這也是《楞嚴經》教我們的修持法門；要一門深入，「歸元性無二，方便有多門」，最後成功是一樣的。「起於慧業」，使一切人，包括自己，智慧道理越來越增加。我們經常提醒大家，佛法的究竟是智慧的成就，不是迷信，不是功利。如果有功利的話，就是智慧的功利。不管是性宗、相宗，最後智慧的成就是無上果。

「斷一切煩惱，一切障礙，一切不善法，起一切善業。」這每一條都是戒律，為什麼出家？為什麼學佛？是不是能斷一切煩惱？以我的經驗，很多人不學佛還沒有多大的煩惱，真正出家學佛以後，反而不是斷一切煩惱，好像被一切煩惱所斷，像斷了善根似的。學了佛煩惱更大，這是非常可悲的一件事。佛經中文翻譯「煩惱」這兩個字非常好，煩惱不是痛苦，痛苦有時有，有時沒有；煩惱是隨時離不開的。今天你一點脾氣沒發，喜怒哀樂一點都沒有，心裡頭悶悶的就是煩惱，今天情緒特別高興也是煩惱。煩，有惑亂之意，是迷惑你的。惱，是擾亂你的思惟，令心不清淨。

因為對這些翻譯的名辭沒有搞清楚，在自我的字典上，把煩惱解釋成痛苦，是錯的。痛苦在佛學上是苦集滅道的苦，痛苦容易解除，煩惱不容易解除。喜怒哀樂一切情緒變化，都屬於煩惱。「斷一切煩惱，一切障礙」真難，譬如我們打坐，第一個障礙是兩腿不聽指揮，坐久了發麻，屁股也坐不住了。

你坐不住是心理障礙還是生理障礙？這要參究。為什麼腿會麻？因為坐久了氣血不流通。為什麼不流通？因為壓太久了。再推究下去，這個身體是阿賴耶識的種子業力所變的，那就是業力的障礙了。所以要除掉一切障礙，甚至除掉一切不善法，生起一切善業。這都是法布施、法供養。

「以得一切智慧，一切善法，起於一切助佛道法。」這是最後的結論，我們所有的學習，在求得一切智慧，譬如作早晚功課的四弘願：「法門無量誓願學」，請問大家懂了哪幾個法門？不要認為你在這裡跟我學禪宗啊，我不承認的，我沒教過禪宗，因為這裡沒有人夠資格學，你只能算是在學禪定，但連禪定都沒學好。天天唸「法門無量誓願學」居然不臉紅，我覺得你們的定力怕是太高了。這種句子我一提到心裡都發抖，打寒顫，難過極了。「煩惱無盡誓願斷」，斷得了嗎？至於「眾生無邊誓願度」，不要吹牛了。我幫你每一句加個註解：「法門無量誓願學」——太偷懶；「煩惱無盡誓願斷」——心裡想；「眾生無邊誓願度」——吹大牛；「佛道無上誓願成」——慢慢來。

你注意啊！縱然得一切智慧，修一切善法，不過是起於一切「助佛道法」，是學佛的助道品而已，幫助的法門而已，等於是原料去加工而已，你還不是佛，還差得遠。千萬不要傲慢，不要懂一點點佛學就傲慢起來，這是最障礙道的。

維摩居士是一位在家佛，他是金粟如來的化身，也就是妙喜佛，成佛很久了。這一篇佛經，就是他當時對善德菩薩的訓話，現在他作個總結：

「如是，善男子！是為法施之會。若菩薩住是法施會者，為大施主，亦為一切世間福田。」他在這裡告訴善德菩薩，像我剛才講的這些，才是真正的法布施、法供養。學大乘菩薩道的人，能夠隨時做這樣的法布施法會，才夠得上是大施主。注意！不是你出兩個錢，甚至於捐個一百億美金也不算，那只是財布施，是世間法的施主。真正的大施主是佛，布施智慧。真做到了法布施，才是一切世間的福田。

「世尊！維摩詰說是法時，婆羅門眾中二百人，皆發阿耨多羅三藐三菩提心。」善德菩薩說，維摩居士教訓我這一頓之後，在當場的婆羅門眾，就是印度的最高階級的種姓，有兩百人受他感化，發了無上大澈大悟求佛道的心。

「我時心得清淨，歎未曾有。」善德菩薩自己聽了維摩居士所說的法，就心得清淨。一個人學佛第一步，就是要心念清淨，這很難。大家學佛不管多久了，此心能夠常清淨嗎？

「稽首禮維摩詰足，即解瓔珞，價值百千，以上之，不肯取。」善德菩薩當時得了利益，心得清淨，就跪下禮拜維摩居士，把身上掛的很貴重的瓔珞珠寶，解下來供養維摩居士。當時印度規矩，身上掛了許多寶貝，你看菩薩的塑像，身上都掛滿了，中國就不掛，風俗不同。可是維摩居士不肯接受。

「我言：居士！願必納受，隨意所與。」再說一次，古代居士同法師地位是並行的，年高有德，悟了道學問好，相貌莊嚴，樣樣條件具備，才夠得上稱居士。現在有些年輕人給我寫信，都自己稱起居士來了，我看了就往邊上一擺，一點道理都不懂，不管他信裡寫得再客氣也都沒有寫通。善德菩薩就求維摩居士接受珠寶供養，而且隨便他怎麼處置。

「維摩詰乃受瓔珞，分作二分。持一分，施此會中一最下乞人。持一分，奉彼難勝如來。一切眾會，皆見光明國土難勝如來，又見珠瓔在彼佛上，變成四柱寶臺，四面嚴飾，不相障蔽。」善德菩薩說，維摩居士見我那麼樣懇求，才接受我的供養，拿到手就分成二份。首先拿一半供養給法會上最窮的窮人。另外這一半，維摩居士把它供養給他方世界的難勝如來，這是最殊勝的佛。當時在場的大眾，馬上看到上方出現光明國土的難勝如來，維摩居士供養在佛身上的瓔珞，這時變成了四根柱子搭起的寶臺，這宇宙沒有阻礙，大眾都看到了佛國土。

這裡不是述說神話，尤其你們出家的同學，更要注意這一段。《佛遺教經》《四十二章經》《八大人覺經》是佛法傳入中國最早的三部經，你們要去看。《四十二章經》有講，供養十億個羅漢，還不如供養一個緣覺，供養百億個緣覺，還不如供養一個佛，供養千億個佛，還不如供養一個無修無證的道人，根據本經我說供養一個無心道人，還不如供養一個世界上最窮苦的人。你看佛法是出世的還是入世的？佛法注重社會的救濟。在本經中，維摩居士在法會中供養一個最窮苦的人。你能供養世界上最窮苦的人，就比得上供養一個佛。所以不要搞迷信，為什麼要燒什麼、化什麼東西？這錢為什麼不能拿去社會上多做一點好事？這就是佛法的真精神！因為你能供養下方世界這樣窮苦的人，就等於供養了上方世界的難勝如來，上下是一樣的。往往很多宗教徒只會向上供養佛，對於社會貧苦的人理都不理，這根本不是佛法。這裡維摩居士作個榜樣給你看。

「時維摩詰，現神變已，又作是言：若施主等心施一最下乞人，猶如如來福田之相，無所分別，等於大悲，不求果報，是則名曰具足法施。」維摩居士現神通，給眾人看了他方世界佛土，又告訴與會大眾說，假使布施的人，以平等心布施供養最下等的乞丐，所作的功德等於是供養了佛，是真正種了福田。我常講，學佛的人決不能起攀緣心，例如看到人時心想，也許這人用得著的，也許這人可以幫自己忙的，這都是攀緣心，要無條件的布施出去。好像到過年時，有些同學想來供養我，名字也不寫，紅包往我桌上一放，我看了火就大，不可以這麼做！當然我很感謝你的誠心，但是我不需要，我要的是你能真的去學佛，真的行菩薩道，乃至把這點錢去社會上做些有意義的事都好。我不是不要錢，我是最要錢的人，我要做很多的事，沒有錢怎麼做？我寧可上課收費，出賣知識而不弘法。但是如果家境不好又有心學的人，不但不收一毛錢，還要幫他。但是對有慳吝心的人，我非要他拿錢出來不可，即使勉強他，他不高興我也要做，這是為了使他養成布施的習慣。

維摩居士接著說，能這樣布施，等於大慈悲，不是為了求果報才去法布施。你一求果報，像是做生意的心理，就完了，是錯誤的。

「城中一最下乞人，見是神力，聞其所說，皆發阿耨多羅三藐三菩提心。」當時毗耶離城中有一個最可憐的人，看到維摩居士神通智慧的力量，聽了他的說法，也發起了無上的道心。要注意，現實的社會中，最富貴的人不會發心學佛學道的，因為他的環境沒有痛苦，沒有這個刺激嘛。再者，富貴中人沒有時間跟你學佛的，尤其是現代社會的有錢人太忙，可以說他們一分鐘都不得空。不要說富貴的人，像我的忙碌你們就想像不到，有時眼睛在看東西，嘴裡吩咐人做事，耳朵還聽電話。所以我最受不了講電話長篇大論的不停，尤其許多女性都如此，兩三句話就解決的事，非要拖著講，這都是一種習氣。同樣的，最下等人也不會發心跟你學佛，因為被生活痛苦所逼迫，心裡沒有一秒鐘清淨。所以一個病到極點的人，你還要他念佛是外行空話，他念的只是痛，你先把他病痛解脫了，他才有時間和精神念佛。你們這些佛婆婆佛媽媽去探病，不要亂講外行話，病人痛得要死還能念佛的話，這個人也不用你勸了，他能把病痛丟得開，已經成功解脫一半了，他還要聽你勸？他不勸你念佛已經是客氣了。

記住，布施下等人、困難中的人，同供養佛一樣，這是《維摩詰經》上卷最末一段的精神所在。

「故我不任詣彼問疾。」因此，善德菩薩也表示，他不夠資格代表佛去探維摩居士的病。

「如是，諸菩薩各各向佛說其本緣，稱述維摩詰所言，皆曰不任詣彼問疾。」其他每一位菩薩也都不敢去。

《維摩詰經》的經題是《維摩詰所說不可思議解脫經》，是這一部經的全稱。怎麼叫作不可思議解脫？我們到最後再作結論。維摩居士是一位在家佛，這是佛法大乘精神所在，真正成就不一定要出家。當然並不是說出家不對，出家解脫固然更快更好，但是在家也一樣可以得成就，得解脫，真正得解脫不在生活的形式，或一切的外表。

維摩居士以生病作為說法的因由，一個人有生命一定會有病。正應了佛學基本的四句話：「積聚皆銷散，崇高必墮落，合會終別離，有命咸歸死。」假有的生命最後一定是死亡，由生到死之間，老病不過是死的前奏。所以生、老、病、死是必然的，不是偶然的，這個前因後果的關係，不需要等到後果來到才知道。「菩薩畏因，凡夫畏果」。對智慧高明的人，「因」一啟動就知道結果了，因裡頭就含有果，普通人要到結果出來了才知道。所以菩薩怕因，不輕易種因。比如兩個人講話意見不合，彼此態度開始不對，自己都不曉得自己情緒變化，不高興就擺出臉色，這一來就有了因，人家反應的結果當然不好。還有，跟人講話先皺眉頭，本來很好的事，人家也不願意聽了。

你有時跟人開個玩笑，但後果怎樣有沒有想過？言者無心，可是聽者有意，別人不認為是玩笑。古人因為開個玩笑把命送掉的例子不少。菩薩有這樣的認識，所以畏因，凡夫要刀殺到頭上才知道。

像我剛才要他們關後面的窗子，因為那兩位同學坐在窗口，風對著背上吹，背上腦後這些穴道被風吹進去，就最容易傷風。當時還不覺得，過幾個鐘頭或者第二天就難過了。你們打坐千萬要注意，有智慧的人坐下來會先注意到這一點。他們兩位畢竟是凡夫，坐在那兒還涼快，等明天流鼻涕了，可能還不知道怎麼起的。要是老年人這麼一坐下來，明天可能要送醫院了，傷風引起肺炎就麻煩了。

維摩居士因病而說法，菩薩有沒有病啊？得了道成神仙，可以做到不食人間煙火，那是可以做到的。但是不食人間煙火還有沒有病呢？照樣有病！即使欲界的病不生，可是還有色界的病。初禪天的人可以做到不食人間煙火，可是免除不了火災（火燒初禪），水災更免不掉，還是要進修。所以菩薩還是有病，不同的病。連佛跟佛見面時，也彼此問候兩句外交辭令：「少病少惱否？眾生易度否？」前面〈弟子品〉中也提到，釋迦牟尼佛生病，還叫阿難去化緣，化到維摩居士家裡去，結果給痛罵一頓。

所以我們的肉身要注意好好調養，我們有的修道朋友認為自己做工夫本事大了，可以調整自己的身體，結果病得一塌糊塗。你有這樣大的本事嗎？四大色法很難弄的，不到成佛階段是轉不了的，能夠轉色身，那你已經成就了，這是第一。第二，有許多人有一點點醫藥常識，結果自己自作聰明亂吃藥，那都是自求速死，要特別注意。

卷中

文殊師利問疾品第五

爾時，佛告文殊師利：汝行詣維摩詰問疾。文殊師利白佛言：世尊，彼上人者，難為詶對。深達實相，善說法要，辯才無滯，智慧無礙，一切菩薩法式悉知，諸佛祕藏，無不得入，降伏眾魔，遊戲神通，其慧方便，皆已得度。雖然，當承佛聖旨，詣彼問疾。於是眾中諸菩薩大弟子，釋梵四天王，咸作是念：今二大士，文殊師利維摩詰共談，必說妙法。即時八千菩薩，五百聲聞，百千天人，皆欲隨從。

於是文殊師利，與諸菩薩大弟子眾，及諸天人，恭敬圍遶，入毗耶離大城。爾時長者維摩詰心念：今文殊師利，與大眾俱來。即以神力，空其室內，除去所有，及諸侍者，唯置一床，以疾而臥。文殊師利既入其舍，見其室空，無諸所有，獨寢一床。時維摩詰言：善來文殊師利！

不來相而來，不見相而見。

文殊師利言：如是，居士。若來已更不來，若去已更不去。所以者何？來者無所從來，去者無所至。所可見者，更不可見。且置是事。居士是疾，寧可忍不？療治有損，不至增乎？世尊慇懃，致問無量。居士是疾，何所因起？其生久如？當云何滅？維摩詰言：從癡有愛，則我病生。以一切眾生病，是故我病。若一切眾生得不病者，則我病滅。所以者何？菩薩為眾生故，入生死，有生死，則有病。若眾生得離病者，則菩薩無復病。譬如長者，唯有一子，其子得病，父母亦病。若子病愈，父母亦愈。菩薩如是，於諸眾生，愛之若子。眾生病，則菩薩病。眾生病愈，菩薩亦愈。

又言是疾何所因起？菩薩疾者，以大悲起。文殊師利言：居士，此室何以空無侍者？維摩詰言：諸佛國土，亦復皆空。又問：以何為空？

答曰：以空空。又問：空何用空？答曰：以無分別空故空。又問：空可分別耶？答曰：分別亦空。又問：空當於何求？答曰：當於六十二見中求。又問：六十二見當於何求？答曰：當於諸佛解脫中求。又問：諸佛解脫當於何求？答曰：當於一切眾生心行中求。又仁所問何無侍者，一切眾魔及諸外道，皆吾侍也。所以者何？眾魔者樂生死，菩薩於生死而不捨。外道者樂諸見，菩薩於諸見而不動。

文殊師利言：居士所疾，為何等相？維摩詰言：我病無形不可見。又問：此病身合耶？心合耶？答曰：非身合，身相離故。亦非心合，心如幻故。又問：地大水大火大風大，於此四大，何大之病？答曰：是病非地大，亦不離地大；水火風大，亦復如是。而眾生病從四大起，以其有病，是故我病。

爾時，文殊師利問維摩詰言：菩薩應云何慰喻有疾菩薩？維摩詰言：說身無常，不說厭離於身。說身有苦，不說樂於涅槃。說身無我，而說教導眾生。說身空寂，不說畢竟寂滅。說悔先罪，而不說入於過去。以己之疾，愍於彼疾。當識宿世無數劫苦，當念饒益一切眾生。憶所修福，念於淨命。勿生憂惱，常起精進。當作醫王，療治眾病。菩薩應如是慰喻有疾菩薩，令其歡喜。文殊師利言：居士，有疾菩薩，云何調伏其心？維摩詰言：有疾菩薩，應作是念，今我此病，皆從前世，妄想顛倒，諸煩惱生。無有實法，誰受病者？所以者何？四大合故，假名為身。四大無主，身亦無我。又此病起，皆由著我。是故於我不應生著。既知病本，即除我想及眾生想，當起法想。應作是念，但以眾法合成此身，起唯法起，滅唯法滅。又此法者，各不相知，起時不言我起，滅時不言我滅。彼有疾菩薩，為滅法想，當作是念，此法想者，亦是顛倒，顛倒者，即是大患，我應離之。云何為離？離我我所。云何離我我所？謂離二法。云何離二法？謂不念內外諸法，行於平等。云何平等？謂我等涅槃等。所以者何？我及涅槃，此二皆空。以何為空？但以名字故空。如此二法，無決定性。得是平等，無有餘病。唯有空病，空病亦空。是有疾菩薩，以無所受而受諸受，未具佛法，亦不滅受而取證也。設身有苦，念惡趣眾生，起大悲心，我既調伏，亦當調伏一切眾生。但除其病，而不除法。為斷病本，而教導之。何謂病本？謂有攀緣。從有攀緣，則為病本。何所攀緣？謂之三界。云何斷攀緣？以無所得。若無所得，則無攀緣。何謂無所得？謂離二見。何謂二見？謂內見外見，是無所得。文殊師利，是為有疾菩薩調伏其心，為斷老病死苦，是菩薩菩提。若不如是，己所修治，為無慧利。譬如勝怨，乃可為勇。如是兼除老病死者，菩薩之謂也。彼有疾菩薩，應復作是念，如我此病，非真非有，眾生病亦非真非有。作是觀時，於諸眾生，若起愛見大悲，即應捨離。所以者何？菩薩斷除客塵煩惱而起大悲，愛見悲者，則於生死有疲厭心。若能離此，無有疲厭，在在所生，不為愛見之所覆也。所生無縛，能為眾生說法解縛。如佛所說，若自有縛，能解彼縛，無有是處。若自無縛，能解彼縛，斯有是處。是故菩薩不應起縛。何謂縛？何謂解？貪著禪味，是菩薩縛。以方便生，是菩薩解。又無方便慧縛，有方便慧解。無慧方便縛，有慧方便解。何謂無方便慧縛？謂菩薩以愛見心莊嚴佛土，成就眾生，於空無相無作法中，而自調伏，是名無方便慧縛。何謂有方便慧解？謂不以愛見心莊嚴佛土，成就眾生，於空無相無作法中，以自調伏而不疲厭，是名有方便慧解。何謂無慧方便縛？謂菩薩住貪欲瞋恚邪見等諸煩惱，而殖眾德本，是名無慧方便縛。何謂有慧方便解？謂離諸貪欲瞋恚邪見等諸煩惱，而殖眾德本，迴向阿耨多羅三藐三菩提，是名有慧方便解。文殊師利，彼有疾菩薩，應如是觀諸法。又復觀身無常、苦、空、非我，是名為慧。雖身有疾，常在生死饒益一切，而不厭倦，是名方便。又復觀身，身不離病，病不離身，是病是身，非新非故，是名為慧。設身有疾，而不永滅，是名方便。文殊師利，有疾菩薩，應如是調伏其心。不住其中，亦復不住不調伏心，所以者何？若住不調伏心，是愚人法。若住調伏心，是聲聞法。是故菩薩不當住於調伏不調伏心，離此二法，是菩薩行。在於生死不為汙行，住於涅槃不永滅度，是菩薩行。非凡夫行，非賢聖行，是菩薩行。非垢行，非淨行，是菩薩行。雖過魔行，而現降伏眾魔，是菩薩行。求一切智，無非時求，是菩薩行。雖觀諸法不生，而不入正位，是菩薩行。雖觀十二緣起，而入諸邪見，是菩薩行。雖攝一切眾生，而不愛著，是菩薩行。雖樂遠離，而不依身心盡，是菩薩行。雖行三界，而不壞法性，是菩薩行。雖行於空，而殖眾德本，是菩薩行。雖行無相，而度眾生，是菩薩行。雖行無作，而現受身，是菩薩行。雖行無起，而起一切善行，是菩薩行。雖行六波羅蜜，而徧知眾生心、心數法，是菩薩行。雖行六通，而不盡漏，是菩薩行。雖行四無量心，而不貪著生於梵世，是菩薩行。雖行禪定解脫三昧，而不隨禪生，是菩薩行。雖行四念處，不畢竟永離身受心法，是菩薩行。雖行四正勤，而不捨身心精進，是菩薩行。雖行四如意足，而得自在神通，是菩薩行。雖行五根，而分別眾生諸根利鈍，是菩薩行。雖行五力，而樂求佛十力，是菩薩行。雖行七覺分，而分別佛之智慧，是菩薩行。雖行八正道，而樂行無量佛道，是菩薩行。雖行止觀助道之法，而不畢竟墮於寂滅，是菩薩行。雖行諸法不生不滅，而以相好莊嚴其身，是菩薩行。

雖現聲聞辟支佛威儀，而不捨佛法，是菩薩行。雖隨諸法究竟淨相，而隨所應為現其身，是菩薩行。雖觀諸佛國土永寂如空，而現種種清淨佛土，是菩薩行。雖得佛道轉於法輪入於涅槃，而不捨於菩薩之道，是菩薩行。說是語時，文殊師利所將大眾，其中八千天子，皆發阿耨多羅三藐三菩提心。

這一部經是維摩居士藉病說法，如何解脫生理的困擾。上卷講佛的小乘弟子，每一位成就的優點也正是他的缺點，因此只算是小乘的羅漢，不能入佛菩薩境界。《維摩詰經》中卷第五品開始進入大乘菩薩，由文殊菩薩代表佛去向維摩居士探病。後世《天女散花》這齣戲，就是由文殊師利菩薩出場這裡開始的。文殊師利也翻譯成曼殊室利，我二十幾歲以前寫佛學文章的筆名，用的就是室利，我不想用曼殊，因為已經被蘇曼殊那花和尚用了。後來我也不用室利了，要利就利天下人嘛！為什麼只利一個房間？

文殊師利是大乘菩薩中智慧第一，他的坐騎是獅子，代表他的根基，獅子一吼，百獸腦裂。現在我們這個劫數叫作賢劫，在這個劫數裡有千佛出世，釋迦牟尼佛是第四位出世的佛，將來彌勒菩薩要來當教主，是第五位。第一千位成佛的是樓至佛，就是韋馱菩薩，他發願最後成佛，在成佛之前擔任護法。文殊師利菩薩是過去七佛之師，他們都受過他的教育，他同觀音菩薩於久遠劫來早已成佛，因為他的弟子要到這個世界上來成佛，所以他這個作老師的特地來捧場，來輔佐佛的教化，地位等於是佛的教務長。

文殊菩薩來了

「爾時，佛告文殊師利：汝行詣維摩詰問疾。」現在，佛要文殊師利菩薩，代表他去探視維摩居士。

「文殊師利白佛言：世尊，彼上人者，難為詶對。」我們寫信給出家的法師，或者出家人寫信給自己的師父，可以用「上人」作尊稱。上人的根源出自《維摩詰經》，唐宋學者所作的詩詞送給法師的，就寫贈某某上人，在《全唐詩》中很多見。大家看的《唐詩三百首》，不過是唐詩中的萬分之一而已。上人也就是和尚，意義是人上之人，是第一等人。俗語：「吃得苦中苦，方為人上人」，就是同一個道理。

「訓對」是應酬對答。中國文化中，小孩子從小教他「灑掃應對」的基礎教育，也可以叫作「應對進退」。我同朋友們說，現代人的修養失敗，家庭教育要從灑掃應對開始，都沒有學，以為在學校掃掃地就是灑掃。掃地要怎麼掃，環境怎麼樣清潔整齊，都要受過嚴格的訓練，否則是不懂的。現代的孩子好像不大管這個，現代人應對就更差！許多年輕人，甚至中年人，對長輩、對老師說的都答「對」，「對」是對平輩或小輩用的，對長輩、對老師要講「是」，現在我也聽慣了，希望他們講「對」就好了。剛才某某同學帶了太太來看我，太太坐在一邊沒坐端正，他就當面糾正，他可是受過嚴格傳統教育的，但我還要幫他太太打圓場。現在時代不同了，文化的重新建立，不是一兩個人說說就行的，很難了。

講到「訓對」兩個字的重要，包括了應對進退。什麼是應對進退？不是見人進一步行個禮，走時告退時退一步。進退是作人對一件事該做、不該做，該答應、不該答應的進退之間，其中的應對是非常難的。應對進退實在是作人的基本教育和態度，中國人叫儀禮，儀表態度是作人的基本道理。如果儀禮都不行，何況大禮！比如有某某同學，再三說要做事，我讓他來這裡上班，他每次一來就先去打坐，那還做什麼事？這進退之間就是不懂。這個進退的學問太多了，又像有些學生，進入人家的客廳，應該往哪裡坐都不會，乃至吃飯拿個筷子和碗都不對，有什麼辦法！

文殊師利菩薩對釋迦牟尼佛說，唉！這一位上人啊！很難應付的。一般人差一點的，到他前面動輒就要挨罵的。為什麼呢？

「深達實相，善說法要，辯才無滯，智慧無礙，一切菩薩法式悉知，諸佛祕藏，無不得入，降伏眾魔，遊戲神通，其慧方便，皆已得度。雖然，當承佛聖旨，詣彼問疾。」

文殊師利菩薩這一段話，好像是官場中對皇帝下的命令委婉表示很難，但雖然如此，還是得去。好像我常常叫同學去做什麼事，「唉呀！老師啊！

這……那……」的，我一聽就討厭，真不堪受教。

文殊師利菩薩，首先說維摩居士「深達實相，善說法要」，這八個字就要了命。大徹大悟，得道成佛菩薩的境界，才有實相般若。實相無相，真空妙有。換句話說，維摩詰以在家居士身成佛了。不但成佛，還能夠說法，度一切眾生，自利利他。我們講教書的例子，善說同不善說的差別很大的，好多年前有位同學師範畢業之後去教化學，他用教詩詞的境界去教化學，把化學公式套在詩中講出來，非常受歡迎，這就是善說。哪像你們有些同學出去說法，站在臺上兩眼向前瞪，誰也不管，講得是滿口學問，但是一點效果也沒有。善說法要是很難的，尤其在這二十一世紀，把佛法做到善說法要更難。維摩居士能做到「深達實相，善說法要」這個境界，已經不得了了。

接下來，「辯才無滯，智慧無礙」，這個辯才可不是強辯，而是一切問題到他前面都解決了，都不成問題，他都不用腦筋想了。用腦筋想是世間的聰明，他到了實相般若境界，那智慧就如珠之走盤。有些人很會講話，一聽就知道是歪理強辯。真的辯才無滯的人，只有成了佛的人。任何法門，不論世法、外道，都可以到達佛法最高峰。古德說，「正人用邪法，邪法也是正。邪人用正法，正法也是邪。」何以能做到辯才無滯？因為智慧無礙之故。

《維摩詰經》這裡的每一句話，都是我們修道成就的標準，真悟了道的人，就具備這些條件。大家學佛不要狂妄，自己拿每一條來對一下，能做到深達實相嗎？能做到善說法要嗎？能做到辯才無滯嗎？能做到智慧無礙嗎？拿智慧無礙來講，我們這裡學佛的幾位，在社會上一般都覺得是智慧很高的，但是什麼問題都解決不了，處處在障礙，可是還覺得自己了不起，狂妄無知啊！造的是很糟糕的因。

「一切菩薩法式悉知」，一切大乘菩薩佛法，一切法門，包括外道魔道，任何一種戒律規矩，沒有不知道的。「悉知」，又是一個第一次出現在這本經的辭語，後來在中文信函中，尤其是長輩的口吻，常用到「來信知悉」。居然也有學生寫信給我，「老師您來信知悉」，完蛋了。講到這個，還有學生都作了大學教授了，給我的信封上寫著「南師懷瑾」，南師就南師吧，算了。但他把「師」字寫到邊上，「懷瑾」寫到中間，他以為是對我恭敬，唉！

剛剛相反。信封上寫「南先生懷瑾」是給郵差知道寄給誰的，「懷瑾」兩個字可以偏到旁邊，表示自己不敢稱先生的名。但是在信的內容，你就不能把長輩的名字偏到旁邊，否則極為不敬。唉！對這些傳統文化教育怎麼教？我真急死了！現在的教育部懂不懂這個還是個問題。

「諸佛祕藏，無不得入。」若我們問，佛法修持裡面有沒有祕密？有。但是對於最高的祕密，禪宗六祖答得最好，祕密在你那裡，不在我這兒。一切眾生本來是佛，卻見不到自己的本性，這是公開的祕密，眾生卻不知道。比如宇宙的祕密，我們現在知道有電是很平常的，但古人幾千年來就不知道。虛空中還充滿了許多其它東西，是目前科學所不知道的。

大家看佛教密宗很祕密，其實不是，它都有道理的。悟了道的人來看密宗，就覺得一點都不祕密。真道並沒有祕密，每個人對佛法的究竟，深入程度不同，這是人性最高的機密。唯有成了佛的人，才對一切佛的祕密統統了解。譬如，我問你們，西方極樂世界為什麼叫阿彌陀佛？你說是無量壽、無量光的意思。為什麼是西方？為什麼東方佛土有藥師如來長壽佛，那也是無量壽啊！何以南方的佛名寶生如來，是什麼寶啊？寶生佛是怎麼成佛的？他用哪個法門？一切佛法講空，為什麼北方是不空如來？那北方有什麼啊？為什麼中國文化的帝王是坐北向南？所謂南面而王，而坐西向東的卻是當老師的師位？這些道理你們懂嗎？我不提你們有沒有想過，恐怕等你們舍利子燒出來了都不知道。所以諸佛法都有祕藏，這就是祕。維摩居士以在家佛的身分，對一切佛的祕藏、奧祕，都深入進去了，他在上方世界早就成佛了，是金粟佛，故意到下方世界來，示現居士之身。

「降伏眾魔，遊戲神通。」一切魔障對維摩居士都沒有辦法，本經上卷提到大魔王都怕他的，連帶來的魔女都被他照單全收了，最後魔王只好向他投降，請他歸還魔女。既然他能降伏眾魔，為什麼病魔還沒有降伏？等一下我們會看到他對病魔的處理。雖然如此，有時對於世俗的魔還只好避開，一跳出紅塵就避開了世俗的魔。要能深入世俗，降伏世俗的魔，就是大出家了。維摩居士還具備一切神通，一切在家、出家、世俗、出世對他而言，只是遊戲而已。真的神通是大智慧的成就，這是他成道的條件。你們學佛的覺得自己有點開悟了，對一對這個條文，這就是戒條，哪一條你做到了？講起話來言辭不清，我常訓誡你們：言不壓眾，言辭不清，條理不明。講了半天話，要點在哪裡都不知道。貌不驚人，又沒有威儀。威儀不是兇樣，也不是擺一副死相，而是功德成就了，一到那裡就有那個氣度，就像花香或電感一樣發出來。

「其慧方便，皆已得度。」這是說維摩居士一切智慧，一切方便法門都成就了。文殊師利菩薩向佛報告，這位上人難辦了，他是這樣境界的人。但是佛既然吩咐了，文殊師利菩薩也只好去了。

「於是眾中諸菩薩大弟子，釋梵四天王，咸作是念：今二大士，文殊師利維摩詰共談，必說妙法。即時八千菩薩，五百聲聞，百千天人，皆欲隨從。」文殊師利菩薩一答應要去，在座所有的人，都要跟去看鬧熱。要去的有大菩薩、佛弟子、欲界天主玉皇大帝釋提桓因。講到釋，中國出家人本來是保留原來姓氏的，例如從智法師姓李的話，就叫李從智。到了東晉以後，出家人才去掉俗家姓氏，一律改姓釋，是追隨釋迦牟尼佛的意思。跟文殊師利菩薩一起去的，還有大梵天、四天王等。他們心裡想，這兩位大士要對話，一定有好戲看了。同時又有八千位菩薩、五百小乘人、百千天人都要跟去。

「於是文殊師利，與諸菩薩大弟子眾，及諸天人，恭敬圍遶，入毗耶離大城。」文殊師利菩薩就帶著他們，進城探病去了。

「爾時長者維摩詰心念：今文殊師利，與大眾俱來。即以神力，空其室內，除去所有，及諸侍者，唯置一床，以疾而臥。文殊師利既入其舍，見其室空，無諸所有，獨寢一床。」

維摩居士有他心通的，那一邊大眾決定要來，他就感應到了。維摩居士就用神通，把房間裡的東西都搬空了。這個要注意，是在點題，我們講心房、心室，你要心念能空，才能空掉物質。剛才講有的人一臉死相，就是腦子裡空不了，業力現到外形上了。維摩居士是大富人，房子是很大的，文殊師利菩薩要來，他把房子縮小了，變成了一丈見方。後來廟子和尚住的房間叫方丈，就是這樣來的。十寸成一尺，十尺叫一丈，這叫合十，我們合掌也叫合十。維摩居士念頭一動，就把房間布置好了，成為空的房間，沒有東西也沒有侍者，只有一張床，他靠在床上。因為都空掉了，文殊師利菩薩大概也不用找門房，就一直進去，看到空的房間。這就是維摩居士用環境來表示道。可是還有一樣，他還在床上。《指月錄》記載宋朝有一位高官的女兒，在家修道成功了，自稱空室道人，後出家為尼，名智通，典故也出自於此。

文殊師利菩薩可是帶著群眾來的，就這麼一丈見方的房間裡，要容納百千跟從大眾，不知道是人變小了，還是房間變大了，這就是維摩居士的智慧神通。

「時維摩詰言：善來文殊師利！不來相而來，不見相而見。」一對話開始了，維摩居士說，善來文殊師利，是倒過來的語句，就是文殊師利你來得好啊！你有來嗎？沒有的。我們有見面嗎？沒有的。沒有來嗎？這才是真來。沒有見嗎？這才是真見面。這是最高的文學、最高的佛法。文字好像很容易，你做得到嗎？你在這裡打坐時，可不可以回家去看父親？

宗喀巴大師十九歲在西藏出家，出家後晝夜忙於修道，母親病了也沒時間回青海老家，只有請人畫了自己的像，送去老家給母親。畫像送到媽媽手中，打開一看，畫像中的人就開口叫媽，母親看了非常高興，知道兒子已經成道了。釋迦牟尼佛上忉利天為母親說法，他的弟子想念他，就用檀香木刻了一個他的像，釋迦牟尼佛從忉利天回來看到自己的像，他就對像說，究竟你是我，還是我是你？他還與像彼此問訊。據說這一尊像後來流傳到了中國，歷代都有記載，不過近幾百年就不知道下落了，這些故事就是不來相而來。

再看人類五千年歷史，這些人都來過了，諸葛亮、劉備、曹操都來過了，我們幾十年下來頭髮也白了，過去的事情都來過了，有沒有？不來相而來，你要從這裡去參、去體會。有位法師前幾天跟我提出來，要回去省親，那我不能不准他的。他回去過了沒有？他現在還坐在這裡。假如今天坐飛機去美國，在地球表面位置來講，你是去了美國；但是地球本身是轉動的，從虛空的位置來講，你又轉回來了這個位置，也是不去相而去。懂了這個道理，生死也一樣，肉體老病去了，你那個能生老病死的沒有動過啊！

同樣，不見相而見，哪裡見過面？現在大家在一起上課見面，等一下就散了。所以說，世上無不散的筵席，你說散掉了，也沒有散，那個影像還是在的，沒有來過也沒有去過。《金剛經》講：「如來者，無所從來，亦無所去，故名如來」。永遠都在這裡不動。維摩居士對文殊講的第一句話：「善來文殊師利，不來相而來，不見相而見。」不可思議解脫的道理已經給你說完了。你只懂了這個理還不算數，要能夠證到了，你就算成功了，就真正懂了佛法了。

有些同學埋怨，老師越忙離我們越遠了。其實我們不遠也不近，永遠在一起。有一位美國學生真了不起，他一句中文不懂，一天早上要來跟我談禪，談了一個鐘頭，他講英文我講中文，最後他要上飛機了，我說請他去吃早餐，是第一次也是最後一次。再見時他說，老師，我們永遠在一起，沒有分手過。所以這個智慧不在文字言語上的。

《維摩詰經》是大乘佛法，中國講禪宗的，乃至於講大密宗的，都特別注重這部經。它是個頓悟法門，所有說法都針對形而上道而講的。所以讀《維摩詰經》有很大的好處，可以開發我們解脫的智慧。但是也有壞處，一般人很容易學了些口頭禪，落入狂妄。例如上面講的，「善來文殊師利，不來相而來，不見相而見」，禪宗的機鋒轉語就是這樣來的。後來就被濫用了，如有人問出家，他答，不出相而出，不入相而入，無家可出，無家可入。這類的狂話很多，文學境界很妙，自己到底沒有證入，反而不好。

事實上，依形而上道來講，道理是對的。維摩居士和文殊師利兩位大士的見面，是以第一義諦的立場對話。如果了解現代科學的觀念，就更可以證明佛法的真實道理。宇宙萬有一切現象，都是生滅法，來去、是非、善惡、生死等等，都是相對的，都是「相」，能生諸有之相的那個，沒有動過，生而不生。能使萬有相對的那個是絕對的，不屬於相對的。但同時也沒有一個絕對的存在，一有絕對的存在，它又已經是相對的了。它是什麼呢？是諸法空相。這些用物理、化學，聲、光、電的道理來說明，是完全正確的。

剛才維摩居士對文殊師利說，你來了等於沒有來，我們見面了等於沒有見。我想到我們這裡有位老同學，修了幾十年了，身體老病不堪，我正在主持寒假打七的時候，他的朋友打電話來告急，後來他過世了。臨終照顧他的朋友後來跟我談，「老師，他認為自己很有把握，往生西方沒有問題，你說呢？」我笑一笑說，「大概有一點吧，中間還要迷途的啊！能夠再來得一個人的軀殼，已經很不容易了。」這個事談何容易！在哪裡看出來呢？就在他還在世的時候，看他的定力，看他所做的事。我拿這一件事要講的是，這位老同學過世了，走了沒有？不去相而去。所謂看不見的是肉體而已啊！那個自性並沒有動過。能夠把握到這一點，就沒有生離死別的苦難。一切只是相的變，自性是寂然不動的。

現在，文殊菩薩答話了：

「文殊師利言：如是，居士。」是的，居士，是這樣的。文殊菩薩怕跟著去的小乘菩薩們不了解，就再加以引申：

「若來已更不來，若去已更不去。」來去只是個現象，比如你說早上的太陽到晚上就下去了，這只是對現象講。雖然形而上是沒有邏輯可言的，我們假如勉強用形而上的推理來看，假定真有個東西來了，已經來過了就沒有第二次來了。宇宙的生命、萬有的現象是生生不已，像流水的浪頭一個接一個，當我們看到第一個浪頭過去了，下一秒鐘看見的浪頭，已經不是先前的浪頭了。假如我們認為浪頭有來過有生過，那後面就不可能有再生的，因為後來的不是原來的那一個。同樣道理，過去的東西，如果認為死亡了的話，那現在就沒有死亡，因為已經死亡過了。

凡夫眾生只從現象界看，認為是有來去有生死，其實是沒有來去，沒有生死的，來了等於沒有來。我們看自己小時候的照片，那決不是我們，完全是兩個人，那個肉體、那個一切早過去了。

「所以者何？來者無所從來，去者無所至。」什麼理由呢？一切萬有現象沒有個來去的根源。一切宗教哲學，都在追尋最初造物的是什麼，是誰在主宰，最初的現象幾時開始的。佛家的結論是：無始之始，像一個圓，每一點都可以是起點，都也可以是終點，而所謂始點與終點，只不過是人為的假定。宇宙的法則是圓周性的，是圓滿的，不生不滅，不來不去。能生滅去來者，無生滅去來。我們坐在那裡，莫名其妙地忽然想起一件事，它從哪裡來的？來者無所從來。你如果要拚命去找它的來源，你花個三大阿僧祇劫慢慢找吧！去的呢？去者無所至，能去到哪裡？終點也就是起點。所以，因中就有果，果中又含因，無始無終，無來無去。這也是《華嚴經》的道理：「因該果海，果徹因源」，是宇宙萬有的因果關係，因含著果，在果上去找因，因果是同時的。

「所可見者，更不可見。」凡夫眾生因為不了解這個理，見不透，沒有澈悟，只相信我們自己眼睛所見，而眼睛所見是沒有真見的，看見的都是假相，靠不住的。站在凡夫境界講，你們諸位現在看見我，我也看見你們。但是還是假的，我們第一眼看見這個現象，這個現象已經過去了，不可得。又比如我們房中的這個電燈，我們看著它好像一直亮著，學過光電的人就知道，當你剛接通電源的那一剎那，電的功能產生的第一束光，生了就消散了，因為後面源源不絕的電力，才使得這燈持續發光，那第一束光一見就不再見了。更明顯的是蠟蠋，你點燃之後蠟蠋雖然一直發光，但是蠟燭也不斷地變短小。過去認為蠟燭燃盡就沒有了，現代的物理學告訴我們能量不滅，能量與質量互變，也是不生不滅的。

這個道理與心的道理是同樣的，你們學佛法就不要沉迷在宗教中鑽牛角尖，要了解科學才可以更透澈地了解佛學，佛學是大科學。「所可見者，更不可見」，說明自然界一切物質的現象，一剎那一見之間就已經過去了，我們覺得正看著的已經變去了。你第一眼看到這個人，一剎那間這人的身體已經新陳代謝變化了。這個最明顯的是看嬰兒和看老人，你一個月不見嬰兒，他就變樣了，我們也說七十歲以上的朋友，若一個月不見就要打電話問候他一聲，八十歲以上的，更要三天兩頭打個電話。

唐人崔塗所作的一首〈春夕旅懷〉詩，起首是「水流花謝兩無情」，也可以用來注解《維摩詰經》的「所可見者，更不可見」。水流過去了不會再回頭，江水東流一去不回頭嘛！花謝了明年雖然再開，但已經不是今年的花了。所以水流、花謝這兩樣是毫不留情的。這首詩的文學意境很深，有些離鄉背井多年的老朋友是讀不下去的。下面還有好幾句，今天不講詩，就不再說了。（全文是「水流花謝兩無情，送盡東風過楚城。蝴蝶夢中家萬里，杜鵑枝上月三更。故園書動經年絕，華髮春催兩鬢生。自是不歸歸便得，五湖煙景有誰爭。」）你們愛文學的同學，更可以引李商隱的兩句詩作結論：「此情可待成追憶，只是當時已惘然。」乃至引用到歷史哲學，像《三國演義》卷首的：「滾滾長江東逝水，浪花淘盡英雄。」這樣就懂了「所可見者，更不可見」。

第一義至高無上的道，被文殊菩薩和維摩居士兩位，拿來隨便一番對話，真只能說是「千古絕唱」。文殊菩薩的講話藝術一流，你們如果有人作外交官的，可以好好學他。他回應了維摩居士之後，話一轉、又說：

「且置是事」，就是說，這個問題我們不談了。再談下去，他們兩個恐怕要扯一部六百卷經典了，那還得了，所以文殊菩薩趕快收場。

「居士是疾，寧可忍不？療治有損，不至增乎？」你看，他真是最好的外交官，他問候說，居士，你這個病還忍得住吧？治療有沒有把病情改善？好一點了吧？

「世尊慇懃，致問無量。」佛非常關心，叫我代表他來問候。「致問無量」，是無限的關心和想念。這個文章你們寫信就可以學了。

「居士是疾，何所因起？其生久如？當云何滅？」文殊菩薩這裡的問題也是問我們大家，這就要參了。人活著就有病，為什麼會生病？為什麼會老？文殊菩薩問維摩居士，你這個病是怎麼引起的？病了多久了？怎麼樣去掉這個病？在座各位可能年輕的比年老的還要多病，天天都在感冒，不是頭痛就是流鼻水。現在我要問，「諸位青年法師、青年居士，是病何所因起？其生久如？當云何滅？」你們一定答覆，「我也不知道怎麼引起的，也不知道什麼時候會好。」這就很可憐了，自己病了不能自療。這就是話頭，是大問題。人怎麼會生病，不是問怎麼得了傷風感冒或是得了癌症，不是這個問題，是問這個生命為什麼會生病？

眾生病　菩薩也病

「維摩詰言：從癡有愛，則我病生。」人的生命本來就是個病態的生命，宇宙萬有現象也是個病態的萬有現象。從文學藝術角度看，這個世界多美麗啊！紅花綠葉描寫得或畫得多美。你寫好了畫好了就病了，你累了嘛，累就是病。我們不把累當作病，它就是病因。生命就是這麼個生滅現象，非常疲倦。你反省一下，在人生路途中，不管你什麼年紀，你隨時感覺到很疲倦。也許你們諸大菩薩不感覺到，我這個凡夫隨時都感覺到很疲倦。有時同學勸我多休息，我不是身體的疲倦啊！是心理疲倦，尤其和你們在一起，好疲倦。

生命有病是什麼道理？維摩居士回答，他說一切從癡所生。癡就是有情，佛經翻譯眾生為有情眾生。我過去在大學教書，很多年輕人來問我愛情哲學，什麼是情、愛、欲？我說三個字不管怎麼分類都是混蛋，總而言之，都是荷爾蒙在作怪。當荷爾蒙昇華了，沒有欲念了，就成了愛，愛再化掉了，就成了情。情就是癡的根本，情加濃一點就是愛。情像葡萄酒，蠻好喝但是很醉人。愛就不同了，像白蘭地。欲像高粱酒或伏特加。都是酒，醉人的，是各種癡。生命就是癡來的。前面講的那位剛過世的老同學，他在臨走之前還跟照顧他的朋友說，不用擔心，我還有十二年好活。自以為有定力很有把握，結果連這個都不知道，還說中陰身有把握，都是吹牛。中國人老話說，好死不如賴活，病到拖著一個破爛的身體，仍留戀得不得了，也不願意爽快地走。為什麼？癡啊！

今天下午還有個老朋友，都八十歲了，我跟他說現在可以放下了，他說就還有這一件事，等搞好了就放下了。我說：從古到今，哪一個人真把事情都弄好才走的？他說：是啊！我也懂啊！我說：你懂就現在放下。他說：唉！這……等這一點弄好了就可以了。這就是癡！很難了的。你能夠把癡了了，就差不多了。一切都在癡中，你以為白癡叫癡啊？越聰明的人越癡！那個李商隱的詩：「春蠶到死絲方盡，蠟炬成灰淚始乾」，實際上春蠶到死絲還不盡，還給人去做衣服了。又如清詩，「多情自古空餘恨，好夢由來最易醒」，多情不見得講男女之情，就是癡的表現，壞夢不容易醒，好夢還想多做一會兒。後來我有位女學生，把第二句改成「好夢由來不願醒」，改得真好！

講了半天，一切眾生都是癡。你們有學淨土宗的，你想往生西方極樂世界作什麼？小本《阿彌陀經》說，你只要往生西方極樂世界，就永遠不死了。在那邊好好地學佛，也不怕沒飯吃，不怕沒房子住，男的還不怕討不到太太，女的也不怕嫁不掉，因為無男女相，地方又好，七寶行樹……所以你想去。我問你，你貪不貪？癡不癡？因此而發願者，非貪即癡，這是大癡大貪。能夠去掉了這個大癡大貪必然往生，淨土現前。學密宗的想要往生哪個佛的國土，還要神通具足，長生不老……也是癡。我常跟人講，我乾脆發願活五百年，省得再來一次，住媽媽肚裡的旅館十個月，一輩子還不了感情債。現在想想活那麼久挺麻煩的，老朋友跑光了，年輕人談不攏，這不好辦啊！到了一百歲還要被人當個活寶，放在什麼地方展覽，日子也不好過！修個長生不老做什麼？兒子孫子都跑了，曾孫子看我這老頭怎麼還不死，唉！這些思想都是癡。有癡就有愛，有愛你就有病生。這是維摩居士的回答。

這裡有一個重點要了解，維摩居士說「從癡有愛，則我病生」，他是說客氣話，是拿自己來表演，說一個重大的道理。換句話說，這個生命就是因為有癡有情，才有愛。十二因緣裡頭，愛在中間，有愛則有取，都想抓住，接下來才有生，有生就有病。中國的文字也很妙，我們說「生病」，有生就有病。任何一個東西存在，就有病態。病與不病之間，是一個大哲學。文殊菩薩問病從哪裡來？維摩居士答是從愛而來。愛從什麼地方來？從癡而來。學佛都知道貪、瞋、癡三個字，我看大家修三輩子也難斷掉。要不貪、無瞋、不癡，太難了。

講到癡，我前幾天和兩個老朋友講到有一幅翁同龢寫的字，要八萬塊錢，其中一人立即說，便宜啊！我一聽，好了，你們不要再說了，「玩人喪德，玩物喪志」，我拚命要戒這一方面的嗜好，你們兩個一左一右不要起哄了。收集字畫也是癡，市面上買到的字畫都是前人癡心收集來的，然後被後代不肖子孫給賣了，上面還印著前人的圖章……你現在買了將來交給誰啊？一切在癡中，能夠無愛欲無癡情就真解脫了。所以病從哪裡來？從有癡有愛來。這是第一個道理。

第二個道理嚴重了。

「以一切眾生病，是故我病。」你問怎麼生病的？大菩薩生病是為眾生而生病。他說因為一切眾生皆在病中，所以我非病不可，假使一切眾生有一天無病無痛了，就是了了生死了，我也就沒有病了。這裡的我就是有我在，所以有病。有我存在，就有痛苦，就有煩惱，就有生病。一切眾生個個無我，歸到本來清淨圓明去了，就當然不生病。所以一個人活著，想要無病無痛是做不到的，要不病不痛不生不死，除非你證得涅槃，成佛了。一切眾生得度，就無病痛了。維摩居士給我們點題了，點題是點出文章的要點所在，要點就在這裡了。

「若一切眾生得不病者，則我病滅。」文殊菩薩你問病幾時好，我這個病永遠不得好的。要曉得六度萬行皆是菩薩的病，慈悲喜捨也盡是菩薩的病。慈悲就是癡，喜捨就是愛。菩薩者菩提薩埵是也，雖然覺悟了，還是未免有情。菩薩是最多情的，堪稱是大眾情人。因此要不病，除非情愛皆滅，眾生有病則菩薩必病。

「所以者何？菩薩為眾生故，入生死，有生死，則有病。若眾生得離病者，則菩薩無復病。」一切大乘菩薩沒有跳出生死的。再嚴重地講，諸佛菩薩都沒有跳出生死，都是再來人，為什麼？因為要度一切眾生。《楞伽經‧卷一》說：「無有涅槃佛，無有佛涅槃。」佛並沒有走開啊！還是再來，佛菩薩都是再來人，都在這個世間。菩薩的願力是要度眾生，所以菩薩為眾生故，入生死，入輪迴，有本事跳出去而不跳。所以菩薩是「智不住三有，悲不入涅槃」。他已經得到了般若智慧，跳出了三界，三有就是三界。可是因為慈悲要度眾生的緣故，自己不入涅槃，這是智悲雙運的境界。他還在六道輪迴中滾，可不一定變人啊！算不定變牛變馬變蟲都有的。要度眾生，就得有這個本事，挑得起這個擔子。算不定變了螞蟻，被我們開水一燙就死了，他成了螞蟻就燙得死。可是為什麼要變螞蟻？要度螞蟻啊！必須變了螞蟻才能說螞蟻的語言。

既然菩薩入了生死輪迴，就會有病。要想無病，除非你了生死，這個問題的答案早就有了，你沒有了生死以前就會有病。所以維摩居士引申說，如果眾生都了生死了，菩薩也無病了，就不需要到這個世界來了嘛！所以菩薩的病從哪裡來的？對不起，也是從癡情來的，大慈悲就是癡。這些道理文殊師利菩薩當然也懂，他不過在跟維摩居士兩個唱雙簧，一唱一答，講給大家聽的。

「譬如長者，唯有一子，其子得病，父母亦病。若子病愈，父母亦愈。」比如有位老前輩只有一個兒子，這兒子假如病了，作為父母一定也會得病，因為晝夜照料兒子累病了，或者過分擔心而生病了。等到兒子病好了，父母病也好了。在座各位有子女的，都有這種體驗，只有那些未來的父母親不知道。古人說，「養子方知父母恩」，自己當了父母才知道孝道的嚴重，沒當過父母只是口頭禪，這也是八萬四千法門當中的一法，你當了父母就知道了。孝道就是對父母的愛所起的感情。

「菩薩如是，於諸眾生，愛之若子。眾生病，則菩薩病。眾生病愈，菩薩亦愈。」菩薩愛眾生，就像愛自己的兒女一樣，因此眾生病了，菩薩當然也病了。眾生病好了，菩薩也好了。眾生都有煩惱，而眾生有的煩惱菩薩都有，他還多一個煩惱，就是煩惱我們。這話光是研究佛學是不容易懂的，要在世法中當過家的人才懂，不經過的人是不會懂的。

「又言是疾何所因起？菩薩疾者，以大悲起。」維摩居士說，你又問我，這個病是怎麼來的，唉！是大悲心引起的啊！清朝雍正皇帝題過一個觀世音菩薩的香讚，可以用作說明：

三十二應現全身　拯救眾生出苦津
砒霜當作醍醐用　翻將覺海作紅塵

首句講三十二應身，是引自〈觀世音菩薩普門品〉，說觀世音菩薩，應以何身得度者即現何身而為說法。次句說觀世音菩薩，為了度一切眾生跳出苦海。第三句說，觀世音菩薩慈悲心太切。最末一句是說觀世音菩薩，已經成佛了，但還是跳進紅塵來。菩薩的境界本來是要度眾生的，結果是反被眾生度。

這個問題討論到這裡，文殊師利菩薩一看維摩居士辯才無礙，怕他再說下去，記錄起來也麻煩，趕快打住，就問第二個問題。

空室引起的話題——空　解脫

「文殊師利言：居士，此室何以空無侍者？」維摩居士是大富貴人，為什麼現在房間裡空空的，連一個侍者也沒有？「空室」是心空，上面已經講過了。維摩居士把房間變成「方丈」大小，這是印度觀念。中國文化叫「方寸」，還要小，就是心。中國古話說「但存方寸地，留為子孫耕」，你心地好，會給後代子孫好的影響，有好報。

「維摩詰言：諸佛國土，亦復皆空。」你們要注意，所謂真正的淨土，也沒有七重欄楯、琉璃為地等景象，那是為了我們這個欲界眾生而說的。真正的淨土也了不可得，連淨都無所謂淨，那才是真正極樂世界的淨土，涅槃清淨。維摩居士對文殊師利菩薩說，你怎麼說起外行話來了？一切佛的國土本來就是空的，心空了，念空了，佛土就現前了。

「又問，以何為空？」他們兩人針鋒相對，文殊師利菩薩就問，什麼叫作空？

「答曰：以空空。」空就是空，你有個空的境界早不空了。下面講到空也空。你不要以為保留一個空的境界是悟了道了，你得了個什麼？你就真得了個空的。

「又問，空何用空？」文殊師利菩薩又問，既然空了，還怎麼去空呢？

「答曰：以無分別空故空。」因為你不起分別心了，空也空掉了。你覺得沒有煩惱，沒有妄念，很清淨，認為是空了，這正是分別心，正是妄念。不起分別心，無所謂空，無所謂有，把空也空了。

「又問：空可分別耶？」文殊師利菩薩又追問，空還可以分別嗎？這裡關鍵來了，文殊師利菩薩一刀就殺進去了，好像捉住了維摩居士的把柄。

「答曰：分別亦空。」維摩居士眼睛一瞪，分別也空啊！我們現在講話，你們聽話，就是分別心。分別心在哪裡？不可得啊！聽過了就過去了，不來相而來，不去相而去，所以分別本身就是空的，為什麼分別不可以空？

有一個人就是在這裡開悟的，是誰？永嘉禪師。他是天臺宗的，他自己曉得悟了，自己信得過。但是有個同參道友，勸他找人印證，威音王（古佛）

之前，你無師自悟可以，威音王之後，你無師自悟，隨便肯定下來，恐怕是天然外道。所以他就從浙江到廣東找六祖，見到了六祖，圍繞三匝，振錫而立。六祖與他對話時，永嘉曾回答：「分別亦非意」。就是說，分別也空。六祖就說：「善哉。」

「又問：空當於何求？」文殊師利菩薩好像在和維摩居士打擂臺，一拳拳打得虎虎生風。又問：怎麼達得到空？這好像在替我們問，坐了半天兩條腿痛得要命，空不掉喔！空在腿上求嗎？還是在心中求，還是哪裡求呢？

「答曰：當於六十二見中求。」麻煩事情來了，說起六十二見有一大堆，我只有補充資料給你們了。如果詳細講六十二見可以拖上幾個月，這裡不細說了。一切八十八結使也好，六十二見也好，我們每一個心理意識，每一個心理狀態，都在其中了。見就是觀念，我們心裡許多主觀的觀念困擾著自己，解脫不了，但實際上每一個觀念、每一個思想本身就是空的。妄念本身是空的，你不要另外去找一個空啊！你打坐時在找空，那個空就是妄念。你知道是妄念，它當下就空了，就解脫了。所以空要在六十二見中找。

「又問：六十二見當於何求？」文殊師利菩薩又問了。

「答曰：當於諸佛解脫中求。」所有的佛法不論淨土、密宗、禪宗、天臺宗，乃至五月端午的粽也好，都是要你解脫的。你被自己的感情、觀念困住了，所以不得解脫。我告訴過你們，學佛要學解脫，學道就要學逍遙。結果你們學得苦死了，既不解脫又不逍遙，何苦呢？還不如去喝咖啡、看電影、跳舞好了，不是既解脫又逍遙嗎？一個個舉止都不得了，看到別人，喲！這樣不可以的，阿彌陀佛啊！一臉怪相。文殊師利菩薩毫不放鬆，一個接一個的問題。

「又問：諸佛解脫當於何求？」請問，怎麼解脫呢？

「答曰：當於一切眾生心行中求。」只向自己內心去求解脫。你還去哪裡找解脫？你心不解脫，要求別人有什麼用？

這個時候維摩居士也怕了，看到文殊師利菩薩，一劍一劍的殺進來，也要擋一擋了，這個對手很厲害，你會講，他就會問。不能再給他問下去，趕快見風轉舵。

維摩居士的侍者

「又仁所問何無侍者，一切眾魔及諸外道，皆吾侍也。」「仁」是尊敬的稱呼，寫信如果相當尊敬對方，不論對方是出家或在家人，都可以稱他「某某仁者」，這是很客氣的稱呼，而且對長輩對平輩，甚至晚輩都可以用。他說：先生你不是問我，為什麼旁邊沒有服侍的人嗎？告訴你，我的侍者多得很，那些諸魔外道不規矩的，都是我的侍者。

「所以者何？眾魔者樂生死，菩薩於生死而不捨。」為什麼呢？先說什麼是魔道，貪戀三界，貪戀生死，貪戀情愛欲，不知道本空而抓一切有，就是魔道。我們學佛的，常常罵這個是外道，那個是魔。自己想想看，你完全解脫了情愛欲了嗎？如果沒有，那就是狗咬狗一嘴毛，就是魔罵魔。被三有困住，沒有跳出三界，皆是魔道。魔是抓有，所以眾魔樂於生死。我們講這個世界苦啊！要跳出苦海啊！你看，我們現在已經晚上九點半了，跳舞廳正開始熱鬧著，你去問問，他們不說我們是瘋子才怪。他們如果來到這裡，一定奇怪我們這一班瘋子在做什麼！他們覺得自己的人生是正常的，我們是莫名其妙的。這叫作眾生顛倒，究竟是我們錯，還是他們錯，我不敢下定論，你們去下結論吧。

眾魔固然樂於生死，菩薩也不願意跳出生死，你說菩薩是不是魔呢？這叫自願作魔，雖然討厭生死，還是自願在生死輪迴中度人。如果菩薩沒有這個肉體怎麼度人？你讓維摩居士叫觀世音菩薩，你看叫得來吧？你說你在夢中打坐時看到過，那是你意識的變化啊！他要現身給你看，就非變成肉身菩薩不可！這個話說錯了我負責，我下地獄！所以，諸佛的肉身成就，也即報身成就，是如此之難啊！你們要懂這個道理。

菩薩為什麼要在生死之流中滾？為的是要和凡夫一樣，照樣入胎，住胎十個月，出生後，照樣昏頭昏腦，照樣十幾歲以後看個什麼《禪話》，然後要打坐，忽然悟道，忽然成功，幾十年後忽然度眾生，然後忽然翹辮子，然後又忽然再來投胎，你說多笨啊！魔固然笨，菩薩是瞪起眼睛在笨。所以肯瞪起眼睛上當的人，是第一等人。

「外道者樂諸見，菩薩於諸見而不動。」什麼是外道？心外求法叫外道。把自己那個法門、自己那個觀念，抓得牢牢的，啥個什麼神祕的咒子，可是病還照樣生。現在很多人把一些西藏喇嘛當神。我在西藏時他們都對我說，大乘根器都在你們漢地。東方國土的人要往生西方，不曉得西方國土的人要往生哪一方？現在這些人一看到喇嘛，喲！活佛來了！淨土有什麼了不起，阿彌陀佛我都會唸。我說你就是不會唸！阿彌陀佛就是大密宗，你就是不懂！你有這些觀念，你就是外道，心外求法，把自己的觀點抓得牢牢的，把菩薩也抓得牢牢的。菩薩看一切外道魔法都可以解脫，沒有哪個法門他不會的，所以他作菩薩。為什麼？因為一切眾生愛好不同，佛菩薩開的是百貨公司，你要買啥他就賣啥，反正把你的生死了了，菩薩的目的就達到了。

「文殊師利言：居士所疾，為何等相？維摩詰言：我病無形不可見。又問：此病身合耶？心合耶？答曰：非身合，身相離故。亦非心合，心如幻故。又問：地大水大火大風大，於此四大，何大之病？答曰：是病非地大，亦不離地大。水火風大，亦復如是。而眾生病從四大起，以其有病，是故我病。」

眾生病從四大起，四大是地水火風，這不光是佛學理論，也是研究醫學的根本哲學，形成中國秦漢以後的病理學。佛說四大的每一大，就有一百零一種病，比如傷風是屬於風大的病，再發燒了就是火大，咳嗽有痰了就是水大。四大合起來有四百零四種病，這還是大歸類。四大綜合起來，就更多了。每一種病都隨時可以使人死亡，如年紀大的人得了傷風感冒，稍不留意就引起肺炎，那危險就大了。佛學裡有另外一套醫病方法，有一些不同的方子，這些方子大部分收集在孫思邈著的《千金翼方》中，是佛家乃至道家的醫藥。《千金翼方》裡面，奇奇怪怪的方子很多，比如有一個禪定藥方，打坐吃下去容易入定。大家一聽，一定想要老師把這個方子配出來，給我們吃吃看。哼！你們靠藥入定還行嗎？但是它有沒有道理呢？非常有道理，十幾年前我還配過，給幾個人吃了，的確有道理。可是要得到大定，那是得配合用工夫的。

「爾時，文殊師利問維摩詰言：菩薩應云何慰喻有疾菩薩？」文殊師利菩薩問，大乘菩薩應該怎麼樣來慰問開導有病菩薩？這意思不是我們真的去慰問菩薩，而是說，得了病自己要怎麼樣理解，怎麼樣求解脫。換句話說，自己怎麼樣觀想。

這是一個非常重要的問題，《維摩詰經》裡面所有提問的菩薩，包括前面的小乘弟子，依據《法華經》記載，最後都成佛了。他們目前是現比丘身，現小乘羅漢像，但是提的都是大乘菩薩的問題。世界上的人沒有一個不病的，我們現在覺得自己很健康，那只是假相，都是在病中，不管你是頭暈還是眼睛看不清，都是病。這個世界就是病態的，沒有一個人是正常的，除了一個人，就是成佛的人。「慰喻有疾菩薩」，不只是指生病住醫院的人，平常我們就是病人，這一點要特別注意，是《維摩詰經》傳佛的心要。

如何對待病和病人

「維摩詰言：說身無常，不說厭離於身。」維摩居士告訴文殊師利菩薩，我們不需要別人安慰，要自己了解真正佛法在哪裡。佛法都說身體無常，是靠不住的，不是永恆存在的，是隨時可以死亡的。老子有一句話：「吾所以有大患者，為吾有身。及吾無身，吾有何患。」我們的身體帶給我們的拖累太大，甚至於說一切的業障，一切的痛苦、煩惱、憂悲、七情六欲，多半是由身體上來的。身體是四大組合而成，也是業報的大總匯，是業報之身。成了佛的人，這身體就轉成善報的應化身。身體對我們的障礙非常大，比如你們打坐坐不住，兩條腿又痛又麻，你心想清淨，可是腿子不饒你，就是身體的障礙。你坐了一兩個鐘頭，覺得疲勞，其實你心理有疲勞嗎？不見得，心理的疲勞是因身體引起來的。

昨天我們幾個老朋友在一起，講到來投生有沒有把握。恐怕在座的誰也沒有把握，誰也不知道哪一天來投生，怎麼生下來的。過去我認識的幾位修道有成就的老前輩，親口對我說過，「要我再來投生絕對做得到，但是現在要我自己走，沒這個本事。」當時我們聽了覺得很奇怪，要投生有把握，要現在死居然這麼難死。等生活的經驗多了，明白了這個道理，求生固然不容易，求死也很難的。你說可以自殺，你去試試看，投水怕冷，上吊怕悶氣，吃安眠藥怕死前受不了那個痛苦。前天有個朋友告訴我，他在香港一個朋友，吃安眠藥自殺，吃了藥之後再喝酒，再吞止痛劑，就是怕痛。可見求死不容易的。你說工夫修到的人，把兩腿一盤，就再見了，這要多大的定力？要有相當成就的人，或者可以做到。

所以佛在世的時候，有小乘的阿羅漢證得了性空，但是這個身子還不能了，就自殺了。討厭這個身子，煩極了，要吃飯又要上廁所，喝了水又要去屙尿，吃了喝了都留不住……。佛經在戒律上講明了不可以自殺，自殺是犯罪的。當然每個宗教都反對自殺，據說自殺的靈魂連閻王也不要，因為在他的簿子上沒有登記，時間還沒到你就作了逃兵，不行的。既然地下不要，天上也不收，人間又回不來，所以據說是很可憐的，比一般作鬼的還慘，漂泊無依。

因為明知道此身無常，所以許多得道的人厭離此身。維摩居士告訴我們大乘的道理：「說身無常，不說厭離於身。」這個身體沒有什麼好討厭的。

這句話大家聽了一定歡喜，世界上沒有人不喜歡自己身體的，都自以為自己漂亮，看不起別人。還不只是身體，連衣服的美醜都要爭。這個身體沒有什麼討厭的，因為身心是一體的，玄奘法師撰的〈八識規矩頌〉，對阿賴耶識有頌曰：「受熏持種根身器。」身體也是你心所變的。這一生是男、是女，相貌如何，是否多病，遭遇如何等等，都是你前面業識的種子帶來的。所以「種子生現行」，一切都是業報，此身是報身。不管是什麼樣的報應身，這個肉身同我們的自性、自心是三位一體的，也就是真如自性、意識的心、肉體，三個是一體的。身心是一體的兩面，假如認為身是無常，而厭離於身是不行的。

我常說，現在沒有真正的密宗了，當年我們在西藏看到很多不知道是喇嘛還是麻辣，高明的不太多。聽說現在高明的很多，我不知道，反正中國人是「遠來的和尚會唸經」，只要是外來的就有道。幾歲大的喇嘛就有人認為是活佛轉生，在那裡一邊摳鼻子一邊吃瓜子，也是有道，是師父。哪個有道、哪個沒有道是這麼看的嗎？你怎麼曉得是轉生不轉生？轉生就算有道嗎？轉生不能算有道，教理都不通的！學佛不要自甘墮落，我有資格講，我去過西藏學過密宗的，過分的宗教色彩的迷信，就是自甘墮落。為什麼講到密宗呢？密宗的教理也有對的，它決不厭惡此身。你們有學密宗的，這是出自密宗哪個經典，哪個法本？它的教理根據在哪裡？你知道嗎？

我們中國的文化《孝經》說：「身體髮膚受之父母，不敢毀傷，孝之始也。」就是重視此身。所以說「君子不立於危牆之下」，也是這個意思，街上正在建築的高房子，牆邊是不能走的。這就是中國儒家的戒，同「身體髮膚受之父母，不敢毀傷」是一個道理。愛惜你的身體就是孝順父母，因為父母看到子女有病痛是會痛苦的。佛教大乘戒律也有這樣的含義，如果隨便把自己的肉體出一點血，等於犯了出佛身上血一樣的重戒，因為此身就是佛身，算不定你明天悟道了，你就是佛的應化身了。對身體上作任何一點傷害，等於犯了大乘的殺戒。

真學密宗的人，他的洗澡水在倒掉之前，還要自己先喝三口呢！你覺得髒？為什麼你要討厭自己的身體？這樣做的第一個道理是不垢不淨。第二個道理，你說身體洗下來的東西髒，可是你吃的東西都是這樣變化來的，過去施肥的肥料是用什麼做的？我在這裡還沒有看到過哪個學密宗的是這樣做的。密宗在佛前面供養什麼東西你看過沒有？看過才怪呢！它連狗肉、驢肉等都端上來的，你恐怕想都不敢想的，還說什麼學密宗。到今天佛法的正法已經沒有了，但是方便法門還是有的，如果我不坐在這個位子上，你問我「老師，這個對不對啊？」我會說「都對」，這就是密宗。

厭離於身不對，執著此身也不對，這是中道觀。「說身無常，不說厭離於身」，你去看病人，不敢對他說你還是快死吧。但是我可常這樣做，看到那些垂死重病的朋友，連手都舉不起來了，我就拍拍他的頭對他說：「你快走嘛！痛苦得要死，這個世界有什麼好留戀？」有的人會說：「我走不掉嘛！」「那就念佛吧！」「我念不起來了！」「那你怎麼還可以講得出話來？」念佛念了幾十年了，既然有講話的這一念，為什麼這一念不能念佛？平常阿彌陀佛，阿彌陀佛的，真是阿彌馱你這個佛。他不懂什麼叫念佛，不知道念不在嘴上唸，是心念之念，到那個時候，不要管嘴上能唸得出四個字還是六個字，能心中念念有個佛就是念了嘛！唉！學佛幾十年了，功德也做了不少，最後都是如此！平常顯教、密宗，講什麼法都懂，般若真如連他家冰箱裡都有，到這個時候使不上，有什麼用？

我這幾十年來學佛學道的名人看多了，有的七八十歲了，冬天總只穿一件衣服還會流汗。睡覺也不蓋棉被，冬天只蓋條毛巾，一身也濕了，兩腳暖烘烘，工夫可好了。我說他搞不好會血壓高，人家說你亂講，還親眼看見他打起坐來身子懸空呢！我只好笑笑。最後不出所料，不是血壓高就是心臟病發。真修到此肉身能夠成就了，談何容易！你們誰想早死，我一定簽字批准，看你能死得了嗎？不要吹牛了。前兩天一個老朋友進了醫院，我去看他，他告訴我，醫生已經宣布沒法醫了。他還交給我一包珍藏書，又要我在他身後幫忙關照他的太太，又向別的人交待後事。我看他這麼豁達，跟他說，你還死不了的。他有點懷疑，結果真沒馬上死。那種不想死的，見了我就哭哭啼啼，想多活一陣子，反而很容易死，已經嚇得半死了，怎麼不死。

小乘專講此身是苦，我告訴你，不一定是苦。一般講來，學佛證道的，多半只能了了法身，到了中陰身，也就是離開肉身之後，才有成就，沒有辦法把這肉體的報身修到圓滿。法身、報身、化身是三身，假如三身不能成就，在我的標準來看，就不能算開悟。你們打坐念頭空一空，得一點定境，就以為自己悟道了，你那是悟了個食道罷了，必須要三身成就才算。「說身無常，不說厭離於身」的道理在此。

「說身有苦，不說樂於涅槃。」無常、無我、涅槃是佛法的三法印，是佛法的基礎。無常、無我、涅槃，再加苦，是佛法的四根大柱子，但是佛在說《涅槃經》的時候，就完全相反，他變成說：常、樂、我、淨。原先的無常變了常，苦成了樂，無我變成有我，涅槃成了淨。淨土不是專指西方極樂世界的淨土，一切眾生只要悟了道，就知道他本來在淨土中。小乘乃至不徹底的大乘，都是厭離苦、無常，而證取涅槃，認為證得涅槃就永遠不來了。不只是一般人，連當代幾個大法師都這麼說。當時在大陸有這麼一位，不提是誰了，他就是持這種觀念，我倆單獨在房間裡，我痛罵他一頓，他講了許多理由都被我駁倒了。我提醒他，《楞伽經》上講，「無有涅槃佛，無有佛涅槃」。

你們千萬不要認為，能涅槃就不來了，不來你還做不到。只是給你暫時請個假，百把年不來，三五百年不來的話，已經算給你很長的假了。大阿羅漢入八萬四千劫的定，在我們這個世界來說，算是夠久了，在其他星球世界是很短的，一下就過去了。就算入了八萬四千劫的有餘依涅槃，你也不可能不來，況且我們反覆講過，大乘菩薩要有「智不住三有，悲不入涅槃」的智悲雙運，但是許多學佛的朋友，始終搞不清楚這個觀念。而時下的年輕人，越來越自私，越來越小氣，自我觀念極重，真沒辦法，也就是業力越來越重了。大乘菩薩是不入涅槃的，沒得休息的。所以維摩居士告訴文殊菩薩，「說身有苦，不說樂於涅槃」，菩薩說身是苦的，但是決不逃避三界的痛苦，救世救人雖然是痛苦的事，但不會逃避。

「說身無我，而說教導衆生。」既然佛法要修到無我，但是如果無我了，誰來說法？誰來講經？誰來聽法？真正的佛法，在釋迦牟尼佛生下來就已經說完了。釋迦牟尼佛生下來走七步路，一手指天，一手指地，開口說，

「天上天下，唯我獨尊」，佛法就說完了。就是這個唯我獨尊，每個人都是這個我，你找到了就成功了。人人有一個本性本命，這個身體的我是假的，我們說話思想都是假的。每個生命都有個真我，你的真我找到了就是佛，就天上天下，唯我獨尊。佛講這個話的時候，兩手這樣擺的，這是什麼手印，你們參！

佛法處處講無我，其實我們學佛的人，不要說做不到無我，就是無身都做不到。忘掉身體還不是無我，你還有念頭存在，一念之間就是我。學佛人的我，尤其厲害，處處有我，我的見解、我的學問、我的身體，這個我比普通人的還大。你看外面的人整天忙，晚上還要去玩，你問他的我在哪裡，他一定覺得莫名其妙。修持的人學了佛法，再加上壞個性，他的這個我就不得了啦！認為天上天下，唯我獨尊。

還有，我最怕在大學裡搞佛學社的同學了，搞其它活動的同學都很活潑，佛學社的同學，往往目光呆滯，衣冠不整，言語無味，面目可憎。希望大家正視這個問題，不要搞得所有佛學社團都如此。我年輕的時候，對這些團體，簡直是羞與為伍。當然，我這又落入傲慢，也不對。有一年，有幾個大學生，要我為幾所大學的佛學社的聯合活動講演，我推不掉，但是我說明不講佛學，就定了個題目叫「我與無我之間」。當時講的內容沒有記錄下來，我主要告訴他們，學佛講無我，誰能做得到？但是作人做事必須有我。你寫一篇文章，如果無我，你就寫不出來了，筆都不要拿了。任何一篇文章、一個藝術品乃至繡一朵花，處處都有我。人生處處有我，我要穿什麼衣服才合適，我要坐在什麼位置才對。一部人類的歷史文明，無我就創造不出來，佛就告訴你，天上天下，唯我獨尊。但是在修養上，叫你無我，是無小我，不要執著現在假相的我，以為是真我。

佛法的修證，在於找到生命的真我，無我是個方便法門。修證工夫要放下身心，放掉我這一念，才可以證到涅槃清淨自性；在起用上，想成佛成菩薩，就要有我。你看，佛也有我嘛！阿彌陀佛的我，是西方極樂世界的形態，東方藥師如來的我，他的國土和阿彌陀佛的世界的我不同，北方不空如來，他的佛境界同別的佛又不同。十方三世諸佛，各有各的佛國土，各有各的我。

佛佛道同，方便教化，起用功德不同，願力不同，作用不同。此我與那我彼此無妨，歸於一個大我。學佛這些道理沒有搞清楚，一天到晚無我，你無個什麼我？我與無我之間要去好好參究。

維摩居士這裡漏了個消息：「說身無我，而說教導眾生」，沒有此身，無此我，誰來說法？釋迦牟尼佛現在真是無我了，他歸到那個大我去了，我們看不見他，他也無法來說法，只好靠他的弟子們替他宣揚。所以必須要有肉身在此，才能教導眾生。這些都是中道義，要搞清楚。

「說身空寂，不說畢竟寂滅。」此身是空的。我們常引白居易的詩：「飽暖饑寒何足道」，那是無我，「此身長短是虛空」，這個身體不管活一百歲還是二百歲，總歸要走的。但這是偏於小乘的觀點，得道的人證到空了，身體死亡了以後他到哪裡去？涅槃是寂滅，可是他永遠不來嗎？沒這回事，釋迦牟尼佛和諸佛都是再來人，否則怎麼叫大慈大悲？所以大乘菩薩不說畢竟寂滅，不說永遠寂滅不來。

以上這幾段，維摩居士是說了無常、苦、空、無我。

「說悔先罪，而不說入於過去。」學佛第一步先懺悔過去的罪業，怎麼樣不入於過去？不被過去困住了？用中國文化來解釋，最簡單的就是：「苟日新，日日新，又日新。」犯了錯，但從此不再犯，也就是顏回的不二過。六祖在《壇經》上講懺悔，懺過去之罪，悔是未來永不再犯。像你們常常二過，口口聲聲講懺悔，都是在騙人騙自己。真是大丈夫的人，連懺悔兩個字都不講，他就是痛改，對自己毫不客氣的。

這些道理都是大道理，因病而說法，只有文殊師利菩薩問得出來，只有維摩居士答得出來。一個代表出世的大士，一個代表在家佛。我們這裡的章同學寫了一篇文章，強而有力的提出來，維摩居士是真正傳佛心印，是真正禪宗的傳統。這是絕對的正知正見，我支持他，這就是研究佛學。

現在維摩居士藉生病，一個善問，一個善答，剛才所講因為眾生有生命就是病，這個世界就是個病態世界，我們的生命是病態的存在，解脫了這個病態就成就。但是解脫了，這個病態就沒有了嗎？有！能解脫了，這病態的生命就變成最美的生命，至真至善至美，這個世界就沒有什麼遺憾，也沒有無常、苦、空、無我，就是釋迦牟尼佛的國土。不相信，你看人造衛星高空所照這個世界的照片，你才知道這個世界的可愛，比他方佛國土還要可愛。你說你在下面覺得這個世界髒得很，那是這個世界的塵渣子，包括我們，都是這個世界的灰塵渣子。這裡比淨土還要好，不是只有乾淨的香的一面，還有髒的臭的一面，有它特殊的味道。

所有其它的佛經典，對這個世界都是厭惡悲觀的，認為人生是痛苦的。《華嚴經》則不然，主張這個宇宙一切的一切都是至真、至善、至美。如何做到呢？只有一念明心見性就做到了，你就看到真實的一面。換言之，我們現在看到這個世界生、老、病、死，無常、苦、空、無我，是一個影子。你沒有看到這些現象的後面是常、樂、我、淨。《維摩詰經》中這一段，他們二位唱的雙簧，是在說明一個佛法的至高無上哲學道理。

「以己之疾，愍於彼疾。」這是學佛的精神，因為我身體不好，而同情別的身體不好的人。這一生多病多苦的人，更應該慈悲，不要光坐在這裡，要多到外面去幫忙貧苦的人。你們學佛的居士們，以為出兩個錢就好了，叫你去醫院，去收容殘障兒童的地方，你決不肯去，決不慈悲，這是個事實。在醫院或貧苦地方，只看到修女神父去服務的，幾乎沒有看到佛教徒。很多佛教徒講慈悲的道理比誰都多，只有對自己是真慈悲。人生誰無病痛無苦惱？如果自己是近視的人，你就要想辦法為近視的人服務。因為自己有病，你就要多照顧病人。可是我看到的，自己有病的人，不會照顧病人，都是先照顧自己，我第一。

「當識宿世無數劫苦，當念饒益一切眾生。」因為自己有病，就曉得前生種的因不好，多生累劫不憐憫病苦中人、不布施藥。越自私的人，他生來世越是多病多災多難。這一生多布施，他生來世長命百歲，無病無苦。佛法處處是因果，你這一生一直在病中，是前因不好。若不從前因懺悔，再因生病而更只顧到自己，這個現行又變他生來世的種子更不好了。我從小多病，現在也多病，合了杜甫的詩：「多病所須唯藥物，微軀此外更何求。」而我每次病了都有高人送藥方，名藥名醫都來了，大概因為自己多病，肯結善緣吧。所以我也喜歡給人吃藥，你有病我給你吃藥，你以為我好心？不是好心，是想求得來生，一有病就有人給我吃藥，對不對？還是做生意的辦法。笑話歸笑話，你能如此發心多施醫藥，不要等到來生，你此生就可以轉了，變成少病少惱。可是你們當中肯布施別人醫藥的不多，接受人家布施的人太多，甚至有的人經常在這裡拿藥，吃了哪幾種藥自己又不記住，有病再來找我，我忙得不得了，要你自己去拿藥吃，又不曉得吃什麼，那你就該死吧！

維摩居士在這裡告訴我們，自己為什麼會生病？應當認識是你過去世無數劫的痛苦累積而來。因為如此，你現在就應該也想到眾生的痛苦，要發願去幫助一切眾生，這就是佛法。我一再說，經典就是戒律，我們對照一下，做到了嗎？有時同學們告訴我，老師，我前幾年就是這樣做的。我說，是嗎？可是你今天有這麼做嗎？你這麼說不是等於在打自己耳光嗎？你為什麼不永遠這樣發心，這樣做呢？

「憶所修福，念於淨命。」要憶念自己如何去培養福，像剛才講的，你要反省為什麼不能持續精進下去，為什麼過去有做，現在不做？你們年輕人光想求慧，想開悟，是求不到的，因為你沒有福報。福德是修善行來的，你沒有去修善行，只有在消福。《金剛經》講的兩件事，就是福德和智慧，但是它強調福德之重要，有大福德才有大智慧成就。你再去看看，就會懂了。你天天在偷懶在消福，這樣哪能成道？沒有這麼便宜的事！得道是多生累劫無量細行而來的。

「念於淨命」是要念念做到，什麼是淨命？能修到淨命，這個色身就轉了。我們現在的命，是五濁之一的命濁，是不乾淨的。你再參看《阿彌陀經》的西方極樂世界，就知道什麼是淨命。西方極樂世界裡也有鳥，可是那邊如果沒有業力怎麼會有鳥？經典告訴你，那都是諸佛菩薩的化身，縱然化成鳥，還都是在念佛念法念僧，都是淨命而來。我們學佛修持到淨命的境界，報身可以長存世間，就是佛的弟子們有所謂的「留形住世」，我們在前面曾經提過。

「勿生憂惱，常起精進。」你注意，這不是勸世文啊！都是做工夫要修的。我們日常人生，都是在煩惱憂心的境界中，這裡叫你勿生憂惱，念念常起精進之心。

「當作醫王，療治眾病。」學佛的人應當發心成為大醫王，大醫王就是佛，不但能治人肉體的病，還能治心理的病。

「菩薩應如是慰喻有疾菩薩，令其歡喜。」這一篇就是佛的戒律規矩，要這樣去探病。全篇說明了生命的真諦，也說明了慰勞病苦的真諦，也說明了修持的真諦。

「文殊師利言：居士，有疾菩薩云何調伏其心？」這個世界是個病態世界，那麼應該怎麼樣調伏其心，怎麼觀心？

「維摩詰言：有疾菩薩應作是念，今我此病，皆從前世妄想顛倒諸煩惱生。無有實法，誰受病者？」這一段就是教你要觀想什麼，參什麼，這是學佛的人，在病苦中最需要的東西。

前幾天我去醫院看位老朋友，這一位你們都認識的，他修行打坐有四五十年了，平常工夫很好，他的師父還是有神通的。這朋友佛經道理都懂，結果風癱了，現在躺在醫院話都不能講。我進去把他手一抓，就問：「怎麼樣，好點了沒？」他那時眼淚就掉下來，想講但講不出話來。我告訴他，「不要講話了，你學佛那麼多年，到這個時候還放不下這個身子！你要走就快走！要活就拿出勇氣活著！空掉這個身體的觀念就會好的。」我接著說，「我懂你的想法，理論你都懂，工夫也用了幾十年，到現在你覺得為什麼會這麼苦，工夫豈不是白用了？都在後悔中。」最後我告訴他，「沒事了喔！過兩天就好了！」再指著告訴他，「萬一要走，從這裡走！」探病卻叫人家快走，大概也只有我這種人。上一次看一個心臟重病的朋友也是如此，我告訴他，你早點走吧！我也許還活個幾十年，你再來我還可以抱你，還來得及，何必留戀這個爛身體呢？

但是，這些學佛修持幾十年的人，到了最後還是捨不得這個老朽不堪的身體。他如果要活下去也可以，把這個身體空掉，觀身無常，觀空。病就病嘛！病你的嘛！病就是魔，那個魔到結果是什麼？橫豎是死嘛！你這樣觀，反而好得快。如果你憂心忡忡，這個那個的，你就病得越來越重，中了魔的詭計了。

學佛要真看開，不是空話，你們年輕人幾十年以後就知道了。學了一輩子佛，如果臨死之際用不上，你何必學佛修道呢？就算冒充也要痛快一點嘛！剛才講的那位風癱的朋友，我雖然告訴他沒事了，可當時一點把握都沒有的，生死無常，你只好看得開了。你可不要把這個當笑話聽了，真佛法就是要你提得起放得下，真看開了，這一下就過去了，有什麼難？

維摩居士告訴你，病從哪裡來的？都從前世種子生現行，業力果報帶來的。比如前生懶惰，這一生就給你胖一點，多拖累你一下。這不是理論啊！都是真的。都是「從前世妄想顛倒，諸煩惱生」。肉體上的病還沒什麼嚴重，最嚴重是心理的病。比如感冒了頭痛，你心裡覺得好像越來越痛，那就真不得了啦！了解了這個心理，就解脫了，知道都是一念來的，這一念是虛的，是自己欺騙自己，是「無有實法」的，都不真實的。現在用力掐你的腿一下，覺得痛嗎？你那個能知道自己痛的，是不會痛的，不要被騙了。你將來生了病，就用這個辦法對治，你懂了就解脫了。痛、苦是沒有實法的。像我昨天只睡了兩個半鐘頭，我現在頭是暈的，可是到了這裡都要丟開的，不管了。再累再忙，了不起就是死掉，「將此深心奉塵剎，是則名為報佛恩。」奉獻完了就好。

你們年輕同學一天到晚抱怨身子不好，你怎麼會不病？你的心已經在病了！一切唯心造的。像現在課堂上，好多同學的眼睛瞪得大大的，其實他腦子是昏的，一句都沒有聽進去。他的能知之性，被這頭腦氣脈昏的現象困住了，如果能知道是這個身體四大的腦子在昏，我把這個能知之性脫開身體，它就拿你一點辦法沒有，一下子腦子就清爽起來了，它魔不到你了。生老病死都是魔啊！你覺得頭昏腦脹記憶不好，都是從妄想顛倒諸煩惱生，都無有實法，這裡頭是空的，沒有痛苦，沒有難過。

能參通了這個，「誰受病者」，誰在受病？再告訴大家，據我的了解，古代修道成功的人，多半是年輕時多病的，因為多病所以肯研究自己，才成功了，反而活得長。無病無痛的人，他不在乎，所以死得快。算八字的知道，如果這人身子有點毛病反而好，「帶疾延年」，反而長壽。「誰受病者」，也就是無我，這理論你都知道，到了有病的時候，你的這個「我」，卻比平常更難解脫。這時真要參通「無有實法」，本來空，死也空，空也空。

「所以者何？四大合故，假名為身。四大無主，身亦無我。」為什麼呢？這個道理不用學《維摩詰經》，就應該懂了。我們身體是地水火風組合而成，像這個房子由水泥、鋼骨、磚頭、瓦塊、木料拼湊組合的，假名為房子。地水火風不是我們的主人，身體裡沒有個真我。我，是誰呢？在這個身上，也不在這個身上。有位禪師的偈子：「五蘊山頭一段空，同門出入不相逢」，我們的主人翁，那個作主的、能知的，不在這個身體上。

「又此病起，皆由著我。是故於我不應生著。」病是怎麼來的？由於一切眾生執著我相，由於我執，所以有病。大家平常都懂這個道理，但是有病的時候就過不去了。因此，《維摩詰經》告訴我們，有病的時候正好學佛參禪，這個時候能參通，才可以了生死。懂了這個道理，就不應該執著我相。

「既知病本，即除我想及眾生想，當起法想。」理論上知道一切唯心，不用維摩居士講，各位學佛的早知道了，病本在心。但你真有病痛，這個心空不掉，我相丟不掉。這個心起了我相、我想，才有這生病的感受，越來越嚴重，也是業報。既然知道是業報，就空得掉，但是大家知道而做不到。做不到就不要空談這個理，說得一定要行得，否則就犯了妄語戒。要去除我想及眾生想，應當起法想，就是要參透佛法的事理。

念與解脫

「應作是念，但以眾法合成此身，起唯法起，滅唯法滅。」這裡傳大家一個觀想修法，在生病的時候，應該起一個念。這個念不是思想，但是離不開思想，所以叫思念，有那麼一個作用，它可以離開身體而存在。你們有發高燒的經驗吧，燒得迷迷糊糊的時候，你什麼都不想了，但是你曉得現在自己病了，那個就叫作念。我們現在坐在這兒想來想去的，都是妄想，不是念。到臨死的時候，南無阿彌陀佛這六個字，或者阿彌陀佛這四個字，都沒有了，但是這個念頭要掛著。

念又可以說就是相思病，這是廣義的相思病，不只是男女之間的想念。你那炒股票想發財的心理也是念，時時關心股票的價格。你有沒有去想呢？

沒有，但是心裡又隨時放不下來，這就是相思病，就是念。你把這種戀愛、炒股票的念轉為念佛，也就可以成就了。這個念成就了，等到身體四大分離的時候，你把身體放開，讓它痛苦，但要把握到這個念，一剎那之間，嚓！一下，就像烏龜脫殼了，就飛上天了。這一念堅定了，沒有不往生西方極樂世界的。一般人念了一輩子佛，到了臨死卻不知道這一念，因為身子的痛苦或者腦細胞燒壞了，沒有辦法把南無阿彌陀佛這幾個字串起來，但是那個能念佛號的，一念到這個就是了，不須要把每個字串起來。你見過阿彌陀佛的像，到那個關頭，一念之間就是這個像，能做到這樣，即使不往生，再投胎來的時候，一定相貌好又聰明，決不會墮落。這個時候的念不是無知，不是妄想。

維摩居士要你起這個念，觀「眾法合成此身」，到這個時候要曉得，這個身體是靠不住的，「起唯法起，滅唯法滅」，念念在佛法中，不管一切生滅。今天生病，明天好一點，這都是生滅法，就是虛妄、空的。

「又此法者，各不相知，起時不言我起，滅時不言我滅。」一切因緣生法是各不相知的，比如我們從醫學常識知道，身上有白血球、紅血球，但這是理論，你真的知道嗎？你碰傷一塊地方，有細菌進入，白血球就立刻把這個地方包圍起來，這是誰下的命令？比救火隊動作還快。身子裡頭忙得很，你知道嗎？諸法各不相知。這是其一。你再體會一下，我現在這句話講完了，下面一句我要講什麼？你不知道，我也不知道。我們思想前一個念頭跑到哪裡去了，自己都不知道。後一個念頭還沒起來，要想什麼，自己沒有把握，它突然會冒出來的，所以諸法各不相知。這像流水一樣，前一個浪頭起了，它不知道後一個浪頭；後一個浪頭起了，它也不知道前一個浪頭去了哪裡，各不相知。但是一切眾生，尤其是不學佛的人，在不相知中偏要求相知。

因為一切都是緣生的，所以「起時不言我起，滅時不言我滅」，像我們的念頭，像物理世界一切的變化，都是如此。生病也是這樣，你感冒了，就是諸病各不相知，來時不言我來，去時不言我去。你幾時會感冒，你根本不知道。你吃藥醫好了，幾時好了也不知道的，感冒走時又不會通知你一聲跟你道別。講到政治也是，社會中每一分子都各自獨立的，起時不言我起，滅時不言我滅。你在這個道理上參通了，不管你學顯教還是學密教，都會有成就的。

「彼有疾菩薩，為滅法想，當作是念，此法想者，亦是顛倒，顛倒者，即是大患，我應離之。」生病也是個緣，什麼緣？病緣。有時人生個小病玩玩也蠻好的，尤其是忙中人，很想偶爾生個小病，就可以推掉很多事。有時聽說某要人病了，什麼病？政治病，藉生小病躲避一下。這個道理你們年輕人還不到這個境界，要用生病來躲避，可見人生多麼痛苦了。

懂了諸法各不相知的原則，都是緣起的，緣生緣滅的，你就成功了。可是你又被法困住了，被理困住了。就像我說許多學佛的人，一臉佛相，滿口佛話。有同學講電話，跟對方說要「供養」什麼東西，我在一旁聽了就罵，講什麼供養，講把東西給了人就是了嘛，偏要用供養，為什麼滿口佛話。學佛久了以後，講起話來就用另外一套術語，這就是學佛不通。大乘菩薩學通了的，嘴裡沒有這些術語。什麼「般若」「供養」「布施」「因緣」都是術語，你跟不懂的人就不能用這一套，要用普通的話來講。很多朋友對我說，來這裡跟你聊聊很好玩，可是你那些學生不正常。我說，對！這些學生不正常，滿口佛話，一身佛氣，非要作個莊嚴的樣子出來不可，多討厭！所以社會常看我們這一群人是瘋子。

學了佛法容易被法困住的，任何一行幹久了就有職業病。像我當老師當久了，就愛罵人了，看人都不對勁。我一出去到外面就隨和得很，像前一次，人家一定要請我吃飯，還請了教育部的次長作陪。吃完了飯，這位次長對我說，「老師啊！我學了個東西，你終席沒有喝過一杯酒，沒有吃過一點東西，沒有說過一句話。」人家敬酒我也要舉杯作個樣子，每一道菜我也沾一點就放下了，人家說什麼我就說「好！好！是啊！是呀！謝謝。」我決不會像你們一樣，擺個道貌岸然的死相，犯職業病。人家恭維我世界聞名，我就說沒這回事。說我學問好，我就說我是跑江湖的。說我懂禪，我就說「我只懂饞，來來來，快吃，快吃。」

我一再說，學佛是學解脫，學道是學逍遙，結果很多學佛的人既不解脫又不逍遙。維摩居士告訴我們要解脫要逍遙，怕你被法困住了，所以他跟著說，「此法想者，亦是顛倒，顛倒者，即是大患，我應離之。」你學佛學得滿嘴佛話，滿臉佛氣，那就是眾生顛倒。本來好好一個人，又油漆上這麼多東西。人生已經被很多繩子捆起來了，結果想解脫這些繩子，又到解脫繩店裡買了些繩子，菠菜（般若）啊，金菇（真如）啊，再往自己身上捆。所以說，法想也不對，法想也是顛倒。一念顛倒就是大毛病，還是要丟離。

「云何為離？離我我所。」怎麼離呢？第一，先無我，像我剛才講的去外面吃飯的例子，在那個場合就那個樣子。離我，不要端起個樣子，有的青年，他的衣冠打扮，處處就是表現我，討厭死了。人到無我是非常好玩的，行雲流水。去買菜的地方就買菜，去吃飯的地方就吃飯，到了作官的地方你就是官，到了該作狗的地方你就是狗。第二，要離我相，也要離我所，我所有的一概放掉。我相我見是根本，像身體是我所，好像是屬於我的，可是畢竟不屬於我，因為還是要還給天地的。

「云何離我我所？謂離二法。」怎麼離我、我所？要離開兩個東西。

「云何離二法？謂不念內外諸法，行於平等。」那兩個東西，一切放下，不念內也不念外。你們用功不是念內就是念外。閉著眼打坐，都念內做工夫，喔喲！氣脈動了，放光了，不得了。你正是禪宗祖師罵的「黑漆桶」，你以為是無我，其實全在我中。再不然，睜開眼，就被外相轉動，我所就來了，我所見的，我所聽的。所以要離我、離我所，怎麼離？要離內外二法。那要離到哪裡去？不在內不在外，難道在中間？不，是要「行於平等」。

這「行於平等」四個字，看起來好像很明白，如果你工夫不到，根本就不會真懂它的意思。「行於平等」是眼睛張開，在外法的時候，不覺得在外，也就是忘我了。一做到一念忘我，就無所謂內外中間。眼睛閉著，在靜在定的時候，也不覺得是靜是定，連這個境界也拿掉了，這個觀念、這一念拿掉了。如此就無所謂內外，行於平等，你們要好好去體會。

「云何平等？謂我等涅槃等。」再進一步問，什麼是平等？前面叫我們無我，你無到哪裡去啊？你天天無我無我的，包你瘋了，你做不到無我的。我中就是無我，這是「我等」，平等。我講一聲我，一聲講了就沒有我了，我本空嘛！什麼是「涅槃等」？涅槃就是我，那個就是大我，真空了那個空就是我。《維摩詰經》說的都是大法，悟進去了是徹底的成就，不是理論，經典會看了，可是沒有到心上來是沒有用的。你以為離開了身體，空了以後才得個涅槃嗎？一切眾生本來皆在涅槃中，沒有另外一個涅槃啊！《楞伽經》告訴你，「無有涅槃佛，無有佛涅槃」，涅槃在哪裡？涅槃就在現在。什麼是寂滅？《法華經》告訴你，「諸法從本來，常自寂滅相」，現在即在寂滅中，從生到死並沒有動過。

「所以者何？我及涅槃，此二皆空。」什麼理由呢？我本空，涅槃也空。得道了，空也空的。有個空的境界，就已經是我見了，而且這個空的境界是我所，我所起的，我造的。學密宗的修持得那麼辛苦，見光啊！不得了啦！我說你五塊錢買個電池，立刻放光！那都是所起行相，非究竟的。

「以何為空？但以名字故空。如此二法，無決定性。」什麼叫作空？空不是有一個境界的，你有一個空的境界就完啦！就是我所，就著相了。空是個名辭，你知道了就放下。有人聽了放下就又有了個放下的境界，有人說，他這一堂坐得很好，在放下的境界中。你說他放下了嗎？空與無相無念只是學理上的名稱，你抓住個境界，已經不是了。

「得是平等，無有餘病。唯有空病，空病亦空。」你得到了這個道理，寂滅是空，生死也是空，念念皆空，也沒有空的境界可得。正如我跟你們講的準提法，「亦無虛空之量可得」。你真達到這個境界，雖然有病也等於沒有病。但是學佛的人有個大病，比住醫院還痛苦，是空病，抓住一個空。你看有些居士，你告訴他做這件事可以多賺錢的，他說，「喲！我們學佛的人是不貪利的。」但是他要不要利呢？「有時要的，要吃飯嘛！」統統是矛盾的，被空所困。所以空病是菩薩的大病，要空病也空，空的境界都放下。

禪宗有位天王道悟禪師，他開悟了，有次得罪官府，官府派人把他抬起來丟到水中，衣服都沒溼，大家馬上就皈依他了。他臨死時生病，「唉喲！唉喲！」一叫痛。徒弟受不了，請他不要叫了，再叫下去給外邊聽到，大家臉都丟光了，師父神通到哪去了。他說，喔！這樣啊！我現在叫痛，還有個完全不痛的你知不知道？徒弟說，不知道。他說，你過來，我教你。徒弟湊過來，他在徒弟耳邊說，「喔喲！喔喲！懂了嗎？」徒弟說不懂。他把枕頭一摔，腿一盤，就走了。你去參參看，參懂了你就懂《維摩詰經》這個道理了，「唯有空病，空病亦空。」

如何調伏　除病

「是有疾菩薩，以無所受而受諸受。」你懂了吧？唉喲！唉喲！是痛的，喔喲！喔喲！是不痛的。大菩薩境界，「以無所受而受諸受」，感受境界在他已經無受了。換句話說，唉喲！唉喲！同唱唱歌一樣的。這徒弟太笨了，他可以請師父痛起來時換成唱歌，師父一定幹的，反正都是叫嘛！得了道的人你看不出來的，同凡夫一模一樣，冷的時候他會冷，熱了他會熱，痛的時候，該叫的還是叫，不叫時就不叫，就是《中庸》的道理：「喜怒哀樂之未發謂之中，發而皆中節謂之和。」

「未具佛法，亦不滅受而取證也。」所以，悟了道的人等於未悟，但是他畢竟是悟了的，可是表面上是凡夫，你不知道的，他只是不具備叫作出家相的那個佛法。大乘菩薩，一切皆在世間法。諸佛菩薩真得道的，包括釋迦牟尼佛在內，沒有不來的，這個世界不來，別的世界他早去了，不逃避的。想離開這個痛苦煩惱的世界，想得定清淨，想住山修道，都是邪見。大乘菩薩亦不滅受而取證涅槃，不證空寂，因為諸法本空嘛！哪裡證個空寂？你覺得有個空寂那是你的心假造的，是小乘的法門，《楞嚴經》把它列為五十種陰魔最後十陰境界的魔，是外道之見。今天晚上吃飯時，有個同學講，他怕來不及學佛法了。你慢慢來，包你來得及，什麼是來不及？你趕個什麼啊？要趕到涅槃去啊？真正學佛法，一定要在這個地方搞清楚，搞不清楚，你所有學的佛法都成了外道之見，有如此嚴重。所以說「亦不滅受而取證也。」

維摩居士怕上面講的大法印你聽不懂，現在退一步來說，自己生病了，有苦，要怎麼去思想呢？我這一點苦固然是苦，想到世界上同我一樣生病的、痛苦的，太多了，怎麼去幫助他們？有些人做生意垮了，對我說要找某某人幫忙，因為某某人有錢。我就告訴他，你全錯了，世界上真正同情窮人的是窮人，你找窮朋友幫忙不要找有錢人，因為窮朋友知道窮的痛苦，可能還會借一點給你。所以生病的人要人同情，就去找個病人，傷心人對傷心人還差不多。你去找那個運動場上打籃球的人，請他們停下來同情你，那一腳就把你踢開了。

學佛的人身體有病痛時，知道病痛的苦，所以要去救助病痛的眾生，這就是菩薩行。我叫你們同學要發心，去醫院看那些殘廢和得了絕症的人，講了半天也沒反應，這就是禪宗講的：「皮下無血」，你參一下，什麼生物皮下沒有血的？告訴你吧，那是冷血動物。

「設身有苦，念惡趣眾生，起大悲心。」要念著地獄、畜生、餓鬼乃至人道中有病的眾生，菩薩道就在這個地方起行，不是去那個蓮花世界起行。到蓮花世界是留學去的，到了極樂世界，證得阿鞞跋致菩薩以後，都到十方國土廣行菩薩道。菩薩專向惡趣眾生而來，越苦難的時候越要來，也就是你們天天唸《楞嚴經》的偈子：「五濁惡世誓先入」，能做到嗎？只有嘴無心也不必唸經了。

「我既調伏，亦當調伏一切眾生。」我自己把病治好了，也要治好一切眾生。我要的，想到別人也要。我有苦難，還念別人的苦難。我有好處，要想到給大家都有好處。

「但除其病，而不除法。」只去除眾生的病，這個修法不除去。

「為斷病本，而教導之。」為了要斷除生病的根本，以自己的經驗，以自己的行為，實際去教導一切眾生。

「何謂病本？謂有攀緣。從有攀緣，則為病本。」什麼是生病的根本？是攀緣，就是我們的思想，一個念頭接一個念頭，像爬樓梯一樣，一階一階上來。我們的心一天到晚在攀緣，要想求財、要求子，要這要那。《西遊記》中用猴子來代表這攀緣心，猴子不抓東西不舒服。因為有攀緣所以就有病，求東西求不到就有痛苦，就生病，是病的根本。

「何所攀緣？謂之三界。」大攀緣是三界，我們普通在欲界中攀緣，要名，要利，要好看，一切都要。昨天有位同學來這裡，他在為佛教做事業，做得很痛苦，又沒有幫手。我問他既然如此為什麼不停下來？他說怕人家笑。

我說學佛的人，稱、譏、毀、譽、利、衰、苦、樂，八風吹不動，你管人家笑不笑？要做的時候也不要人讚歎，直道而行。這就是在欲界攀緣，好名、好勝、好強。貪圖清淨是在色界攀緣。連清淨都不想，逃避了一切的一切，就跑到了無色界去了，還是在三界中攀緣。攀緣心不斷，病不能去，生死也不能了。

「云何斷攀緣？以無所得。若無所得，則無攀緣。」怎麼斷攀緣？一切無所求，沒有要求，只有布施出來就算了，不想要求回報，身體和生命盡量布施完了。「將此深心奉塵剎，是則名為報佛恩。」你們要真實做到，不要嘴裡光唸，連吃這一顆米都有因果的。至少要把這兩句話進到心裡去，能做到了，起而行之就是菩薩行。

「何謂無所得？謂離二見。何謂二見？謂內見外見，是無所得。」《大智度論》上龍樹菩薩告訴你，菩薩的打坐叫「宴坐」，是「不依身，不依心，不依於三界，於三界中，不得身心，是為宴坐」。你們要學禪，打坐就要做到這樣才成功。也就是離內外二見。

「文殊師利，是為有疾菩薩調伏其心，為斷老病死苦，是菩薩菩提。若不如是，己所修治，為無慧利。譬如勝怨，乃可為勇。如是兼除老病死者，菩薩之謂也。」維摩居士告訴文殊師利菩薩，這個心調伏了，就可以斷除老病死苦，這就是菩薩得的菩提大道，大澈大悟。如果不是這樣，你修了一輩子也白修的，永遠不會智慧成就，永遠也不會有利益。就好像與冤家敵人戰鬥，要一拳把他打下去就成功了。你修行所得的智慧就是你的勇力，若你沒有智慧，又不懂法門，修了半天只是盲修瞎搞。敵人戰不勝，攀緣妄想煩惱都斷不了，還修行個什麼？你永遠是失敗者，永遠是個可憐人，上要諸佛菩薩可憐你，下要一切眾生可憐你。所以必須修行調伏這個心，斷除老病死，就是所謂菩薩修行治病。

佛法標榜是為了解決眾生的生老病死，一般人是為了逃避生老病死而信宗教，但是不管信的是什麼宗教，都沒有能逃得過生老病死，這是事實，拿什麼理由來解釋都是空話。我有一次在醫學院演講時指出來，現在大家爭論究竟是西醫好還是中醫好，在我看來沒有一個醫生可以醫好病的，中國人有兩句古話：「藥能醫假病，酒不解真愁」。不管怎麼高明的醫藥，只能醫假病，死是真正的病，誰也醫不好。醫藥儘管發達，人還是不斷地在死亡。假使有醫藥可以醫好人的病的話，人就死不了了。大家仔細研究的話就知道，一切的道、一切的法門、一切的修持，都是在健康的時候講的，真到了老病死來的時候，這一切的法門就都用不上了，只有死。

我最近感冒了，而且病得很重，生病就準備要死，有同學問我病得如何，我還說笑，「快了，快了。不是快好了，是快死了。」他們覺得奇怪，我怎麼講得那麼輕鬆。學佛的人第一要念死，念死不是念，是隨時準備死，人命無常。這個念死是個確實的工夫，健康的時候講念死，講自己很看得開，不在乎，都是自欺欺人的話。真到死的時候你看不開了。死的時候能看得開，就一笑而去。

那麼我們講學佛修道能解脫生老病死，這個問題不是很嚴重嗎？看起來這個世界上的人都在自欺。正如同我常引用的三句話，講人生一輩子做三件事：自欺、欺人、被人欺。佛法究竟靈不靈呢？生老病死究竟如何解脫？我們要注意是「解脫」，現在維摩居士正要為我們講這個問題，文字非常容易，意義非常難懂。能懂得了這個道理，才有資格去死，才有資格去脫離病苦。

念病非真非有

「彼有疾菩薩，應復作是念，如我此病，非真非有，眾生病亦非真非有。」有病的菩薩，當你在生病的時候，「應復作是念」，重點在這個「念」，不是嘴裡唸佛的唸，那只是念的一種表象。當你生病時，比如頭痛，你想要它不痛，要它舒服，做不到。那個感受你並沒有去想它；可是怎麼也擺脫不掉，那就是念。你感冒了，你思想還照樣在想，那個感覺身上難過的，並不是思想的，那就是念。一定要清楚認識什麼是念，如果把念當作是心理的普通狀態，是錯誤的。心理的普通狀態是不會停留的，比如我在講，大家在聽，這個在佛學名稱叫妄念。妄念等於是漂在水面上的一層油似的，不會停留。水會流動是表面一層，深水層是不動的。我們的思想也一樣，在表面漂動的是妄念。「妄」，因為它虛妄，不實在。所以你用不著除妄念，你不用對它客氣的，它根本就不停留的。比如你現在一邊聽我講話，你思想不能集中，一邊還有很多事情在想，這個是妄念，它不會停留的，不停留所以是「妄」。

那個真正的「念」是你去不掉的。比如剛才講的，你生病的不舒服感覺，那個念頭去不掉。其實那個還是妄念，不過比較妄念起來，那個是念的根。所以這個念不是第六意識的分別念，是第六意識接近到第七意識，意識的根。念是很麻煩的事。學佛的人口口聲聲說要念佛，為什麼大家念佛不得力？都是妄念的念，沒有真正的念。真念佛的正念起來的念，那連阿彌陀佛四個字的佛號都沒有了。心心念念掛到了，那叫作念。比方我們欠了某人的債，或者吃素的人想吃葷又不好意思，叫你心裡不要想吧，唉，這念頭實在又掛到心上，這就是念。又如許多學佛的人說，自己不要名不要利，依我看來很多都還在求名求利，他自己都不明白，那個東西叫作念。

三十七菩提道品是以四念住為根本，其它都是從四念住來的，乃至所有修持方法，也是以四念住為根本。四念住歸納起來就是兩個東西：生理和心理。念身的感受是苦，和念心的思想無常，下面都是解釋，實際上就是念身心兩個東西。身心兩個東西合起來就是一個人，所以我們修菩提，要從這一念開始。

我們這個「念」字解決了，現在回到原來這句經文：「彼有疾菩薩，應復作是念」，生病修道的人，應該重新起這個觀念。注意！是要「重新」，生病的時候痛苦得要死，怎麼會重新起這個觀念呢？這就是切實的工夫了，就是上次提到過天王道悟禪師，給人丟到水裡去，在水中還會浮起，後來臨死為什麼還叫痛？這裡面是個大問題，大家要在這裡參。禪宗有很多這樣的典故，比如有些祖師，沒有悟道以前，打坐時有百鳥啣花來供養，天人送食，悟了道之後，這一套都沒有了。照我們想法，是不是不悟道比較好？悟了道反而沒有那麼大神通？

天王道悟禪師臨死時告訴徒弟，喔喲喔喲是不痛的，這跟叫哎喲哎喲到底有什麼不同？你們要好好去參。當我們生病的時候，這個感覺到痛，很難過的時候，你有一個東西沒有在痛、沒有在難過。你覺得自己很難過的那個是念！那個沒有在難過，沒有在生病，沒有在痛苦的，大家不曉得知不知道？我們要在這裡用功，才能夠懂得佛法。

比如我們這裡有一位同學，他一直感覺到身體不好，有病。依我的看法，他一點病都沒有，他什麼地方有病呢？他的念有病。自己感覺到有病，拿現在的話講是心理病。我斷定他沒有病，但要他先去醫院作健康檢查，結果今天把醫院報告拿回來了，什麼病也沒有。所以一切是唯心所造。我們修行的工夫，就在怎麼把這念的力量轉過來，才是學佛，八萬四千法門，就在這一下，這是真工夫。

所以「彼有疾菩薩，應復作是念」，生病修道的人，應該重新起這個觀念，什麼觀念呢？「如我此病，非真非有，眾生病亦非真非有。」這是感受方面的問題。大家會唸《心經》，開始就講到「色不異空，空不異色，色即是空，空即是色，受想行識亦復如是。」這是五陰解脫。生病最痛苦是受陰，像這次我感冒，一身骨節都痠痛，動一下都痛。還好我先用了些藥把肺保住，否則這把年紀得了肺炎一定報銷了。雖然如此，這個周身痛只好捱了，這就是受陰的痛苦，要能觀「受不異空，空不異受，受即是空，空即是受」，那是真工夫了。這個時候想陰沒有受痛苦的，照樣起作用，你想醫生，想吃藥。那個痛苦的感受是受陰上的，就是所謂苦受樂受。病也是在受業報。這個時候如何求得解脫？要念轉，這不是空洞的理論，要真實的智慧觀察。這時你唸什麼咒啊，甚至連藥師佛的師母都請來，痛的時候受陰照樣痛。

那麼佛法豈不是不靈了嗎？靈的。你這個時候要用止觀的觀想，如何轉這一念的感受，《維摩詰經》講的就是這個東西。他叫我們怎麼轉呢？「如我此病，非真非有，眾生病亦非真非有。」所謂病苦，都是感受方面的，同樣地，你唸了一堂佛下來，覺得好清淨好舒服，對不起，你還是在玩受陰感覺。你唸了一堂南無阿彌陀佛，把濁氣叫出來了，煩惱也叫完了，沒得力氣了，身子覺得清淨了，這是感受清淨，是靠不住的。所以很多念佛的人，到臨死的時候，這個受陰整個在痛苦中，佛都念不起來了，這我看得多了。這個時候沒有什麼工夫的，你想要恢復平常打坐念佛的那個清淨工夫，你不要作夢了。那個工夫到哪裡去了?工夫在病中，就在痛苦中。你能認清楚這一點，就可以學佛了，可以解脫了。

這個時候要觀「如我此病，非真非有」，這怎麼說呢?病的時候確定是真的，痛就是痛，難過就是難過。但你要曉得那個病痛非真非有，你要能觀察自己的心理，不去配合這個感覺，那要真工夫的，完全要在病中去體會。你不去配合這個感受，那個感受就站不住了。雖然站不住了，你還是在病中，但可以馬上做個測驗，假如你原來在發高燒，你能夠拿開這受陰的感受，那個體溫立刻就降下來。現在醫學研究也說，病只有三分，你的心理觀念加上了，就變成十。所以你要觀察自己這個病不是真的，是四大假合不調和來的，是空的。這是講菩薩境界，眾生呢?「眾生病亦非真非有。」都一樣的，很平等。

解脫的工夫在作觀，要仔細觀察自己身心的狀況，這是一念來的，這一念解脫，病痛就減輕了。這是第一種作觀的方法。第二種作觀的方法，如果平常修密宗淨土的，把別的境界，佛的境界能夠用第六意識觀得起來，這個病痛就減輕了，受陰減輕了。所以這個觀有兩重意義，一是真正的觀察，一是作觀想。

「作是觀時，於諸眾生，若起愛見大悲，即應捨離。」菩薩同眾生一樣會生病，但是菩薩生病的境界不同，菩薩病的時候要放掉大悲心。念念有大悲心在，這個同凡夫的愛見，是同一力量。這個話好像很矛盾，學佛的人本來應該先培養大悲心，但慈悲過度就是愛見，不得解脫。所以菩薩過度的慈悲，而不具解脫觀念，慈悲就成了菩薩境界的病。要能夠解脫，才能夠起大悲心。當然，這是菩薩境界，不是凡夫境界。凡夫境界中，這個大悲心是愛見的根本。

什麼是愛見？眾生對三界裡每樣東西都喜歡，都不肯放。學佛修道人的愛見心理，比任何人都嚴重，我們為什麼學佛修道？因為我們貪戀這個生命，想修到不生不滅。對不對？坦白檢討自己，是不是想修到比一般人好？實際上這就是愛見心的根本。這個愛不只是對名利對物質世界的留戀而已，對道業上貪著這一念的心理就是愛。愛形成了見，古人把愛與見連合起來，產生一個佛學名辭叫愛見，見就是觀念，愛見就是愛的觀念。工夫越好的人愛見越深，認為只有打坐才是道，其他事情都在擾亂我修道，所以什麼都不管。他的愛見墮落在禪定，墮落在清淨面。清淨面就是菩薩的愛見。

愛見不能解脫，是病痛的根本，一切病痛從愛見生。十念法中的念死，是第一個修行解脫法門，隨時知道一切「有命咸歸死」，就不會有愛見的貪戀，不會以為學佛可以留到不死。有人問我，為什麼他的祖父長年念佛吃素，結果還得了癌症死了。他講得好像有無比的怨恨。我反問他，學了佛就可以不死嗎？學了佛就可以不生癌症嗎？不可能的。得癌症只是死亡的方式之一，別的死亡方式還很多呢！

「所以者何？菩薩斷除客塵煩惱而起大悲，愛見悲者，則於生死有疲厭心。若能離此，無有疲厭，在在所生，不為愛見之所覆也。」《維摩詰經》所講的愛見，第一個是指修道的人而講，我們懂了《維摩詰經》再自我反省，就曉得自己所謂學道都不是正見，都想求得長生不老，幾乎沒有例外，因為眾生業力根本的這個愛見不能脫。所以維摩居士同我們講，大乘菩薩道為了斷除客塵煩惱，因此而起大悲心。這話怎麼講呢？眾生身心所受的痛苦，是因為客塵煩惱而起的。「客塵煩惱」在中文的經典裡，首先是見於《維摩詰經》，是鳩摩羅什法師翻譯的創作，在後人的文學作品中被大量引用。這個名辭，後來也被《楞嚴經》慣用。我們心理上的思想來來往往是不停的，因此被比方成過客。好像客人進進出出你家裡，但是他畢竟不是主人，他不停留的。所以妄念叫作客塵，它引起的不是痛苦，而是煩惱。我們往往把煩惱當成是痛苦，煩惱是使你很煩，苦惱，並不是痛苦。生病時發高燒難過，那是痛苦，是苦受，不是煩惱。我們平常的心理狀態，只有煩惱沒有痛苦，煩惱是因為妄想而來，是表面的這一層。

所以菩薩的修持，是為了斷除一切眾生的客塵煩惱，為什麼要斷除它？因為眾生自己不認識這個妄想是客塵，它不停留的，你用不著怕它，它愛怎麼想就怎麼想，你也留不住它，想過了它就跑掉了。這客塵是引起你的煩惱，你如果認清楚這一點，一笑置之，它就不會給你煩惱了，但是眾生不知道，所以菩薩悲憫眾生，起大悲心。「天下本無事，庸人自擾之」，就是這兩句話。但是大悲心起了之後，我們學佛的人的通病也犯了，因為最大的煩惱就是客塵煩惱不能停止，既悲痛眾生，也悲痛自己的煩惱不停，因此產生一個反作用的心理，就討厭這個生命。就是「愛見悲者，則於生死有疲厭心。」所有學佛的人都會陷入這個觀念。尤其學禪宗的人，抓住「以無念為宗」的雞毛當令箭，以為打起坐來，什麼思想都沒有就是道。當你有了清淨的愛見，落在這樣錯誤的見解中，對於生死就有疲勞、厭惡的心理。常聽到學佛的人講，只要悟道了，下一生再也不到這個世界來了。或者說，這個世界可惡極了，我死了只要往生西方極樂世界。這是學佛人的通論，都是逃避，是錯誤的心理，不是佛法的正見。

菩薩於生死是沒有疲厭心的，「若能離此，無有疲厭」，這才是真解脫。對生死不感覺到可怕，不感覺到疲勞，不感覺到厭倦。「在在所生，不為愛見之所覆也」，十方世界，六道輪迴，任意寄居，都可以往生，都去作客，都敢去。這就是菩薩的解脫，大乘佛法的境界，智悲雙運，智不住三有，悲不入涅槃。諸佛菩薩永遠是再來人，真得了涅槃的人，生生世世永遠在這個世界，永遠在三有中救助一切眾生。「愛見悲者，則於生死有疲厭心」是小乘。

縛與解縛

「所生無縛，能為眾生說法解縛。」真正悟了道的人，生而無生，在十方世界，六道輪迴，任意寄居，但是永遠在解脫境界中，隨時來去自由，沒有束縛。因此才有資格為眾生說解脫法門。一切佛法告訴我們的方法，就是如何得解脫，不被愛見煩惱所困住，如此而已。

「如佛所說，若自有縛，能解彼縛，無有是處。」這裡引用佛的話，佛在好多經典都說過的，如《華嚴經》《大般若經》，至於論上就更多了。換句話說，這也是個戒律。善知識如果自己沒有得解脫，他說法能解脫別人的愛見煩惱是不可能的。真正說法的人，必須念念發心求證佛法，自己證到解脫的境界，才能為眾生說解脫的佛法。

「若自無縛，能解彼縛，斯有是處。」這是佛的戒律，自己得了解脫，然後說法，為眾生說解脫的法門，這個才是對的。

「是故菩薩不應起縛。」所以學大乘菩薩道的人，說任何一種法門，不應該使眾生加一條繩子。一切法門都是使眾生得解脫，怎麼求得解脫就是我們要學的地方。假使任何佛法不能得到解脫，正法都變成魔法了。

「何謂縛？何謂解？」現在維摩居士要告訴我們，什麼是被客塵煩惱所束縛，怎麼樣去解脫。

「貪著禪味，是菩薩縛。以方便生，是菩薩解。」在座許多做工夫的老朋友要注意了！一天到晚貪著打坐，一層一層工夫，氣脈通了，又看到光了，又看到各種境界，都在禪定裡玩弄。你任何的境界，在禪宗大德看來都是「光影門頭」。什麼光影？那都是你心光所變化的，唯心所造的，都是你第八阿賴耶識心理的投影，不是真實的境界。真實的道是無境界，不管你氣脈、四禪八定，都不過是唯心所造。修得成的東西，不修就壞得了，那不是道，那是工夫。工夫你造得出來，多打坐一定練得出來。貪著清淨境界，是菩薩的束縛，是學佛的錯誤。要如何解脫呢？「以方便生」，方便也可以說是一種方法，也可以說能夠灑脫，不被禪定境界，不被工夫境界所困，就是菩薩解脫。以方便的法門出定，生起什麼呢？生起大悲心，不貪著禪定之樂，要為眾生起行。生起方便法門是菩薩的解脫，這是專對解脫禪定而言。

「又無方便慧縛，有方便慧解。無慧方便縛，有慧方便解。」貪著禪定的工夫，沒有用智慧方便來放棄這禪定的工夫，就是無方便慧，就是菩薩的束縛。有方便慧，就得解脫。再進一層，方便還容易，智慧很難。比如有錢都可以做好事，但是並不一定真做了好事，我經常發現，拿錢去做好事反而害了人。有時候我們覺得做了件大善事，它的後果是大惡事。有時慈悲一個人反而害了他，比如教育兒女，愛的教育是方便，你沒有智慧的愛，會害了兒女一輩子。無慧的方便是一種束縛，要懂得方便必須有智慧。

「何謂無方便慧縛？謂菩薩以愛見心莊嚴佛土，成就眾生，於空無相無作法中，而自調伏，是名無方便慧縛。」什麼是無方便慧的束縛？我先說對不起了，現在很流行唸佛往生西方極樂世界，根據《阿彌陀經》，西方極樂世界有七寶行樹、八功德水……一大堆，那邊一本萬利，不花一毛錢，你只要拚命唸他，什麼寶貝那邊都有了。諸佛菩薩說了西方極樂世界這個方便法門，是救度眾生最好的法門。可是我們一般唸佛求往生西方的眾生，都是「以愛見心莊嚴佛土」。我唸了一萬遍了，我吃素三十年了，我往生一定挨到阿彌陀佛身邊去了。我們檢查一下自己的心理，都認為自己是上品上生，這是一種學佛的。還有一種學佛的，我看了就怕，他眼睛裡、心裡有一把佛的尺子，看到人就比一下，哎喲！這個不是菩薩啊……他們都是著了「以愛見心莊嚴佛土」，以此心理成就眾生，嘴裡講空、無相、無作，實際一點也不空。勸人家不要著相，自己什麼相都著。講一切無作法，自己又作又要解脫，我要回去拜佛了。這就是無方便慧的束縛，學佛而被佛法困住了。

我的老師袁先生有一次告訴我，世界上任何魔都好辦，只有一種魔，誰都降伏不了的，什麼魔？佛魔。被佛魔到了。他就是指這個。菩薩以愛見心莊嚴佛土的心理，與凡夫的心理一樣，愛見就是貪念。結果變成以貪念心莊嚴佛土，成就眾生，還自以為在弘揚佛法，在度眾生；這樣才是如法，那樣不如法；我這個才是佛法，他那個不是佛法。跑到宗教團體去，聽了這種話頭痛死了，都是沒有方便智慧，不學佛還好，學佛以後，反而加了一條繩子，捆得更厲害。

針對這一種學佛的心理，要怎麼解脫呢？

「何謂有方便慧解？謂不以愛見心莊嚴佛土，成就眾生，於空無相無作法中，以自調伏而不疲厭，是名有方便慧解。」念佛就是念佛，只問耕耘不問收穫。我經常提醒同學，注意佛國禪師寫的一首非常好的《華嚴經》五十三參的偈子：「有時且念（要見）十方佛，無事閒觀一片心。」這是真正的淨土法門。如果用這兩句解釋《維摩詰經》，第一句話就是「莊嚴佛土」，第二句話就是「方便慧解脫」。真的念佛，真的學佛就是這樣。往生西方極樂世界並不是逃避的意思，而是去求深造，深造之後還是起大悲心，回到六道輪迴中，廣度眾生，這是真正的有方便慧。

《維摩詰經》這一段，是我們修淨土、修密宗、修有相法門最重要的參考，否則我們雖然學的是佛法，走的卻是邪魔外道之路，不能得正解脫。

學佛主要在求解脫，但是解脫好像並非究竟。解脫以後是為什麼？是為了證到不生不滅的法身。普通佛經中提到不生不滅的法身，可是並沒有提到不生不滅以後我們是常在的，沒有這個觀念。只是我們自己有這個觀念，認為只要證到不生不滅，就不生不死永遠常在了，這是很自然會加上的觀念。佛法只說不生不滅。怎麼樣不死呢？本來無生，就當然也無死，生與死是兩邊相對的話。可是去掉兩邊就又有一個中間的觀念，認為是永遠存在的，那又變成落邊了，落在長生的邊見。中國道家有長生不死的觀念，可是長生是沒有的事，也沒有長死的事。生與死，生與滅，都是兩頭的觀念。一切凡夫眾生從無始以來，落入我見的愛見裡，想要抓住一切，所以會認為不生不滅就是永遠存在。如果你說解脫之後就是空，他又會加一個觀念，可以躲在空裡面不來了。好像厭惡萬事，想找個空間躲起來，一個人清淨。不要忘記，你躲到一個空裡去，那個空仍然是個境界，還是有，不是真的空。只不過暫時偶然落在空上，比較上會覺得，空比一切的有舒服一點，但是還落在邊見上，被自己愛見的習氣所束縛而不知道。

學佛不管是修哪個法門，一沾到一點愛見的心理，這個佛法就不究竟了。我們前面一再提到「以愛見心莊嚴佛土」，比如念佛法門，我們研究了《維摩詰經》，就明白那是個方便法門。佛的國土有沒有呢？的確有，像西方極樂世界，東方藥師佛琉璃光世界，從我們的觀點看來，幾乎是一樣的，琉璃為地，有種種的莊嚴。如果把佛經當哲學或科學的研究，就會覺得很好玩，說了半天還是沒有逃過這個世界的範圍，什麼蓮花、七重欄楯，但是沒有說七重哈不欄楯，因為沒有這個東西。各種經典形容，都是用人的意識習氣中覺得最美的東西、最清淨、最好的東西。為什麼呢？這是佛的方便法門，引導教化眾生。因為你不曉得如何解脫這個世界上的煩惱痛苦，佛拿個東西教化你，用無量的方便，善說一切莊嚴佛土法門。

凡夫眾生，因為自己無始以來的愛見心作祟，就牢牢抓住了佛土境界的東西。我們真要反省，這個是解脫嗎？它是方便而已，並非究竟的。換句話說，我們往生那一個國土不過是留學深造而已，你往生佛土算是成佛了嗎？不算的，成佛在於了心，心解脫。往生以後，受到佛法僧的教化，拿到真實的學位而成就，我這麼講是個比方。菩薩「以愛見心莊嚴佛土」，是為了「成就眾生」，「於空無相無作法中，而自調伏」，要你自己調伏一切愛見心的習氣煩惱而成佛。但是因為我們的愛見心作祟，就執著了他方佛國，如果是這樣，就是無方便慧縛。

「何謂無慧方便縛？謂菩薩住貪欲瞋恚邪見等諸煩惱，而殖眾德本，是名無慧方便縛。」學佛有戒、定、慧三個階段，我常說，學佛的最後目的是慧解脫，智慧的成就，證得不生不滅的法身。這一點千萬要注意。學佛不是迷信，不是宗教情緒的成就，那些只是學佛的方法而已。但是智慧的本身也有毛病，一執著就變成毛病。「無慧方便縛」，是自己學佛因為沒有智慧而進入了病態，這是講哪些呢？就是「菩薩住貪欲瞋恚邪見等諸煩惱，而殖眾德本，是名無慧方便縛」。一切凡夫眾生都可以稱為菩薩，甚至也可以稱諸位是佛，不過是因地上的菩薩、因地上的佛。像法律規定，國民具有被選舉為國家元首的資格，至於誰可以當選，要看他平生的努力，看他的學問、道德、行為夠不夠。他雖然當選為元首，他還是國家的國民。這是用來說明一切眾生，生來個個具備作菩薩的資格，即使他是外道乃至魔，他的善根被煩惱習氣所掩蓋，有一天他把黑幕拉開了，恢復他的自性光明，他也能成佛。這是佛教真正的精神。所以佛眼看一切眾生最究竟處，對魔外道沒有差別，絕對的慈悲，絕對的平等。

佛法要我們這些菩薩，去除貪、瞋、癡、邪見來修，我們反而是以貪欲瞋恚邪見來修菩薩道。簡單的例子，我們在佛堂念佛，如果有人的衣著在我們看起來不如法的話，就會一面唸佛一面瞪他一眼，瞋恚心就來了，因為我們認為這樣才對，他那樣就不對。縱然在弘法在利生，心中貪瞋癡等煩惱一點沒有動搖。大的例子也有，有些人發菩薩心發得過頭，看到朋友或家人不信佛，氣得睡不得覺，講人家會下地獄，那個態度就是瞋恚心。如果拿宗教情緒來看，會覺得他是好的佛教徒，但是在我看來，他很可憐。你學你的佛，別人作他的人，各有各的路，你學佛究竟對了沒有，別人作人究竟錯了沒有，都是問題，不要用一個尺碼來看全世界所有的人。老實說，朋友或家人，可能就是看了你這神神經經的樣子才不信佛的。這就叫作無慧方便，所以把自己束縛起來了。雖然也是行菩薩道，因為自己沒有智慧方便，因為以貪欲瞋恚邪見等（包括心理各種狀態，包括《百法明門論》各種心所而起的煩惱），來殖眾德本，雖然是做好事，但還是有所夾帶。應該以無所求、無所願、無所得的心情來做好事，才是真正的菩薩在殖眾德本。

我常說最怕年輕人找我學兩樣東西，一個是《易經》，一個是學佛。要學佛的人我都勸他們中年以後再來，該結婚生子的就趕快。而且真要學佛就要放下一切，至少有個短時期要放下。有的人不肯放下，還以功利心來求佛法，希望對他的事業有幫助。這我就不懂了，我學佛一輩子了，對我的事業沒有幫助，我也不求幫助，要這樣的心情才可以學佛。沒有這個認識，不但學佛，學任何宗教我都反對。我為什麼反對年輕人學《易經》呢？鑽進來爬不出去，就很麻煩。我開玩笑說，這兩樣東西最好都不要學通，學佛沒有悟道之前，可以想像悟了道以後的美妙境界。《易經》沒有學通前，可以沉醉在學通之後，上知天文下通地理的境界，但是真到了這個境界，日子過得多沒意思，就像是曉得出門會被人打，門都不敢出了。

「何謂有慧方便解？謂離諸貪欲瞋恚邪見等諸煩惱，而殖眾德本，迴向阿耨多羅三藐三菩提，是名有慧方便解。」怎麼樣是有智慧方便而得解脫？要離諸貪欲瞋恚邪見等諸煩惱，你要注意這個「諸」字。貪欲不只一種，貪男女、功名、富貴、睡、吃等都是，多得很。比如我喜歡看書又喜歡買書，對書比對什麼都愛惜，經過幾回戰亂，丟了好多書，所以曾經發願不再買書，這真是好大的願，唉！不到三個月又開始買書。覺得自己真可笑，這是習氣，也是貪欲。真學道這些都應該要丟下。「為學日益，為道日損」，什麼是學問？是妄想之所生，也都要丟掉。不過你們年輕人可不要抓住這句話，就不看書了。我甚至有時到了無書可讀的地步，手邊那麼多書全讀過了，這個時候，讀書的欲望來了也很痛苦。我對字畫也很喜歡，但是一件不留，因為我老太爺從小就教我，聰明人喜歡古董字畫，笨人才收藏古董字畫。我們學佛一定要檢查自己的諸種貪欲，如果這種地方檢查不出來，你儘管在學佛，也統統是病態。

再下來是要離諸瞋恚，瞋恚也是很多樣的，不要認為自己的小脾氣不算什麼，大小是一樣的，都是習氣，轉不了就解脫不了。

再來是離諸邪見，最後加重語氣「等諸煩惱」，這些都是煩惱根本。這些文字都容易懂，但你深入研究一下，這裡頭解釋多了。你研究出來，成了《維摩詰經》專家，就著書了，貪欲包括了哪些，列個名單，瞋恚有哪些，這個名單同那個名單劃一條線，作成個圖表……人家一看，學問好，佛學通，可是又落入貪欲。貪這個東西就丟不掉，腦子鑽進去了，夜裡都在想那個圖表，在那個名辭上，永遠不得解脫。

這有慧方便解要如何得呢？要迴向。我們解釋佛經的名辭，最困難的是「迴向」，禪宗的祖師爺說「回互」。大家唸完佛經以後唸兩句迴向，那是口頭迴向。比如我們為父母親唸經，最後也要唸一個迴向的句子。有同學問我究竟什麼是迴向，這同學的學問很好的，難道他連這文字都不懂嗎？絕對懂的，可是他還要問，是真問題。其實迴向還真難懂。你說做了功德之後，迴向阿耨多羅三藐三菩提，是不是還是做生意的心理？還是有所求心，不過所求的目的不同而已。

佛法這個迴向的名辭，翻譯真是好。迴向就是輪迴，輪迴就是迴旋，回互，也就是無始無終，終而復始。你懂了物理的道理，我們的心本來就有迴向的功能。換句話說，善有善報，惡有惡報，這個報就是迴向。我經常要你們留意科學，科學越通，佛法越昌明，佛法是真正的科學。迴向是本位不動，旋轉的道理，有向心力也有離心力。我們唸經為父母作功德，你只要這個念頭一起就已經迴向了，不是在迴向之外更加迴向。

我們行一切佛法，修一切佛法，不要被法所縛，要有這個智慧，才能夠真得到佛法的利益，求得解脫。

接著，維摩居士另起一個題目。

有病菩薩該如何

「文殊師利，彼有疾菩薩，應如是觀諸法。」他對文殊師利菩薩說，一切有病的學佛的人，應該像上面所講的，觀一切的法。為什麼來問病會牽扯到這麼多佛法來？這個我們都討論過了。因為生病，身體的病怎麼來的？由念而來。念又怎麼來？念由心造。因為心理不正常，慢慢形成身體的病。所以依佛法的醫理，一切的病都是心理來的。像我們現在，都有「老」病，生老病死的老，這就是個病態，這個病態的過程是由業力來，業力怎麼來？從心來。病由業生，業由心造。了心以後，就沒有病，也沒有生老病死，所以都要迴向阿耨多羅三藐三菩提。維摩居士對有疾菩薩說，應當要這樣子來觀。

「又復觀身無常、苦、空、非我，是名為慧。雖身有疾，常在生死饒益一切，而不厭倦，是名方便。」這裡告訴我們一個實際的行為，就是一個實際的修法。他說，最重要的一點，我們隨時隨地要曉得，我們的肉身，這個業報之身，本來是無常的，所以生老病死是很自然的。前幾天看見有個同學頭髮有些白了，我們一直以為他很年輕的，一問他年紀，不知不覺都四十八歲了。他說白頭髮拔了又生出來，很麻煩。我說我還恨自己頭髮白得不夠快，一頭白髮多漂亮，還可以裝成有道之士，古人形容是「童顏鶴髮」，鶴髮就是白頭髮。看通了人生，生老病死是很自然的。

我現在去理髮時，看到個現象很有趣，有些男士去染頭髮，染得烏黑，還修指甲，一搞一兩個鐘頭，有這個時間浪費不如回家打坐。這染頭髮在中國古代就有，而且還有染鬍子的。人不論古今中外都怕老，老就老了嘛！老有老的漂亮，死也有死得漂亮。真是沒有氣派！經不起老！人不要怕死。古人有首詩：

白髮新添數百莖　幾番拔盡白還生
不如不拔由他白　那得工夫與白爭

他的白頭髮拔了又生，後來大悟了，不如不拔，哪有時間跟這頭髮爭呢！

講了半天，就是要觀身無常，這個肉身從出生時，就開始一天一天死亡，就算活了一兩百年，不過是把死亡的時間拖後而已。這個觀身的觀，不是要你做什麼特別的觀，是了解的意思，要你了解這個生命肉體的存在本來無常，是苦的根本，要觀身本來空，無我。你也許會說，這些話不用說了，我們學佛那麼久，都懂了。對不起，為什麼重複說？因為大家雖然了解，可是沒有真做到。如果一下做到了，就成功了。不管多麼會說無常、苦、空、無我，一點都做不到。哪裡做不到？心做不到。心念真做到了，一放下就對了。

維摩居士說，觀身無常、苦、空、無我是慧解脫，這裡有個關鍵，有很多同學修白骨觀，有幾位年輕的還修得很好。我常對他們說要注意，白骨觀要觀好，觀不起來不算數。觀起來一定，就不用打坐，自己白骨架子隨時隨地觀出來了。出來之後，進一步要白骨放光，然後觀空。一切都是唯心所造，如果造不出來，你的佛法就是空話。觀空了以後就沒有人問我：「老師，我觀空了以後怎麼辦？」哼！觀空了就給你一個耳光，觀空了還要怎麼辦！還要問？你就是空不了嘛！可是，這樣觀成了，放光、空，然後定在那裡，這樣算解脫了沒有？這是定，不是慧，不是慧解脫。那個境界，還是第六意識所造的。話說回來，你還沒有做到就少吹了，必須要經過這個修持。真正的解脫是慧解脫。這裡說觀身無常、苦、空、無我，不是白骨觀那個觀想的

「觀」，是理念上的「觀」，本來此身無常，本來此身是苦，本來此身是空，本來無我，這是慧解脫。

可是你要注意，不要認為這樣你就懂了這個慧解脫，你又錯了。你必須要「定」修到了，然後觀透徹了，才是定慧解脫，才是究竟。得了慧的人怎麼行菩薩道？「雖身有疾，常在生死饒益一切，而不厭倦，是名方便。」明知道此身無常、苦、空、無我，可是不怕入輪迴，不怕生老病死，生生世世情願再來，願意吃這個苦頭，願意受這個罪，救度利益世間一切眾生，不生退卻心，才是菩薩的方便慧。所以諸佛菩薩的大願，也可以說就是諸佛菩薩的方便慧，也就是菩薩道，明知不可為而為之。小乘的人比菩薩聰明，知道不可為，這個眾生度不了何必度？就不管了。菩薩道是明知道眾生不聽話，要跟他千年萬年乃至多少劫都跟下去，總有一天使他聽話，自己這樣做是很痛苦的。

「又復觀身，身不離病，病不離身，是病是身，非新非故，是名為慧。」這裡特別重要，了生死是怎麼了？所謂的「坐脫立亡」，跟人家打個招呼說自己要走了，腿一盤就死了，本事是大，可是不一定了了生死。他可以是生死來去自由，不一定可以了生死。了生死的道理，就是《維摩詰經》現在講的這一段。

維摩詰居士告訴大家，要這樣去看這個身體：只要有肉身的存在，就一定隨時有病。肉身是由地水火風四大類組合，依現代醫學觀點，是由九大系統組合。坐久了想站起來，坐得難過了就是病，是坐病。站久了有站病。打坐久了腿發麻也算是病，你把腿放了，覺得舒服，又成放的病，放久了又想盤起來。給你躺下來，躺久了你又受不了。這就是「身不離病」。

接下來他說「病不離身」，兩對四個字好像是一樣的，其實有兩層意義。前面一句說有肉身就有病，但是如果你工夫到了，不一定要打坐，只要方便智慧觀察透了，由慧而得的定境，能空掉肉身，也就是受陰、行陰得解脫，病就沾不上了。因為病就是業報，病魔是限於一個範圍的，沒有了肉體之身，病魔就魔不上了。我們沒看過虛空會生病，它空的，沾不住。所以要注意這「身不離病，病不離身」八個字，它有兩層意義不要輕易看過去了。

再進一步的第三層意義「是病是身」，我們凡夫眾生有這個身體存在，這生命本身是業報之身，就是個病態的存在，病就是身。

下一句難懂了，「非新非故」，我們所有生的病，比如今天感冒了，不是今天得的，無始以來就有感冒在裡頭，不是新來的。但是這個病也不是過去都有的，非故，是剛剛來的。這個文字就是這樣說的，但我一直提醒大家《維摩詰經》文字看來容易，其實是最難懂的，跟《楞嚴經》一樣，文字翻譯得太高明了。這「非新非故」，用白話翻譯是，這個病跟身體的關係不新也不舊。昨天感冒，今天好了，真好了嗎？沒有，病根還在。只要此身還在，你的病根就在。再進一步，身的病根在哪裡？在心。此念未空，只要貪瞋癡慢疑悔這些根本業力未空，此病就還在。你現在覺得沒病沒痛，其實還在病中，「身不離病，病不離身，是病是身，非新非故」。如果能夠離開這個病態的生命，就歸到阿耨多羅三藐三菩提，涅槃清淨，法身道體，清淨圓明。所以千萬要注意這幾句話，透徹到極點。這就是禪了，要參了。懂了這個才是真的般若智慧。

「設身有疾，而不永滅，是名方便。」這幾句話更嚴重，分兩層意義。

假設我們身體有病，菩薩不求無病，這就叫方便。修行人以病苦為師，身體太健康的不能成道，病苦是修道的親因緣，你看看《高僧傳》，看看歷代的神仙傳，所有有成就的人身體都不大好，十個中間有七八個少年多病。因為多病，他對人生的看法就深刻，會害怕，就追求脫離生老病死。因此得道的人多半是疾病中人，尤其是道家的人物，一個個都懂醫藥。因為自己多病，想要救命，久病就成良醫了。玄奘法師的傳記記載得很清楚。龍樹菩薩的系統非常注重醫藥，孫思邈的《千金方》就吸收了龍樹、耆婆的藥方。玄奘法師到印度時，還見過龍樹菩薩的弟子七百歲。龍樹菩薩的這個弟子，還有兩個徒弟，各一百多歲，據說，他要玄奘法師跟他學，先學醫藥二十年。玄奘法師不幹了，他說自己是發願來取經的，二十年就要回去，不能為了學醫藥而違願。我們讀到這裡，心裡就很難過，合掌讚歎玄奘法師！要換了我們，寧可留下來跟活菩薩學醫了，中國有沒有佛法同我什麼相干！玄奘法師行的就是菩薩道。剛才講的菩薩不厭倦生死，所以「設身有疾，而不永滅」，菩薩不求無病，這是第一個意義。

第二個意義，真正學菩薩道的可以做到不死，可以做到無病。剛才講的龍樹菩薩的系統，比如密宗，修法是先求肉身的長壽。因為三大阿僧祇劫的修行，在輪迴裡容易昏迷，容易走錯路，所以他寧可走這個路線。再說佛在涅槃之前也問過阿難三次，你看怎麼樣？我可以使這個色身留下，但是在眾生的果報上來講，是應該走了。佛經上記載，阿難三次都好像被魔迷住了，所以像沒有聽見似的。等佛宣布要涅槃，阿難跪下來哭了，說佛不應該走的。佛告訴阿難，已經問過你三次了，如果當時你說要留下，我就留下了，現在機緣過了。但是我們要問，佛為什麼要玩這個花樣？幹什麼一定要等這個機緣？這裡頭有道理的，學過唯識的就知道，所謂二十四種心不相應行法，是意識心沒有辦法把握的。比如對一個真正修定的人，修真正密法的人（不是現在這些唸咒子、想一下紅的綠的觀音、手裡弄一下手印的密宗），將死亡時，身體是有一個徵候的，到了那一點，只要控制住那一點一個時辰，等於現在的兩個鐘頭，就可以再過多少時間的劫數。這就是做工夫定力的關係了。

當然不是那麼簡單，但是有這個方法，不然，佛法老是講道理而沒有方便，又何必學佛法呢？所以諸佛菩薩「設身有疾，而不永滅」，不讓他有病，不讓他走掉，是可能的，真的。

一般學者認為《楞嚴經》是偽經，其實《楞嚴經》都有消息給你的，消息在哪裡呢？《楞嚴經》的消息在十種仙道裡，是五十種陰魔之外，這個不是魔，也不完全是外道，《楞嚴經》把他列為十種仙道。這十種仙道中，有些人唸咒語的，有些人練什麼工夫的，有些人煉藥的。所以也算是外道，佛說他們未證得阿耨多羅三藐三菩提。《楞嚴經》自己叫作密因，是密宗的經典，它有個祕密在裡面，我們讀佛經不要被佛瞞過去了。反過來講，這十種仙道如果他有這個工夫本事，他又能證得正覺，那是什麼個說法呢？那就是佛了嘛！很簡單。乃至他走外道法門的，你看密宗很多修法是外道修法，雖然走了迂迴路，可是他走到這裡一轉入正道的話，他得道證入了，改邪歸正總沒有錯了吧！這就是祕密。

所以說，維摩居士跟文殊師利菩薩討論身的病，最後有祕密，就在這裡

「設身有疾，而不永滅，是名方便」。真正的佛法自己是可以治病，唯心所造。《大藏經》當中也有佛說的治禪病的經，你們都不看，都請一個人幫忙讀了——給書蟲去吃了。裡面都有的，佛告訴我們如何治病，乃至天臺宗利用數息治病方法都有，只是我們訂了《大藏經》，並不去好好研究。

我們研究《維摩詰經》，要再三反覆地複習，像古書這些經典，看一次二次三次就認為自己看過了，那等於完全沒有看。古文的經典為什麼要背？「好書不厭百回讀」是古人的讀書方法，同一本書每一次讀起來的理解都不同。現代人讀書多，知識是淵博了，可是學問越來越差，因為沒有深入，「好書不厭百回讀」的精神沒有了，一本書以為看過就好了，讀兩三遍就覺得浪費了。

假如今天來考你們《維摩詰經》，問你文殊師利向維摩居士問疾這一段，有幾個重點？這就要命了，我相信全堂要交白卷了，可見沒有研究過。你們現在翻開這一卷，文殊師利問他，第一個，菩薩如何有疾？假使有病要如何慰喻？維摩居士答覆，第一個，菩薩對於身有病的安慰，第二個，身在病中自己的觀念怎麼樣安慰，怎麼樣解脫。這病就是個法門，它是生命的一個現象，生老病死都是生命的現象，都是一個過程，從早上到晚上，再到天明，每一分秒都是過程。在這個過程中，身心所感受的遭遇都不同。

你看，文殊菩薩在前面曾問他：「居士所疾，為何等相」。再問：「菩薩應云何慰喻有疾菩薩」。再問：「有疾菩薩云何調伏其心」。維摩居士答，因為此心著我，然後要如何了心，了念……這些都是重點。我們不照古代分科判教的方法去搞，那是在作文字分類歸納。現代西方作論文的方法，要有綱目，覺得了不起。佛教在唐朝以前已經開始作分科判教了，比西方的寫作方式還要嚴謹。分科是作科學分析，判教是把佛學的教理批判歸納。現在幾乎沒有什麼人能真正了解正統的天臺宗分科判教，沒有人下這種工夫了。我們不走分科判教這條路，走實修，走科學方法研究的路線，就要注意每一點，再分好幾個要點，像我剛才問的題目，你總要能答出來。大家平常讀佛經，讀過去就算了，對於這個要點不留意，如果能抓住這個要點，對修持與佛學的用功，那關係就太大了。我在此提醒你們青年同學特別注意，否則你只在搞皮毛而已。

有病菩薩如何調心

「文殊師利，有疾菩薩，應如是調伏其心。」現在又進一層，我們生病了，身體感受痛苦，這個受陰和其他四陰——色想行識，都是這個心所變的。等於一隻手有五個指頭，實際上都是一隻手。生病當中正好用功，我上次提到，你要體會你的思想裡頭——思想也是心的作用——並沒有痛苦，可是思想被感覺拉著走了。如果能把心的思想的痛苦拿掉，感受的痛苦就輕七八分了。再把感受也去得掉的話，此身等於無病了，但其實身上還有是病的。行陰的解脫就很難，比如是細菌感染的病，你定力雖然高，能把心的思想和感受拿開了，可是細菌還在你身內，它的作用還在，它還跟著行陰在跑。你要行陰空得了才行，那就要談《楞嚴經》了，行陰空得了就差不多了，當然還有識陰在。

有個同學聽了，認為有病就把受陰拿掉，以為跟想陰沒有關係的。怎麼沒關係？關係很大，你的感受也是想陰來的，五陰同是一念。不過我們講粗的思想，比如生病發高燒，它兩個好像是分開的，身體感受的難過好像和思想沒有關係。你沒有病的時候這兩個好像分不開，稍稍有點用功經驗，有病當中分開就明顯了，病中是最好用功的時候。

剛才上面的幾段是講如何調伏其身，接下來維摩居士和文殊菩薩，講如何調伏其心。這個問題還沒討論完，我們講了很久，他們兩個當時談話就是一下下。第一個提出來，對身有病的看法，第二個提出來，有病當中的念，這裡頭就有問題了，思想同念頭的差別，就是心、意、識三個的差別。你生病了，身體隨時覺得難受，你不想它，你的思想還在想別的，想喝茶、想欠了人的帳、想怎麼做生意賺錢，可是你身體還是感到難過，這個是念，念是念念不會忘的。這些心理狀況，身上的感覺，一定要分析清楚，深入研究佛學佛經對自己才受用，不然何必浪費時間研究這些？要研究這些東西，是對自己的生活生命有用處，所以才花時間作這個學問。

有疾菩薩應該怎麼樣調伏其心呢？

「不住其中，亦復不住不調伏心。」這難辦了，所謂明心見性，是心的道理。上面是說如何調伏其身，如何調伏其念，但是不論身體也好，念頭也好，自己如何安慰、解脫，都在這心的範圍。現在又講如何調伏其心了，又重複了。「不住其中」是使這個心不在病中，很難了。我們生了病，普通感冒發燒還不算痛苦，假使生重病要開刀，像小說《三國演義》，寫關公手臂中了毒箭，需要刮骨治療。關公沒有上麻藥，一邊讓華佗刮骨，一邊還在跟人下棋，他有修養的，用下棋把精神移開了，這是小說寫的。世界上也真有這種人，一九四八年在基隆，我一個侄子在工作時，胳臂被機器夾傷了，那個時候那個地方的醫療條件是很落後的，不像今天。當時他被送進醫院，醫生說要切斷，但是沒有麻藥。這小伙子壯得很，就說那切斷吧！結果人家要找繩子把他綁起來，他說不要綁了，我不動也不叫就是了，切吧！結果血都流了好幾桶。我當時不在場，後來問他痛不痛。他說怎麼不痛呢？痛又能怎麼辦？有什麼好叫的？只好咬著牙不叫了。我過去在大陸也看過，部隊裡的年輕人，說勇敢真是勇敢，死就死了，乃至有的土匪被拉上刑場還在笑的。不管他是好人還是壞人，他會調伏其心，把心拿開了，太不容易了。

現在的青年人有許多的毛病，經常身體不好，都是自己心造的心理病。你能夠調伏其心，不會生心理病的。如何「不住其中」，此心不在病中，很難的。如果你有個頭痛牙痛的，你能空得掉嗎？做不到的話你學佛都是空話，自欺欺人。佛學是非常實際的東西，你用不上還搞這個東西，不是浪費時間嗎？

如說完全「不住其中」是了不起，真解脫了，真達到空了嗎？不是的，還是要用一點工夫的，要住在調伏其心。這是菩薩行，但還沒有成佛。你縱然隨時可以把心拿掉，空了，跟病脫離關係，但你不用一點工夫，不用一點定力，是做不到的，所以還是在用心中。不住其中，還是在用心中，「亦復不住不調伏心」，反過來講，這個時候還是在調伏其心，還要用力用功，才能做到與病脫離關係。理由在哪裡？

「所以者何？若住不調伏心，是愚人法。若住調伏心，是聲聞法。

是故菩薩不當住於調伏不調伏心，離此二法，是菩薩行。」住在不調伏心的，是凡夫，是一般笨人。普通人生病，當然是痛苦了，痛起來就叫哎喲，這個很自然的。但這是愚夫心，跟著現象走，不調伏心就是普通人的心理。

聲聞，就是小乘，他有禪定工夫，腿一盤，空了這個念頭，就沒有感覺了，把身和心分離。他把病用心理的影響壓下去，是把受陰的感覺壓下去。這時病還是病，肉身還沒有轉。縱然此身得到神足通了，五種神通具備，仍然沒有辦法逃過生死。

我們知道有些有道的高僧或是密宗的活佛，他們最後是得癌症死的。你不能說他們得了癌症就沒有道，不能這麼說。癌症是身上的病，道是在心中。但是你也不要迷信；有朋友去錫金參加一個活佛的火化，回來後告訴我，火化前太陽旁邊現出彩色的光暈，火化時冒出一股黑煙，是活佛騎在獅子上的樣子，火化後又有很多舍利子。我聽了就一直說，好，好。等朋友走了，旁邊的學生覺得奇怪就問我，老師你只點頭說好，其他話都不說，是為什麼？唉！我當然要讚歎，其它不用對這位朋友說了。錫金那個地方緯度高，過去我在雲南的山區走過的，那個氣候之好，在那種地方，太陽月亮周圍經常有彩暈是普通的事。又好像說某某人寫佛經之時，大地震動，現六種震動，真是有道啊！我在這間課室講課，也是碰過好幾次地震的，都是瞎扯，什麼鳥唧個花掉下來，學佛不要迷信。以前這裡有一位年輕的美國小姐，她什麼流行的功都練，最近在美國突然死了。你們同學搞什麼氣功的特別要注意，越注重有為法的，越容易倒下來。

佛的弟子中，目連尊者神通第一，佛經常告訴他不要玩這個啦！神通也是無常的，目連尊者的神通還得了，他可以把他方世界的星球，一把抓來給人看，像水晶球一樣。最後他要死的時候，想要逃，天上地下都躲不掉，只好來告訴佛，無常到了，生命要結束了。佛說：告訴過你神通是有為法，無常是不能躲避的，一切聖賢不避它的，順其自然吧！目連尊者神通雖然大，他沒有修轉身法。我們前面提過，佛有四個弟子留形住世，還在人間，不知道你們諸位當中哪一位就是。他們修的這個法，有這個成就，一切唯心造的。法門無量誓願學，一般學佛的人嘴裡這麼唸，事實上這也不肯學，那不肯學，結果哪一樣也學不好。

上面說愚人住不調伏心，聲聞人住調伏心，菩薩走中道「不當住於調伏不調伏心」。小乘人住於調伏心就一切不動了，萬事不管了，他只要在定中，不敢起愛欲心，也不敢動任何念。聲聞道以利己為先，菩薩道以利人為先。菩薩不應當住於調伏不調伏心，調伏與不調伏都是兩邊，非中道。菩薩這樣也行，那樣也行。有時諸佛菩薩同凡夫行一樣，你看我們本師釋迦牟尼佛，生病照樣吃藥，還讓阿難為他去化緣。他八十一歲的時候，風寒發背而死。你說他是病死的，可是把他裝在棺材中，他還把腳伸出來，等他的得法弟子迦葉尊者趕到了，他再把腳收進去，所以他死了沒死，還是個問題。

菩薩走中道路線，「離此二法，是菩薩行。」離開調伏與不調伏，空與有，這是菩薩道的修持。

什麼是菩薩行

「在於生死不為汙行，住於涅槃不永滅度，是菩薩行。」大乘菩薩道，現身於生死道不會被染污，可以留形住世，也可以隨時跑路，這些工夫見地都有了。萬一他涅槃走了，也不會永遠不來，可以隨時再到這個世間，慈悲利世。

「非凡夫行，非聖賢行，是菩薩行。」菩薩入於中道，你們看不出來。你們說在打坐或是夢中看到菩薩，你哪裡看到菩薩？我學佛一輩子，沒有看到過菩薩，我說的是老實話。但是我學佛一輩子，到處看到都是菩薩。菩薩就在人間，很多。菩薩非凡夫行，但是他同凡夫一樣，你自己不到那個境界你是看不出來的。他也不標榜自己是個聖賢。悟了同未悟，得道同未得道，你看不出來，這是中道。既不作一個平常人，也不作一個非常人，如果被你看出來是非常人，這菩薩就成了薩菩。

現在中外都在捧寒山、拾得，如果現場他二人站在你們當中，諸位菩薩還理他們，我就服了你。他兩人掛著綠鼻涕，牙齒疏落，頭髮散亂，不曉得有多髒，衣服也破爛，你不躲他們才怪呢！可是這類人物不多，我們當年都接觸過，你跟他接觸了，就會覺得他非常乾淨。我本身有愛乾淨毛病，可是在他們面前就只好跟他們玩了，我還有個貪圖心理，小說神仙傳看多了，他們的鼻涕說不定是仙丹，吃下去長生不老，就大膽忍住，要我吃什麼就吃吧！你不要看廟裡塑的菩薩那麼莊嚴，身上又掛了那麼多寶飾，但是真菩薩不是那麼好看的，你拜不拜？恐怕捱到你旁邊站，你還嫌他又髒又臭。我當年跟個叫花子跟了他一個月，因為我認為他是有道的，他坐在大便堆裡討飯，最後雖然沒有辦法追出來，到現在我還認為他應該是有道的。當時他要到飯就分我一點，我雙手接過來吃下去，不過我還沒因此而得道。朋友都勸我把這些回憶寫下來：這些故事講給你們聽，就是說真正有道之士非凡夫行，你細細觀察，他同一般人不一樣的。但是也照樣的吃飯，照樣的上廁所，照樣的生病，非聖賢行。

「非垢行，非淨行，是菩薩行。」不垢不淨，一切凡夫的垢行都沾染，也都不沾染。不特別標榜學佛的樣子，非淨行，但是他處處淨行。

「雖過魔行，而現降伏眾魔，是菩薩行。」雖然超過了魔的境界，但是還示現降伏眾魔。病就是魔，被細菌感染了，細菌就是魔障。為什麼會受傳染？受傳染就是被魔障障住了，就生病了。菩薩道是超過了一切魔行，對魔避免和厭惡，是修行階段的小乘境界，真正能夠成魔的人，才能夠成佛，佛跟魔是一體的。善念和惡念是一體的兩面，好像手心和手背，陰暗與光明。真正得道的人，超過了陰暗與光明，不受陰陽所拘束，也不受魔佛所拘束。生老病死是魔，煩惱是魔，心中結使如貪瞋癡慢疑，都是魔。大菩薩看魔外道與佛道沒有分別，但這不是凡夫能做到的。

「求一切智，無非時求，是菩薩行。」這文字裡問題來了，所以讀佛經要留意。菩薩求一切智慧，怎麼叫「無非時求」？難道要以時求？不是時候不能求？「無非時求」是沒有任何時間限制的，也就是隨時隨地要求智慧。

戒律有講到「非時食」，早晨吃飯是天人食，中午是人佛吃飯，晚上是鬼道吃飯。照戒律，人是過午不食，過午吃飯就是「非時食」。為什麼？用科學的理由才能解釋這個道理。佛經的解釋「非時食」是方便，因為要配合當時人們的知識智慧。我們這裡吃早飯，美國那裡在吃晚飯。哪一邊是早上，哪一邊是晚上，這是根據地球上的位置，是向太陽還是背太陽而定，是由地球自轉而來的，但以整個地球來講，是沒有絕對的早上和夜裡。再者，各地人生活習慣不同，有的國家人注重早餐，有的注重中餐，有的注重晚餐。即使在中國內地各處也有差異，有些地方的人一天吃六餐，三餐之間加兩頓點心，夜裡再吃宵夜；有些地方的人一天吃一頓，吃兩餐被認為浪費。這樣說來，哪個才是「非時食」？當然，黑夜裡是許多昆蟲和野獸活動進食的時間，比白天活動的生物多太多了，夜裡是他們的世界，這就是業力不同，感受不同。

總之，關於「時食」，「非時食」的研究，是很有問題的。中午是以太陽當頂為準，但是臺灣的中午和西藏的中午差幾個鐘頭，臺灣的出家人中午吃飯，西藏還在早餐呢！現在佛法在科學時代要留意科學，否則有些宗教的東西，你自己都解釋不通就不通下去了。有修養又有知識的人聽你這樣講，站起來就走了，也不會批評你，因為談都沒辦法跟你談。

「求一切智，無非時求，是菩薩行。」這是說菩薩求智慧求學問，隨時隨地都在求，沒有鬆懈的，精進不懈。大家不要讀錯了這一句話。

「雖觀諸法不生，而不入正位，是菩薩行。」菩薩道的人已經證到了一切法本來不生不滅，本來無生，但是他不住在無生，不住在空的境界裡。空和無生有差別的，我是方便講法。他雖不住在不生，但還是住在生生不已中，「不入正位」的正位就是無生法忍，如果住到無生法忍，他就不起用，也不來慈悲布施，接近於聲聞道了。

維摩居士告訴文殊菩薩，一切菩薩在病中要如此調伏自心，這個病是大病，世人都是在病中。佛經說一切眾生皆在做夢，生命就在做夢，所以叫做大夢，這個也是大病。

「雖觀十二緣起，而入諸邪見，是菩薩行。」行菩薩道的人，觀十二因緣都了解了，而入諸邪見，也就是一切魔外道法也都會。

「雖攝一切眾生，而不愛著，是菩薩行。」攝是包含、包容，菩薩是慈悲的，愛一切眾生，度一切眾生，但自己不會被愛這個觀念所困住，不落入貪愛心理，隨時在解脫中。

「雖樂遠離，而不依身心盡，是菩薩行。」菩薩與聲聞緣覺一樣，也會樂於遠離。《金剛經》中的須菩提是佛十大弟子之一，他談空第一，是阿蘭若行者，就是修出離道，有出離心，厭惡三界。小乘羅漢的肉體壽命到了就走了，念也空了。我非常欣賞大阿羅漢要入涅槃的四句話：「我生已盡，梵行已立，所作已辦，不受後有。」但菩薩雖然樂於遠離，不會依身心盡。

在本經前面的〈弟子品〉中，講到佛要弟子們去問病的時候，第一位是舍利子，維摩居士和他討論過宴坐，也是我們學佛的人一個重點觀念。

今天在座很多人求真修實證，不論大家學打坐、學定、學參禪、學密，不能得定不能證得的第一個困難，就是不能遠離身心的作用。隨便學哪一個法門，身體的感覺去不掉，也就是身體的障礙去不掉，妄念思想不能清淨，不是不能停止，停止了就成了斷見。因為身心都不能遠離，所以連最基本的法門都不能證得。遠離身心是初步的佛法。所謂性空，以唯識的道理，第六意識的念空，才能證得。以菩提道的次第來講，這個時候是證入空性的入門。

所以，本經開頭，佛叫舍利弗去問疾，舍利弗不敢去，就是為了宴坐這個身心的問題，受了維摩居士的呵斥，挨了罵。什麼叫宴坐？我們所有修定的法門，不論大乘、小乘、不淨觀、白骨觀等等，打坐通稱為宴坐。真正的宴坐，如龍樹菩薩在《大智度論》上提到，「不依身，不依心，不依三界，於三界中，不得身心，是為宴坐」，與《維摩詰經》的道理一樣，是大乘佛法。我們要反省了，不照古代研究經教的方法，而從實際的研究方法討論，我們不能證得空性的原因，是因為一切都有所依，厭離心生起還是個普通心理，要修證工夫真做到了不依身，不依心，連那個不依空的境界都還要放下，這才夠得上說是在打坐，才真正是學佛的入門，才是基本的成就。

經文這一句「雖樂遠離，而不依身心盡，是菩薩行。」這是說聲聞道要遠離身心，但是這還是偏空了，並非究竟，究竟是要能不依身心盡。你要遠離到哪裡去啊？就算你有定，能像一般人講的打坐出神了，神識離開肉體，這樣的遠離非究竟道，即使做到出陽神，還不是佛道。陽神是道家名稱，佛道兩家許多人修行都有了這個工夫，很多同學和外面的人都問過我，問得太多了我也懶得答。

現在有的青年搞靈魂這一套，走上出神這條路，打坐起來自己覺得離開身體了，這種是出陰神，但還不是真的。真的出陰神要肉身氣脈通了，氣脈通了的確可以健康無病，也可以不需要飲食，入定時心是可以離開身體的，《楞嚴經》形容這境界如飛鳥出籠，很舒服，很輕靈，我們現在覺得痛苦是因為身體的障礙。工夫做到這樣，他可以在我們這兒大家頭頂上轉一轉，乃至坐在我們身上，我們也沒有感覺，可是他看得清清楚楚，聽得清清楚楚，也能摸到我們，是真實的，不是像做夢。如果你們打坐時昏昏迷迷像做夢，看到了什麼，以為就是出神，那可嚴重了，那是精神分裂，不要搞錯了。

什麼是陽神呢？色身整個轉化，氣脈通了。這又要講到四大本性，什麼是四大本性？地水火風。譬如我們聽呼吸，依風大起修，修到最後是性風真空，性空真風，最後是空的，沒有方所，沒有固定的位置，它體性自空。火大起來是「性火真空，性空真火，清淨本然，周徧法界……寧有方所」，這是《楞嚴經》的原文，無所不在，像電一樣，虛空中有電，但我們手中不會觸電，可是一摩擦就發電了，就是這道理。依四大本性身體通了，心物合一了，然後此身可以不壞，那麼他在那頭打坐，還可以另出一個身體來聽課，兩個身體同時可以講話，乃至三個四個都可以分身出去，那是陽神。幾時可以修到呢？慢慢來吧！修道想即身成就，要多方面的法門，顯教密法一概融會，真正把身心投進去求證才行。

我常說，佛法講理論是一回事，但修證是科學的法門，必須實證的。昨天有位同學問我，他修持已有二三十年了，他現在常常到達沒有念，自己的呼吸也停了，就感到害怕。我說他中了彩券特獎，可惜又都丟掉了。念空了的話，呼吸自然停了。呼吸往來是生滅法，四大往來都是生滅，氣住脈停才是定的境界，那個時候為什麼還求個氣呢？他說根據教理不是要心息相依嗎？我告訴他，那是初步入門的，既然到達了，此身一丟就定住了嘛！還虧他搞了幾十年。所以這告訴我們，為什麼學佛要把教理研究清楚，否則往往走入歧路。

你樂於遠離身心，縱然修得很高，超過了陽神的境界，還是小乘之果，沒有證得菩提大道。那所謂大乘法何在呢？注意是要「雖樂遠離，而不依身心盡」，並沒有拋棄這個肉體，這個色身，也沒有拋棄這個起用的心，非斷非常。

現在很多人喜歡玩所謂天眼通，你注意他是否閉著眼睛用勁「看」東西時臉紅紅的，小心得高血壓。真正天眼通都不用打坐，一邊講話一邊看得清清楚楚，不是定起來才看得見，沒有這回事。父母所生的肉眼能觀十方界，是自然的，不須要離開這個肉體。像《心經》上說：「無無明，亦無無明盡」，就是大乘佛法。「盡」是梵文翻譯過來的寫法，如果用傳統中文寫法，這裡「盡」字也可以放在上面，就成了：不盡身心而樂於遠離。鳩摩羅什法師，是佛教文學的泰斗，用南北朝的文筆翻譯，美極了，把中國文學和印度文學合而為一了。你們因為中文的基礎沒有，所以佛經看不懂。佛經都是白話，沒有一句文言，是當時的白話，即使後世讀來，也不應該有困難。

維摩居士說，要這樣才是大乘菩薩修持的道理，他每一個要點都提出一個問題，每一個問題都是破解我們修持佛法的觀念。凡夫把這幻相的身心當成真實，聲聞道知道這個不真實，所以由戒定慧入門來修持，以遠離這個幻相的生存為道果。大乘道再進一步，說遠離這身心還不是道果，真正道果不須要遠離，就是這個身心就可以證入菩提，所謂不二法門，這就是菩薩行。

「雖行三界，而不壞法性，是菩薩行。」雖然還在欲界、色界、無色界三界中轉，但是不壞法性。他是跳出了三界，是跳到第四界嗎？沒有第四界。教下講「界外」，不是講第四界，不在三界中，即在三界中，是名界外，是聖賢境界，佛菩薩境界。

初學佛的人都希望跳出三界，尤其根據小乘經典，必須要跳出三界，不跳出三界還修持個什麼？跳出三界要怎麼跳？九次第定把修持的方法講得清清楚楚，各種禪定乃至各種宗派，譬如天台宗、俱舍宗、成實宗，應該如何斷惑證真跳出三界，都講得清清楚楚。不只是打坐工夫到了就行的，若是起心動念，貪瞋癡慢等等煩惱、無明的習氣沒有轉變，仍然是跳不出來的。

工夫到了像四禪八定那個境界，並不太困難，一般凡夫練氣功的都做得到。修行的真困難是，習氣心念見思惑難斷，斷一層見思惑習氣煩惱，配合修定的工夫，就是跳出三界的次序，我們也討論很多了。我經常問大家，跳出三界外要去哪界？佛說過有第四界嗎？我們可以說是有個聖賢境界，是假設的，得到所謂界外之界的聖賢境界，他在哪裡呢？還是不離三界，可又不住三界。因此無以名之，是假設的界外之界，所以「雖行三界，而不壞法性。」真悟道了，諸佛菩薩都是再來人，還是在三界中度一切眾生，又不壞法性，等於沒有來過，所謂「妙湛總持不動尊」，來而不來，去而不去，這才是菩薩行。

透過經文我們了解到，菩薩就在人間，只是你不認識罷了。我最近和幾個朋友閒談，回想起很多我的朋友，其實都是菩薩，他們的行為，蓋棺論定，真是菩薩。乃至這邊有位沈居士，平常一來我就訓他，去年來跟我拜年時，說他自己的身體壞透了，都是病。我就講他，他說：老師你不用替我擔心，不要緊的。下樓他和別人講，老師替我在擔心，我往生西方是有把握的。結果死後燒出了舍利子，他的朋友來告訴我，他講有把握不假，兌現了。我講，他本來就是再來人，我平常訓他罵他是別有道理，你不懂的。這些聖賢再來的，都在人間。再嚴重地講，諸佛菩薩在哪裡？《楞伽經》告訴你：「無有涅槃佛，無有佛涅槃」，自性本來涅槃，到哪裡證個涅槃？十方三世諸佛一切菩薩，都可以說是再來人，你不知道而已。再來都是在三千大世界中轉來轉去，以大慈悲度眾生。

這更是我們居士要效法的，在家的不要說跳出三界，連欲界的最低層都沒有跳出來。但是真學菩薩道你就要嚴格地做到：雖住世間而真能捨掉。捨掉不是要你去出家，尤其好多六七十歲的老年朋友，怎麼還那麼捨不掉？這些世俗的事務都可以擺開了，你心要能擺脫得了，做了一輩子，到晚年應該都看透了，擺脫不了還算什麼學大乘菩薩道？

「雖行於空，而殖眾德本，是菩薩行。」雖然在空的境界中，但是處處行有，每一個細行都做，善是要累積的。「善不積，不足以成名。惡不積，不足以滅身。」是《易經・繫辭》的話。所以叫人「諸惡莫作，眾善奉行」。

不管小乘大乘，都崇尚諸行無常、諸法無我、涅槃寂靜三法印，一切修行人不論在家出家，起心動念要念念歸空。如果做不到這一點，我代表在家的居士講，就不算是修行人。看人的行為，就要在起心動念為人處世之間去看，能空掉的，什麼事情算了就算了，想都不用再想的，這個起碼要能做到啊！這雖然不是性空境界，卻是行空的行門，提得起放得下，放掉了就放掉了。前天一個朋友說：「我辛辛苦苦一百萬就這麼沒有了。」我說：「你貪嘛！」他否認，說只是想放點利息吃飯。我說：「這不是貪是什麼？就一點也是貪！要貪就有果報的。原來那一百萬本來也沒有的，有什麼稀奇！」一個學佛的人還這麼放不掉，起碼要行於空，本來一切皆空。

可是有一點，你最後證到了真空，偏空之果的小乘羅漢聲聞有個大毛病，不肯動，不肯修功德，不敢起行。因為真到了空是很樂很舒服的，這種樂境恐怕你們青年同學沒辦法了解。但有一種同空差不多的，有點空的影子，你們想不想學？想。就是睡大覺，當然這不是真空，可是真舒服，懶得起床。其實睡覺還不是空，只算是空的第三重影子，還不是第二重反映，人睡下去都不想起來，何況真證到了空。所以貪著於定，貪著於空，是犯菩薩戒律的，因為菩薩道是起行，可以說是入世，入什麼世？就是「雖行三界，而不壞法性」。一切菩薩證到了空，第一，不會被空耽誤，不會貪著於空的境界，性空要起用，真空要起妙有。第二，更不會偏向於空，落在頑空之中撥無因果。

所以菩薩「雖行於空，而殖眾德本」。注意這個「殖」是繁殖的殖，這個殖包括了很多東西，譬如培養細菌、養魚、養牛、養羊，生出更多來，是殖。怎麼殖呢？就是「諸惡莫作，眾善奉行」，「莫以善小而不為，莫以惡小而為之」。小善不要放棄，言行上的小善都要修持好。

真正行菩薩道的人要念念歸空，還能做到步步行有。要善護念，起心動念徧行功德，不是萬事不管，反而更管事，為什麼？要入世，「殖眾德本」。

「雖行無相，而度眾生，是菩薩行。」在座的各位，佛學都研究很深，經典也看了不少，看到這一句要想到《金剛經》所說：「所有一切眾生之類，若卵生、若胎生、若濕生、若化生，若有色、若無色，若有想、若無想，若非有想非無想，我皆令入無餘涅槃而滅度之。如是滅度無量、無數、無邊眾生，實無眾生得滅度者。」同時，也要參考達摩祖師另外一個法本所傳的，達摩四行觀（報冤行、隨緣行、無所求行、稱法行）。換句話說，一切好事做了就做了，心裡留都不留，若想我今天做了件好事幫了人了，那早就著相了，不是無相行。所以雖行無相，而不被無相所埋沒，雖度一切眾生，而不著相，是菩薩行。

「雖行無作，而現受身，是菩薩行。」「無作」在有些經典翻成「無願」，這兩個不同文字的翻譯，在佛法的意義上都對，因為願力必定是心理的起行，用現代名辭是心理行為。「雖行無作」是一切皆空，過去不留，作了等於不作。這個話使我們想起永明壽禪師引用古人的四句話：

修習空花萬行
安坐水月道場
降伏鏡像天魔
證成夢中佛果

他悟後起修，一天做一百零八件佛事，他忙得很。與黃教宗喀巴大師一樣，前面講過，他為了弘法分秒都不空閒。你們年輕同學不要學我，一定要做到宗喀巴大師這樣。他兩個人都是菩薩行，明知空、無作、無相，還是發大願，生生世世再來。再來是很苦的，要投胎，長大，剛剛講經說法不到幾年就報銷了，然後還要再來，真麻煩。可是菩薩不怕這麻煩，所以才能「雖行無作，而現受身」，這才是菩薩行。

「雖行無起，而起一切善行，是菩薩行。」這個話更難翻譯了，怎麼無起呢？起心動念是凡夫法，甚至可以借用禪宗大珠和尚的話，前面已經說過，「起心念是天魔」。不起心動念好不好呢？你們有人走這個路線，打坐坐到一個念頭不起，「不起心是陰魔」。第三句話，「或起不起是煩惱魔」，等於非想非非想境界。除了這三個路線，你看如何不是魔障。換句話來講，我們現在說起心動念是凡夫法；不起心動念是天人境界或聲聞法，偏空的；菩薩道呢？提起即用，放下便休，起與不起，了無罣礙。「雖行無起」，不起心動念而起用，「起一切善行」，諸惡莫作，眾善奉行。

前兩天我考過你們溈山禪師的兩句警語，我要你們千萬注意，必須背得，「實際理地，不受一塵；萬行門中，不捨一法」，這就是菩薩道。放下的時候不著一塵，本來無一物，何處惹塵埃。譬如要上座了，我就要入休息定，放下萬緣，不著一塵。要起而行，要用了，是萬行門中，不捨一法，一點小善都要注意。這個道理懂了，就明白維摩居士說的「雖行無起，而起一切善行，是菩薩行。」

「雖行六波羅蜜，而徧知眾生心、心數法，是菩薩行。」這句話中的兩個心字之間要頓一下，不要連起來讀成了「心心數法」。上面的心代表本體之心，下面的「心數」是指心理作用狀態，也就是心所。現在問題又來了，你做到了六波羅蜜當然是菩薩道，但是此地經文卻說，你縱然做到了六波羅蜜還不是菩薩的全道，因為六波羅蜜還是偏向了出世法，是昇華的向形而上走，是為了證得實相般若的一個次序。也可以用禪宗話講，六波羅蜜做到了只能入佛，還不能入魔，還不全。

所以大乘境界要十波羅蜜，要多加了方便、願、力、智四波羅蜜才差不多。這裡告訴我們一個全的不二法門：修六波羅蜜是只向上修，是出世法，還要向下，要懂入世法才全，才是菩薩道。佛十名號之一是「正偏知」，注意是雙人旁的偏。佛既然是正偏知，他不但懂出世法，也懂入世法，不過我們的教主，本師釋迦牟尼佛是表相，走的是出世的路子，實行給你們看。成佛的人是全的，不但懂出世法，當然也懂入世法，而且不但懂佛法，當然也懂魔法。菩薩能偏知眾生心、心數法，對凡夫眾生，乃至其他動物的心理狀況都懂，不只是懂人類而已。

「雖行六通，而不盡漏，是菩薩行。」你們很多同學都想學神通，還有很多人寫信來問。學佛修道想得神通，都是做生意心理。問你為什麼學打坐，都是想健康長壽，不是嗎？然後想神通，最好的會講是想大澈大悟，那你去大澈大悟嘛！為什麼來找我呢？還不是當投資生意，以功利心來的，對不對？你說那不來找老師要怎麼辦，你找你自己啊！菩提在你那兒，不在我這兒。我講的都是真話，你不懂有什麼辦法。

這兩天有位在花蓮的年輕居士，一封一封的限時信寄來，信寫得真好，好像真的大澈大悟了，顯教密教的都學過了，恭維我一番就要我給他印證。我回信說，你老兄的信寫得真好，當今世上沒有大善知識，你找我就錯了，我什麼都不會，對不起了。他今天回信說，好極了，你自稱什麼都不會，給我啟發很大，我覺得前面給你寫的信都是過錯，有一天如果我什麼都不會，那就不用來看你了，我在這兒向你頂禮了。嘿！他雖然狂妄，這也了不起，我就把這信用紅筆一圈，不用答覆了，就算了。

你們青年人都想學神通，現在維摩居士傳給你，什麼時候才修得成神通？要漏盡，什麼叫漏盡？就是《俱舍論》告訴你的，貪、瞋、癡、慢、疑五個根本煩惱，加上身見、邊見、邪見、見取見、戒禁取見這五見，達到此心絕對沒有這些習氣了，就叫作漏盡。不是你們年輕人以為不遺精不漏丹是漏盡，這只是最基本的而已，是道家的說法，是對付這個身體用的。能三年不遺精不漏丹，燒出來能有舍利子一點不稀奇，那是色身上的事。其實正確的應該叫堅固子，不能叫舍利子，除了佛以外，不可以叫舍利子。這種不漏沒有什麼稀奇，如果你夢境中仍然有念就還是漏。維摩居士露消息給你，要漏盡了才真得天眼、天耳、神足、他心、宿命、漏盡六通。但是就算是六通具足，還只是小乘之果，菩薩道就嚴重了，要「不盡漏」而得六通。請問諸位要怎麼得？去參。

「雖行四無量心，而不貪著生於梵世，是菩薩行。」為了節省時間，這慈、悲、喜、捨四無量心的名相就不詳細講了，不懂的可以請教這裡出家的同學。根據小乘理論，修成四無量心是修得梵行。梵是什麼意思？畢竟清淨謂之梵，修持到相當程度才能到梵天。梵天是什麼天？我告訴諸位，根據佛法，是青天，是藍色，是密宗畫的藥師佛那個青色，像碧海一樣。我乾脆把密宗的祕密都告訴你們，氣脈真通了的人，自己身體的內部，一天到晚都在梵天的青天中，同藥師佛那個身體一樣的。那就是中脈通了，中脈無脈，不是有形的血管。到了這個境界當然祛病延年。當然不是人變成了藍色的，你看了怕都怕死了，還可能有肝病。那境界是萬里青天，一點雲都沒有，那當然無念。

所以修四無量心應該處處清淨心，是梵天的行為在做事，但是沒有貪於梵天境界而不來。我經常告訴諸位同學，真得了道一定更謙虛，不會像我這樣狂妄自大，不會的。我這樣沒有道的人才會經常吹吹牛、罵罵人。如果擺出一副大師樣子，要人禮拜才傳個道，那也可以免了，他得的道也有限的。菩薩道是不會自命高尚的。

「雖行禪定解脫三昧，而不隨禪生，是菩薩行。」我學佛，是以科學來求證，一定要證到空，不證到空我不一定信的，我可以承認這一套理論是對的，但是講事實我非自己經驗到不可。所以講四禪八定你就要修到，但是你要注意，你禪定修到了，不一定能解脫，你可能又會被禪定境界所困，能不為所困，才得了解脫道。得了解脫道又不一定是得了三昧，三昧很難翻的，不是你家的三妹四妹。三昧是譯音，勉強用中文翻是境界，但還是不能完全表達，只是理論性的意思，就是你身心的感受，不是凡夫境界，是瑜伽境界。《瑜伽師地論》有十七地，都是諸佛菩薩的境界，因此定、三昧的境界，不只一個，諸佛菩薩有無量三昧。譬如你打坐念佛，念到一心不亂，這是念佛三昧之一，到了念而不念，不念而念，也是念佛三昧之一。念到大勢至菩薩的法門，淨念相繼，也是念佛三昧之一。打坐坐到了空，也是三昧。不空，觀明點定住了不想下座，也是三昧。入了光明定不想下座，也是光明定三昧之一。

所以得了四禪八定不一定得解脫，得了解脫不一定入三昧，要注意，禪定、解脫、三昧，三個範圍不同。真修佛法的人都要會，都要證得，大菩薩們都到達的，所以雖行禪定解脫三昧，而不隨禪生，不被禪定境界困住。禪定境界是非常迷人的，四禪八定都是樂，離生喜樂，定生喜樂，離喜妙樂，樂得不得了，你不貪嗎？即使不得定，你打坐時心情輕鬆，那一座坐得好，有誰要你下座做點事，你不曉得會多煩呢！還會罵人是魔啊，有魔障。有人吹牛說不貪，你到了那境界再說，如果你「不幸」得了四禪八定，可不要貪著啊！

三十七道品與菩薩行

接下來是三十七菩提道品的境界。三十七菩提道品的重點統統在四念處上。四念處是身念處、受念處、心念處、法念處，我們常把它當作是佛學的理論看過去了，都覺得自己懂了，實際上，四念處包括了一切佛法大小乘修持的基本。首先我們拿現代學術方法來討論四念處，第一是念的問題。念是什麼？大家都曉得，一切凡夫的思想，起心動念就叫作念，普通名稱是念頭，人的思想、感覺等等謂之念。佛學的觀念就叫它妄念，所謂妄是因為這些思想感情虛妄不實，靠不住的，它漂浮不定，變化無常。念是代表了我們內心的感覺、思想、感情等等。

修行的法門，是把這個念轉化過來。如修念佛法門，你如何去念佛？念佛就是把這感覺執著的作用轉化成念佛。講到念佛，我們知道佛法修持法門，歸納起來有十念，念佛、法、僧，念戒、念施、念天、念休息、念安般、念身、念死。《增一阿含經》有個偈頌：「佛法聖眾念，戒施及天念，休息安般念、身死念在後。」所有小乘的禪觀法門，都沒有超過這十念的，修持起來應該先念死，真正修行人應該隨時覺得自己已經死了。譬如打坐，一上座要萬緣放下，不放下，此心不死，所以就看作此身已死，萬緣也就放下了。所以念死應該是第一，也是基本的，但是它在十念法中排最後，因為世俗觀念認為念死不好，所以不排在念佛法僧等等之前，而萬緣放下就是念休息。

我們一般修行的，只曉得念佛，但是真正念佛法門搞清楚沒有就難說了，講不好聽的，恐怕搞清楚的還不多，幾乎沒有什麼人可以念到小本《彌陀經》講的一心不亂境地。至於能做到大勢至菩薩講的淨念相繼境地的，那更少了。一般唸「南無阿彌陀佛」可不是淨念相繼，這一句有好幾念了，「南」是一念，「無」是一念，「阿彌陀佛」是四念，一字一念。真正的念佛法門是很難的。如果要談觀行的止觀念佛法門，諸位就要先留意《佛說觀佛三昧海經》，然後學佛的一切行。此外如密宗的觀想佛像，也都是念佛法門。

講到念法，那就更多了，八萬四千法門都是佛法，歸納起來如何念法呢？譬如念般若性空緣起中道觀，理就是法，禪宗講參也就是念法。

至於念僧，譬如崇拜傳法的上師，藏密修法的人要先念皈依上師、皈依佛、皈依法、皈依僧四皈依。為什麼比顯教多一個皈依？其實皈依上師也就是皈依僧，它為什麼分開呢？因為佛法講師道尊嚴，我們能有佛法，都是因為有本師釋迦牟尼佛教我們，後代的僧眾，就代表是佛的弟子，代代相傳。這個問題只能大概這麼說了，否則一講開了可以寫幾十萬字的書。

念戒同念佛、法、僧是一個東西，戒體一念不生，淨念相繼，戒到了，定也到了，慧也到了。大乘菩薩戒中有菩提心戒，證到菩提，心戒就可以完成了。念施是念一切放下，什麼都捨掉了。念天作什麼？我們要明白，能夠不輪迴轉生入地獄、餓鬼、畜生下三道，而進入人道已經很難了，要進入天道真是談何容易。不要以為你在學佛，就看不起天道了，我是連看到個土地公像都要合掌的，他至少是人中善人，鬼中善鬼，這就值得尊敬了。能升到色界天甚至無色界天，你沒有戒定慧的修持、沒有十善業道的修持，沒有那麼容易的。

念安般是念出入息，像天臺或密宗的法門，以呼吸入手。呼吸的梵文是安那般那，有時漢文翻成「安般守意」，安般是安那般那的簡稱，守意是心念與出入息配合為一，不分離，是定境。真修到安般守意，初念住了，已經了不起了。

四念處的念身，宗教界對這個修持法門爭論很厲害，彼此像冤家一樣。看到道家練身體的，守竅的，就罵是外道、魔道。但是密宗也有在身體上練的，所以顯教就說密教是魔道，密教又看不起顯教。實際上佛法有念身的法門，道家許多東西是從佛家偷來的，可是人家加上修持的經驗，就成了另一法門了，密宗也一樣。道家和密宗的法門可以歸納成四個字：「內照形軀」。如果我們把「內」字換成「觀」字，就會接受它是佛家東西了，實際上是一樣的。佛法裡的白骨觀、不淨觀等等，就是內照形軀。

念身不淨是學佛的基本，可是我們反問，不淨觀真觀得起來沒有？這是學佛的第一步，打坐時做不淨觀，自己內照形軀，眼睛開也好，閉也好，一定了，反照身體五臟六腑，看得清清楚楚，觀清楚了再丟開。我們這裡有些同學觀起來了嚇一跳，原來自己的內臟如此之髒，自己都覺得噁心，這不是虛幻作夢，硬是看得很清楚。到這個時候，你去看經典的不淨觀記載，才知道佛說的話半點都沒有錯。白骨觀如果觀成了，每一個細節看得比X光還要清楚。我上次生病，有醫生朋友很關心我，帶了好多儀器來幫我量血壓、做心電圖，結果正常，別的地方也都正常，他就想要我去照X光，我只好告訴他，我沒事的，不用了，告訴你吧，我如果連自己的身體內部還看不清楚，要靠什麼X光，那我豈不幾十年白玩了嗎？又有一個朋友，要介紹一位八十歲的老中醫來給我把把脈，我也婉拒了，人家年紀大了，不要勞動他了。此外，這個身體用了這麼多年了，自己覺得沒什麼毛病還很高興，萬一他看出什麼大毛病來，心理一定受影響。這是笑話，道理是念身觀照到自己是清清楚楚的。如果自身內部的血脈氣機循環都看不清楚，最基本的不淨觀、白骨觀觀不起來，那麼修持四念處的第一步念身，就有問題。如果這一步都有問題，以後一路的漸修要怎麼修？

念身不淨，從不淨觀、白骨觀開始，千經萬論都跳不出這個範圍。如果說你本事很大，不走這個路子，走的是禪宗，一悟就是，不要談不淨觀、白骨觀，念頭一動自然就呈現出來了，那才叫悟。同樣地，修密宗的觀想，他所有的畫像，單身的或是雙身的，旁邊都有骷髏，再不然手中拿著、身上掛著人骨，或是腳下踩著死人骨頭，這表示如果基礎白骨觀不成就，你所有密法都不用修了。這是密宗的大祕密，我今天為大家揭穿，不然你們看不清楚，或者看了害怕。這是念身的重要。

再來是念受，觀受是苦。講教理看佛經往往就看過去了，可是都沒看懂。受就是感覺，你覺得氣脈動了，吃飽了胃脹，身體舒服與否，打坐腿發麻，坐著昏沉，這些都是感覺，你能離得開這感受嗎？這是基本修持啊！觀受是苦，一切苦樂都是苦，你不能夠離開，那打坐的工夫再好，還是在受陰境界中。不要以為任督二脈通了，頭頂發涼了，請問你沒有感覺到頭頂，怎麼曉得那兒在發涼？既然明白是在受陰境界中打轉，觀受是苦，還不趕快捨掉！這念還是在受陰境界中，沒有跳開來。

觀心是觀心裡的妄念。觀法，心裡的思想、意識狀態、各種思想法則，一切都是無常，念念皆空，前念已過，後念不起，當下即空，是不是做得到？

如果做不到，那這四念處一點基礎都沒有，下面的其它三十七菩提道品都免談了。

證到果位還是小乘法，還沒有證得菩提。《維摩詰經》始終在不二法門裡，直指人心，見性成佛。什麼是不二？小大不二，小乘、大乘一樣的，就是一個菩提道；世俗法與出世法不二，所謂真俗不二。

「雖行四念處，不畢竟永離身受心法，是菩薩行。」這話怎麼說？從小乘來講，做到四念處是證到空了，不受後有，這個世界不來了。感受的痛苦也沒有了，得了涅槃之樂，心念不起作用，住在空這一邊，四念處成就，證了果位，離了身受心法。但是菩薩道是要「不畢竟永離身受心法」，已證得涅槃還能夠跳出來，也可以說，他既跳出來也沒有跳出來。這裡把三十七菩提道品拆開來講，講的是一個真俗不二。不要自稱是大乘道而不講小乘，你如果小乘都做不到，罔言大乘！小是大的基礎。大乘的修法，一定要先做到小乘的四念處，但是不是永斷身心，不是永求寂滅，出世入世不二，才是菩薩行。

下面三十七菩提道品就念過去不細講了，要點都一樣。

「雖行四正勤，而不捨身心精進，是菩薩行。」四正勤：未生善令生，已生善令增長，未生惡令不生，已生惡令斷。

「雖行四如意足，而得自在神通，是菩薩行。」這裡特別挑出來講，你們喜歡神通的要注意。四如意足是欲如意足、念如意足、精進如意足、慧如意足。足是滿足，是如意的滿足，愛如何就如何，等於是孔子說的從心所欲而不踰矩，他到七十歲才敢這麼說。你修佛法，算不準很年輕就得了四如意足。欲如意足的欲，不是世間一切欲，你修行要求法、求定、求慧，這就是欲，不過這是正欲，是善欲，是好的。在座的各位都想悟道，搞了半天有幾個悟了？沒有悟，這個欲望，這個希望就沒有達到。而悟了道，能真正大澈大悟，一切自在的有幾個人啊？達到了才是欲如意足。

念如意足呢？你念佛做到了一心不亂嗎？如一日如二日就不說了，能如一分鐘、如一小時、如數小時一心不亂嗎？念不能一心不亂，意識想不亂，但是做不到，就是念不得如意。所以四如意足談何容易！如果能念到一心不亂，做到像趙州禪師那樣，二六時中（就是晝夜二十四小時，白天、夜裡各六個時辰）老僧除二餐粥飯之外，無雜用心處。他能做到這個境界，八十歲還到處參訪，人家問他為什麼還要參訪，他答說因為未能打成一片。他謙虛啊！還說沒有達到如意足。我常說笑話，趙州和尚這個話真了不起，但是如果碰上他老和尚，還要打他一棒，為什麼？不用功！他還會被兩餐飯牽走就不對，要吃飯不知道食處才打成一片。這雖是笑話，也是真的，要如此用功才能算精進如意足。慧如意足更難了，你聽經聽過了能記得嗎？上星期講的，這禮拜就忘了，慧也不能如意，所以學什麼都不成。

這是大概解釋了四如意足，我是不照教理解釋，為了讓你們很容易了解。《維摩詰經》並沒有說得了四如意足，就得六神通自在，不要亂加解釋啊！因為得到了四如意足，心念才可以得自在神通，得的是這個神通，不是六通五通的。

那何以叫作神通呢？你加兩個字：「神而通之」就懂了，現在大家拜一切的神祇，不論是菩薩、關公、土地、媽祖，都叫作拜神明，神明就是神而明之。後世把虛字省略掉了就成了神明，也就是神而通之的神通。得了四如意足，而不走出離的小乘路線，因為神通自在，所以入世無礙，這就是大乘菩薩行。

「雖行五根，而分別眾生諸根利鈍，是菩薩行。雖行五力，而樂求佛十力，是菩薩行。雖行七覺分，而分別佛之智慧，是菩薩行。雖行八正道，而樂行無量佛道，是菩薩行。」這些句子的重點是「雖行」，是說雖然修行小乘的法門，可是不妨礙走大乘路線。以上是三十七菩提道品，我們不細講，自己去研究。

止觀到涅槃的菩薩行

「雖行止觀助道之法，而不畢竟墮於寂滅，是菩薩行。」問題來了，這是現在國內外都流行的，如何求定。不管是內道或外道（內道是佛法的內明之道，心外求法的叫外道，不要把外道看成黨派），乃至求健康長壽的，都想打坐得定，但往往不是光修止就是光修觀。止觀雙運合起來修，才是佛法正路。止觀是個名稱，例如上面講的十念法門都是止觀，密宗修的也都是止觀，禪宗的參禪也還是止觀，參話頭止在一念上，就是止，話頭提起來參究就是觀，沒有一法能離開止觀的。所謂修定、白骨觀、安般法門等等，都是止觀。

不過我們這些眾生們，修了半天，不要說得觀了，能真得止的都很難。得止就是得定，舉個例子，盤起腿來七天七夜不起來，管你有沒有悟道，有得止的工夫，就算不得止也硬熬，熬得住也熬止了，做得到嗎？所以大家不要驕狂了，說自己學這個門學那個門的，你能得止嗎？以密宗來講，我走遍康藏，密宗的喇嘛們當中，得止的不多，能止觀雙運就更難有了。

再拿天臺宗標榜的六妙門來講，由數息到隨息，由止起觀，由還到淨，這六個步驟有幾個人做到了？大家充其量坐起來自認為這一座坐得不錯，啊！數息數了三千多了。你數了一萬多也不過加上利息而已，呼吸是生滅，以生滅心計數字，我問你要數到哪裡去？數到得止就不用數了，趕快隨息。

隨到氣住脈停，就要趕快起觀。一念之間很快就觀起來了嘛！你儘在那兒數，做什麼？是學會計，還是算利息？然後儘在那兒搞呼吸，真可憐啊！六妙門確實是妙門，依此修行必有成就的。這天臺顯教就是密教，可惜大家不珍惜，要另外去求個密法。佛法沒有祕密的，這六妙法門就明明白白告訴你了，這個你不求，反而希望花錢求密法；我收你一千萬然後傳你個祕密好了，什麼祕密？就是修止觀嘛！

但是止觀修成了還只是個助道，不算得道，縱然四禪八定成就了，還只是助道品罷了。佛在《楞嚴經》說，「縱滅一切見聞覺知，內守幽閒猶為法塵分別影事」。這裡我插進來說，宋徽宗時代，四川嘉州龍淵寺內有一棵大樹被吹倒了，樹根中間有一空處，有個和尚在裡面打坐。眾人驚訝不已，有人敲引磬引和尚出定，他自稱法號慧持，出定後問眾人，他哥哥慧遠法師何在？原來他是晉朝時在這裡入定，幾百年後到了宋朝，才因大樹被風吹倒而出定。縱然能入定幾百年，仍然不是內明之道，只是意識境界。

所以止觀法門還是助道之法，這是站在大乘菩提道立場看小乘法門，只得了有餘依涅槃，尚非般若解脫。縱然修得了止觀助道之法，但不落於空的一邊，才是菩薩道。若你耽著禪定，不肯起行願，是犯大乘菩薩戒的。不過你不要拿這個話來當藉口，叫你上禪堂打坐，就說不願犯菩薩戒。

「雖行諸法不生不滅，而以相好莊嚴其身，是菩薩行。」這裡說已經修行到了不生不滅的境界，照理講應該是好得不得了，前念已滅，後念不生，當體即空，明知諸法不來也不去，就解脫了。修解脫道之人常常懶得修行了，那樣的話，功德福德就不會圓滿，因此色身也不成就。要功德福德圓滿了，諸惡莫作，眾善奉行，才相好莊嚴，此其一。我們再說個笑話，常有些太太們穿戴得珠光寶氣，問我這樣是不是不對。我說你看大殿上的觀世音菩薩、文殊菩薩，身上掛得比你多得多了。菩薩道就是這樣，雖行諸法不生不滅，一切解脫，可以走寒山、拾得的路線，穿糞掃衣，但是為了弘揚菩薩道，而以相好莊嚴其身，所以口紅儘管塗，珠寶隨便戴。在小乘戒律中，戲鬘歌舞是犯戒的，大乘菩薩戒則准許，只要是以此興功德，以此利眾生，就不犯戒，也是大小乘精神不同之故。

「雖現聲聞辟支佛威儀，而不捨佛法，是菩薩行。」大乘菩薩雖然現聲聞身，證羅漢果，或現緣覺身，證辟支佛果，很有威儀，但不像大乘佛法得三十二相八十種好。大乘何以有如此成就呢？除了智慧，第一要行願，不修福德不能得相好莊嚴之身，所以千萬懶不得啊！光是偏向修道的話，連一半都成就不到，這又是一個題目。

「雖隨諸法究竟淨相，而隨所應為現其身，是菩薩行。」剛才講的六妙門也是六個程序、六個層次，一數息，二隨息，三止，四觀，五還，六淨。唯心淨土現前，也是淨。修淨土宗的淨念相繼與一心不亂，嚴格說來是兩回事，勉強講也可說一樣。為什麼再提出這個呢？諸法究竟淨相達到了，八萬四千法門中我們提了兩法，六妙法門最後是淨。第二個，念阿彌陀佛的淨土法門，我為什麼這樣提？淨土不只是阿彌陀佛有，譬如東方藥師佛有琉璃淨土法門，十方三世諸佛都有自己的淨土法門，我們本師釋迦牟尼佛，在娑婆世界也有淨土的一面，這要研究《觀佛三昧海經》就知道了，到了《維摩詰經》後面也知道了。

我們學佛的實在很勢利，佛給我們介紹了西方極樂世界的阿彌陀佛，你只要唸他一聲就得好處，勸我們趕快唸啊！這是我們導師教的，結果我們拚命去唸南無阿彌陀佛，就沒人先唸一句南無本師釋迦牟尼佛，謝謝他的介紹。用世法看，我覺得好勢利啊！所以我寧可唸南無本師釋迦牟尼佛。其實呢，佛佛道同，沒有差別的，都有他淨相的一面。

真達到淨相是究竟嗎？非也。這與認為空就是佛法究竟，一樣是錯的，偏了，不夠圓滿。所以淨相可以入佛而不能入魔，可以出世而不敢入世。所以「雖隨諸法究竟淨相」，不落在淨的一面，同觀世音菩薩一樣，「而隨所應為現其身」救世救人，應以何身得救度者，即現何身而為說法。應以下等身得救度者，即現下等身而為說法，因為不淨也不垢。此所謂真正直指人心，不二法門在此。

「雖觀諸佛國土永寂如空，而現種種清淨佛土，是菩薩行。」觀行成就，乃至入定，親證一切佛的國土永寂如空，以為是究竟，其實還是小乘境界。有一個寂滅，有一個空，就已經不空了，不清淨了。寂滅和空也要捨掉，「而現種種清淨佛土」，才是菩薩行。這是告訴我們不垢不淨的道理。

「雖得佛道轉於法輪入於涅槃，而不捨於菩薩之道，是菩薩行。」最後講到了佛道究竟，真正學大乘佛法之人，雖然證得佛道，雖然自利成就，也能轉法輪利他，也可以隨時入涅槃，不生不滅、不去不來，但是真正大乘佛道，只兩句話：「智不住三有，悲不入涅槃」，是智悲雙運之法。智是般若成就，代表法身證得，解脫了，般若、法身、解脫，三樣都圓滿了，因此可以不住三有。但是大乘菩薩念念在慈悲中，雖然證得法身而跳出三界外，因為悲心而永遠不入畢竟涅槃，生生世世在無量三千大千世界六道中度眾生。

講到這裡，維摩居士不說下去了。

「說是語時，文殊師利所將大眾，其中八千天子，皆發阿耨多羅三藐三菩提心。」當時文殊菩薩所帶領的大眾，有出家在家眾、有天人天龍八部，可是，說這一段不二法門時得利益的，只限一種人，就是八千天子，只有欲界天以上的天人，才有這種智慧，能聽得懂。因為聽懂了，就發大乘心。

我一再講，《維摩詰經》翻譯得太好了，文字容易懂，但是每次愈讀愈害怕，因為每一字每一句裡，包涵的意義太多了，但是大家都被文字蓋過去了。

不思議品第六

爾時舍利弗，見此室中無有床座。作是念：斯諸菩薩、大弟子眾，當於何坐？長者維摩詰知其意，語舍利弗言：云何？仁者為法來耶？為床座耶？舍利弗言：我為法來，非為床座。維摩詰言：唯！舍利弗！夫求法者，不貪軀命，何況床座。夫求法者，非有色受想行識之求，非有界入之求，非有欲色無色之求。唯！舍利弗！夫求法者，不著佛求，不著法求，不著眾求。夫求法者，無見苦求，無斷集求，無造盡證修道之求。所以者何？法無戲論。若言我當見苦、斷集、證滅、修道，是則戲論，非求法也。唯！舍利弗！法名寂滅，若行生滅，是求生滅，非求法也。法名無染，若染於法，乃至涅槃，是則染著，非求法也。法無行處，若行於法，是則行處，非求法也。法無取捨，若取捨法，是則取捨，非求法也。法無處所，若著處所，是則著處，非求法也。法名無相，若隨相識，是則求相，非求法也。法不可住，若住於法，是則住法，非求法也。法不可見聞覺知，若行見聞覺知，是則見聞覺知，非求法也。法名無為，若行有為，是求有為，非求法也。是故舍利弗，若求法者，於一切法應無所求。說是語時，五百天子，於諸法中得法眼淨。

爾時長者維摩詰問文殊師利：仁者遊於無量千萬億阿僧祇國，何等佛土，有好上妙功德成就師子之座？文殊師利言：居士！東方度三十六恆河沙國，有世界名須彌相，其佛號須彌燈王，今現在。彼佛身長八萬四千由旬，其師子座，高八萬四千由旬，嚴飾第一。於是長者維摩詰現神通力，即時彼佛，遣三萬二千師子之座，高廣嚴淨，來入維摩詰室。諸菩薩、大弟子、釋、梵、四天王等，昔所未見，其室廣博，悉皆包容三萬二千師子座，無所妨礙，於毗耶離城，及閻浮提四天下，亦不迫迮，悉見如故。

爾時維摩詰語文殊師利：就師子座，與諸菩薩上人俱坐，當自立身如彼座像。其得神通菩薩，即自變形為四萬二千由旬，坐師子座。諸新發意菩薩及大弟子，皆不能昇。

爾時維摩詰語舍利弗：就師子座。舍利弗言：居士！此座高廣，吾不能昇。維摩詰言：唯！舍利弗！為須彌燈王如來作禮，乃可得坐。於是新發意菩薩及大弟子，即為須彌燈王如來作禮，便得坐師子座。舍利弗言：居士，未曾有也。如是小室，乃容受此高廣之座，於毗耶離城，無所妨礙。又於閻浮提聚落城邑，及四天下諸天龍王鬼神宮殿，亦不迫迮。維摩詰言：唯！舍利弗！諸佛菩薩，有解脫名不可思議。若菩薩住是解脫者，以須彌之高廣內芥子中，無所增減，須彌山王本相如故。而四天王忉利諸天，不覺不知己之所入，唯應度者，乃見須彌入芥子中，是名不可思議解脫法門。又以四大海水入一毛孔，不嬈魚鱉黿鼉水性之屬，而彼大海本相如故，諸龍鬼神阿修羅等，不覺不知己之所入，於此眾生亦無所嬈。又舍利弗，住不可思議解脫菩薩，斷取三千大千世界，如陶家輪，著右掌中，擲過恆沙世界之外，其中眾生，不覺不知己之所往。又復還置本處，都不使人有往來想，而此世界本相如故。又舍利弗，或有眾生樂久住世而可度者，菩薩即演七日以為一劫，令彼眾生謂之一劫。或有眾生不樂久住而可度者，菩薩即促一劫以為七日，令彼眾生謂之七日。又舍利弗，住不可思議解脫菩薩，以一切佛土嚴飾之事，集在一國，示於眾生。又菩薩以一佛土眾生，置之右掌，飛到十方徧示一切，而不動本處。又舍利弗，十方眾生供養諸佛之具，菩薩於一毛孔，皆令得見。又十方國土所有日月星宿，於一毛孔，普使見之。又舍利弗，十方世界所有諸風，菩薩悉能吸著口中，而身無損，外諸樹木，亦不摧折。又十方世界劫盡燒時，以一切火內於腹中，火事如故，而不為害。又於下方過恆河沙等諸佛世界，取一佛土，舉著上方，過恆河沙無數世界，如持針鋒，舉一棗葉，而無所嬈。又舍利弗，住不可思議解脫菩薩，能以神通現作佛身，或現辟支佛身，或現聲聞身，或現帝釋身，或現梵王身，或現世主身，或現轉輪聖王身。又十方世界所有眾聲，上中下音，皆能變之，令作佛聲，演出無常苦空無我之音，及十方諸佛所說種種之法，皆於其中，普令得聞。舍利弗！我今略說菩薩不可思議解脫之力，若廣說者，窮劫不盡。是時大迦葉，聞說菩薩不可思議解脫法門，歎未曾有。謂舍利弗：譬如有人，於盲者前現眾色像，非彼所見。一切聲聞，聞是不可思議解脫法門，不能解了，為若此也。智者聞是，其誰不發阿耨多羅三藐三菩提心？我等何為永絕其根？於此大乘，已如敗種，一切聲聞，聞是不可思議解脫法門，皆應號泣，聲震三千大千世界。一切菩薩，應大欣慶，頂受此法。若有菩薩信解不可思議解脫法門者，一切魔眾無如之何。大迦葉說此語時，三萬二千天子，皆發阿耨多羅三藐三菩提心。

爾時，維摩詰語大迦葉：仁者！十方無量阿僧祇世界中作魔王者，多是住不可思議解脫菩薩，以方便力故，教化眾生，現作魔王。又迦葉，十方無量菩薩，或有人從乞手足耳鼻、頭目髓腦、血肉皮骨、聚落城邑、妻子奴婢、象馬車乘、金銀瑠璃、硨磲碼碯、珊瑚琥珀、真珠珂貝、衣服飲食，如此乞者，多是住不可思議解脫菩薩，以方便力而往試之，令其堅固。所以者何？住不可思議解脫菩薩，有威德力，故行逼迫，示諸眾生，如是難事，凡夫下劣，無有力勢，不能如是逼迫菩薩。譬如龍象蹴踏，非驢所堪，是名住不可思議解脫菩薩，智慧方便之門。

現在開始講〈不思議品〉。我們研究佛法的人，隨時都會講到「不可思議」這個用語，大家千萬要注意，「不可」是邏輯，講方法，佛法是不可以用思想去討論它、研究它的，方法上是「不可」。但是一般人往往理解成「不能」去思議，佛可沒說過不能思議，所以你們青年同學不要誤解了。佛法是不可以用普通的思想學問去討論、研究所能懂的，硬是要用修持實證來的。

「爾時舍利弗，見此室中無有床座。作是念：斯諸菩薩、大弟子眾，當於何坐？長者維摩詰知其意，語舍利弗言：云何？仁者為法來耶？為床座耶？舍利弗言：我為法來，非為床座。」

維摩居士和文殊菩薩剛才的對話告一段落，八千天子發了阿耨多羅三藐三菩提心。這個時候舍利弗眼睛向周圍一轉，發現維摩居士的房間空空的，沒有座位，腦子裡想：這麼多大菩薩來了（當時像觀音菩薩、得大勢菩薩、彌勒菩薩都來了，不過在這兒都沒有講話），同一群弟子要坐在哪兒呢？

你們還記得跟著文殊菩薩去的有多少人嗎？答不出來就是不用心，這是基本的，翻回去看。房間只有一丈見方，後來唐代出使天竺的王玄策到毗耶離，經過此室，用笏板量過，止有十笏，所以稱「方丈室」。玄奘法師的傳記有記載，他親自到維摩居士的這個房間。

舍利弗剛一想，維摩居士有他心通，立刻就知道了，於是他問道：喂！舍利弗，你是為求法來的，還是為座位來的？

在此，我順便跟你們談個八關齋戒律的問題。你們居士可以聽，因為我是居士也可以講，進一步就不能談了。沙彌戒是不准坐高廣大床的，為了這一條戒，我發現好多年輕人實在很可憐，有個年輕同學因此在地板睡了兩年，因為他認為高的床寬的床不能睡。我可以負責任告訴大家，講錯了願下地獄，下二十一層，永不翻身。如果我講對了，那麼很多人就錯了，害死人了。制定這一條戒律，是要初學佛的弟子先學會謙虛，不准坐高廣大床，意思是不准坐上位，文字要搞清楚，床在中國古代就有，我家鄉老祖母的床比一個房間還大。床是由西域來的，椅子原來叫床。中國原來沒有椅子的，秦漢時人都是席地而坐，到了魏晉才由西域傳入椅子，那時叫作胡床。高廣大床是地位很高的人、領導人坐的，那個床又高又寬。胡床又有個名字叫腳床，床腳可以折攏起來的。打坐的叫繩床，草繩編的，可以折起來帶出去，佛圖澄禪師就經常坐在繩床上打坐。所以這戒律是要沙彌學謙虛，並不是說不能睡床鋪。為了這件事，許多年輕人不敢睡床，怕犯戒，弄塊窄窄的木板鋪在地上睡，連翻身都不行。

現在唸了《維摩詰經》應該明白了，舍利弗想的床座指的是椅子，否則那個方丈的房間，豈不又要擺椅子又要擺床的。不要搞錯了，我特別提出這一件事。

舍利弗答覆說：我是來求法的，不是為了坐好椅子來的。大家學佛都是為了求法，有的人拚命學個法，像咒子、手印、工夫等。古今中外學法，一開始多半是學打坐，也有點竅，教你守住的，都算是傳法。各地方傳法是大事一件，有第三人在還不傳，有的要發毒誓不准外泄，否則天打雷劈。像我這樣隨便指出穴竅位置可不得了，所以每逢打雷我就有點怕（眾笑）。佛教中藏密要求法也是不得了的事，我和已涅槃的章嘉活佛、甘珠活佛，過去常有往來，和他們說笑，說學密宗是富貴法。比如學個咒子，第一要磕頭如搗蒜，這個很平常。然後要獻哈達，這是古法。哈達都是綢子作的，拿到了也不知道如何處理，當褲腰帶太寬，當圍巾太薄。能當上活佛的，收到的哈達就堆積如山。

當年我在杭州讀書，年紀還小，班禪活佛來到了靈隱寺，依密宗規矩他先頂禮佛像，三拜後，起身右遶一圈，頭還碰一下佛壇，表示碰到佛足了。然後他就要獻哈達，因為佛像非常高，他就玩了個把戲。只見他從懷中拿出一條黃色哈達，很長的，輕輕用手一送，哈達就飄上去，掛在佛像脖子上了。

這一下子，當天皈依的人不計其數，活佛就活了。這是什麼道理呢？就值得一參了。若是氣功，這工夫也了不起的。這是我當年擠到人群最前面，親眼看到的，絕不是靠機械作用，當時看到的人很多。這是講到哈達，想起這一件往事。再說求個法，在獻了哈達之後還要供養，供養不是十塊二十塊錢，都是很重的，要依你的經濟能力表示你的誠意。所以我說學密宗是富貴法，假使要學遍密宗的法，可以說不管你有多少財產，也會學光的。

講了半天的廢話，回頭講求法。究竟什麼是法？這是個重大問題。大家都想求個法，好像求到了就可以立地成佛、立地成仙。現在《維摩詰經》在這裡指示我們，什麼是真正的法。法在哪裡？就在你自己那兒。現在法在哪裡？就在《維摩詰經》上。上卷講到皈依佛，如何是佛的淨土，中卷（第五品——第九品）講皈依法，如何求法。

有些話我經常在重覆，有時會岔開很遠，原因是四個字：語重心長。話是囉嗦，有時刺激了人。我的用心是愛護青年同學們，希望能續佛法慧命，續中國文化慧命。你們年輕同學一定要先把中文弄好，中文學不好，自己祖先傳下來的法寶你就打不開。佛經就是法寶，我們這裡好幾部《大藏經》，不知有多少寶在裡頭，誰去求了？只有書蟲在求。這你不求，偏要向外求。《維摩詰經》文字翻得太好了，文學的境界好，你不要輕易地就看過去了。

如何求法

「維摩詰言：唯！舍利弗！夫求法者，不貪軀命，何況床座。」維摩居士說：喂！舍利弗！真要求法的，連自己身體性命都可以不要，你還問椅子在哪裡！二祖神光向達摩祖師求法時，把手臂都剁下來了，達摩要他手臂幹什麼？這是二祖表示自己的志氣，為了供養佛法僧，沒有別的可供養，不惜軀命供養。你們讀密宗密勒日巴祖師的傳記，他是宋代的人物，他的出家修行多苦啊！十幾年住山洞沒飯吃，比佛祖六年雪山修行還要苦，一身長出綠毛來。衣服也沒得穿，後來總算他未婚妻和自己妹妹，為他化緣得了一些布，才做了個衣套來覆體。師父要他獨立蓋棟房子來供養，他費了好多時間挑土石蓋起房子，師父又叫他拆掉重蓋，還不准別人幫他。拆了又蓋、蓋了又拆，毫無怨言，為法忘軀。學密宗的人都以他為標榜，但是有幾個人真做到像他一樣？他為求法受到莫名其妙的磨練，但是從未反悔。

看到《維摩詰經》這句「不貪軀命」就要往這裡想。可是我們學佛學打坐的，哪個不想求長生不老？又想通奇經八脈、頭上放光。十個來的人有五雙是為了身體而學佛，都在身體這四大上做工夫，沒有一個是「不貪軀命」的。還有的人來向我發牢騷，他學佛二三十年怎麼還生這種病，好像我該為此負責似的，我只好說我還沒見過一個不死的人。所以《維摩詰經》還是沒看懂嘛！真為學佛法，求個心地法門，能知道心地法門不在身上、不在健康長壽上、不在內外中間，能不貪軀命的，這個世界上還真不多。

對佛法的認識，首先一定要正確，所以禪宗講見地。溈山禪師告訴仰山兩句重要的話：「祇貴子眼正，不說子行履。」眼正是講見地，就是觀念要正確，行履是工夫。如果觀念不正確，你的工夫做得再好也沒用。只在身上做工夫，這個肉體是有生老病死的，會過去的，不是佛法。如果見地對了，行履也有，這個肉體雖然會過去的，但是比較少病少惱。要想做到無病不死，是要有特別法門的，但是連佛自己都不肯去做。所以佛與佛相見，還要互問「少病少惱否，眾生易度否」。你們年輕法師學了這一句，將來彼此寫信也可以用上，可是不要講「信徒」易度否，那是神權用語，佛教用的是「信眾」，眾生平等，順便一提。

「夫求法者，非有色受想行識之求。」色受想行識是五蘊，我們都知道的。簡單地為新來的同學講一下，色法包括物質、生理方面，四大都是色法。受，是感覺方面，身體和心理有感覺謂之受。想，是心理的思想。行，包括了肉體與心理內在的思想，還包括外在的空間和時間，行是一種動轉，宇宙萬象隨時在動，分秒不停。打坐雖然入定了，心臟還會跳，血液在循環，就是行陰沒有停，到三禪以上氣住脈停了，行陰還不能真算停止，只是暫時用自己的功力把它切斷而已。這就要了解唯識的二十四種心不相應行法，那是意志控制不住的。換言之，生命的原動力是行陰。識，八識都屬於識的範圍，這裡有專門的課程研究《成唯識論》，現在不多解釋了。所謂五蘊，包括了生理與心理，包括知覺與感覺，這樣講你就比較容易懂了。五蘊，是五個區分，代表了生命的身心全體。

維摩居士說，真正想求法的人，不在色受想行識上面去求，也就是說，不在身心上去求法，剛才也說「不貪軀命」。

「非有界入之求」，「界」是佛學名辭，共有十八界，眼耳鼻舌身意，是生理的各種機能的六根，色聲香味觸法，是外在與生理機能相對的六塵，六根與六塵中間有界限嗎？沒有的，眼睛看著手錶，馬上就看見了。眼睛與手錶之間真沒有界限嗎？絕對有的，用中文說是「間不容髮」，連根頭髮那麼細微的距離都談不上，研究物理的人就知道，這中間是有界限的，所以佛法定十八界不是偶然的，不是為了理論上的差別，是有實際上、科學性的差別。所以，六根六塵、加上中間的界限，共有十八界。這個界限中又有個祕密，佛法為什麼說有十八層地獄？這個屬於數理哲學的範圍，與《易經》的數也有關聯，佛法說的各種名辭數目，七覺支、八正道等，這數目字都不是亂定的，其中有最高深的道理，因此學過數理哲學的人，學起佛法就很容易。

「入」是十二入，眼耳鼻舌身意和色聲香味觸法，六塵有時又叫六入，但六塵和六入又不一樣，古代大師翻譯時非常痛苦，用盡心機，不過用六塵比較文學化，用六入則科學化。你看著手錶，究竟是手錶進入眼神經視線，還是眼神經視線到手錶這兒？這是個問題。學科學的人要這麼問，學佛的人要參就得這麼參。是手錶在放它形象的光，進入我的視覺，然後視覺神經到腦，因此才了解到有手錶嗎？還是眼神經放射視覺到手錶，才覺知到手錶？有人可能覺得，這麼參太囉嗦，看見就看見了嘛！但是真學佛的人，應該要在這裡參究。翻譯成六入就有根塵進入的作用。

鳩摩羅什法師的翻譯真好，這裡六個字概括了十八界六根六塵，我們表面對佛學名辭熟練，一看就懂。但是假定把《維摩詰經》翻成英文還是這樣翻的話，是絕對不通的，將來一定會有用外文翻譯中文佛典的，現在也有些人在做，都很粗淺。我們看漢朝、南北朝初期翻成中文的佛典，有些都不通的。後來一次又一次的改革，到了唐朝，玄奘法師還要重翻，精益求精。所以現在中文翻成英文的佛經，都很有問題。

還有你們要注意，《漢英佛學大辭典》的很多名辭翻譯是不通的，你們青年同學只會用《漢英佛學大辭典》翻譯英文，是你們不好好讀書。《漢英佛學大辭典》的作者自己在序言中講，他是在創作，把佛法名辭根據梵文翻成英文，不能算數，希望後來有人能利用並加以修改。可是幾十年過去了，也不見有後起之秀發這個大願，真正去編一本英漢或漢英的佛學字典。佛教界天天講要做功德，這是佛教文化的大事業啊！哪個來做？你看一本普通的《漢英字典》，修改再修改了多少次，可是佛教界這一本書，幾十年沒有人動過。

我可以預言，三、五十年之後，是大翻佛經的時代，如果照鳩摩羅什法師的中文直翻成外文是不行的，愈翻愈不懂。梵文同西方文字一樣，一句一句非常囉嗦，到了鳩摩羅什法師，曉得中國民族文化怕繁瑣，就濃縮成一句話帶過去了。一部《大般若經》六百卷，非常長，其實濃縮成中文二卷也夠了，可是玄奘法師不敢濃縮，就成了六百卷。

「非有欲色無色之求。」欲界、色界、無色界合共三界，不在三界裡頭求法。

根據維摩居士告訴舍利弗，所謂真正求法，不在色上求，你們打坐看到光，不要覺得有什麼，光也是色，同佛法不相干，是你用功經過的境界。記住《楞嚴經》的話：「不作聖心，名善境界」。碰到好的境界，不要認為自己進步了，得道了，這才是好事、才是進步。「若作聖解，即受群邪」，如果看到光、氣脈動了、或者見到佛菩薩現前，自以為了不起，那就叫走火入魔了。為什麼抓住境界就是魔道呢？《金剛經》上說：「應無所住而生其心」，有所住即受群邪，即入魔障。

所以真正佛法，不在色上求，不在受上求。今天有位外國同學打電話來，問題解決不了，氣脈通不過，騎著車子自己人都不見了，就怕了。我告訴他這是個感受，是一定的過程，中國儒家講變化氣質，不只是理論講講的，是在做工夫上，氣是氣機，質是身體物質，修養好了的人身體硬是會變化，脫胎換骨。道家講就是氣脈變動，到某個階段是會如此。修行用功，膽子不要那麼小嘛！我自己經驗，走在路上忽然走不動了，現在人可能會認為是心臟病發作了，或中風了，我就不管它的，走不動就死在這兒，萬一被車子輾過去都無所謂。有時甚至走著走著，覺得身子倒過來了，頭在下腳在上，我都不理。碰到這情形，我把身體一丟，「不貪軀命」，充其量殉道而死。我就告訴那位外國同學沒有事的，但是這幾天不要騎車子，氣積在夾脊通不過，一定會有這階段的，不稀奇。然後就請他找朱文光，貼兩付膏藥，幫他快一點通。

這些事說明，我們做工夫都被身體感覺困住了，所有修持方法也都在感覺上打滾，這就要注意了。應該照見五蘊皆空，不要搞受陰境界。

我們參禪做工夫，多半是在想陰裡做工夫。密法的各種觀想都是意識境界，在想陰裡。這種路線對不對？不能說不對，理由等一下再討論。

至於行陰就不大容易懂了。舉個例子，有位同學本身是教書的，他一邊學道家，一邊學佛，走無為路線。他喜歡讀《大般若經》，他說有時唸著唸著就到了一個很好的境界，自己都講不出來，那時他經也不唸了，這一舒服真萬緣放下，空靈境界可以維持好幾天。他就怕自己走錯了路。我說這很好，就這麼走下去。這還是行陰境界，不過他不作聖解是對的。

識陰境界更難懂了，非要有很深的禪定工夫，至少要到了初禪以上，慢慢可以討論識陰的問題，我們在此不再詳談。

所以說「非有色受想行識之求」，才是真正在求佛法，我們自我反省一下，有哪一個學佛不是在這五陰裡轉呢？誰能夠跳出五陰？能夠跳出五陰就對了。但是在五陰上求法修行對不對呢？初步是對的，道理何在？好比你要做個桌子，工欲善其事，必先利其器。要把木工做好，就要有鋸子、斧頭、釘子這些工具。以修行來講，六根、五陰就是工具，所以從色受想行識入門並沒有錯，但是不要被它們所轉，不要執著這些境界。如果執著在色受想行識的境界，以為這個是佛法，那就錯了。

我們要了解《維摩詰經》所講的，是上乘的大乘菩提正道，是證得菩薩道的究竟之論，你初步從色受想行識入手沒有錯，到最後應無所住就對了。

剛才說的「非有界入之求」，是把五陰再分析變成十八界。例如打坐時心中念佛，是在意識界裡修，你作觀想也是在意識界裡，這在密宗叫生起次第，把意識上本沒有的東西使它生起來。好像觀想佛，密宗非常注重形象的佛，或雕塑的、或繪畫的，每個人要有個小壇場（就是道場或佛堂），或稱壇城或曼達拉（曼荼羅、曼陀羅）。打坐時佛像要對著自己眉心位置高度，叫瞪目視佛，看佛像眉尖明珠，看久了慢慢也忘記看了，眼睛也不看了，一切忘了，就是觀佛眉尖的明珠入定。傳這樣的修法已經是不得了的，你們該欠我哈達和供養了，我這麼隨便講出來了，所以我碰到打雷就怕。

講正經的，我的觀念不同，道是天下的公道，法是天下的公法，不屬於我的，只要誠心來學的，我就知無不言，言無不盡，不來磕頭供養那一套。我和許多老喇嘛說，有一天我會把密法全部公開的。他們說要得到我本尊許可才行，就是要有文殊菩薩、佛答應。我說：放心吧！早答應了。佛要度眾生嘛！有什麼祕密呢？為什麼一定要磕頭要供養？但是學人不誠心，也是學不到，學到了也不會修，也等於白學。

總之，觀佛像這個法門是從十八界的眼界來修，必須修得生起次第，意境上生起，無中生有，就是要先把佛像看清楚，影像留住才觀得起來。你說，這不是著相了嗎？顯教說要斷除一切妄想，不錯的，但是在妄想沒有斷除以前，你只好借用妄想。所以一心不亂是加重妄想，怎麼加重呢？把所有的妄想集中在一點上了，他的理論方法是以楔出楔。古代蓋房子不用鐵釘，用的是木釘，叫作楔，要取出先前打入的木釘，就再打入一支木釘，把先前的釘子推擠出來，叫作以楔出楔。我們用功時妄念斷不了，如何清淨呢？只有把所有的妄念集中在一點，叫作繫心一緣，把所有的心都放在一點，念佛法門也是這個道理。

以楔出楔還有個比方，麵粉灑散了怎麼收拾？就拿一把麵粉沾溼了，捏成一團，再用這一團去黏散開的麵粉，就可以黏光了。修行的方法也是如此，由繫心一緣開始。用這方法去觀想佛像，觀得起來時，在意境上，身心內外就是佛像一尊，在密宗就叫作生起次第的成就。無中生有，由真空生妙有，再由有歸到空。把所有的麵粉黏成了一團，然後把這一團丟掉，一點麵粉也不剩了。從有歸到空，叫圓滿次第。所有的修持方法就是這個原則，沒有第二個原則的，這也就是不二法門了。

所以分析五陰的求法之後，最後的成就不落在十二根塵，不落在眼根，不落在色塵等等之間。好了，這兩句經文我們了解了，維摩居士傳的法我們也懂了，可是到達這個程度是學佛法的成就嗎？沒有。有句成語說，修道的人跳出三界外，不在五行中。三界是佛家的話，五行是道家的話，這是說修道成仙成佛了。道家講的五行是從物理入手，所以用金木水火土物質來代表，佛家文化從心入手，所以是講色受想行識，道理是一個。離開欲界的邊緣，還要再進一步，跳出色界、無色界。我們學佛的人要隨時反省自己的起心動念，今天去廟上磕頭供養，為自己求福報，這是欲望，還是在欲界中求。做了好事想得善報，這也是欲。因為我修行，來生想要好一點，這是大欲，比做生意還功利。以此求道，何道能成啊！

超越了欲界，在色界中求，或在光明中，或求無念得清淨，一定八萬四千劫，還在無色界，都沒有跳出三界之外。因此說「非有欲、色、無色之求」，你看這經文，你如果要把它翻成外文可不要簡略，不要亂翻。唐朝時有位居士想註解佛經，去見南陽慧忠國師，忠國師嘉許他能發心，然後讓小和尚拿碗水，碗中放七粒米，碗上擺隻筷子，問居士知不知道這什麼意思，居士不懂。忠國師就說，連我這老和尚的意思都不懂，你能懂佛的意思嗎？還想註解佛經？

「唯！舍利弗！」這裡維摩居士再起一段話。他為什麼要再叫一次舍利弗呢？在古文作文時，這一句話會被先生用紅筆給你槓掉的，你重複了。這要了解佛經是對話錄，這是表情，是個層次，是個階段。如果是電影，維摩居士講到這兒，會看一下舍利弗，看他懂了沒有，然後說：喂！舍利弗，我再告訴你。

「夫求法者，不著佛求，不著法求，不著眾求。」上面說真正佛法不在五陰中、不在十八界中、也不在三界中求。再進一步說，也不在佛、法、僧三寶。這裡要注意這個「著」字，是黏著的意思。「眾」是指僧伽、僧眾，也可以是單一個僧，一個比丘就可以代表古往今來一切十方三世聖賢僧。真正的求法，執著佛、執著法、執著僧也錯了。但是你不要讀了這一句，就不皈依三寶了，那是妄語，你沒有到這個境界。這裡講的是上乘的不二法門，真正的解脫道。

「夫求法者，無見苦求，無斷集求，無造盡證修道之求。」這是講也不著於苦集滅道，聲聞眾的四諦法門。很多人說因為看通了人生皆苦，所以出家學佛，這是見苦而求道，換句話說是在逃避，覺得世間太苦，所以要出家離苦得樂。前面一句要你不「著」求，這一句換了一個字，要無「見」苦求，無「斷」集求，無「造」盡證修道之求。

所以叫你們文字不要馬虎過去了，《維摩詰經》最容易看懂，最容易馬虎。一般人發心修道是見苦、怕苦而求，大乘菩薩無見苦也不求樂。

苦與不苦很難講的，推開佛學，我講個哲學的道理。我在學校裡講比較宗教的研究，說到所有的宗教哲學，對人生的看法都是悲觀的，認為世界是淒慘的，該厭惡的。他們都站在日落西山的觀點看世界、看人生，天要黑了，悲慘呀！不管回教、道教、基督教都如此。所以就來兜攬生意了，好像旅館的人站在門口拉客人，宣揚自己旅館可以收容人，設備好，專管死人的事，不要怕死。中國文化不然，它不看日落西山，看日出東方，生生不已。宗教家是站在殯儀館門口的，中國文化是站在婦產科門口的，哈！又生出來一個了，生生不已，生死是晝夜的兩頭。

那麼，宗教與哲學思想為何如此呢？從大乘佛法來看，宗教與哲學思想，是落在小乘的苦集滅道範圍裡。所以，真正佛法是「無見苦求」，見是觀點。像《華嚴經》看這世界，是沒有苦集滅道的，永遠是至真至善至美的一真法界。

「無斷集求」，斷惑證真是小乘境界。大家打坐最苦惱的是，妄想雜念斷不掉，都以為能把妄想雜念完全切斷，斷惑證真就悟道了。無斷集求是不去追求，就沒有無明煩惱了，這裡為什麼說不要去斷它呢？妄念如同李白的兩句詩：「抽刀斷水水更流，舉杯消愁愁更愁」，真是千古名詩。同樣道理，你想斷去妄念得清淨，那斷去之念就是大煩惱，因此告訴你「無斷集求」。

「無造盡證修道之求」，「造」依古書的讀法如「超」，這句話是要你，不要以為斷盡一切無明煩惱就證得道了，那是小乘的法門。譬如永嘉大師的話「了即業障本來空，未了還須償夙債」，這是永嘉大師的真話，大小乘都一樣，人生都是來還夙債的，還完了就好了，像對兒女的債，就乖乖地去還吧！

這是維摩居士的第二段話，他說：喂！舍利弗，真正的求法，不著佛法僧三寶去求，不著於苦集滅道而求。然後他自問自答：

「所以者何？法無戲論。」為什麼如此？真正的佛法沒有「戲論」。怎麼叫戲論？中文的「戲」字本來有兩個，看電影、看唱戲的戲字，用的是虛字邊加個戈字，表示是虛假的。現在通用這個「戲」字，是小孩子在玩的遊戲，是玩耍的。佛法講戲論，是指小孩子開玩笑的話，玩笑的話不是實際的。什麼是戲論？佛法的「空」「有」，主張空是真正的佛法，這就是戲論；講有，一定要修到什麼果，都是有為法，也是戲論。「非空」「非有」還是戲論，非空就是「有」嘛！非有又是「空」嘛！都是文字遊戲。

所以清朝的大思想家顧亭林就說，佛經像是一桶水，倒入另一桶中，再倒回來，只有一桶水在兩個桶裡倒來倒去，一個空的，一個有的。雖然他這是批評佛法，但有他的道理，你如果佛法搞不通，就成了這樣。所有的佛法、所有的論辯，在邏輯上離不開這「空」「有」「亦空亦有」「非空非有」四個方向。維摩居士講真正的菩提大法，要把戲論掃掉。

禪宗講「離四句絕百非」，就是要離開這四個方向。也有人以為《金剛經》上有好幾處四句話，像「若以色見我，以音聲求我，是人行邪道，不能見如來」，「一切有為法，如夢幻泡影，如露亦如電，應作如是觀」等，但不是這裡所說的四句。這裡說「法無戲論」是告訴你，真正的法不在「空」、不在「有」、不在「亦空亦有」、不在「非空非有」的戲論。

什麼不是求法

「若言我當見苦、斷集、證滅、修道，是則戲論，非求法也。」執著了苦集滅道四諦法門就是戲論，就不是佛法。這很嚴重了，《維摩詰經》所批駁的苦集滅道，是小乘佛學的基礎，但是我們不要上維摩居士的當了，告訴你：戲論也是佛法。是什麼佛法？方便法門。要明白世界上任何教育手段的本質，都是誘導法，都是用哄的。誘導就是佛法講的方便法門，固然從無上佛道觀點批駁戲論，但戲論也是佛法，是方便法門。《涅槃經》上說：指黃葉為黃金，為止兒啼而已。小孩子哭了，就拿個黃葉哄他，說是黃金，他就不哭了，不哭就好了嘛！就是用誘導的方法使他不哭，不受這個煩惱。一切佛法也都是指黃葉為黃金，為止兒啼而已啊！

我在峨嵋山廟裡閉關時，第一天入關，在大殿上看到了明朝末年禪宗破山祖師的對聯，覺得這個字之好，是一氣連下來的。和尚告訴我是破山祖師親筆寫的。不但字好，對子作得也真好：

山迴迴　水潺潺　片片白雲催犢返

風瀟瀟　雨灑灑　飄飄黃葉止兒啼

真高明極了，全部佛法的道理都講完了。

「唯！舍利弗！法名寂滅，若行生滅，是求生滅，非求法也。」這裡牽涉到對佛法認識最基本的問題。根據本經，真正佛法是自性寂滅的。涅槃有時也翻成寂滅，還有一個翻法叫圓寂，這都是不得已的翻法，整個涅槃的意義只表達了十分之一。

一提到涅槃或是寂滅，普通人就聯想到死亡，什麼都沒有了。其實涅槃真正的意義包括了：常、樂、我、淨，四個要點。涅槃在印度不只是佛教用語，婆羅門和其他宗教都有用到涅槃，而且是指神妙不可思議、無上安樂、生生不已的意思，也不是指死亡。中文把涅槃翻成圓寂，現在來看，實在是沒有辦法中的辦法，「圓」有圓滿、包含一切的意思，既充實又空靈，不一定是空，也不一定是有。「寂」不一定是沒有，是代表乾淨、寧靜、安詳。

涅槃有時又被翻成無為，是借用了《老子》的名辭。《老子》講無為並不是沒有，也不是不動，所謂「無為者無不為」。你可不要多加一字，變成無為者無「所」不為就糟了。用而不用、動而不動是無為。但是無為還是不足以完整翻出涅槃的意義，到了唐代的玄奘法師，就分開成「有餘依涅槃」和「無餘依涅槃」（古人也翻成「有餘涅槃」「無餘涅槃」）。在無為的觀念再加上有、無，使道理更清楚。佛法最高目的是證得涅槃，不是學死亡。小乘所證得的道偏向於空，認為得了空就什麼都放下了，在空的境界而不動，這在佛法是屬於有餘依涅槃。比方說人睡著了，也什麼都不管了，但是睡眠不是死亡，是生命的一種狀態，在睡眠時，身心內外一切事都仍然存在，所以雖然在睡眠時說放下了一切，但不是徹底休息。有餘依涅槃，就是用來形容小乘的證果境界，還是有剩餘的，還有連帶的。大乘的佛果是無餘依的，畢竟空的。

維摩居士對舍利弗說，「法名寂滅」，真正佛法所求證的是寂滅，寂滅是圓滿清淨安詳安樂的，有時這個境界用之於佛土，就叫作淨土。可是一般人學佛，對這第一義諦沒有認清楚，都在生滅法中做工夫。嚴格說來，不論哪一宗，所修的法都在生滅法上轉。比方，念佛就是起心動念，用念頭在念。思想念頭是生滅的，前一念滅了，後一念就接上來了。譬如我們在講話，在聽話，也都是生滅法，當你聽到這聲音，這個觀念就過去了。一切的心行（心理行為），以及知覺狀態，完全是生滅法。念佛、念咒、觀想法門，都是求佛法入門的方便，抓住了這種方便，當作是佛法的究竟就糟了，修一輩子也不能證到涅槃之果。天臺宗有數息法門，到了唐朝，道家吸收了這個法門，歸納成四個字：「收視返聽」。把眼神回轉來，內觀、內照，耳朵聽呼吸。後來到了西藏密宗，就演變成修氣脈，那方法就多了。十七八世紀東西方交流之後，西方國家也流行起來，醫學上有用聽呼吸治失眠，乃至催眠。這也是生滅法。宋朝詩人陸放翁，也是學天臺宗的數息觀，他有一名句：「一坐數千息」，這大概要兩個鐘頭左右，可見他每次打坐比一般人久得多了，他的工夫也不錯。實際上，這與道不相干的。像很多年輕同學說，他唸佛幾萬次，或者數息上千下，我就問他是否在做會計？光搞數字做什麼？依六妙門要數息、隨息、止、觀、還、淨，我們前面講過了。

所以維摩居士告訴我們：「若行生滅，是求生滅」，與求佛法背道而馳。《楞嚴經》上佛說的名言：「因地不真，果招紆曲」，你動機、觀念不正確的話，你用各種方法去修，都是在走冤枉路。《法華經》也說：「諸法從本來，常自寂滅相」。這個「法」用現代的話來說，包括了一切理、一切事、一切物。

《法華經》這句話說，宇宙萬有一切的現象是此生彼滅的，它的本來是清淨的（所以是「自」），用不著你去求個清淨。用《法華經》來對照《維摩詰經》這句話，就很清楚了。

我岔進一個禪宗故事，你們參參看。有位禪師讀到《法華經》這裡就悟了，他告訴一同參禪的道友說，佛講的這句話只講了一半，什麼理由呢？「諸法從本來，常自寂滅相」只講了法身的清淨面，沒有講法身的起用，是留給我們去參的。大家不服，要他把下一句講出來，他就說：「春至百花開，黃鶯啼柳上。」他露了消息嗎？有的，涅槃境界是生機活潑的。

「法名無染，若染於法，乃至涅槃，是則染著，非求法也。」真正佛法本來就沒有染污的，既然自性本來涅槃清淨，不是凡夫善惡業果所能染污上去。假使你認為自性是受染污的，因此我要去掉染污而證得涅槃，就又染污了，染污了清淨。雖然去了惡念，又被善念蓋上，也是染污。就比如我們的眼睛進不得沙塵，縱然是名貴的黃金粉，放進眼睛也是受不了。《維摩詰經》這裡是破除小乘觀點，小乘要去惡念染污，要斷惑證真。大乘是要努力行善去掉惡念，但最後善念也空，把它捨掉，善果迴向一切眾生，自己一無所留，善惡兩頭都不取，用不著斷惑，自性本來清淨。

「法無行處，若行於法，是則行處，非求法也。」《維摩詰經》這裡，每一句話的層次愈來愈高了。剛才他告訴舍利弗，自性本來寂滅的，不要以生滅心求寂滅之果，會走錯路。又因為自性本來寂滅，所以它不受一切染污的，惡法、善法都不可能染污它。這是兩個層次。現在是第三個層次，真難懂了。「行」有三種讀法，有讀如「形」，有讀如「杭」，也有讀如「恆」。像〈普賢行願品〉，就有人堅持要讀成「恆願」。其實，每種讀法都是對的。大多數的佛經是唐朝年間翻譯的，唐朝時的中文發音，比較接近今日的客家話或廣東話，「行」字就是讀如「杭」。不論怎麼讀，意義是一樣的，這是順便提到。

中國文化講五行，《易經》也講「天行健」，行代表著運動的觀念。佛法的行是很難了解的，前面講五陰時稍微提過行，用現代話講是本能的活動，這樣你會比較容易了解。身體的本能也會恢復健康，所以生病不吃藥，硬熬一熬有時也會熬過去了，因為我們身體的本能是新陳代謝、血液和氣脈運行，這就是行陰的作用，永遠在轉。修持到行陰停了，那就是禪定得到了氣住脈停，呼吸停止，甚至毛孔呼吸也停了，血液不循環。那是三禪定以上的境界，不過這時識陰還沒停，雖然呼吸停止了，脈也停了，腦還沒有死，腦神經還有微波的，這都是現代醫學可以證明的。

維摩居士講「法無行處，若行於法，是則行處，非求法也。」這是什麼行？不是我們剛才講的行，但有連帶關係。這裡是講行願的行。一般人講自己在修行，認為修行就有功德，這就像講自己唸了一百萬次往生咒，好像有了大筆銀行存款，往生時可以提取，是一樣的心理。這就是行法，是佛法也沒錯，是人天乘果的修行。但是依《維摩詰經》所講的第一義諦菩提大道，執著於修行為修行，就錯了。所以大乘的修法就叫你隨時要迴向，要施捨出去。你能施捨給一切眾生，實際上一切眾生也會施捨給你，這就是今日常用的標語：「我為人人，人人為我。」儘管去布施，布施完了，這個力量會回轉給你。如果執著了行願為究竟，就被修行法門（行法）所綁住，是不會證得徹底的涅槃之果。所以大乘菩薩要行願也空，空不是沒有，是捨、放下。因此，維摩居士說「法無行處，若行於法，是則行處，非求法也。」這個問題就出在執著了。行處法也是意識境界，不是真正求佛法。

有些朋友來問，我打坐三年了，怎麼一點成果都沒有？我告訴他，這又不是在做生意，不能用時間來計算。見地觀念到了，也許剎那之間你就悟道了；見地觀念不到，八萬劫也沒有用啊！這是第三層的說明。

接下來是第四層。

「法無取捨，若取捨法，是則取捨，非求法也。」剛才講「法無行處」，雖然在修行中，也不以為自己在修行。因此大菩薩雖然在做六度萬行，心理沒有自己在作菩薩行的觀念。如果有了這種觀念，就著了相，非菩薩道。但是，我們聽到這裡就會產生一個觀念：法是有取捨的。取捨什麼？學佛法修行如果不抓住修行，不自己抓住修行的功德，要捨，這豈不是又落入一邊了？落入有取有捨了，也不是究竟，不是中道觀。因此維摩居士更進一步說：「法無取捨」，他對舍利弗真是苦口婆心啊！步步叮嚀，一層一層上來。如果有取捨，就非求法了。

初學佛的同學們，常常對法有取捨。取捨在哪裡？有些人執著淨土，大罵禪宗、密宗。學禪宗的人說，淨土是愚夫愚婦笨人學的，我要學最高的。執著密宗的又說，只有密宗才是至高無上的。這種觀念都是功利主義，也像是去買菜，專挑又好又便宜的。結果常常忙著趕道場，學了密又學禪，好忙啊！我過去也是這麼忙過來的，後來恍然大悟，也就不忙了。當然我不是悟道，是悟到自己趕得太辛苦，乾脆萬緣放下，我還是我，多安詳呢！

所以「法無取捨」，青年同學記住這句話，少走冤枉路。《金剛經》也告訴你，一切法皆是佛法，哪怕你只拜佛也會悟道。

我小時喜歡作詩，我父親就給我一本書，要我背裡面的詩。我一讀很歡喜，父親說，這是附近一間廟子的和尚作的。那位師父是打漁出身，一個大字不識。他不知什麼因緣，忽然出家了，經也不會讀，就整天拜佛。那廟子地面是石塊鋪的，他拜了九年，石塊都拜出印坑來了。後來他又忽然不拜佛，去睡覺了，一睡睡了三年，中間有時連睡幾個月動都不動的。他師弟在他屁股上放碗水，第二天再看都沒翻掉，還以為他死了，好在他師父知道他是入定去了。三年以後，他作文章作詩都會。這是我親身見到的，說明你拜佛或用什麼法都好，只要誠懇、專心一致、繫心一緣，制心一處，無事不辦。你搞淨土、又參禪、又學密，到處找能讓自己快一點成就的法門，好像在買股票一樣，是一無所成的。一門深入的話，誠懇拜佛也會悟道的。佛法其實很簡單，制心一處，無事不辦，專一就成功了，不要唸「多心經」啊！記得《金剛經》告訴過我們：「是法平等，無有高下。」現在再上一層。

「法無處所，若著處所，是則著處，非求法也。」真正佛法沒有固定地點的，這個「處所」，小而言之指身體上的，像道家或密宗守竅，三脈四輪，都在身體上搞，這成了法有處所。如果氣脈感受是佛法，那你死了肉體沒了，感受沒有了，那佛法不是完蛋了嗎？這個生意不能做啊！大的處所，例如密宗觀虛空，觀藍天，觀日輪，這些都是方便法門，非究竟。如果認為這是第一義諦，那就犯了法有取捨，犯了法有行處，犯了法著處所。佛法是活潑潑的，你著了處所是呆板的。「處」是十二處，眼耳鼻舌身意，色聲香味觸法。念佛是意處在念，觀想也是。無上大法是無處所，用有處所之心求佛法，已經被處所困住，不是真正求佛法。

剛才休息時間有一位道友找我討論，學佛很多年了。他說現在什麼都對，就是覺得好像放不下，所以沒有多大進步。我說：這個問題正是現在講的，剛才不是聽過了嗎？所以你聽經要拿到心上才用得到，不然就白搞了。「法無取捨」，你覺得一定要放下了才是，這就有了取捨，本來就是放下的。譬如有人說自己的心無法空靈，你們現在專心聽我講話正是空靈嘛！否則你怎麼聽得進去，對不對？本來不用放下，自然是放下的。你有一個放下之心就有所取捨了，就是行於法，行於生滅法，行於取捨法，也是行於染污，因為你認為放不下是染污了，法是沒有染污的，自性本來寂滅。這位道友問：那麼該怎樣呢？我說，就是這樣，沒有那樣，這樣就是這樣。如果你真到了這樣就是這樣也差不多了。

所以一般人修持都有取捨心，或者求清淨，或者求放下。放下是個名稱，你上了座想我要放下！放下！早就放不下了。因為你有一個求放下之心，這個念頭擋住了，就有所取捨。那你問，我這麼坐在那邊豈不是傻不楞登？嘿！就怕你不傻，真傻了蠻好。世界上的人都太聰明了，所以找了許多煩惱，真求傻而不可得。所以我說這一位道友是現身說法的菩薩，我們藉這個機會，給大家再把《維摩詰經》這一段講了一次。

「法名無相，若隨相識，是則求相，非求法也。」第一義諦、真正佛法是無相的。我常說，一般人以有所得心來學佛，想求無所得果，是背道而馳。所謂「相」，是佛學名辭，用現在的話講，普通人都想求一個境界，尤其是學密法的。有的人天生個性如此，這種人來找我，我就說：你不要跟我談，最好去學密宗。他一聽，眼睛都亮了，還問我為什麼。我說：因為你腦子裡充滿了神祕主義。很多人都是好奇，有神祕觀念，打坐修道就想求個境界，若是沒有境界，還要埋怨為什麼沒見放光、沒這沒那。他這是求有相法，而佛法是無相的，非境界。有個境界就有染污，有所取捨。無上大法是「法名無相」的。「若隨相識」，你以為境界是佛法，「是則求相，非求法也。」那是錯誤的。

「法不可住，若住於法，是則住法，非求法也。」這更要注意了！剛才講無相的道理，大家研究過《金剛經》，其中談了很多，我就不再多說了。現在很流行禪宗，大家都知道六祖悟道的故事，他未出家前大字不識一個，聽到別人唸《金剛經》中的「應無所住而生其心」就有所悟了。當然後來見了五祖，所謂三更入室，才真的大徹大悟。這裡《維摩詰經》也是說「法不可住」。

講到這裡，我要告訴你們，現在研究佛學最好的辦法，近百年來的著作最好不看，包括我的在內。不是說這些完全不對，而是最好讀原經。這不只是研究佛學，做其他學問也應該讀原典。原典讀熟了之後，可以「以經註經」，會融滙貫通。像我們讀到「法不可住，若住於法，是則住法，非求法也。」《金剛經》的「應無所住而生其心」就可以註這裡了，或也可以用《維摩詰經》這句話去註《金剛經》，就清清楚楚了，後人的著作就變多餘了。

清乾隆年間的大學問家紀曉嵐，他奉皇帝之命編成了《四庫全書》，共三萬六千多冊，不過其中有不少已被古人燒了。紀曉嵐編了這樣的巨構，自己沒什麼著作，他自言再寫什麼書，古人都說過了，何必再多浪費紙張呢？這是真話，書讀多了就不想寫了，有時自己認為發明了什麼大道理，一查，古人早就說過了，只有氣自己不如古人了。研究原典就有這個好處。

前幾天看了一位在國外的同學寄來的日記，他寫平日修行都不錯，有一次就很不對勁，最近他自己找到出路。這是不在一起的好處，常在老師身邊會依賴性太重，一有問題就找老師問。那位同學忽然想到，白骨觀中講過要「易觀」，修行做工夫要「知時知量」最重要。同吃飯一樣，你吃飽了不能再加一碗。譬如做數息觀，你不要老數下去，只要覺得呼吸到了息的境界，馬上就要放掉數息，跟著就要用隨息了。隨到心息相依，馬上要換成止的境界，就是要易觀，馬上變更方法。所以知時是要知道什麼時間要換，知量是知道夠了。你練氣功儘練下去就成了蛤蟆功，肚子鼓得那麼大，越練脾氣愈大。《大學》講：「苟日新，日日新，又日新」，就是要不斷地進步，今天的成就不算數，滿足於今天的成就就是退步。

「法不可住」，你停留在一個境界，抓住某一點，「若住於法，是則住法，非求法也。」也不是佛法，法無定處。佛也告訴過我們，「諸法不定」。不論你學哪一宗的，對了就用一用，明天不對了，這一宗就暫時擺一擺，後天又拿來用，你的目的是求得阿耨多羅三藐三菩提，證取佛道，不被這些方法所困，才是真正學法。

接下來維摩居士快要作結論了，你看他說法是有層次的，不要把他當作平面的一篇讀過去了。

「法不可見聞覺知，若行見聞覺知，是則見聞覺知，非求法也。」

佛經分類中，《維摩詰經》在《大藏經》中不歸在般若類。《維摩詰經》這一段內容的要點，在《大寶積經》裡也有。《大寶積經》就是大雜燴，像百貨公司，什麼都有，不能歸般若，也不能歸法相唯識。真要研究佛學，大寶積部的經典應該多看，所謂淨土三經，也包含在大寶積部的。

像這樣的佛經分類，很合現代人的用處，把人生用見、聞、覺、知四個字概括了。見是眼睛所見的，聞是耳朵聽到的，覺是感覺狀態，身上感受，知是知覺狀態，思想觀念。打坐時覺得腿麻、氣脈發動了，是感覺狀態的範圍。看到光是見的範圍。觀音法門是聽的範圍。《維摩詰經》告訴我們，真正佛法是不能用見聞覺知去求的。大家反省一下，不論你學哪一宗，都是在用見聞覺知求佛法。常有人告訴我他做了個什麼夢，我一開口就罵他，又來癡人說夢，本來是夢幻空花，還沒有睡醒。見聞覺知就是在夢中，你求個境界，看見什麼了，聽見菩薩給你說法，都是在做夢。

真正佛法不在見聞覺知上求，假使在見聞覺知上去修佛法，那是凡夫境界，非求法也。凡夫都在見聞覺知中轉，各位現在號稱聽經，我冒充講經，都在見聞覺知境界中。修行還在這上面轉，就走冤枉路了。放下，就在這個地方放下，放下了，不以見聞覺知為是，也不須要放下見聞覺知，不以見聞覺知為非。現在結論來了。

「法名無為，若行有為，是求有為，非求法也。」開頭講自性本來寂滅，最後講自性本來無為。是不是很有層次？這就是以經註經的辦法，你不要靠老師了，就把本經讀熟就好了。釋迦牟尼佛就在你的前面，他就告訴你了，為什麼不去求呢？這裡的結論是無為法，以有所求心，求無為無所得之果，是顛倒眾生。一切修行都是在有為當中求，是求有為法，非求法也，不是真正學佛。

我們形容維摩居士說法，如銀瓶瀉水，嘩啦啦就倒出來，停都停不了。他說法的氣概像莊子的文章，不知道哪裡來，只可借用李白的名句：「黃河之水天上來，奔流到海不復回」來形容。

「是故舍利弗，若求法者，於一切法應無所求。」最後吩咐舍利弗這一句，同《金剛經》一模一樣。真做到一無所求，就是如來大定境界，像我家鄉那位和尚，他睡三年就是在定中，醒來只覺得是彈指間事，因為他完全靜止了，無所求了。

「說是語時，五百天子，於諸法中得法眼淨。」什麼是法眼淨？《金剛經》提到五種眼，佛眼、法眼、慧眼、天眼、肉眼。如果有人臉上長了五隻眼，你看了非把他當怪物不可，不會認他作菩薩。但是天人境界不一定啊！其他星球上眾生，不一定長得像我們這樣的，密宗畫的佛像有那麼多隻手，像蜘蛛似的。天人看我們可能覺得我們臭美，難看的要死。我們認為是美食的，天人連聞都不敢聞的，好像我們看到狗吃大便似的，境界不同嘛！我們如果真有修持，肉眼就具備了五眼，這是真的，《法華經》上說：「父母所生眼，悉見三千界」，你真到了，天眼、慧眼、法眼都會有。

你們年輕人喜歡談密宗的，真照密宗規矩，弟子要去找已證了道的具德上師。隨便找一位上師的話，弟子是犯戒的。上師傳法給弟子，如不是功德具備的話，上師也是犯戒的。那麼怎麼選呢？又沒有法眼。只好靠自己多生累劫的法緣，作人做事求法要依正因。你種的因正，所得的果，法緣自然好。我常告訴你們，多結人緣，多做好事，多結法緣。像我對密宗的法，是知無不言，言無不盡，因為我的願力是：法應該屬於眾生公有，道是天下的公道。你有那個資格一定傳你，但是如果你沒有那個功德就免談了。因此我這一生的法緣也很好，有時碰上了還硬要我學，一定要把祕本塞給我。後來想想何以如此？應該是同我個性有關，我什麼祕本拿到就把它印了，不印就斷了，我不守密的，要我守密就不要傳我。

法眼就是說人真有眼光，認識得很清楚。維摩居士把佛法真正的道理告訴你，但是跟文殊菩薩去的，共有三萬二千人，而能得到法眼淨的，卻只有五百天人，除此之外，舍利弗有沒有得法眼淨，我們不知道。其實他當然得了，他是佛弟子中智慧第一，早超過法眼淨了。其他有的人聽了還是聽了，仍然不懂。可見得法眼淨之難，得法眼淨者是相等於菩薩功德，一看佛經就知道，哪是方便法門，哪是究竟法門。

師子之座

現在我們要討論《維摩詰經》的這一段，一般人的觀念認為是在說神話，像演電影，或者把它當宗教信仰。事實上這一段非常難研究、難了解，必須要先了解《華嚴經》的菩薩境界、《佛說大方廣菩薩十地經》、性宗（般若）、相宗（唯識）的道理，才能徹底了解這一段。

「爾時長者維摩詰問文殊師利：仁者遊於無量千萬億阿僧祇國，何等佛土，有好上妙功德成就師子之座？」這平實的文字中包含了許多問題。

「仁者」這個稱謂，是佛教界客氣尊稱平輩或師友之間所用，是從鳩摩羅什法師翻譯《維摩詰經》之後才出現。例如唐代六祖在《壇經》中也常客氣稱呼他人為仁者。仁者就像是中國人老師寫信給弟子，比較謙虛，會稱對方為賢弟、賢契、賢者。維摩居士以仁者稱呼文殊師利菩薩，非常恰如其分。

他說，你文殊師利菩薩「遊於無量千萬億阿僧祇國」，可見文殊師利菩薩，經常在十方上下一切佛國經行、供養、禮拜中。由這一句想到，我常勸年輕同學早晚要念〈普賢行願品〉，培養自己的願力與心境。當你在念誦禮拜之時，不是只對著一尊佛像，自己此心心量擴大，徧禮於十方三世一切諸佛菩薩，要作這樣的觀想，這裡「觀」要讀如「灌」，帶有灌注、一心不亂的意思。在一念之間，要觀想出來，在十方三世一切諸佛菩薩之前，都有我在頂禮。如此修行成就了，可以在一念之間遍遊一切佛國，這是個修持的法門。例如小本的《阿彌陀經》或是《無量壽經》都告訴我們，往生西方極樂世界有上品成就的菩薩，不會是光躲在西方極樂世界阿彌陀佛加持之下，好像逃難，什麼地方都不敢去，諸大菩薩於一念之頃，能遍遊十方世界，供養一切佛、一切法、一切僧。何以到了西方極樂世界的大菩薩有這樣的成就呢？就是我們初步學佛的人，要以〈普賢行願品〉的教導為基礎的原因。

維摩居士在這裡，等於也是在讚歎文殊師利菩薩智慧功德成就，念念之間「遊於無量千萬億阿僧祇國」，千萬億只是小數目，雖然在我們人世間來講已是很大，但是不要忽略前面還有「無量」，加上「無量」就更不止千萬億了。「無量」擺在前面是外文翻過來，倒裝的佛經文學筆法，特別美，唐宋以後也為中國文人所模仿。

接著他起問：「何等佛土，有好上妙功德成就師子之座？」這個「等」字包括了智慧成就、福德成就的平等。這「何等佛土」用白話來說就比較麻煩了，相等於哪一個佛、哪一種地方、哪種功德智慧成就的佛土。這個「土」字，照古本會在右上方加一點，應該讀如「度」。所以中國古書有寫國度的，乾脆直寫了，是尊稱人家的國家。現代的外交辭令都用「貴國」，而自謙稱「敝國」，這也是中國的文化傳統，你們年輕人要留心。所以「西方淨土」

也應該讀成西方淨「度」。

「有好上妙功德成就師子之座」，這可不是什麼工廠製造的家具，這個座位首先在本經中有個點題，唸經時不要就這麼讀過去，忘記了這個點題，下面都在討論這個座位的問題。這個座位是師子之座，是修持成就、功德智慧成就的上師的座位，不是木頭也不是大理石做的，非輕非重，不高不低。我們年輕時讀經，一看只曉得是座位，不會注意這文句中的內涵。讀經決不能馬虎，一個字也不能放過，你能做到這地步，那麼每讀一次經，對你的修證、理解就可以深入一層。

「文殊師利言：居士！東方度三十六恆河沙國，有世界名須彌相，其佛號須彌燈王，今現在。彼佛身長八萬四千由旬，其師子座，高八萬四千由旬，嚴飾第一。」維摩居士問，在何等佛土有這樣的師子座，文殊師利菩薩立即就答出來了，代表他智慧成就等同於佛。

維摩居士稱文殊師利菩薩「仁者」，前兩天有位出家的同學來，他口口聲聲稱我老師，我就告訴他不要叫我老師。我與他相交這麼多年了，去檢查一下我寫給他的信，從沒把他當學生，不是稱他賢者就是仁者，或者是法師。一個居士就要尊重三寶，不管他程度如何，能夠剃光頭，穿上這衣服，就比你難能可貴。這麼一想，世界上任何人就都值得尊敬，何況出家眾？你們可不要學我罵人，我有時吼吼他們出家同學，是恨鐵不成鋼，希望他們能馬上大悟，成為大菩薩，為佛教弘法。但我寫信寫條子給出家同學，從來不稱他某某老弟，對比丘尼我都稱某某師。

你看，文殊師利菩薩有他的身分，稱維摩居士為「居士」，這些地方你都要注意，鳩摩羅什法師翻譯的時候，一個字都不隨便的。

文殊師利菩薩講，由我們這個世界為中心，向東方一直走，「度」是經過，究竟走多遠？如果佛是在今天說法，會講經過了多少光年。可是兩三千年前的大眾，沒有光年的觀念，只有用「恆河沙數」來比方，這是佛法的創作，其他的文化、宗教都沒有。一個數量到了無法計算的地步，只有用比喻的，這是佛法「因明」的喻。這裡雖然大家都了解，但我還是不厭其詳的再提起大家注意，印度最大的河流是恆河，恆河中有多少沙子，誰也沒法計算。

文殊師利菩薩講的還不是一條恆河，而是三十六條恆河那麼多沙數的國家。像現在坐飛機去美國要十幾個小時之久，這只是一個地球。一個地球在佛經上，勉強只能算是一個國土，完全不是中國、美國、日本這種國土的觀念。實際照大乘說法，這一個太陽系才是一個國土。拿這個觀念看，就更大了。平常為了怕我們凡夫的心量無法接受，也會稱人世間的國家為國土，真正佛法所稱國土，是佛的國土。

文殊師利菩薩說，向東方一直走，經過了三十六個不曉得多少的單位。這些數字，我還沒有見過有人寫一篇關於佛經數理哲學的論文，因為一般人不懂數理哲學。佛經裡頭那麼多的數字，三界、四念、八正道等等，這其中都有大學問，也包含了佛法修持的大奧祕，與《易經》的數也有關。可是一般研究佛學的，在這方面比較欠缺，往往略過這些數字。歷代高僧中只有兩三個懂的，唐代的一行禪師，天文、地理、相術都通的。他學禪又學密，是唐代密宗三大士善無畏、金剛智、不空三藏的嫡傳弟子。一行禪師是唐明皇時代的人，唐明皇也是從善無畏上師修學密宗的。相傳一行禪師死後很多年，人家挖了他的墳，看見他的頭骨變成了金色，一敲居然還發出金屬聲，就去請問一位高僧，高僧說這個人前生一定大有修持，而且修的是密宗。一行禪師在唐明皇之前涅槃，唐明皇曾經問過他國運。一行禪師說得很妙，陛下在我死後會有萬里之行。後來安史之亂，唐明皇逃難到四川了。

佛經一提到活龍活現神通的表現，一定在東方，這與象數有關。譬如提到長壽佛、藥師佛，就在東方。一說到與生命生生不已有關的神通功能、無量功德，就提到東方。這些都是佛法裡的奧祕，是真正的大密宗，不是西藏或日本那些了，那裡的密宗也沒講這些，因為他們不懂。所以菩薩要學五明，這些是包括在因明裡的，因明不是光講邏輯辯證的道理。這裡面有大學問，懂了就可以幫助各位修持的進步。

文殊師利菩薩說，往東方走過三十六個不可知的單位，有一個佛世界，那個世界真叫什麼名字待考，不過為了方便我們這個世界的眾生了解，用了個代號，把它稱為須彌相。好像我們這個世界以須彌山為中心，我們整個地球只是南贍部洲而已。北俱盧洲並不在這個地球上。所以一般寫的佛學概論問題大了，可以說不懂佛教的科學。有的講北俱盧洲在西伯利亞，真莫名其妙，那東勝神洲豈不是在日本或美國了嗎？不是這個道理的！你們青年同學將來去弘法，一碰到這個就成了大問題。我可以負責任地告訴你，這個地球在大乘的佛法裡，只算是南贍部洲。上面說過，嚴格講起來這個太陽系統才是娑婆世界，一個太陽系統才是一世界，不是普通人所理解的這個地球世界。

須彌山在我們這個世界是最高點，文殊師利菩薩所講的這個在東方的世界，崇高而偉大，無以名之，就叫作須彌相。這個世界的佛，佛號也就叫作須彌燈王。是形容這個佛的功德智慧成就，無比的光明偉大。而且，這個佛沒有涅槃，現在還在。為什麼沒有滅度？大家如果把《維摩詰經》這一段，配合《藥師經》《法華經》來研究，對你們的修持一定有最好的發現。

這一位佛身長八萬四千由旬，不知道有多高大，由旬是度量衡的長度。再注意，佛經經常用到八萬四千這個數目，又是個大問題。印度人過去不注重歷史，所以要研究印度史，還要好好研究中國的《大藏經》。他們對時間也不重視，所以提到過去就說「一時」。由於對數字也不重視，所以說「八萬四千」表示多數。但是這個八萬四千還是有它的道理的。

這位佛的座位，也高達八萬四千由旬，裝飾得非常漂亮。這是個什麼座位？要搬這個座位到我們的世界來，沒有運輸工具可以裝得下。這個是「師子座，不是「獅」子座，是大師的座位。這個消息是由文殊師利菩薩洩漏去搬的是維摩居士。

「於是長者維摩詰現神通力，即時彼佛，遣三萬二千師子之座，高廣嚴淨，來入維摩詰室。」注意！維摩居士稱文殊師利菩薩為「仁者」，文殊師利菩薩稱維摩居士為「居士」，現在記錄經文的人稱維摩居士為「長者」。古代能稱為長者、居士的人，要具備十個條件，是年高德劭有道行的，不是隨便稱呼的，現在當然沒這麼嚴格了。佛涅槃時，把護法的工作交代給國王、大臣、長者、居士。

這裡只說維摩居士「現神通力」，並沒有說他的手伸得好長，不要自己想像。他現神通力，立刻就送來了三萬二千個師子座位，不多不少，正是跟著文殊師利菩薩前來的大眾人數。不要忘記，這時房間裡面，還有維摩居士自己的床座和那麼多的人。

「諸菩薩、大弟子、釋、梵、四天王等，昔所未見，其室廣博，悉皆包容三萬二千師子之座，無所妨礙，於毗耶離城，及閻浮提四天下，亦不迫迮，悉見如故。」「釋」「梵」要分開，不是一樣的。「釋」不是說出家人，是欲界天的天主，名帝釋，等於中國的玉皇大帝。梵是色界天的天人。四天王是保護這個世界的護世天王，是帝釋天之下的。

各大菩薩和佛的弟子們，包括這些天人們，從來沒有看過這樣的座位。那麼多那麼大的座位，都可以容進維摩居士一丈見方的房間。

毗耶離城是維摩居士所居住的地方，經考據是在恆河之南，地處熱帶，是非常富裕的都市。當時的印度分成很多個國家，毗耶離城可以算一個小國家，是個民主自治的地方，沒有長官，也沒有公務員，也不需要法律，人民依道德自律。維摩居士是城中民選的領袖，是當地的長者。毗耶離城這個地方，並沒有因為進來這麼多師子座位而覺得擁擠。甚至於閻浮提（我們這個世界）四天下，都沒有覺得空間膨脹了，大家安然如故。這裡頭不是說神話故事，是說悟道的人的修證工夫境界。

這裡想起有位同學去了美國，寫信來提到件趣事，說美國都市空氣不好，有人去高山裝了新鮮空氣在瓶中，賣到都市來，你買了打開瓶子也不見有空氣出來。如果多買幾瓶在房間中打開，會覺得空氣變好了，大概也是心理作用，可是也沒有見到瓶中空氣把原來室內空氣擠出去。可以用這個例子去了解《維摩詰經》現在講的境界。其實這個境界，就是禪宗的話頭，要參一下。

「爾時維摩詰語文殊師利：就師子座，與諸菩薩上人俱坐，當自立身如彼座像。」當時，維摩居士就一擺手，請文殊師利菩薩上師子座，又請諸位菩薩上座。他很客氣地稱菩薩為「上人」。出家弟子對自己的師父可以尊稱上人，在家居士皈依了某法師，也可以稱法師為上人。上人這稱號的來源，也是首次出現於《維摩詰經》。唐代很多詩人，如韓愈，作的文章都題的是送某某上人，一看就知道是送出家人的。

維摩居士也告訴他們，要坐上這個師子座，有個條件，要「當自立身如彼座像」。立身究竟是說站直身子，還是抽象的立身？中文有「立身處世」，人如何自己尊重自己站起來，在中文叫立身。我要求同學們要懂得作人做事，就是立身處世。你活在這個世界上，要曉得自己為什麼活著？應該作個什麼人、做什麼事？這是立身的問題，用現代話是要把自己的立場搞清楚。在家是在家的立場，出家是出家的立場，做生意就有做生意的立場，學生有學生的立場，都要搞清楚。

後人怎麼註解這句話我們不管，註解是個人的意見，本經翻譯者鳩摩羅什法師，不加任何註解。我們光從這幾個字的表面意思看就嚴重了，他要菩薩們站起來，像那座位的形像。那糟糕了，不能坐了！前面還請人上座，現在又要人站著，不是不通嗎？難道是經文翻得不通？不可能的，他文字用得極好，一個字都不能動的。維摩居士是要求，諸位大菩薩現在的境界，要達到須彌燈王佛那個境界，才能夠坐上那座位。當自立志修道，智慧功德成就，有了智慧神通，不是普通的五通，是般若神通，那樣就立刻轉身了，如彼座像，像須彌燈王佛那個坐姿而坐。

我們打坐就是毘盧遮那佛的坐像，可是，須彌燈王佛的坐像是怎麼樣的？這就要注意了，要研究密宗佛像了，他同毘盧遮那佛一樣，只是手印不同。

「其得神通菩薩，即自變形，四萬二千由旬，坐師子座。」得到了智慧神通的菩薩，聽了這話，當場一念之間立刻就變了，身體無比的高大。不過比八萬四千差了一半，這是坐像，所以只有一半高。你看佛經在文字上沒有一點漏洞。

「諸新發意菩薩及大弟子，皆不能昇。」菩薩有大小，分十地，再前面還有十信、十住、十行、十迴向等等。新發心的菩薩，沒有這個神通，佛的一班大弟子像舍利弗等，也都上不去。只能「高山仰止」了，好在沒有戴帽子，否則仰頭一看會掉了帽子。

「爾時維摩詰語舍利弗：就師子座。」你看，這文章翻譯的多好。前面維摩居士對文殊師利菩薩，和諸大菩薩上人，很客氣地請他們上座。對舍利弗這些弟子，就回過頭來，唉！你們也坐啊！

「舍利弗言：居士！此座高廣，吾不能昇。」舍利弗吃癟了，只好說，對不起，這位子太大了，我沒有神通，上不去。連號稱神通第一的目連尊者在內，這些弟子一聲都不敢響，不敢在這個場合來耍二乘阿羅漢的神通，他們沒有大菩薩神通。什麼是大菩薩神通？根據佛經，大般若即神通。要大般若的成就，智慧成就。在《大智度論》中，文殊菩薩也說過，真正大神通就是大智慧，就是般若。天眼天耳等五通是小神通，還是生滅法，非究竟。所以即使智慧第一的舍利弗，都上不了這大師座位。

現在很多人都成了大師，連我都有人稱為大師，真讓我臉紅，甚至變綠了。當年我們學佛時，看見出家人都稱某某師，已經很客氣了。今天出家人隨便都稱法師了，甚至連法師也不夠，又是導師又是大師的，再過幾年怕大師要加一點變太師了，再下去，太字那一點要是點到上面去就糟了。可見現在的人好虛榮，我們老頭子看來無限感慨。我幾十年寫信寫字，具名都是剃光頭的，只有南懷瑾三個字，因為頭髮都白了，要過分客氣自稱老弟也不好意思，要自稱老師那更狗屁了。我哪有資格！我是永遠做人家徒孫的人。所以不要亂給我加什麼大師、導師的頭銜，不可有此心。

舍利弗上不去，因為要那麼大的智慧和神通，我們不曉得修多少大阿僧祇劫也不知到不到。維摩居士就講一個方法，立刻可以到，任何眾生凡夫都可以到，只要發此一心、動此一念都可以到。

「維摩詰言：唯！舍利弗！為須彌燈王如來作禮，乃可得坐。」他就要舍利弗以一心不亂、至誠的一念，向東方世界須彌燈王佛頂禮，就可以上去了。這也是〈普賢行願品〉的第一條。注意啊！維摩居士沒有叫大菩薩下跪頂禮，是要他們長高。對這些弟子則是叫他們要低下，然後才可以上座。

沒有驕慢心，而且要有至誠恭敬佛法之心，只這一念就可以上這個座。就這麼簡單。這個師子座說難還真難，普通的神通上不了，要大菩薩神通才上得了。但是真那麼難嗎？其實也很方便的，任何人很謙虛地萬緣放下，至心頂禮佛菩薩就到了。當你這個頭磕下去的時候，就已經有那麼高了。如果你是菩薩境界，高還要高才能上座。這就是話頭，是佛學，是真正的佛法，要我們謙虛。一切都在你一念之間，放下它，對一切眾生謙和，視之如佛，你就可以到這個位子。

「於是新發意菩薩及大弟子，即為須彌燈王如來作禮，便得坐師子座。」聽了維摩居士的教導，他們就頂禮了，這一頂禮下去，大概還沒起身就已經坐上那位子了。經文也不說他們是坐電梯還是直升機上去的，但是你把經文前後仔細一讀，就非常明白了。當這些弟子們一磕頭，一謙虛，至心以求，就上座了。所以《維摩詰經》同禪宗的關係太大了，禪宗大師用的許多語句，都是出自《維摩詰經》。日本人研究，認為中國禪宗是受了老莊的影響，老莊的影響是小部分，其實也不是影響，是與老莊的機鋒相同而已。但是禪宗沒有離開過真正的佛法，要說真受影響，就是《維摩詰經》了。學禪乃至學密的人，都要注意《維摩詰經》。

佛經處處教我們自謙，不要傲慢，貪瞋癡慢疑，這個慢字會擋住我們一切成就，非常重要。眾生本來就有我慢，不要學了佛法，加了佛法的觀念，變得我慢更重，成了增上慢，那就太可怕了，永遠上不了這個座。這是要點，千萬不要有增上慢心。

現在大家都入座了，一個不剩。應該還有一句，經文上雖然沒有寫，但是我用四個字說出來：「各安本位」。本分上就是這個座位，本分上就是道，本分上就是佛法。此時，三萬二千人，各安本位，都坐好了，非常安隱，不是安「穩」。佛經上都是用安隱，不是印錯了。實際上隱字的意思通於穩，但是不同。除了安詳穩當之外，隱有一切放下，一切皆空的味道。後人有的自作聰明，印佛經時把它改成安穩，是不對的。

「舍利弗言：居士！未曾有也。如是小室，乃容受此高廣之座，於毗耶離城，無所妨礙。又於閻浮提聚落城邑，及四天下諸天龍王鬼神宮殿，亦不迫迮。」這裡翻譯得非常高明，我們讀起來好像在看場電影一樣。可以用中國文學一句話說：「維摩居士方丈一會，儼然未散。」你把這經讀通了，仔細去唸，你會到那個境界，好像自己當時在場一樣。

舍利弗上座了，像個小學生似的，提出一個問題，居士啊！從來沒有過的啊！他不說我從來沒有過，否則又要挨維摩居士的罵，以你這個年紀、你這個小神通，怎麼會有這個經驗！他說這麼小的房間，能夠容納那麼多偉大的寶座，並且對毗耶離城沒有妨礙，大家坐在這裡又很寬，這大小中間的差別奇怪極了。不但對毗耶離城沒有妨礙，大至對我們的這個世界（閻浮提），小至對鄉村（聚落，如北方所講的屯，西南人講的場），對城市（城邑，城是有城牆的，邑是沒有一定範圍的），擴而言之對四天下（南贍部洲、北俱盧洲、東勝神洲、西牛賀洲），對諸天（三界二十八天），對龍王鬼神宮殿，都不擠。

講到諸天，順便一提。明朝亡國後，在太湖一帶有一教派，自稱為諸天教，是吃素供佛的。教主相傳是崇禎皇帝的公主，在北京破城時，被皇帝砍斷一條手臂，她逃出後出家，創立日月教。日月就是明，為了避滿清而取名諸天教，其實骨子裡是朱天教的意思。

在佛教廟宇內常看到一個標語：「不二法門」，也就是《維摩詰經》的重點。像做生意的講不二價，就是沒有兩樣的價格。不二法門是沒有二個法門，只有一個。換言之，世界上的真理只有一個，沒有第二個。我們學佛法是追求真理，怎麼是不二呢？這就很嚴重了，誰也沒有做到真正的不二。《維摩詰經》講不二，出家在家一樣，修與不修是不二，解脫與不解脫一樣，世界上的一切只有一個，沒有二個。不二法門本身就是個話頭，學佛真達到不二法門，可以說已經把握住入門基礎了。這不是理論，要真實證到。

解脫——不可思議

維摩居士提出一個證入不二法門的方法，第一就是解脫。維摩居士提出的是不可思議解脫法門，不可用理論推測的。一切眾生被煩惱痛苦的繩子所束縛，例如生死就是一條繩子，為什麼生了又死，為什麼生來的命運自己作不了主，隨外境而轉。我們活著，就受外在環境、歷史、文化、政治、社會、家庭、乃至自己身體的影響，自己始終不得自在。這還是大的繩子，還有許多小的繩子，要求名求利、要結婚、要求學，都是。你不想綑這繩子也不行，都在這圈圈中打滾，永遠跳不出來。不過你不要討厭它，有時候這條繩子還難找，比如青年男女找對象，明明知道這條繩子算不準是上吊的，可是還不容易找到呢！連這找不到的心境也是一條繩子。

所以人生最難得是解脫。佛法告訴我們，諸法無我，諸行無常。理論懂了，就是解脫不了。小乘的方法是求自我的解脫，但是不徹底。大乘是要徹底求解脫。不論大小乘，都有五個次序：戒、定、慧、解脫、解脫知見（解脫後所知所見）。在解脫知見的發揮裡面，有大小乘的差別。這是簡單的講，嚴重的講有五乘的差別：人乘、天乘、聲聞乘、緣覺乘及菩薩乘的解脫。

真解脫了以後是真自在，那真是觀自在菩薩了。人生最苦是解脫不了，為形象一切所拘束。解脫了不是沒有了，是法身清淨成就，就是無始以來的本來面目清淨圓滿。學佛要得法身，必須先求得解脫。

我們如何解脫呢？不是方法，不是靠工夫好，也不是買得來。六祖在《壇經》中說：「惟論見性，不論禪定解脫。」為什麼？見著法身達到本了，就不入末。許多學禪的人見解成什麼樣都不管，並不是正途，法身也沒有現前，了不起只從人情中解脫。我常說有些同學個性太拘束了，不好意思同人講話，做什麼事也不好意思，這就須要人情解脫。那種不在乎的氣魄也不容易學的，手受傷了須要截肢，能說要砍就砍嗎？麻藥也不用上了，那是真解脫了。痛還是痛的，但是不是練了武功，而是心念解脫，捨條手臂好像也沒什麼大不了。有的同學認為自己解脫了，但是處處拘束，習氣若改不了，何以說解脫？何以講禪？

我常告訴同學，真正佛法的成就，是智慧的成就，是般若的成就。解脫不是靠工夫，四禪八定、三明六通都是加行，是加工的程序。所以般若、法身、解脫，三者不可缺一。我們幾十年看到過的，有些學顯教的或學密宗教理的學者，例如歐陽竟無居士，他的老師楊仁山居士等等，他們的佛學真好，是我們一般人所不及的。佛學好有什麼用？習氣不改，生死到來不得解脫。佛學是文字般若，也是般若的一種，但是畢竟沒有得到真正解脫。所以有般若沒有解脫，法身不得清淨，不得圓滿。有些人不研究佛學，專門做工夫、參禪，常常在清淨境中，好像是法身清淨，那不是真法身，是偏空之果，因為他沒有般若，始終被清淨的境界綁住了，又是一條繩子。有法身沒有般若智慧，也是不圓滿。

有些人，當中有學佛的有不學佛的，他們人生很瀟灑，萬事看得開，他成就了嗎？沒有，因為他認不到自己本來的面目，因為沒有般若，沒有證得法身。

講圓滿成就的成就，也是一條繩子，我們為了講話方便，在言語表達時不得已借用這名辭。以上所講都是《維摩詰經》最精彩的一段，是不可思議解脫法門的前奏，是為了幫助了解主題。

上次講到，維摩居士心念一動，就從東方不知多遠的地方，借來了三萬二千那麼多高大的座位，居然全擺在他一丈見方的房間內，又容納那麼多人。因此舍利弗才有這樣的問題。現在維摩居士回答他。

「維摩詰言：唯！舍利弗！諸佛菩薩，有解脫名不可思議。若菩薩住是解脫者，以須彌之高廣內芥子中，無所增減，須彌山王本相如故。而四天王忉利諸天，不覺不知己之所入，唯應度者，乃見須彌入芥子中，是名不可思議解脫法門。」他說，一切佛菩薩有一個解脫法門，叫作不可思議。注意！維摩居士並不是說，諸佛菩薩有不可思議解脫法門，如果這文字是這麼翻的也對，可是意義就兩樣，變成是以不可思議為重點。而現在的經文，是以解脫為重點；但是這個解脫法門是不可思議的。

他說，諸佛菩薩不是偶然到達這個解脫境界，是「住」在那裡，還不是小乘的「定」在那裡。定和住，在佛經上是兩個概念，不可以相互替代，定只是一個點，譬如旋轉中的陀螺，雖然在動，但是中心在一點上，就是定。住就不然，那個陀螺也不轉了，就擺在那裡不動了。

佛經說須彌山，是我們這個世界中最高大的山，一般人認為，就是這個地球上的喜馬拉雅山，我是不同意的。若須彌山就是喜馬拉雅山，那南瞻部洲就是印度，中國就是東勝神洲，中東和歐洲就是西牛賀洲，西伯利亞就是北俱盧洲。幾十年前有位大師寫的佛學概論，就主張西伯利亞就是北俱盧洲，佛經描寫北俱盧洲幾乎是天人境界，是很舒服的。西伯利亞極為窮苦，哪裡是北俱盧洲的樣子？那佛經豈不是妄語？難怪以學者看來，佛經都是謊言。所以，不要誤認須彌山是喜馬拉雅山。佛過世之後，有些小乘經典這麼說，但也是很含糊的。

老實講，真正的須彌山是個形容，勉強說是代表地球的地軸也不正確。

據我的了解，佛經上說，太陽和月亮是須彌山一半，在須彌山的中間，根據《華嚴經》，須彌山應該是銀河系統。所以須彌山這個問題非常嚴重。

剛才吃飯的時候，蕭主任也跟我說，非要加強年輕法師的外語課程不可，否則將來到國外開不了口，怎麼弘法？在未來的世紀，外語能力非常重要。你看當初鳩摩羅什法師，以一個中亞僧人來到中國，他就是把外語搞好了，才能弘法。我說這要靠各人立志，玄奘法師當年去印度留學，也是要能精通梵文才有這樣的成就。未來的科學會更昌明，如果你出去弘法，仍然沿用須彌山是喜馬拉雅山的觀念，真會讓人家笑掉大牙的，連佛法的光彩都失掉了，人家也就不會有興趣聽佛法。這些地方看起來是小事，其實是佛法接觸到現代最緊要的地方，必須要搞清楚。你「閉戶稱王」，關起門來自稱最高最好的學問可以，開了門可不行的。今天的科學文明造成了繁華，也開展了混亂，不是偶然的，不是簡單的，不要忘了外面的現實。這是我談到須彌山，順便給大家一點鼓勵，不要隨便講話，被知識分子聽了，會被斥為胡鬧，連基本常識都不夠，怎麼去談最高般若？

須彌山是世界的中心最高的山，照佛經三界天人的組織，欲界天的太陽月亮系統是須彌山之半。如果諸佛菩薩住在這個解脫境界的話，那麼以須彌山之高之廣之大，「內芥子中」，把須彌山放到芝麻大小的芥菜子之中，「無所增減」，須彌山沒有縮小，芥菜子也沒有放大。這句話一聽很容易懂，氣派也很大，他說這是不可思議的解脫法門，請問我們要如何解脫？我們連把自己身體放進火柴盒都做不到，你說懂了佛法得了解脫，你來解脫看看。如果你做得到，外出旅行裝在口袋就可以了，飛機票都省了。這都是問題！佛經說解脫，要怎麼解脫？如果說佛經只是形容而已，那佛經就是謊話。佛是無妄語的，我們相信真得解脫的人是做得到的，並不是一定把身體放進火柴盒裡，這其中有深刻的道理。

住解脫法門菩薩——空間

維摩居士說，諸菩薩真住在解脫法門，所以「以須彌之高廣，內芥子中，無所增減」，你們學禪宗的同學要注意了，瞎吹是沒用的。近來外面很多人找我，這個求開悟，那個求印證。我有了個罪名，變成了什麼禪宗專家，禪宗又不是我的，我不懂禪，更沒有開悟。我真想到報上登個廣告，我是個說書的，不過我說書的時候，很努力給大家說就是了。下一句話更重要。

「須彌山王本相如故。」這個「王」是形容須彌山是最高大的山，是一切山中之王。全句是說：登菩薩之道真得解脫之人，住在這個境界裡，把須彌山放入芥菜子中，須彌山沒有縮小，芥菜子沒有放大，為什麼呢？因為須彌山王本來就是如此。他原文就是這樣，你不要看前人今人的註解，否則就被別人拉走了，你要看原典。但是這句話怎麼辦？他說「須彌山王本相如故」，須彌山本來不增不減，可大可小，非大非小。這又是什麼道理？這裡還沒有完。

「而四天王忉利諸天，不覺不知己之所入。」佛經說須彌山是這世界中心，日月圍繞須彌山之半，四大天王就在這日月圈子放大一點的地方。忉利天是欲界的第二天，比日月系統又高一層。釋迦牟尼佛的母親，因為有生佛的功德，所以身後昇到忉利天。忉利天又叫三十三天，不是像高樓有三十三層，而是有三十三個聯合的區域，其中的主席是帝釋天主，中國稱之為玉皇大帝，他好比統領三十三路天人諸侯。

我是沒有時間做這件事了，但我希望你們同學能用白話文好好寫一篇三界天人的論文，把大小乘佛經、律論參透了，馬上再翻成英文，我包你賣大價錢，人家會驚異，二千多年前佛就已經有如此科學的宇宙觀。現在科學進步了，別的宗教的天堂觀念，已無法令人信服了。佛說過，這個宇宙的星球多至不可數的，所以科學會幫忙弘揚佛法。因此你們應該走科學路線，但是你們也不肯研究這些常識。我天天在著急，每星期要寫四五種不同的文章，每天晚上十二點寫到兩三點，寫得自己頭在哪裡都不知道了，可是極少會寫錯字的。這個本事你們要學，怎麼學？要解脫。寫到頭昏腦脹時，已經忘記這個頭了，死掉算了，眼睛也不要了，就要肯犧牲自己。這是閒話，你們年輕，好好研究，佛法有太多的好東西。

四大天王是東西南北四個天王，你們到廟子可以看到他們的像，有拿雨傘的、拿寶劍的、拿琵琶的等等，那都是象徵。我到現在還在與學科學的同學研究，為什麼晴空是蔚藍色的青天。若乘太空船離開了地球，看到窗外卻是漆黑的，所以藍天是在這黑圈子以內，再過去這個黑圈子，外頭又變成亮的了，這物理世界奇妙得很。這天何以是藍色？我們曉得太陽光是有七彩的，這又講到《易經》數字了。紅到極點變成橙，橙到極點變成黃，黃到極點變成綠，綠到極點變成藍，藍到極點變成靛，靛到極點變成紫。那麼藍天是太陽光照所生的嗎？這還是問題。

佛經的說法是，南天王天庭的階口，是青藍色的琉璃構成，所以我們看到的藍天，是南天王天庭階口的反映，但是其他世界看到的，卻不一定是青天。這在《大藏經》裡有，怪我定力不夠，當年在四川時讀到，但沒記住是出自哪一本經（按：《大藏經》八十五冊疑似部《妙法蓮華經・馬明菩薩品第三十》《長阿含經卷十八》）。

其次，你們氣脈全通了的人，打坐定的光中若是藍天，青藍色的光，那美得很。所以密宗的藥師佛畫像是藍的，不過顏色不對，太藍了，好像是人生了肝病似的。可是世界上沒有一種顏色，可以顯示出那麼清淨莊嚴的藍色。為什麼藥師佛畫成藍的，因為中脈通了的人，可以得長壽的人，他內中同天庭的藍色是一樣的。這是真的，你們年輕人自己說氣脈通了，有這個境界嗎？

上面提到了四天王天、忉利諸天，包括了中國民間天文常識的三垣、二十八宿、三十六宮，都「不覺不知己之所入」。須彌山包括欲界天的天人了（注意，這裡沒有講到色界），這些都納進芥菜子裡了，可是自己不覺得進入了一個小地方。一切眾生和須彌山被放進一粒小芥菜子裡頭，自己都不知道，只有什麼人知道？

「唯應度者，乃見須彌入芥子中。」只有應該得度的，就是有成就的菩薩，得了般若能看到一點清淨法身，他們才見到，那麼大的須彌山，進入了那麼微小的芥菜子中。換言之，只有明眼人看到了，其他人都不知道。這就叫作「不可思議解脫法門」。我們看得很熱鬧，不知道他在講些什麼，中國文學後來就有「芥子納須彌」的用語。

禪宗有個公案，唐朝有位居士，這居士是有功名的，能考得功名總是有相當學問的。中國文化一直到清朝末年，所謂正途出身的，是說由秀才到舉人、進士、選翰林、外放作地方官，一、二十年的學問功名下來，第一步可能只放個縣長等級的官。這樣子的人在自家祠堂裡，會寫明是進士出身。以前作官的出門可威風了，前面有舉牌子的，鳴鑼開道的，大家都知道是進士出身。這是正途出身，比非正途出身的就好像高了一級。像今天講學歷，同是博士、碩士，大家會比某某是哪所大學畢業，某某是留學某大學，是一樣情形。

回頭再說這個居士，他去請問一位禪師，問道：須彌納芥子是很平常，但芥子納須彌就讓人難信。禪師一笑，問他：聽聞居士讀書萬卷，是否確實？居士答是。禪師就說：一萬卷書如何裝得入居士身中？這居士馬上就有所悟了。當然這還是道理上面的悟，只是理解上的懂，禪宗說這是知解中的，在理論的解釋、推理中去了解，真實的境界般若，還是沒有證到。

這是古人的例子，現在就要用科學的道理了。譬如小小一塊肉，其中有多少細胞？乃至小小一個細胞上，可能有多少細菌？每個細菌又可以再分下去，它生命裡還有生命，這就是芥子納須彌的道理。再例如人身上的血管接成一條有多少公里長？一秒鐘血液流動幾公里？心臟跳動平常自己聽不見，除非你摀住耳朵聽，但是從科學上講，跳動聲應該是其大如雷的。理論上我們可以說是有這種事，芥子可以納須彌，大可以納小，小也可以納大。

我們曉得有大小，就是我們的痛苦，所以不能得解脫。譬如大家打坐，經常有兩個東西忘不掉：時間觀念和空間觀念。空間觀念，像是學道的，一定要面對東方打坐，學佛的又要面對西方。大小是人為的，時空、內外都是相對的。去掉了這些人為的、相對的觀念，你才真得到不可思議解脫，明心見性才算有一點影子了。

現在年輕人好談禪，這也就是禪的道理。禪不是空談的，要實際證得的，能夠一念放下就解脫了。一念放下，不是你打坐時閉著眼睡覺，萬事不管，那只是第六意識不起活動，而你血液仍然在流。你坐了一兩小時起來，自己也知道坐了很久，一看錶，嗯，這一堂坐得蠻不錯。你白坐了！連時間觀念都沒有忘掉。念，不是只講第六意識的，一念放下的念，是指下意識不動念。

這個道理了解了，才能真正放下大小、內外、時空，才到達了解脫法門。這是《維摩詰經》的重點，就有這麼嚴重。下面仍然是這個題目。

「又以四大海水入一毛孔，不嬈魚鼈黿鼉水性之屬，而彼大海本相如故，諸龍鬼神阿修羅等，不覺不知己之所入，於此眾生亦無所嬈。」嬈是困擾。對年輕同學的粗心大意，我常常很生氣，現在來幫你們仔細讀經。你看，上面是講到山，現在講到海。山代表了什麼、海代表了什麼？這都是問題。佛經的寫作方式，記載佛的說法、大菩薩的說法，不是偶然。

現在講四大海水，這個同須彌山一樣，過去小乘經典講四大海水以印度為中心。現在可以地球為中心：太平洋、大西洋、北冰洋、南冰洋。地球上水最多，陸地上山地多，平地最少。四大海的海水，進入一個毛孔中，連帶四大海水中的生物，魚、鱉、蝦等等，都進去了，卻絲毫不覺得入到了那麼小的地方，仍然覺得自己的世界很大。為什麼呢？因為四大海到了毛孔中，並沒有縮小，「本相如故」，沒有大小分別。海裡的龍、鬼、神、阿修羅（這些是低層的阿修羅），都沒有覺得自己跟著海水進到毛孔中。「於此眾生亦無所嬈」，大海這些眾生，因此也不覺得苦惱。

我們現在曉得，陸地上有的，海裡都有，而且比陸地上還多，所以科幻小說寫地球的中間還有個世界，實際上國外也在作這方面的研究和探索。我覺得這些科學幻想很有意思，因為根據佛經和中國道家思想，這個地球是個活的生命，在地表下面是另有世界的。像《華嚴經》，就是龍樹菩薩從龍宮取出來的，而龍宮的佛經藏書，不曉得比我們這世界多多少。現代人固然是不願相信，但是即使是研究海洋學的，也不敢斷定海洋最底層，究竟面貌如何。深海是漆黑一片，那兒的魚是自己會發光的，深層的魚是不會游到中層或上層來的。這有點像欲界、色界、無色界分為三層。有個同學常去南沙群島潛水，他給我帶了好多貝殼珊瑚作紀念。他說每次潛到水下，覺得那個世界是無比的乾淨、漂亮，甚至可以在水底打坐。每次若不是氧氣沒有了，真不想上來。當然他說的是在淺海，不是深海。佛說三千大千世界，每個有每個的世界。一個蜂巢對蜜蜂來說，就是一國家或社會。

《維摩詰經》上面講高山，這裡講海水，代表什麼？我們不作結論，大家自己去研究。假使拿我們身體來講，高山就是骨架，四大海水就是血液。

「又舍利弗，住不可思議解脫菩薩，斷取三千大千世界，如陶家輪，著右掌中，擲過恆沙世界之外，其中眾生不覺不知己之所往。又復還置本處，都不使人有往來想，而此世界本相如故。」這都是實證的菩薩境界，所以我要先說明，要徹底研究《維摩詰經》的大乘菩薩境界，就要研究《佛說大方廣菩薩十地經》，看看這十地菩薩是什麼境界，同時要配合《華嚴經》有關十地的說法，然後才會了解。

一個三千大千世界就是一佛國土，是一個佛的教化所到的範圍。三千大千世界怎麼計算的，前面已經討論過了，但是我仍然要說，佛他老人家在幾千年前，是怎麼有這麼先進的天文宇宙觀，我真只有頂禮了。在從前科學不發達的時候，佛這麼說真會被人當作是在吹牛。到了現代科學昌盛了，對佛法是更加信仰了。

這裡說，大乘菩薩住於不可思議解脫的境界裡，他手這麼一抓，就把三千大千世界拿下來，像做陶器的人捏陶土一樣，拿在手裡玩；然後把三千大千世界一拋，拋過不知多遠的距離，這厲害吧！可是這三千大千世界，其中的眾生卻不知道去了哪裡，然後又把三千大千世界放回原處，眾生都覺得沒有動過。為什麼？這世界本來面目就是這樣，它沒有動過，這是不可思議境界，是不二法門。

看了這段，真要佩服他的境界，若在幾百年前講，決不會相信的。現在大家都知道地球會自轉會公轉，我們不覺得有動，海水也不會倒出來，在南半球的人也不覺得是倒掛著的，這個都和地心引力有關。我們坐在這裡聽一堂課，整個地球已經不曉得移動了多少距離，但你也可以說沒有動過，仍然坐在虛空中。這也是為什麼我常要參禪的同學注意，為什麼《楞嚴經》說：「妙湛總持不動尊」，為什麼北方佛是不空如來，為什麼阿彌陀佛是西方，為什麼生生不已的都是在東方？這些都是話頭。你不要以為參禪只是參一句「念佛是誰」，那太小器了。佛法裡這麼多大話頭參通了，那麼你的禪大概有些影子了。

現在提過了三個不可思議，一個是須彌山高山，納入芥子，沒有大小之別。第二個是四大海水納入一毛孔，就像《楞嚴經》說：「於一毛端現寶王剎，坐微塵裡轉大法輪」，在一根毫毛的尖端有一個佛的國土，在一粒灰塵中說法。第三個是三千大千世界，無論怎麼樣地折騰，在空間上不覺得動過。接下來講時間。

住解脫法門菩薩——時間

「又舍利弗，或有眾生樂久住世而可度者，菩薩即演七日以為一劫，令彼眾生謂之一劫。」一切眾生根器不同，有的眾生對世間留戀得很。我接觸到有些人有這種想法，他們認為這個世界不知道有多可愛，對於許多宗教討厭這個世界，就覺得很奇怪。你們可能認為這是愚癡眾生，可是我投他們一票，這個世界本來也不錯嘛！這世界是釋迦牟尼佛的國土，我們看到很醜陋的一面，沒看到很美的一面，本經在後面也會說到很美的一面。大乘菩薩反而是愈多苦難的地方他愈要來，好的地方他反而不去。

對於樂於住世而可度的眾生，菩薩就可以把七天變成一劫，把短的時間在感覺上拉長，因為他要長嘛！為了要度他，使他感到過了一劫。「或有眾生不樂久住而可度者，菩薩即促一劫以為七日，令彼眾生謂之七日。」相反的，有的眾生認為世界太苦了，不如早日離開，菩薩就把一劫變為七天，使他感覺上變得很快就過去了。

時間、壽命的長短是沒有一定的，是唯心所造，唯心所變。人在歡樂中，時間過得很快。有的人做生意比較得意時，會希望能再多幾年。痛苦中的人，像受刑的人、醫院中的重病者，是度日如年。這就是唯心的道理，要參究的。《維摩詰經》中處處是大話頭，「念佛是誰」，是我，沒什麼好參的，要參就參大話頭。

這裡也牽涉到後世學佛的人，要「即生成就」和「即身成就」的問題。即生成就是禪宗所標榜的，這一生就可以頓悟成佛。密宗標榜即身成就，這個業報之身，轉化成佛的色身，父母所生的肉身，轉化成圓滿的報身。顯教對於禪宗所標榜的即生成就，已經覺得有問題，對於密教標榜的即身成就，更難同意。根據教理，由凡夫來學佛，要經過三大阿僧祇劫才能成就，不可能有即生成就的，更不承認有即身成就。佛說「劫數無定」，所以學禪的和學密的就主張，安知這一生不是最後一生？但是這種氣派也很狂妄，據我幾十年看到過的，大部分標榜這一生就是最後一生的，都不大圓滿，更沒有看到一個報身圓滿修成的。

所以不要讀了《維摩詰經》這一段而自我傲慢，修行畢竟要從實際來的。可是在實際的修行中也不要氣餒，佛說劫數無定，地數也無定，所以《楞伽經》也說初地等於十地，十地等於二地，二地等於七地……這十個地給它顛倒一番，十地菩薩等於無地，不是無地自容，是說一切地，一切時間，都在一念之間。所以一念得解脫，劫數也無定。

住不可思議解脫菩薩所能

「又舍利弗，住不可思議解脫菩薩，以一切佛土嚴飾之事，集在一國，示於眾生。」證到了不可思議境界，而能夠得解脫的菩薩，可以把一切佛的國土中最莊嚴的事（例如極樂世界的莊嚴、東方藥師佛世界的莊嚴），集中到一個國家，給眾生看到。以凡夫眼光看來，這事連凡夫都能做到，也許古人會懷疑，但是今日科學進步，商業發達，任何國家都有可能把其他國家好的東西集中到一處，做成模型展覽。凡夫能做到，佛菩薩當然更沒問題，不須要懷疑，這是第一層。但是我們真到達證到，就要注意「住不可思議解脫菩薩」是先「住不可思議」的，這話好像很容易懂，但要能證到不可思議非常難，證到能得解脫也非常難，這是第二層，也可以說是兩步工夫。

第一，我們先解決不可思議，諸佛菩薩有不可思議智慧，有不可思議的神通，有不可思議的功德。一切眾生也有不可思議的聰明，有不可思議造業的神通，有不可思議善惡的功德。這不可思議在什麼地方呢？我們經常做個比方，譬如我們對自己就不可思議，你明天會做什麼事，想得到嗎？誰也想不到。你下一個觀念，心中想什麼東西，誰也不知道。明天後天人生遭遇如何？不知道。不知道就是不可思議，是凡夫的不可思議，你沒有辦法去推想，即使自己先作了安排；到那個時候，時空變了，環境不同了，完全不如理想。我常和年輕同學們談人生境界，幾乎沒有人活著時，能真正達成自己理想的。假使有人能做到，這個人的福德非常高了、非常夠了。

若問為什麼人達不到自己的理想？因為自己的心意識不可思議，何以如此？大家回想自己的人生境界，理想比事實美多了。比如你期待明天要去郊遊，自己就在想，目的地景緻如何如何，真到了那裡，又累又渴，不那麼好玩。這裡就要參了，為什麼會不可思議，你真參通了這個，達到解脫就很容易，因為人生的理想永遠不可能實現，那都是夢幻。我們大夢幻中的小夢幻更不能做到，理解通了，自然解脫，不被自己欺騙。

「又菩薩以一佛土眾生置之右掌，飛到十方徧示一切，而不動本處。」這文字很好懂，菩薩境界的人得到不可思議，把十方世界的佛國，右手一抓，放在手掌上，然後自己飛到十方世界給大家看，十方世界的這些眾生，他們自己覺得動都沒有動。只有住不可思議得到解脫的菩薩，才做得到這些。古人看《維摩詰經》覺得是神話，一切都不是神話。現在凡夫也做得到，用一個錄影機把全世界都攝錄下來，以凡夫的智慧，透過物質關係，也做得到。以菩薩的神通智慧，絕對更容易做到。現在這裡若有一位肉身菩薩，他就可以表演給你看，但是他一表演就會走了，不到一個鐘頭立刻就要走的。他不能留，否則要找他的人不知有多少，煩都能把他煩死了。所以肉身菩薩是不露神通的，事實上，這是唯心的功能，都可以做得到的。

「又舍利弗，十方眾生供養諸佛之具，菩薩於一毛孔，皆令得見。」這一條好像毫不相干，其實很相干的。供養與布施不同，對下是布施，對上是供養。現在認為拿錢就是供養，當然錢是流通的，可以買到物質的東西。佛經上講供養，歸類起來有四樣：衣服、飲食、臥具、藥品。包括了穿的、吃的、睡的，尤其是調理身體健康的藥。

實際上我們吃飯也是吃藥。你們看濟顛和尚的小說，他有一次去逗一個醫生，故意問醫生包子饅頭治什麼病，醫生不知道，他答說是治餓病的。這裡說，住不可思議解脫菩薩，在一毛孔中都看得見十方一切眾生供養佛的東西。那是真做到的，不用一毛孔都做得到的，如果修持觀行到了的話。我常說你們修白骨觀的，連一根腳指頭都觀不起來，不要說觀到白骨在放光了。做到了的人，自己本身白骨的毛孔放光是很自然的，放光了之後，在黑暗中能看東西也很自然。為什麼？我們自己的身心本能，就具備了這樣的功能。

莊子說過：「瞻彼闕者，虛室生白，吉祥止止。」可見他也到達了這個境界。真達到空境界的人，在一個空洞的黑暗房間裡都會放光，那是在定的境界，吉祥圓滿。所以在一毛孔中，看見十方一切眾生供養佛的東西，那是當然。即使現在我們凡夫，透過顯微鏡，也可以看見細微世界，透過電視，也可以看見遠方世界如在目前。

「又十方國土所有日月星宿，於一毛孔，普使見之。」這只要得初禪定的人都辦得到，自己在定境一觀（不是肉眼觀），整個天地身心都在前面。中國古書常說日月星辰，什麼是辰？現在的同學們，即使得了高等學位的，可能都會被考倒了。日月星辰是四樣東西，與日月星宿一樣嗎？不一樣的。中國古代天文學有所謂二十八宿，就是二十八個星座。太陽的行度一年有三百六十五度多，不用日子計算，而用干支計算。十個天干加上十二個地支，變成甲子、乙丑、丙寅等六十花甲，這是計算宇宙天文的行度，在天體上叫作纏度，是天體在虛空中的行度。每一個月的每一天，晚上星座在天空出現的位置都不同。「宿」就是晚上所住的那一宮，住在天體的那個範圍。「辰」是在早上觀察星座的位置，每一個月的每一天亦不同。

中國古代的天文是世界第一，了解天文就需要數學，中國古代的數學也是第一，可是現在中國的科學卻是落後的。好幾年前，我們的童子軍去參加世界童軍大會，別的國家的童子軍，晚上都能認得星星，我們的童子軍就認不出來，真是遺憾。今天下午有位同學問到我這個天文的問題，我要他先去讀《史記》的〈天官書〉，再配合現代的天文學去研究。以前帶兵的要上知天文下知地理，黑夜之中行軍，沒有方向沒有時間，怎麼走呢？只有靠著天空星座的位置判斷。

這句經文講十方國土一切日月星宿，想想看，那個範圍有多大！但都在一個毛孔中可以看見，這是菩薩境界。現代的太空科學家，用高倍的天文望遠鏡，用一小點，雖然未必看得見十方國土一切日月星宿，也可以看見許多銀河系統、星雲，使得凡夫的智慧，也追近了菩薩的智慧。佛經上有句話：「諸佛菩薩智慧神通不可思議，一切眾生業力也不可思議。」把一切眾生的業力翻過來，就變成諸佛菩薩智慧神通，所以由凡夫成佛，就在一念之間一轉而已。但你轉不過來，能轉得過來，即生成就又有何難？

風火音聲

「又舍利弗，十方世界所有諸風，菩薩悉能吸著口中，而身無損，外諸樹木，亦不摧折。」菩薩境界可以把十方世界所有諸風，一口氣吸入自己的肚子，肚皮也不會脹起來，而最難的是，外面的樹木也不受損害。這個真無法想像，我主張現代青年同學，要開發新的路子研究佛經，不要走老路子，老的註解，現代人不大容易接受，只會讓佛法落伍。一定要走科學路線，我是不懂科學的，你不要聽我在亂講，我只是有一點皮毛常識，不過在刺激大家要去注意。

比如我們研究這一句經文時，就要想到，地球的大氣層，愈到外層愈稀薄，最後就沒有氣了，這星球之間沒有氣的真空地帶，在《華嚴經》叫作香水海，並不真是海。現代人知道，乘太空船去外太空，外頭全黑的，也沒有空氣，所以太空船要帶氧氣。太空是現代名辭，不要和佛學的「太虛空」混為一談，這是兩個觀念。好了，照這句經文講，有神通的菩薩，一口把地球上的氣吸進身內，可是外太空星際之間沒有氣，要到另一個星球才可能有氣，請問這個神通要怎麼吸？此其一。假使我們有科學知識，再來看佛經就愈看愈有趣，問題愈來愈多，也愈來愈相信佛法。

所以各位不論在家出家的，一定要有「綜合科學常識」，學物理、化學、電機的是專門科學，沒有綜合。綜合科學是有這些專門學科的基礎，作總結論的，是門新興科學。

第二個問題，我們到非常高的山上去，那兒空氣稀薄，平地人去了，呼吸會感困難，是不是得道菩薩把空氣吸進肚子，把那一段空氣也吸進去了？

表面上看，《維摩詰經》講的這些境界，好像是神話，實際上真有禪定工夫的人，絕對能體會到，到了三禪以上氣住脈停時，硬是有這個境界。馬祖接引一個人稱龐居士的龐蘊時，龐蘊問：不與萬法為侶者是什麼人？馬祖說，等你一口吸盡西江水，再同你說，龐蘊因此悟道。西江是江西一帶的水，誰能夠一口吸盡呢？一般講禪學的，都是講理論，人一口吞下一碗水都做不到，怎可能一口吞下西江水？但這個是實證的境界。剛才露了一個消息，要到三禪以上氣住脈停時，這些境界就可以體會了，才知道佛經沒有一句是空話。

「又十方世界劫盡燒時，以一切火內於腹中，火事如故，而不為害。」十方世界劫數盡了就會燒起來，這是佛經提到三災八難中的大三災之一。小三災指人類世界的刀兵、瘟疫、飢饉。大三災是火、水、風災。比方地球要毀壞時。

第一災難是火災，等於古書說的十日并出，地球燒成了灰，一直燒到初禪天界。這是電能，發熱。你們打坐時覺得身上發燒，這些同地水火風都有關係。這種災難在過去有沒有呢？漢武帝時，根據正史，佛法是在七八十年甚至一百年後才傳入中國，其實早在秦始皇時代，已經有印度的和尚來過。漢武帝時，佛教至少已傳入蒙古地方，當時出征蒙古所俘虜的人，身上就帶有佛像，漢書上叫「金人」，就是佛的銅像。漢武帝在雲南修昆明池，地下挖出黑泥，不知是何物，漢武帝就問道家稱為神仙的東方朔，東方朔故意裝不知道，說要找西域來的番僧來問。等找來番僧，他說是前劫之劫灰。也就是說，這世界在若干千億萬年前，世界末日焚燒時剩下來的東西。是什麼？就是煤炭。現在我們也知道，若是純度高的，經過高溫壓縮的，就成了金剛鑽。你看二千多年前的佛家，竟然已經有了這樣的知識！

第二個災難是水災，世界都被水淹了，這不是普通的洪水，淹到二禪天界了。這同我們做工夫有絕對的關係，我常要求同學們注意這些，不要光弄大乘佛學空洞的理論，說了半天，既不能得解脫又不能得實證。現在科學界擔心的是，生態氣候的變化，導致南北極的冰山融化，整個世界會淹沒，到時喜馬拉雅山可能變成一個小海島，或者沒頂也可能。人類到時就滅亡了，照佛經說，全世界的人口，僅剩了五百個好人做人種。我們做工夫時，身內發脹發麻都是水大作祟，水大作祟生的病，如高低血壓、糖尿病等，包括守戒的漏。地水火風四大，每一大各有一百零一種病，共有四百零四種病。

到了風災來臨時，三禪天也毀了。這些同我們做工夫、色身四大的變化，有密切的關係。這些道理都要參通，否則做工夫到了某一階段，是什麼原因都不知道。

現在經文講到十方世界火劫來的時候，菩薩可以把一切火收容到肚子裡，而火的燃燒功能一點也沒有毀壞。我們當年看的武俠小說，還珠樓主寫的《蜀山劍俠傳》，裡頭就有這些，書中主角就是把劫火放在手中搓揉，把它搓小了放入袋中拿走，所以世界人類沒有受害。我們看了，就知道作者對佛經和道書，都看得很熟，所以有這麼多的幻想資料。胡適之反對文言，可是他自己也愛讀《蜀山劍俠傳》。

「又於下方過恆河沙等諸佛世界，取一佛土，舉著上方，過恆河沙無數世界，如持針鋒舉一棗葉，而無所嬈。」我們要注意，佛經每一句經文都不是隨便編的。他說大乘菩薩可以從我們這個世界下去，穿過了地球，過了不知道多少星球，抓了在下方的某一個佛土，拿回來向上送。又過了不知道多少星球，等於一根縫衣服的針，頂住一片棗樹的葉子，就那麼輕鬆，然而對這佛土上所寄生的眾生，卻毫無妨礙。借用現在的例子，人類去到月球，把那邊的石塊挖了回來，也把地球的美國國旗插了上去，看起來輕而易舉，也是人的不可思議智慧與力量。但只能到月球而已，其他的星球我們人還上不去。用佛法的實證工夫來講，如果禪定境界沒有達到上下連成一體，即所謂得定，沒有達到一念不生，是做不到的。在密宗是要中脈通了才行。這裡講用針尖頂一片棗樹的葉子，不是芭蕉葉，也不是菩提葉，是有它的道理的。

上面都是拿物理世界做比方，接下來是另一類了。

「又舍利弗，住不可思議解脫菩薩，能以神通現作佛身，或現辟支佛身，或現聲聞身，或現帝釋身，或現梵王身，或現世主身，或現轉輪聖王身。」住在不可思議境界的菩薩，能夠以神通現身做一切的佛事。他或者變成佛，或者佛沒出世時的緣覺佛，或稱辟支佛。辟支佛是翻音，用禪宗祖師的話是「無佛處稱尊」，因因緣而悟道，在孤峰頂上弘法十方。譬如天臺宗祖師智者大師的師父慧思大師，他只在山頂「氣吞諸方」，很少下山弘法，他門下有個智者大師，夠了。等於六祖門下出了個馬祖就夠了。聲聞是羅漢，帝釋是欲界忉利天天主，梵王是統領初禪三天的天主，世主是人世間的皇帝，轉輪聖王是統治世界的皇帝。

《觀世音菩薩普門品》提到的三十二應身，同這一段是一樣而又不同。這一段說住不可思議境界的菩薩，隨時可以出世入世，現佛身或帝王身。《華嚴經》講過，治世（太平盛世）的帝王是十地菩薩轉世。所以三代的堯、舜、禹都是十地菩薩的化身，這就是功德智慧，就是神通。

「又十方世界所有眾聲，上中下音，皆能變之，令作佛聲，演出無常苦空無我之音，及十方諸佛所說種種之法，皆於其中，普令得聞。」佛陀說：一切音聲皆是陀羅尼。所有的音聲，都是普賢如來根本咒唵阿吽的變化妙用，三個基本音聲演變來的。在我們人而言，唵是頭部音，阿是喉部胸部音，吽是腹部音，分別發於人身的上中下部。中國講發音有平上去入四聲辨音，是齊梁之間的沈約等人，根據華嚴字母創立的，推動了詩詞韻律的發展。四十二個華嚴字母，有聲母、韻母之不同。所以我特別請到一位老法師，來教你們學華嚴字母。真通了華嚴字母的梵唱，學起外語就容易了。

中文本來沒有注音的，東晉鳩摩羅什等法師來到中國，對這方塊字很頭痛，就根據梵文字母，創立了切韻的辦法，就是拼音，用於翻譯佛經。也有學者研究認為，是東漢末的服虔或者三國魏人孫炎，根據印度的梵文字母拼音之學創始反切法的。切韻原來叫翻切，也叫反切，翻譯的翻字是由翻切來的。隋煬帝很通音韻，可是他討厭這個「反」字，因為當時老百姓要造反，就把反切改成了切韻。到了唐宋時，就又叫作反切。這種唱念音聲之學，到現代變成音韻學，成了專門的學問。

三國時曹操的兒子文學家曹植，他有天，忽然聽見空中傳來音樂，清雅極了，他聽著就像到了不可思議解脫境界似的，就尋著聲音找到水邊，因為他的音樂造詣很高（當時另一位音樂造詣極高的人，是東吳的周瑜，人說「曲有誤，周郎顧」，他走在路上，聽到有人彈奏走音，就一定會回頭望去。當時這些人的才華不得了。另一位是荊州的劉表，你不要以為他懦弱，他可是易學的大家，只是政治玩不好），曉得這不是中國本土的音樂，就把它記錄下來，成了〈漁山梵唱〉。

現在的國語是北方的發音，沒有入聲，與去聲混合了，但是作詩作詞還是要分清楚的。這一段經文講的上中下音，代表了平上去。他說，把世界一切的音聲，以住不可思議解脫菩薩的神力，都可以變成說法的聲音。《阿彌陀經》上說，西方極樂世界一切鳥、風、樹等等的聲音，都在念佛、念法、念僧。我們這個世界所有的聲音也都在念佛、念法、念僧，只是我們凡夫被煩惱妄念擋住，聽不見了。煩惱妄念一空，住不可思議解脫境界，聽世界一切音聲，都在演說無常苦空無我之法，都是法音清淨。這要自己得了解脫才能夠知道。

到這裡，維摩居士就趕快收場，再說下去就太多了。

「舍利弗！我今略說菩薩不可思議解脫之力，若廣說者，窮劫不盡。」注意這個「力」字，到達這個境界，見地工夫都到達了，就具備法力。

若再說下去，用一個劫數來說都說不完的。

「是時大迦葉，聞說菩薩不可思議解脫法門，歎未曾有。」這時換了一個主角講話，大迦葉是佛弟子頭陀行第一，也是禪宗第一代祖師。他聽了菩薩不可思議解脫法門，歎未曾有，從來沒有聽過這等事。

「謂舍利弗：譬如有人，於盲者前現眾色像，非彼所見。一切聲聞，聞是不可思議解脫法門，不能解了，為若此也。」大迦葉以師兄身分，岔進來對師弟舍利弗講話，比方有一個人在瞎子面前放電影，瞎子是看不見的。所以這個境界，除了住在不可思議解脫境界的大乘菩薩，一切聲聞羅漢，聽到這個法門，根本不能懂，智慧程度的差別，就是這個樣子。

「智者聞是，其誰不發阿耨多羅三藐三菩提心？我等何為永絕其根？於此大乘，已如敗種，一切聲聞，聞是不可思議解脫法門，皆應號泣，聲震三千大千世界。一切菩薩，應大欣慶，頂受此法。若有菩薩信解不可思議解脫法門者，一切魔眾無如之何。」大迦葉又說，上面講的不是聲聞境界，真有大智慧的人得悟此理，個個都要發無上正等正覺之心，都會想求明心見性，得了明心見性，就會了解此心不可思議，得大解脫。他講給舍利弗聽，也是給其他的弟子們聽：我們為什麼要走小路，把大乘的善根永遠斷絕？我們非常慚愧，我們這樣的修持真如同焦芽敗種，像爛掉的種子，永遠也不會長出芽來。一切走小乘路子，只求自了的人，聽到這樣不可思議解脫法門，應該大聲地痛哭流涕；一切大乘的菩薩聽了不可思議解脫法門，應該無比地高興欣慰。

「頂受此法」，字義是把這法門放在頭頂上。我要講一下這宗教儀式，大家都很馬虎了，時代不同也難怪。很多在家出家的同學，對於佛經佛像很馬虎，隨便放。雖然說這是書，你就算帶到廁所看也可以，但是不然，我們當年接手一本佛經，一定會放頭上頂禮。受一尊佛像，一定也先請到頭頂上再拿下來，規規矩矩的。就算你們有時拿起來頂禮，但只是擺個樣子，一點也沒有誠意。

若菩薩有信解不可思議解脫法門的，一切魔障均奈何不了他。再進一步說，也同時解脫了一切佛法的束縛，才是真解脫。如果解脫了魔，但還被佛法束縛，就是沒有真得到不可思議解脫法門。

「大迦葉說此語時，三萬二千天子，皆發阿耨多羅三藐三菩提心。」

大迦葉這麼說時，一同來的三萬二千天子，都發了大乘心。

這時，維摩居士就找上了大迦葉，對象變了。京劇中有這一場，出場人物都戴著羅漢像的面具，唱功不多，但做功很多，每個羅漢不同，這樣的京劇恐怕以後不會再看到了。

魔王　大菩薩　解脫

「爾時，維摩詰語大迦葉：仁者！十方無量阿僧祇世界中作魔王者，多是住不可思議解脫菩薩，以方便力故，教化眾生，現作魔王。」

因為大迦葉懂，他到底是禪宗的第一代祖師，所以維摩居士告訴他，十方世界中作魔王的，都是二地以上的大菩薩。《華嚴經》講兩個對立的，十方世界治世的轉輪聖王，是十地以上的菩薩才來的。但是能與佛對抗的魔王，也是十地以上菩薩所演變的。所以魔王這個名辭談何容易啊！禪宗祖師會說，某人的境界可以入佛了，但是還不可以入魔。要魔佛兩邊都不著，才是得真解脫，然後也可以成佛，也可以成魔。

原始佛經翻譯過來時，魔字本來用「摩（注：同磨）」，是磨練的意思，經典常用「磨羅」。後來加上宗教觀念，就把它變成魔鬼的魔。這其中的觀念是有差別的。

這裡維摩居士好像是在推崇魔道，他是講大魔王，不是小魔王。嚴格的講，誰是大魔王？十方一切聖賢、一切教主，才是真正的大魔王，沒有這個境界是不能成聖人的。

接下來講什麼是魔王大菩薩境界。

「又迦葉，十方無量菩薩，或有人從乞手足耳鼻、頭目髓腦、血肉皮骨、聚落城邑、妻子奴婢、象馬車乘、金銀瑠璃、硨磲碼碯、珊瑚琥珀、真珠珂貝、衣服飲食，如此乞者，多是住不可思議解脫菩薩，以方便力而往試之，令其堅固。」修道的人都怕魔，對不對？但是真修道的人要拜魔，求魔來磨你，魔還不肯來呢！你能受魔王折磨要多大的福氣啊！真受得了魔，打過了這一層，你的道理就躍進一大步。所謂「道高一尺，魔高一丈」，魔的力量比道還大。如果你磨不過去，你的道只高一尺而已，魔可是有一丈高。如果你能把魔降伏了，就跳了九尺，你還不幹？有便宜還不曉得佔，可見眾生沒有智慧。

這裡說，魔在哪裡？給你反對、給你刺激、給你煩惱的都是魔。十方世界有無量大菩薩現身作魔王，故意要人家這樣那樣，要人家的手腳、財產，要了以後還打你、笑你。真作菩薩是什麼都可以布施的。布施身體的手足、血、皮、骨等，比較容易。比如血庫缺血了，要你捐血，你會同意。要你把房子捐出來，幹不幹？捨不得了吧！這還不算，要你把太太或先生讓出來，恐怕你會動刀子了。然後還有你的車子、首飾等，都拿出來。有人專門來向你要，其實都是菩薩變成魔王來試你。

中國文化有幾句話，跟這段經文是異曲同工，我前面講過了，你們也記了筆記，但是還記不住，「能受天磨真鐵漢，不遭人忌是庸才」，你們出去做事，受不了人家嫉妒打擊；我說我為你高興，還有人嫉妒打擊你，如果你窩囊的話，就沒人要嫉妒打擊你了，這代表你沒什麼了不起嘛！

許多人為了財產糾紛煩惱，清朝安徽桐城有條「六尺巷」，據說是當時宰相張英（張廷玉之父）家中，土地被鄰人蓋牆侵占了三尺，家人通報在京中的宰相。宰相並沒有去向地方官吏打招呼，而是回一首詩給家人：

千里修書只為牆　讓他三尺又何妨
長城萬里今猶在　不見當年秦始皇

這事被鄰人知道了，就還他三尺地，又再退讓三尺，所以就成了條六尺寬的巷子。實際上，這位宰相書讀得多，可能是學唐末楊玢勸家人相讓的例子。楊玢在尚書任內，快要告老退休的時候，他在故鄉的舊屋地產，有些被鄰居侵占了。於是他的家人們要去告狀打官司，把擬好的起訴書送給他看。楊玢看了，便在後面批說：

四鄰侵我我從伊　畢竟須思未有時
試上含元殿基望　秋風秋草正離離

這些是中國的例子。我常說，中國宋明以後的理學家講規規矩矩作人，是佛教的律宗，老莊道家是佛教的禪宗，講解脫的。舉這些例子，你說菩薩在哪裡？不一定在廟子，不一定在宗教中，社會上很多人行的就是菩薩道。倒是穿上宗教外衣的人，常常聽聞佛法的人，卻做不到。社會上很多不信宗教的人，我看了肅然起敬，他們真是菩薩。

維摩居士說，種種來磨難你的都是菩薩，所以你們夫妻感情好的是好菩薩，感情壞的是壞菩薩，都是菩薩！你把另一半當是菩薩，就解脫了！

「所以者何？住不可思議解脫菩薩，有威德力，故行逼迫，示諸眾生，如是難事，凡夫下劣，無有力勢，不能如是逼迫菩薩。譬如龍象蹴踏，非驢所堪，是名住不可思議解脫菩薩，智慧、方便之門。」為什麼菩薩才能做魔王來折磨人？因為住不可思議解脫菩薩才有這個威德力。威德是從福德來的，魔王一定是有大福德大享受的。像你們連飲食都艱難的話，要做魔王還做不了呢！只有魔王才有資格來迫害眾生，使你向善，這也是杖頭出孝子的道理，反的教化是能成就人的。但是你如果不具備威德力，就不能這麼做，言不壓眾，貌不驚人，講出來惹人反感，你還是做正面的菩薩吧！沒有這個條件，不能做魔王去迫害人的。比如龍象，踏下去就有力量，小驢子是不能比的。

花雨滿天維摩說法上冊

上下冊合售 · 建議售價 · 1300 元

講　　述 · 南懷瑾
出版發行 · 南懷瑾文化事業有限公司
網址：www.nhjce.com
董 事 長 · 南國熙
總 經 理 · 饒清政
總 編 輯 · 劉雨虹
編　　輯 · 古國治　釋宏忍　彭　敬　牟　煉
記　　錄 · 張振熔
校　　對 · 歐陽哲
代理經銷 · 白象文化事業有限公司
412台中市大里區科技路1號8樓之2（台中軟體園區）
出版專線：（04）2496-5995　傳真：（04）2496-9901
401台中市東區和平街228巷44號（經銷部）
購書專線：（04）2220-8589　傳真：（04）2220-8505
印　　刷 · 基盛印刷工場
版　　次 · 2019年5月初版一刷

設計編印 白象文化
www.ElephantWhite.com.tw
press.store@msa.hinet.net
總監：張輝潭　專案主編：吳適意

國家圖書館出版品預行編目資料

花雨滿天維摩說法（上冊）／南懷瑾講述. --初版.--臺北市：南懷瑾文化，2019.05
面：　公分.
ISBN 978-986-94058-0-5（平裝）
1. 經集部
221.721　　105022546